SAP® S/4HANA

SAP PRESS ist eine gemeinschaftliche Initiative von SAP SE und der Rheinwerk Verlag GmbH. Ziel ist es, Anwendern qualifiziertes SAP-Wissen zur Verfügung zu stellen. SAP PRESS vereint das fachliche Know-how der SAP und die verlegerische Kompetenz von Rheinwerk. Die Bücher bieten Expertenwissen zu technischen wie auch zu betriebswirtschaftlichen SAP-Themen.

Christian Giera, Petra Kuhn, Thomas Kunze, Janet Salmon, Daniela Reinelt
SAP S/4HANA Finance
600 Seiten, 2016, gebunden
ISBN 978-3-8362-4193-9

Michael Englbrecht, Michael Wegelin
SAP Fiori
608 Seiten, 2015, gebunden
ISBN 978-3-8362-3828-1

Bjarne Berg, Penny Silvia
Einführung in SAP HANA
605 Seiten, 2., aktualisierte und erweiterte Auflage 2015, gebunden
ISBN 978-3-8362-3459-7

James Wood
SAP HANA Cloud Platform
576 Seiten, 2015, gebunden
ISBN 978-3-8362-3862-5

Nikolaus Krasser, Melanie Rehkopf
SuccessFactors
691 Seiten, 2015, gebunden
ISBN 978-3-8362-3889-2

Aktuelle Angaben zum gesamten SAP PRESS-Programm finden Sie unter *www.sap-press.de*.

Ulf Koglin

SAP® S/4HANA

Voraussetzungen – Nutzen – Erfolgsfaktoren

Liebe Leserin, lieber Leser,

es ist kaum mehr als ein Jahr her, dass SAP die neue SAP Business Suite 4 SAP HANA, kurz SAP S/4HANA, aus der Taufe hob. Seitdem hat SAP bei der Weiterentwicklung der Lösung ein beeindruckendes Tempo vorgelegt. Im Herbst 2015 wurde mit der Präsentation neuer Funktionen für die Logistik ein weiterer Meilenstein erreicht. Und es vergeht kaum ein Tag, an dem keine Meldungen über die neue Produktlinie in der Fachpresse zu lesen sind.

Doch immer noch macht in der SAP-Community eine Vielzahl von Fragen die Runde: Welche Vorteile bringt SAP S/4HANA meinem Unternehmen? Welche Deploymentformen gibt es, und wie unterscheiden sich die Cloud- und On-premise-Angebote? Welche Geschäftsprozesse werden bereits abgedeckt? Und wie könnte ein Migrationsprojekt ablaufen?

Verständlich und ohne Tamtam erklärt Ihnen das Autorenteam, was die zugrunde liegende Datenbank SAP HANA auszeichnet und was es mit der neuen User-Interface-Strategie rund um SAP Fiori auf sich hat. Sie erfahren, welche neuen und geänderten Funktionen für Finanzwesen und Logistik SAP S/4HANA enthält. Last, not least lernen Sie in drei ausführlichen Kapiteln den Ablauf der technischen Migration und die Erfolgsfaktoren für den Umstieg kennen. So erhalten Sie eine verlässliche Grundlage für Ihre Entscheidungsfindung und können Ihr Projekt zum Erfolg führen.

Wir freuen uns stets über Lob, aber auch über kritische Anmerkungen, die uns helfen, unsere Bücher zu verbessern. Scheuen Sie sich nicht, mich zu kontaktieren. Ihre Fragen und Anmerkungen sind jederzeit willkommen.

Ihre Eva Tripp
Lektorat SAP PRESS

Rheinwerk Verlag
Rheinwerkallee 4
53227 Bonn

eva.tripp@rheinwerk-verlag.de
www.sap-press.de

Auf einen Blick

1 Konzepte von SAP S/4HANA 23
2 Die technischen Säulen von SAP S/4HANA 53
3 Prinzipien des Redesigns 101
4 SAP S/4HANA Finance 129
5 SAP S/4HANA in der Logistik 171
6 Technische Migration 205
7 Praxisbeispiel: Einführung von SAP S/4HANA 227
8 Erfolgsfaktoren für die Umstellung auf SAP S/4HANA 297
9 Ausblick 347

Lektorat Eva Tripp
Korrektorat Friederike Daenecke, Monika Klarl
Herstellung Jessica Boyken
Typografie und Layout Vera Brauner
Einbandgestaltung Silke Braun
Titelbild Shutterstock: 59915404 © Mike Truchon
Satz Typographie & Computer, Krefeld
Druck und Bindung Beltz Bad Langensalza GmbH, Bad Langensalza

Gerne stehen wir Ihnen mit Rat und Tat zur Seite:
eva.tripp@rheinwerk-verlag.de bei Fragen und Anmerkungen zum Inhalt des Buches
service@rheinwerk-verlag.de für versandkostenfreie Bestellungen und Reklamationen
hauke.drefke@rheinwerk-verlag.de für Rezensionsexemplare

Bibliografische Information der Deutschen Nationalbibliothek
Die Deutsche Nationalbibliothek verzeichnet diese Publikation in der Deutschen Nationalbibliografie; detaillierte bibliografische Daten sind im Internet über *http://dnb.d-nb.de* abrufbar.

ISBN 978-3-8362-3891-5

© Rheinwerk Verlag GmbH, Bonn 2016
1. Auflage 2016

Das vorliegende Werk ist in all seinen Teilen urheberrechtlich geschützt. Alle Rechte vorbehalten, insbesondere das Recht der Übersetzung, des Vortrags, der Reproduktion, der Vervielfältigung auf fotomechanischen oder anderen Wegen und der Speicherung in elektronischen Medien. Ungeachtet der Sorgfalt, die auf die Erstellung von Text, Abbildungen und Programmen verwendet wurde, können weder Verlag noch Autor, Herausgeber oder Übersetzer für mögliche Fehler und deren Folgen eine juristische Verantwortung oder irgendeine Haftung übernehmen.

Die in diesem Werk wiedergegebenen Gebrauchsnamen, Handelsnamen, Warenbezeichnungen usw. können auch ohne besondere Kennzeichnung Marken sein und als solche den gesetzlichen Bestimmungen unterliegen.

Sämtliche in diesem Werk abgedruckten Bildschirmabzüge unterliegen dem Urheberrecht © der SAP SE, Dietmar-Hopp-Allee 16, 69190 Walldorf.

SAP, das SAP-Logo, ABAP, Ariba, ASAP, BAPI, Duet, hybris, mySAP.com, mySAP, SAP Adaptive Server Enterprise, SAP Advantage Database Server, SAP Afaria, SAP ArchiveLink, SAP Business ByDesign, SAP Business Explorer (SAP BEx), SAP BusinessObjects, SAP BusinessObjects Web Intelligence, SAP Business One, SAP BusinessObjects Explorer, SAP Business Workflow, SAP Crystal Reports, SAP d-code, SAP EarlyWatch, SAP Fiori, SAP Ganges, SAP Global Trade Services (SAP GTS), SAP GoingLive, SAP HANA, SAP Jam, SAP Lumira, SAP MaxAttention, SAP MaxDB, SAP NetWeaver, SAP PartnerEdge, SAPPHIRE NOW, SAP PowerBuilder, SAP PowerDesigner, SAP R/2, SAP R/3, SAP Replication Server, SAP S/4HANA, SAP SI, SAP SQL Anywhere, SAP Strategic Enterprise Management (SAP SEM), SAP StreamWork, SAP xApps, SuccessFactors und Sybase sind Marken oder eingetragene Marken der SAP SE, Walldorf.

Inhalt

Vorwort 13
Einleitung 15

1 Konzepte von SAP S/4HANA 23

1.1 Digitale Transformation 24
    1.1.1 Social Media 25
    1.1.2 Mobility 26
    1.1.3 Internet of Things 28
    1.1.4 Analytics 29
1.2 Anforderungen an moderne IT-Systeme 30
    1.2.1 Flexibilität 31
    1.2.2 Big Data Management 32
    1.2.3 Benutzerfreundlichkeit 33
    1.2.4 Echtzeitdatenauswertung 37
    1.2.5 Zusammenfassung der Anforderungen 39
1.3 Lösungsansätze in SAP S/4HANA 40
    1.3.1 Die Datenbank SAP HANA 42
    1.3.2 Redesign 43
    1.3.3 Betriebsformen von SAP S/4HANA 44
    1.3.4 Ergänzende SAP-Produkte 45
    1.3.5 Benutzeroberflächen und SAP Fiori 48
1.4 Zusammenfassung 51

2 Die technischen Säulen von SAP S/4HANA 53

2.1 Die Datenbank SAP HANA 54
    2.1.1 Spalten- und zeilenbasierte Datenbanken 55
    2.1.2 Delta-Merge-Verfahren 56
    2.1.3 Das ACID-Prinzip 58
    2.1.4 Technischer Aufbau von SAP HANA 59
2.2 Entwicklung unter SAP S/4HANA 61
    2.2.1 SAP HANA Studio 63
    2.2.2 Entwicklungskomponenten von SAP HANA ... 66
    2.2.3 ABAP-Entwicklung 72
    2.2.4 Erweiterbarkeit von SAP S/4HANA 75

2.3		Analysewerkzeuge von SAP HANA	79
	2.3.1	SAP Lumira	80
	2.3.2	SAP BusinessObjects Analysis	82
2.4		SAP Fiori	84
	2.4.1	Wie funktioniert SAP Fiori?	84
	2.4.2	Das SAP Fiori Launchpad als zentraler Einstieg	90
2.5		SAP HANA Cloud Platform	91
	2.5.1	SAP-HANA-Cloud-Platform-Services	92
	2.5.2	SAPUI5-Anwendungen in der SAP Web IDE entwickeln	97
2.6		Zusammenfassung	99

3 Prinzipien des Redesigns 101

3.1		Das Principle of One	102
3.2		Wie wirkt sich das Redesign auf die Systemarchitektur aus?	104
	3.2.1	SAP Supplier Relationship Management (SAP SRM)	105
	3.2.2	SAP Supplier Lifecycle Management	106
	3.2.3	SAP SD, SAP FI-CA, CIC und UCES	107
3.3		Welche Auswirkungen gibt es auf die Funktionen?	108
	3.3.1	Funktionale Änderungen durch Neuerungen	109
	3.3.2	Funktionale Auswirkungen von Änderungen	110
	3.3.3	Funktionale Änderungen aufgrund der Verschlankung	111
3.4		Kontinuität beim Datenzugriff mit Compatibility Views	112
3.5		Was bewirkt die neue User-Interface-Strategie?	115
3.6		Die Simplification List als Hilfswerkzeug	119
3.7		Praxisbeispiel: SAP Integrated Business Planning	121
	3.7.1	Nutzung des eigenen BW-Systems	122
	3.7.2	Ein Konzept für unterschiedliche Problemstellungen	124
	3.7.3	Benutzeroberflächen	125
3.8		Zusammenfassung	126

4 SAP S/4HANA Finance ... 129

- 4.1 Betriebsmodelle und Integrationsszenarien ... 130
  - 4.1.1 Deploymentformen ... 131
  - 4.1.2 Central Finance ... 133
  - 4.1.3 Integration mit SAP SuccessFactors ... 135
  - 4.1.4 Integration mit dem Ariba Network ... 136
  - 4.1.5 Integration mit dem Concur Network ... 137
- 4.2 Konzeptionelle Änderungen ... 137
  - 4.2.1 Universal Journal ... 137
  - 4.2.2 Sachkontenkonzept ... 141
- 4.3 Neue Funktionen in SAP S/4HANA Finance ... 148
  - 4.3.1 Cash Management ... 149
  - 4.3.2 Integrierte Planung ... 150
  - 4.3.3 Weitere neue Funktionen ... 153
- 4.4 Geänderte Funktionen in SAP S/4HANA Finance ... 154
  - 4.4.1 Hauptbuchhaltung – General Ledger ... 155
  - 4.4.2 Nebenbuchhaltung – Anlagenwirtschaft ... 155
  - 4.4.3 Weitere Komponenten ... 160
- 4.5 Fiori-Applikationen und das Rollenkonzept ... 161
- 4.6 Zusammenfassung ... 167

5 SAP S/4HANA in der Logistik ... 171

- 5.1 Änderungen in der Architektur ... 172
  - 5.1.1 Anforderungen der Logistik an das Datenmodell ... 173
  - 5.1.2 Anforderungen der geänderten Architektur ... 174
  - 5.1.3 Herausforderungen durch die Änderungen der Architektur ... 177
  - 5.1.4 Spezielle Änderungen an der Architektur – Materialnummer ... 179
- 5.2 Neue Funktionen für die Logistik ... 181
  - 5.2.1 Bestandsführung ... 181
  - 5.2.2 Parallelwährungen und parallele Bewertungsmethoden ... 182
  - 5.2.3 MRP Live ... 183
- 5.3 Geänderte Funktionen in der Logistik ... 187
  - 5.3.1 Geschäftspartnerstammsatz ... 188
  - 5.3.2 Beschaffung ... 190
  - 5.3.3 Output-Management ... 193

5.4	Wegfallende Funktionen in der Logistik		196
5.5	Fiori-Applikationen und das Rollenkonzept		198
	5.5.1	Fiori-Applikationen für die Logistik	199
	5.5.2	Neues Rollenkonzept	200
5.6	Zusammenfassung		202

6 Technische Migration ... 205

6.1	Auswahl des Migrationsweges		206
6.2	Prüfen der Systemvoraussetzungen		209
	6.2.1	Unicode	209
	6.2.2	SAP NetWeaver Application Server ohne Java-Teil	209
6.3	Vorbereitung des Systems auf SAP HANA		210
	6.3.1	Datenmanagement	210
	6.3.2	Überprüfung und Anpassung des kundeneigenen Codings	210
6.4	Durchführung der Migration und unterstützende Werkzeuge		214
	6.4.1	Technische Aufgaben	215
	6.4.2	Fachliche Aufgaben	216
6.5	Konfiguration der Benutzeroberfläche		219
	6.5.1	Die Systemlandschaft	219
	6.5.2	Installation und Konfiguration	220
	6.5.3	Aktivierung von SAP Gateway	221
	6.5.4	Setup des SAP Fiori Launchpads	221
	6.5.5	Trusted RFC Connection	221
	6.5.6	Rollenzuordnung	221
6.6	Zusammenfassung		222

7 Praxisbeispiel: Einführung von SAP S/4HANA ... 227

7.1	Vorarbeiten für die Migration		229
	7.1.1	Informationsquellen und Inhalte der Vorarbeiten	229
	7.1.2	Praxisbeispiel: Customer Vendor Integration	231
	7.1.3	Prüfprogramme für die Migration auf SAP HANA	243
	7.1.4	Datenabgleich	249
	7.1.5	Custom Code Checks	251

7.2	Durchführung der Migration	255
	7.2.1 Maintenance Planner	255
	7.2.2 Migration mit dem Software Update Manager und der Database Migration Option	259
7.3	Konfiguration der Fiori-Oberflächen	261
	7.3.1 Fiori-Anwendungen auswählen	262
	7.3.2 SAP Gateway aktivieren und SAP Fiori Launchpad einrichten	263
	7.3.3 Rollen konfigurieren	264
7.4	Migration der Daten	266
	7.4.1 Datenmigration vorbereiten	267
	7.4.2 Datenmigration durchführen	273
	7.4.3 Datenmigration nachbereiten	280
	7.4.4 Zusätzliche Werkzeuge für die Datenmigration	282
7.5	Entwicklung/Code Pushdown	285
	7.5.1 Klassische ABAP-Lösung	287
	7.5.2 Neue Lösung mit Code Pushdown	289
7.6	Zusammenfassung	293

8 Erfolgsfaktoren für die Umstellung auf SAP S/4HANA ... 297

8.1	Der erfolgsnotwendige Faktor »Umstellungsfahrplan«	299
	8.1.1 Schritt 1: Leiten Sie die Zielsetzungen aus den Nutzenpotenzialen ab	303
	8.1.2 Schritt 2: Konstruieren Sie das Zielszenario	304
	8.1.3 Schritt 3: Projektieren Sie die Einführung von SAP S/4HANA	304
	8.1.4 Schritt 4: Stellen Sie auf SAP S/4HANA um	305
	8.1.5 Schritt 5: Führen Sie die Nacharbeiten zur Migration durch	306
8.2	Welche Erfolgsfaktoren wirken in den Phasen?	306
	8.2.1 Festlegen der Ziele	307
	8.2.2 Aufbau des Zielsystemszenarios	310
	8.2.3 Projektierung der Einführung von SAP S/4HANA	317

		8.2.4	Umstellung auf SAP S/4HANA 327
		8.2.5	Nacharbeiten zur Umstellung 329
	8.3	Ausgewählte Werkzeuge für die Unterstützung der Umstellung 331	
		8.3.1	SAP Activate als Einführungsmethode für Neukunden 331
		8.3.2	Werkzeuge zur Realisierung einer User-Interface-Strategie 340
	8.4	Zusammenfassung 343

9 Ausblick 347

A	Wegfallende Logistikfunktionen 353
B	Die Autoren 359

Index 363

Vorwort

Die digitale Transformation verändert alle Wirtschaftsbereiche fundamental und geht mit einem technologischen Wandel von SAP-Lösungen einher. Als Folge der digitalen Transformation steigen sowohl die betrieblichen als auch die wirtschaftlichen Anforderungen, die an Unternehmen gestellt werden, und der Ruf nach Innovationen und neuen Geschäftsmodellen wird somit kontinuierlich lauter. Verantwortlich für diesen Trend sind verschiedene Faktoren, darunter das Internet der Dinge, die immense Flut an unterschiedlichen Daten und die Notwendigkeit, schnell und skalierbar End-to-End-Lösungen in der Cloud bereitzustellen.

Die SAP Business Suite 4 SAP HANA – kurz SAP S/4HANA – ist als Business Suite der nächsten Generation konzipiert worden, um Sie dabei zu unterstützen, mit diesen Anforderungen umzugehen, und um Ihnen den Weg in die digitale Ökonomie zu erleichtern. Dazu bringt die neue Produktlinie verschiedene Neuerungen mit sich: Das Fundament von SAP S/4HANA ist die auf der In-Memory-Technologie basierende Datenbank SAP HANA, die eine performante Datenhaltung und Echtzeitauswertungen erlaubt.

Im Gegensatz zur SAP Business Suite wird SAP S/4HANA in unterschiedlichen Deploymentformen vertrieben: Neben der klassischen On-premise-Lösung stehen neue Cloud-Lösungen zur Verfügung. Diese Cloud-Lösungen ermöglichen einen schnellen Einstieg in die S/4HANA-Welt und sind gleichzeitig über spezifische Schnittstellen erweiterbar. SAP S/4HANA ist dadurch flexibel einsetzbar; zugleich ist eine gründliche konzeptionelle Vorarbeit erforderlich.

Die konsequente Ausrichtung auf eine hohe Benutzerfreundlichkeit ist eine weitere Neuerung von SAP S/4HANA. Durch das Oberflächenkonzept von SAP Fiori und die Vereinheitlichung von Funktionen ist SAP S/4HANA benutzerorientiert und intuitiv bedienbar. Der Einsatz dezentral nutzbarer Webanwendungen eröffnet Ihnen völlig neue Anwendungsmöglichkeiten.

Bei der Entwicklung von SAP S/4HANA war es – trotz all dieser Veränderungen – unser Ziel, eine größtmögliche Kompatibilität zur SAP Business Suite sicherzustellen, um z. B. dafür zu sorgen, dass Sie Ihre Eigenentwicklungen weiterhin nutzen können. Die Ansätze und

Zielsetzungen von SAP S/4HANA sind also vielschichtig. Ein grundlegendes Verständnis der neuen Produktlinie und ihrer Potenziale ist somit zwingend erforderlich, damit Sie entscheiden können, ob ein Einsatz von SAP S/4HANA in Ihrem Unternehmen möglich und sinnvoll ist.

Um diese Informationslücke zu schließen, wurde das vorliegende Buch verfasst: Ulf Koglin und seine Co-Autoren vermitteln Ihnen verständlich, aber auch kritisch, wie Unternehmen mit den neuen SAP-Lösungen – SAP S/4HANA, der Datenbank SAP HANA und der SAP HANA Cloud Platform – den Wandel, der sich aus der digitalen Transformation ergibt, auch technologisch umsetzen können. Dieses Buch gibt Ihnen nicht nur einen sehr guten Überblick über die neuen Technologien von SAP, sondern erklärt auch, welche Konzepte diesen Technologien zugrunde liegen. Dabei legen die Autoren den Fokus auf die für Sie relevanten Besonderheiten.

Mit Anwendungsbeispielen aus der Praxis erhalten Sie zugleich einen realistischen Einblick, mit welchen Maßnahmen ein erfolgreicher Wechsel in die neue Welt von SAP verbunden ist. Dieses Fachbuch ist deshalb für IT-Entscheidungsträger, IT-Berater, Architekten, Datenbankexperten, Softwareentwickler sowie für Anwender relevant und aufschlussreich. Es richtet sich darüber hinaus aber auch an alle Interessierten, die sich mit den neuen SAP-Lösungen und -Technologien auseinandersetzen möchten.

Wir freuen uns sehr über das Erscheinen dieses Buches und sind davon überzeugt, dass es alle genannten Zielgruppen dabei unterstützen kann, die neue Produktlinie SAP S/4HANA ganzheitlich zu verstehen und ihre Potenziale für den eigenen Anwendungsbereich zu erkennen. Da es Sie darüber hinaus auch dabei unterstützt, Ihren individuellen Weg zu SAP S/4HANA zu finden, ist es ein nützliches Hilfsmittel für Migrations- und Einführungsprojekte und allein aus diesem Grund ein tiefergehendes Studium wert.

Rolf Schumann
Co-Autor des Sachbuchs »Update – Warum die Datenrevolution uns alle betrifft«
CTO and Head of Innovation für EMEA, Zentral- und Osteuropa
Office of the CTO EMEA und MEE
SAP SE

Einleitung

SAP hat mit SAP S/4HANA Enterprise Management ein vollkommen neues Produkt entwickelt und begründet damit eine neue Produktlinie, die die SAP Business Suite mit dem Kernprodukt SAP ERP ablösen soll. SAP betont dabei, dass SAP ERP für einen Zeitraum von mindestens zehn Jahren (also bis zum Jahr 2025) noch weiter gewartet und entwickelt werden soll. Gleichwohl soll SAP S/4HANA die Nachfolge von SAP ERP antreten: SAP begreift SAP S/4HANA als die neue strategische Plattform für SAP-Kunden. Seitdem die neue Produktlinie im Februar 2015 vorgestellt wurde, ist sie Dreh- und Angelpunkt des SAP-Marketings und Thema zahlreicher Präsentationen gewesen.

Die wesentlichen Innovationen von SAP S/4HANA sind:

▸ **Die Datenbank SAP HANA**
Den Kern der neuen Lösung bildet SAP HANA, die als In-Memory-Plattform für alle Daten dient. Neben der reinen ERP-Funktion dient SAP HANA sowohl als Basis für Big-Data-Analysen als auch für die Abbildung weiterer Anwendungsszenarien.

▸ **Die neue Benutzeroberfläche SAP Fiori**
Die neue User-Interface-Technologie SAP Fiori in SAP S/4HANA unterstützt ein rollenbasiertes Arbeiten der Anwender, indem sie eine intuitive Bedienung bietet. Darüber hinaus steht sie auf verschiedenen Geräten zur Verfügung, z. B. auf Smartphones und Tablets, ohne dass Sie die Benutzeroberfläche anpassen müssten.

▸ **Integration in soziale Netzwerke und das Internet der Dinge**
Die Möglichkeiten zur Vernetzung von SAP S/4HANA mit sozialen Netzwerken, dem Internet der Dinge (Internet of Things) und mit anderen Softwareprodukten, wie z. B. dem Beschaffungsnetzwerk SAP Ariba oder der Reisemanagementlösung Concur betrachtet SAP ebenfalls als essenzielle Innovation.

▸ **Unterschiedliche Betriebsmodelle**
Sie können verschiedene Betriebsmodelle, sogenannte Deploymentformen von SAP S/4HANA nutzen: vom On-premise-Betrieb über die Nutzung des Services SAP HANA Enterprise Cloud mit

Innovationen von SAP S/4HANA

einem Funktionsumfang, der fast dem On-premise-Betrieb gleichkommt, bis hin zur Nutzung von Cloud-Versionen spezieller Produkte.

Angesichts der Marktposition, die das Unternehmen SAP hat, ist nicht zu bezweifeln, dass die meisten Bestandskunden über kurz oder lang zu SAP S/4HANA wechseln werden. Die Frage lautet hier also nicht, ob eine Umstellung auf die neue Produktlinie erfolgen soll, sondern vielmehr, wann und wie diese Umstellung in Angriff genommen wird.

Ihre Ausgangssituation

Wenn Sie Neukunde sind, empfiehlt SAP, direkt auf die neue Plattform SAP S/4HANA zu setzen – die Hürde für den Einstieg in die neue Produktlinie liegt hier deutlich niedriger, weil keine Transformation von SAP ERP nach SAP S/4HANA erfolgen muss.

Wenn Sie Bestandskunde sind, stellen sich Ihnen – abhängig von Ihrer Ausgangssituation und davon, auf welche Prozesse und Funktionen Sie Ihren Schwerpunkt legen – im Hinblick auf SAP S/4HANA jedoch verschiedene komplexe Fragen, die sich auch gegenseitig beeinflussen können.

Die Wahl des geeigneten Betriebsmodells ist z. B. davon abhängig, welche Eigenentwicklungen Sie in der SAP Business Suite vorgenommen haben. Wenn Sie weitreichende Zusatzentwicklungen oder Modifikationen nutzen, sollten Sie prüfen, inwieweit diese weiter im Kontext einer Managed-Cloud-Lösung einsetzbar sind, die bestimmte Bedingungen an Kundenerweiterungen stellt.

Prüfen Sie, ob alle Prozesse, die Sie benötigen, mithilfe von Fiori-Apps in SAP S/4HANA abgewickelt werden können. Denn die neue Benutzeroberfläche steht Ihnen nicht für alle Transaktionen zur Verfügung: Sie müssen deshalb z. B. vor der Umstellung entscheiden, ob Sie für diese Abläufe weiterhin das SAP GUI nutzen möchten oder ob Sie Ihre Abläufe ändern, um Fiori-Apps einsetzen zu können. Diese Fragen müssen Sie in jedem Fall individuell für sich beantworten und auf Basis Ihrer Antworten Ihren Weg zu SAP S/4HANA sorgfältig planen.

Ziel dieses Buches

Dieses Buch soll die Informationen zu SAP S/4HANA, die in den unterschiedlichsten Informationskanälen zu finden sind, bündeln, sie nachvollziehbarer machen und Ihnen somit einen fundierten Eindruck von der neuen SAP-Produktlinie geben. Es hilft Ihnen zu verstehen, welche Architektur SAP S/4HANA zugrunde liegt und welche Bestandteile die neue Plattform hat. Wir stellen Ihnen außerdem die Hilfsmittel vor, die Ihnen SAP für die Migration von der SAP Business Suite zu SAP S/4HANA zur Verfügung stellt. Sie lernen die wesentlichen Neuerungen im Vergleich zu den Ihnen bereits bekannten SAP-ERP-Funktionen für die Logistik und das Finanzwesen kennen. Anschließend können Sie beurteilen, welche besonderen kritischen Erfolgsfaktoren Sie bei der Umstellung auf SAP S/4HANA berücksichtigen sollten.

Zielgruppen dieses Buches

Dieses Buch soll Ihnen den Einstieg in und den Wechsel auf SAP S/4HANA erleichtern. Es richtet sich damit grundsätzlich an alle, die ein ausgeprägtes Interesse an SAP-Produkten besitzen. Aufgrund der Schwerpunktsetzung des Buches werden Sie insbesondere dann von der Lektüre profitieren, wenn Sie einer der folgenden Zielgruppen angehören:

Für wen ist dieses Buch geschrieben?

- Sie sind *CIO*, *IT-Verantwortlicher*, *IT-Architekt* oder *IT-Leiter* und müssen entscheiden, ob und wann SAP S/4HANA in Ihrem Unternehmen eingeführt oder eine Umstellung von der SAP Business Suite auf die neue Produktlinie durchgeführt werden soll. Sie erhalten einen Überblick darüber, welche Auswirkungen die Einführung von SAP S/4HANA auf Ihre Systemarchitektur haben kann.
- Sie sind *Projektleiter* eines Umstellungsprojekts auf SAP S/4HANA oder sind als *Projektmitarbeiter* an einem solchen Umstellungsprojekt beteiligt. Sie lernen die wesentlichen Schritte kennen, die eine Migration auf SAP S/4HANA beinhaltet. Dabei ist zu beachten, dass der Wechsel der Software keine reine IT-Aufgabe ist.
- Als *Softwareentwickler* im SAP-Umfeld erfahren Sie, welche Änderungen der Entwicklungsumgebung und der Programmieranforderungen SAP S/4HANA mit sich bringt.
- Als *Anwendungsbetreuer* für die SAP-Komponenten in Rechnungswesen und Logistik erhalten Sie einen Überblick über wesentliche Änderungen, die sich in SAP S/4HANA gegenüber der SAP Business Suite ergeben. Auch wesentliche Änderungen des Datenmodells werden erläutert.

- Sie sind *Manager* oder *Abteilungsleiter* in Rechnungswesen oder Logistik. Sie erhalten einen Überblick über wesentliche Änderungen, die sich funktional und organisatorisch für Ihre Bereiche ergeben können. Sie erfahren des Weiteren, dass es wichtig ist, die Umstellung auf SAP S/4HANA nicht vollständig Ihren IT-Abteilungen zu überlassen, sondern dass die Umstellung nur mit Ihrer Unterstützung erfolgreich durchgeführt werden kann.

- Schließlich richtet sich dieses Buch auch an *SAP-Berater*, die einen Überblick über die Architektur der neuen Lösung, über die Entwicklungsmöglichkeiten und über die funktionalen Grenzen der neuen Lösung suchen.

Je nachdem, wer Sie sind, haben Sie unterschiedliche Fragen, die Ihnen in diesem Buch beantwortet werden sollen. Nicht jeder von Ihnen wird sich von jedem Abschnitt gleichermaßen angesprochen fühlen. Das Buch kann aus diesem Grund weder die Dokumentation von SAP S/4HANA ersetzen noch Ihnen als Schritt-für-Schritt-Anleitung für Ihr anstehendes Migrationsprojekt dienen oder die Bedienung der Software detailliert beschreiben. Es soll vielmehr Ihr Verständnis dafür schärfen, welche Fragestellungen für Sie bei der Umstellung auf SAP S/4HANA relevant sein werden.

Aufbau dieses Buches

In **Kapitel 1**, »Konzepte von SAP S/4HANA«, erfahren Sie, warum SAP sich zur Entwicklung der neuen Plattform entschlossen hat. Das Kapitel veranschaulicht, welchen Einflussfaktoren Unternehmen im Hinblick auf ihre IT-Systeme ausgesetzt sind – und welche Entwicklungen in den nächsten Jahren noch zu erwarten sind. Diese Einflussfaktoren umfassen die digitale Transformation, die Anbindung von sozialen Netzwerken, die Nutzung mobiler Geräte genauso wie das Internet der Dinge. Anschließend zeigt das Kapitel, wie SAP mit der Entwicklung von SAP S/4HANA auf diese Anforderungen reagiert. Dazu lernen Sie die Datenbank SAP HANA, die SAP HANA Cloud Platform, SAP Fiori und das Prinzip des Redesigns kennen. Wir geben Ihnen des Weiteren einen Überblick über die verschiedenen Betriebsmodelle von SAP S/4HANA.

Kapitel 2, »Die technischen Säulen von SAP S/4HANA«, erklärt die technischen Grundlagen von SAP S/4HANA im Detail: die neue Entwicklungsumgebung, die HANA-Datenbank, SAP Fiori als neue User-

Interface-Technologie und die SAP HANA Cloud Platform. Das Kapitel beantwortet die Frage, was die neue Lösung im Unterschied zur SAP Business Suite ausmacht. Wir erläutern, welche Neuerungen sich für ABAP-Entwicklungen z. B. durch das Konzept des Code Pushdowns ergeben und welche Entwicklungsumgebung für die ABAP-Programmierung genutzt werden sollte. Des Weiteren beschreiben wir das Erweiterungskonzept von SAP S/4HANA.

Der Aufbau der Datenbank SAP HANA wird im zweiten Kapitel ebenfalls erläutert, z. B. die spaltenorientierte Datenspeicherung. Die Modellierung und Entwicklung direkt in der Datenbank wird aufgrund des geänderten Konzepts von SAP S/4HANA künftig eine größere Bedeutung haben – aus diesem Grunde stellen wir Ihnen das SAP HANA Studio als Entwicklungswerkzeug vor. Außerdem werden die Auswertungswerkzeuge SAP Lumira und SAP BusinessObjects Analysis kurz beschrieben.

SAP Fiori ist eine weitere technische Säule der neuen Lösung. Wir stellen die technische Architektur sowie die Nutzung der OData-Services, des Rollenkonzepts sowie des Fiori Launchpads vor.

Als letzte wesentliche Säule wird die SAP HANA Cloud Platform als Platform as a Service behandelt. Sie spielt eine wesentliche Rolle für Erweiterungen und Zusatzentwicklungen für SAP S/4HANA. Darüber hinaus können Sie sie auch unabhängig von der ERP-Funktionalität als Entwicklungsumgebung einsetzen und zur strategischen Plattform für Ihre Softwareentwicklungsprojekte machen.

Kapitel 3, »Prinzipien des Redesigns«, beschreibt, welche Vorgehensweisen bei der Umsetzung der ERP-Funktionen zugrunde gelegt wurden – und wie dabei ein großer Teil der SAP-Business-Suite-Funktionen nach SAP S/4HANA übertragen werden konnte. Eine besondere Rolle nehmen dabei die Compatibility Views und das Principle of One ein. Die Compatibility Views bilden die Grundlage für die vereinfachte Datenstruktur. Das Principle of One beinhaltet die Fokussierung auf jeweils einen Lösungsansatz, um eine funktionale Anforderung abzubilden.

Prinzipien von SAP S/4HANA

Im dritten Kapitel stellen wir Ihnen zudem die sogenannte Simplification List von SAP vor, die die Unterschiede von SAP S/4HANA im Vergleich zur SAP Business Suite auflistet. Die Liste enthält dabei zum einen die Restriktionen der neuen Lösung im Vergleich zur SAP

Business Suite. Zum anderen werden die neuen Funktionen beschrieben. Deshalb greifen wir die Inhalte dieser Liste in den sich anschließenden Kapiteln im Detail auf und analysieren sie.

Finanzwesen in SAP S/4HANA

Kapitel 4, »SAP S/4HANA Finance«, befasst sich mit den Neuerungen im Bereich Finanzwesen. In ihm erläutern wir unter anderem das Universal Journal und das angepasste Sachkontenkonzept, das dem neuen Finanzwesen zugrunde liegt. Außerdem stellen wir die neuen Funktionen des SAP Cash Managements und die grundlegend geänderten Planungstransaktionen im Bereich Controlling dar. Anhand von Systembeispielen beschreiben wir, wie künftig die integrierte Business-Planung als zentrales Planungswerkzeug verwendet werden kann. Für die Einführung des Finanzwesens auf der Basis von SAP S/4HANA kann auch der Ansatz eines Central-Finance-Systems für Sie relevant sein, bei dem die neue Lösung im Sinne eines konsolidierenden Systems genutzt wird.

Logistik in SAP S/4HANA

Die Funktionen zur Logistik haben als Bestandteil von SAP S/4HANA Enterprise Management umfangreiche Änderungen gegenüber SAP ERP erfahren. Diese Änderungen stehen im Mittelpunkt von **Kapitel 5**, »SAP S/4HANA in der Logistik«. Wir stellen das neu konzipierte Datenmodell vor, in dem viele Index- und Aggregationstabellen künftig nicht mehr genutzt werden. Des Weiteren beschreiben wir konzeptionelle Anpassungen, wie z. B. die Verbindlichkeit des Geschäftspartnermodells oder die veränderte Output-Steuerung. Grundsätzlich überarbeitet wurden die Prozesse der Materialbedarfsplanung. Die hierfür relevanten Änderungen werden in Kapitel 5 genauso beschrieben wie die Neukonzeption der Beschaffung, die für Sie auch Auswirkungen auf das Zusammenspiel mit der Lösung SAP SRM haben kann.

Technische Migration

Die Kapitel 6 und 7 stellen den Wechsel von der SAP Business Suite zu SAP S/4HANA in den Vordergrund. In **Kapitel 6**, »Technische Migration«, stellen wir die Migrationswege und verfügbaren technischen Hilfsmittel im Überblick vor.

Ein Praxisbeispiel für die Migration

In **Kapitel 7**, »Praxisbeispiel: Einführung von SAP S/4HANA«, wird anhand eines Praxisbeispiels eine Komplettmigration eines SAP-Business-Suite-Systems mit einer Datenbank eines Drittanbieters auf SAP S/4HANA beschrieben und durchgeführt. Wir erläutern dabei detailliert, welche Vor- und Nachbereitungsschritte für die Migration erforderlich sind.

In **Kapitel 8**, »Erfolgsfaktoren für die Umstellung auf SAP S/4HANA«, greifen wir die Ergebnisse der vorangegangenen Kapitel auf und erörtern, welche spezifischen, erfolgskritischen Faktoren im Rahmen der Einführung von SAP S/4HANA zu berücksichtigen sind. Dabei werden Aspekte der Vorbereitung Ihrer Organisation (z. B. hinsichtlich relevanter Schulungsmaßnahmen für Entwickler oder Ihre Anwender) genauso untersucht wie mögliche Auswirkungen, die sich für Sie durch den Wechsel eines Betriebsmodells ergeben. Wir beschreiben auch, welche Vorbereitungsprojekte Sie unter Umständen im Vorfeld Ihres Umstellungsprojekts durchführen müssen: Dazu kann die Konsolidierung Ihrer Entwicklungen oder von Geschäftspartnerdaten gehören. Unser Ziel ist es, Ihnen vor Augen zu führen, was Ihr Umstellungsprojekt auf SAP S/4HANA zum Erfolg machen kann, und Ihnen dabei zu helfen, den größtmöglichen Nutzen aus der Umstellung zu ziehen.

Erfolgsfaktoren für die Migration

Danksagung

Ein Buchprojekt ist mühsam – und das Schreiben eines Buches ist ein langer Weg. Dieses Werk ist ein Gemeinschaftsprodukt von Kollegen, denen ich herzlich für die Zusammenarbeit und für intensive Diskussionen danken möchte. Sie wurden teilweise durch die unschuldige Frage »Kannst du mich ein bisschen unterstützen?« zur intensiven Mitarbeit animiert.

In erster Linie gilt mein Dank deshalb meinen Co-Autoren für ihren außergewöhnlichen Einsatz neben dem normalen Berateralltag. Ich bedanke mich bei Lukas Duddek, Katrin Eynck, Marc Fischer, Alexander Pörschke, Wilm Scheller, Henrik Seier, Sascha Winde und Dr. Stephan Zumdick, ohne die das Projekt nicht möglich gewesen wäre. Ich hoffe, dass Euch die Zusammenarbeit Spaß gemacht hat. Sascha, Stephan und Lukas möchte ich besonders danken: Sascha für die Koordination des Projekts und Stephan für das scheinbar mühe- und gleichzeitig gnadenlose Überarbeiten und Umstrukturieren von schon fertig geglaubten Texten. Lukas hat unermüdlich das Migrationsprojekt und die Installation unserer SAP-S/4HANA-Systeme vorangetrieben und dabei nicht nur einen Sonntag geopfert.

Meiner Familie danke ich dafür, dass die stimmungssteigernde Frage nach dem Fertigstellungstermin des Buches wirklich nur sporadisch und in Konfliktsituationen gestellt wurde.

Darüber hinaus möchten wir alle uns herzlich bedanken bei:

- den Kunden der *best practice consulting AG*, mit denen wir viele großartige Projekte durchführen und Lösungen erarbeiten durften
- insbesondere unserem Kunden *Westfälische Wilhelms-Universität Münster*, dessen Pilotprojekt zur Umstellung von SAP ERP auf SAP S/4HANA wir erfolgreich betreuen konnten
- unseren Kollegen von der *best practice consulting AG*, mit denen wir seit mehr als 15 Jahren so intensiv zusammenarbeiten. Unser gutes Betriebsklima ist der Ansporn, das Unternehmen weiterzuentwickeln.
- Herrn Rolf Schumann von SAP für die Bereitschaft, das Vorwort zu diesem Buch zu verfassen und wertvolle inhaltliche Hinweise zu geben
- Frau Eva Tripp vom Rheinwerk Verlag, die geduldig und freundlich unser Buch von der Grobkonzeption bis zur Drucklegung unterstützt hat
- allen, die wir hier nicht mehr persönlich erwähnen können

Trotz der wertvollen Hilfe, die ich erfahren durfte, übernehme ich die Verantwortung für die verbliebenen Fehler.

Ulf Koglin

Welche Anforderungen und Entwicklungen haben SAP dazu bewogen, eine völlig neue Produktlinie zu entwickeln? Und welche Veränderungen des technischen Grundgerüsts, der Vorgehensweise bei der Einführung, der Funktionen und der Bedienung des SAP-Systems bewirkt das? Dieses Kapitel gibt Ihnen Antworten auf diese und andere Fragen.

1 Konzepte von SAP S/4HANA

Am 3. Februar 2015 stellte SAP offiziell die neue Produktlinie SAP Business Suite 4 SAP HANA, kurz SAP S/4HANA, vor. Es war der größte Produkt-Launch der Firmengeschichte, und Hasso Plattner persönlich trat auf die Bühne der New Yorker Börse, um SAP S/4HANA dem Publikum zu präsentieren. Der gesamte Rahmen der Vorstellung unterstrich, welche Bedeutung das Produkt für SAP einnimmt.

SAP S/4HANA stellt die vierte große Produktgeneration des Unternehmens nach den Versionen SAP R/2, R/3 und ERP dar. Laut Aussage von SAP zeichnet sich die neue Plattform durch eine einfache Datenstruktur und gute Bedienbarkeit aus. Die technische Basis von SAP S/4HANA ist die Datenbank SAP HANA. Diese Datenbank und alle ihre Neuerungen beschreiben wir in diesem Buch ausführlich. Dabei schildern wir detailliert die Auswirkungen auf die Funktionen, die die Neuerungen mit sich bringen.

Damit Sie diese Neuerungen richtig einordnen können, müssen Sie zunächst erfahren, weshalb sich SAP für die Einführung einer neuen Produktlinie entschieden hat. Daher erklären wir in Abschnitt 1.1 zunächst den Begriff *digitale Transformation*. Dieser Wandel des Marktes ist der wesentliche Ausgangspunkt für die Entwicklung von SAP S/4HANA. Wir zeigen, welche Trends zur digitalen Transformation zählen und sie beschleunigen. Diese sogenannten *Treiber* werden anschließend in Abschnitt 1.2 aufgegriffen und in konkrete Anforderungen an moderne IT-Systeme übersetzt. Inwieweit SAP S/4HANA diesen Anforderungen gerecht wird, arbeiten wir schließlich in Abschnitt 1.3, »Lösungsansätze in SAP S/4HANA«, heraus.

1.1 Digitale Transformation

Digitalisierung und Vernetzung

Unter dem Begriff *digitale Transformation* versteht man die durchgängige Vernetzung aller Wirtschaftsbereiche sowie die Anpassung der Akteure an die neuen Gegebenheiten der digitalen Ökonomie. Die digitale Transformation bedeutet somit eine fundamentale Veränderung aller Wirtschaftsbereiche.

Unternehmen in nahezu allen Branchen sehen sich aufgrund der zunehmenden Digitalisierung mit neuen, großen Herausforderungen konfrontiert. Zukünftige Entwicklungen sind aufgrund ihrer Dynamik selbst für kurze Zeiträume kaum abzusehen, und langfristige Planungen werden immer schwieriger. Die Führungsebene von Unternehmen ist daher mit einer zunehmenden Entscheidungskomplexität konfrontiert: Entscheidungen müssen schnell und flexibel getroffen werden, obwohl zukünftige Entwicklungen kaum vorhersehbar sind. Bestehende Geschäftsmodelle alteingesessener Firmen können diesen Veränderungen teilweise nicht mehr gerecht werden. Aus diesem Grund ist eine Zunahme von Unternehmensneugründungen mit innovativeren digitalen Geschäftsmodellen zu beobachten (z. B. WhatsApp, mytaxi App, Netflix usw.).

Umwälzung von Geschäftsmodellen

Diese Veränderungen einer Vielzahl von Wirtschaftszweigen verdeutlichen, wie weit der Einfluss der Digitalisierung reicht. »Wer nicht mit der Zeit geht, der geht mit der Zeit« (Zitat des Wirtschaftsjahres 2010) – unabhängig davon, wie viele Jahrzehnte lang das Geschäft zuvor erfolgreich betrieben wurde. Alle Branchen sind gezwungen, den Schritt in das digitale Zeitalter zu machen. Geschäftsmodelle müssen an die digitale Architektur angepasst werden. Naturgemäß betrifft diese Entwicklung besonders Unternehmen aus der IT-Branche. Wenn wir nach Gründen für die Einführung der neuen Produktlinie SAP S/4HANA suchen, ist die digitale Transformation somit von fundamentaler Bedeutung.

Wesentliche Bestandteile der digitalen Transformation sind die Themen *Social Media*, *Internet of Things*, *Mobility* sowie *Analytics*. Sie werden im Folgenden isoliert voneinander betrachtet und können als mittelbare Treiber für die Entwicklung der Produktlinie SAP S/4HANA angesehen werden. Da sich in diesen Treibern zugleich auch marktseitige Anforderungen zur Verbesserungen der wirtschaftlichen Lage von Unternehmen verbergen, diskutieren wir bei der Darstellung der

Treiber auch diesen Aspekt. Hierdurch schaffen wir die Basis für die Diskussion der Anforderungen an IT-Systeme, die Sie in Abschnitt 1.2 finden.

1.1.1 Social Media

Social Media bzw. *soziale Medien* sind Plattformen zum digitalen Informationsaustausch. Sie können sich einerseits auf private Informationen beschränken oder können als Austauschplattformen für geschäftliche Informationen dienen. Je nach Ausrichtung eines Unternehmens können die sozialen Medien aus unterschiedlichen Gründen wichtig sein: Im Allgemeinen eröffnen sie einen neuen Kommunikationskanal zum Kunden und erlauben es, direktere Kundenbeziehungen zu führen sowie Marketingaktivitäten zielgerichteter anzuwenden. Darüber hinaus können sie auch zu Recruitment-Zwecken oder für den Know-how-Transfer eingesetzt werden. Abbildung 1.1 zeigt ein Beispiel für ein Profil bei LinkedIn.

Direkter Draht zum Kunden

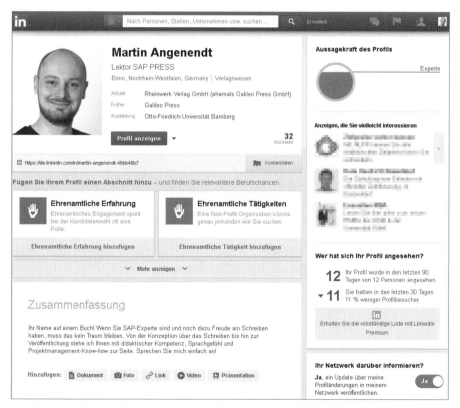

Abbildung 1.1 Beispiel für ein LinkedIn-Profil (Quelle: https://de.linkedin.com)

Je nach Einsatzzweck verursachen die sozialen Medien einen unterschiedlich großen Pflegeaufwand und verlangen mehr oder weniger Aufmerksamkeit vonseiten des Unternehmens. So können negative Kundenbewertungen aufgrund ihrer nicht regional beschränkten Reichweite erhebliche Image-Schäden verursachen. Darüber hinaus könnten besonders geeignete Bewerber von einer mangelhaften Unternehmenskommunikation abgeschreckt werden.

Soziale Medien bieten Unternehmen somit viele Möglichkeiten, verursachen zugleich aber auch einen zunehmenden Arbeitsaufwand, der kompensiert werden muss. Dass der Markt mittlerweile von Unternehmen erwartet, soziale Medien zu nutzen, zeigt, wie weit die digitale Transformation bereits vorangeschritten ist.

1.1.2 Mobility

Mobiles Internet

Das mobile Internet wird immer beliebter, und die mögliche Geschwindigkeit bei der Datenübertragung steigt. Diese sogenannte *Mobility* ist ein weiterer wesentlicher Treiber für technologische und gesellschaftliche Entwicklungen. Mit der Einführung von sogenannten App Stores, in denen Applikationen angeboten werden, die den Funktionsumfang von Smartphones beliebig erweitern können, wurde eine Milliarden-Industrie geschaffen. Durch mobile Lösungen sind neue Geschäftsmodelle entstanden, die ganze Branchen revolutionieren.

Ein Beispiel dafür ist die mytaxi App, die die klassischen Taxi-Zentralen als Teil der Prozesskette eliminiert und einen direkten Kontakt zwischen Fahrgast und Taxi herstellt: Benutzer und Fahrer können direkt interagieren. Der Bestellvorgang ist in Abbildung 1.2 illustriert.

Die gesamte Prozesskette wurde somit verschlankt, zeitlich optimiert, und der Service für den Kunden wurde erhöht. Dieses Beispiel kann beliebig auf verschiedene Branchen übertragen werden. Das Angebot von mobilen Services wird von Kunden zunehmend als selbstverständlich betrachtet. Existieren derartige Angebote nicht, kann dies einen entscheidenden Wettbewerbsnachteil darstellen.

Auch im Geschäftsumfeld – sei es unternehmensintern oder in der Beziehung zu Partnerunternehmen – können mobile Lösungen zur Prozessoptimierung beitragen.

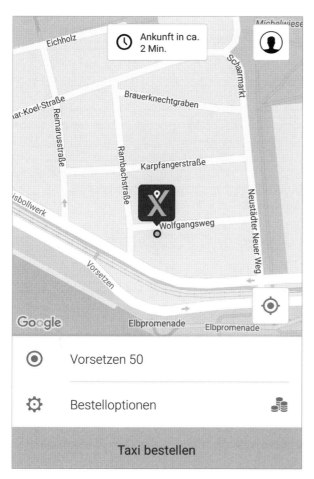

Abbildung 1.2 mytaxi App (Quelle: Intelligent Apps GmbH)

Das betrifft insbesondere die Faktoren Zeit und Kosten. Die synchrone Anbindung mobiler Anwendungen (z. B. in der Instandhaltung wie in Abbildung 1.3 dargestellt) ermöglicht externen Technikern einen direkten Zugriff auf wichtige Daten.

Die Disposition von Mitarbeitern im Außendienst kann quasi in Echtzeit erfolgen, wodurch auf aktuelle Ereignisse reagiert werden kann. Der direkte Zugriff auf die Systeme im Unternehmen verringert Medienbrüche, reduziert doppelte Arbeit und sorgt für eine höhere Datenqualität.

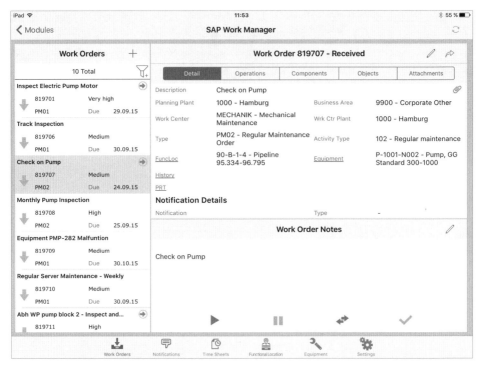

Abbildung 1.3 Beispiel einer App für die Instandhaltung

1.1.3 Internet of Things

Der Begriff *Internet of Things* (dt. Internet der Dinge) beschreibt im Wesentlichen die Anbindung unterschiedlicher physischer Objekte an das Internet. Die Entwicklungen der letzten Jahre haben die Computer und Prozessoren nicht nur schneller, sondern auch kompakter und effizienter gemacht, sodass z. B. Smartphones oder auch Smartwatches heute als vollwertige Mikrocomputer mit Internetanbindung einzustufen sind.

Geräte, die über eine direkte Anbindung an das Internet verfügen, werden in allen Bereichen des Konsums und der Gesellschaft immer häufiger eingesetzt. Sie stehen sinnbildlich für den digitalen Wandel. So sind moderne Fahrzeuge z. B. für die Navigation und den Empfang von Verkehrsdaten mit dem Internet verbunden; aktuelle Musikanlagen verfügen häufig über eine Internetradio-Funktion, und Paketsendungen lassen sich online verfolgen.

Der Einsatz dieser vernetzten Geräte und Internettechnologien bietet wie die zuvor beschriebenen digitalen Treiber großes Potenzial zur Optimierung von Prozessen, zur Erweiterung von Services und schließlich zur Schaffung von ganz neuen Geschäftsmodellen. Auch durch das Internet of Things ergeben sich somit wesentliche Marktanforderungen. Abbildung 1.4 zeigt ein Beispiel für eine Anwendung des Internet of Things im SAP-Kontext. So ist es mithilfe von Sensoren möglich, den jeweiligen Status eines Windrades zu ermitteln und via SAP HANA Cloud Platform for the Internet of Things (IoT) automatisiert an ein SAP-S/4HANA-System zu übermitteln. Dies hilft bei der automatisierten Planung, der Wartung und der Prognose von Ausfällen.

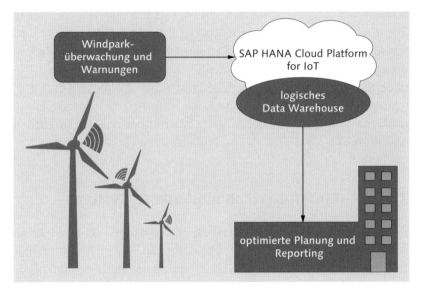

Abbildung 1.4 Windparküberwachung mit der SAP HANA Cloud Platform for IoT

1.1.4 Analytics

Alle bislang dargestellten Treiber haben das Potenzial, große Veränderungen bei Geschäftsmodellen und -prozessen herbeizuführen. Sie setzen aber auch die Verarbeitung hoher Datenmengen, *Big Data* genannt, voraus, wenn man sie in vollem Umfang nutzen möchte. Pro Tag werden z. B. im sozialen Netzwerk Twitter über 500 Millionen Kurznachrichten versendet. Facebook verfügt über ca. 1,5 Milliarden aktive Nutzer, und allein in Deutschland existieren derzeit mehr als 40 Millionen Smartphones.

Potenziale von Big Data

Diese Daten enthalten Informationen, die einen großen Mehrwert für Unternehmen leisten können. Um dieses nützliche Wissen jedoch aus der Fülle aller Daten extrahieren zu können, braucht man Analysewerkzeuge, die geeignet sind, um Echtzeitauswertungen zum Nutzungsverhalten oder zu den Aussagen von Kunden vorzunehmen. Sie ermöglichen dann gezielte Marketing- und Vertriebsaktivitäten und können ihrem Nutzer einen erheblichen Wettbewerbsvorteil verschaffen.

Neben der Auswertung von Kundenbewertungen besitzen Werkzeuge zu Echtzeitauswertungen (Analytics) auch noch weitere Anwendungsbereiche, z. B. innerhalb der Produktion oder des Controllings. Die unmittelbare Auswertung von Unternehmensinformationen kann Fehlerquellen in den Prozessketten frühzeitig identifizieren und sowohl die operative als auch die strategische Entscheidungsfindung erheblich unterstützen. Die zunehmende Bedeutung der strategischen Relevanz von Echtzeitauswertungen stellt somit eine letzte marktseitige Anforderung durch die digitale Transformation dar. Inwieweit sich diese konkret in den Anforderungen an moderne IT-Systeme widerspiegelt, beschreiben wir im folgenden Abschnitt.

1.2 Anforderungen an moderne IT-Systeme

Die bislang identifizierten Treiber der digitalen Transformation beschreiben allgemeine Marktveränderungen, die sich unmittelbar auf die Geschäftsmodelle von Unternehmen auswirken, indem sie ihre Anforderungen beeinflussen. Da wir in diesem Kapitel vor allem den Ursprung und den Lösungsansatz der neuen SAP-Produktlinie SAP S/4HANA betrachten, machen wir einen Zwischenschritt und leiten aus diesen allgemeinen Marktanforderungen die konkreten Anforderungen ab, die an IT-Systeme gestellt werden. Hierzu vergleichen wir in diesem Abschnitt die aktuelle Situation von IT-Systemen mit den marktseitigen Anforderungen und arbeiten so die konkreten Anforderungen an moderne IT-Systeme heraus.

Wir versuchen, die Parallelen zwischen Markt- und IT-System-Anforderungen unmittelbar aufzuzeigen. Wir gehen somit, wie in Abbildung 1.5 dargestellt, zunächst auf die geforderte *Flexibilität* von IT-Systemen ein, erörtern anschließend den Umgang mit *großen Datenmengen* (Big Data) und diskutieren dann die Aspekte *Usability* (Benutzerfreundlichkeit) und *Echtzeitdatenauswertung*.

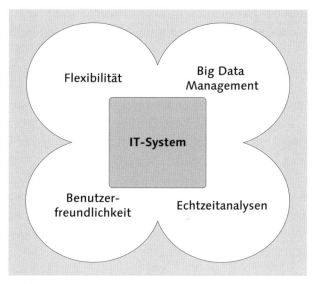

Abbildung 1.5 Einflussfaktoren auf IT-Systeme

1.2.1 Flexibilität

In den vergangenen Jahren sind die Anforderungen an die Flexibilität von Unternehmen im Allgemeinen und damit auch an die IT-Landschaft im Besonderen erheblich gestiegen. Systeme für unterschiedliche Anwendungsfälle müssen miteinander in Einklang gebracht werden. Individuelle Schnittstellen müssen entwickelt werden, um heterogene Systeme zu verbinden. Die IT-Systeme selbst sind häufig durch individuelle Anpassungen modifiziert, um die Anforderungen der Unternehmen passgenau zu erfüllen.

Wegen dieser komplexen gewachsenen Strukturen mangelt es an der Fähigkeit, notwendige Änderungen und Innovationen kurzfristig umzusetzen. In den meisten Unternehmen dauert es sehr lange, bis Änderungen realisiert werden. Komplexität und Heterogenität führen zu langen und aufwendigen Testphasen, um die Funktionstüchtigkeit der IT-Prozesse sicherzustellen. Technologische Innovationen erreichen die Unternehmen sehr spät, da interne Systeme und Know-how hinsichtlich der Wartung und Betreuung erst geschaffen werden müssen. Eigene Modifikationen von Standardsoftware führen dazu, dass neue Softwareversionen der Hersteller nur mit sehr hohem Aufwand genutzt werden können. Diese Schwerfälligkeit von Strukturen und IT-Systemen in vielen Unternehmen führt zu mangelnder Agilität und Innovationsfähigkeit.

Schnelle Reaktionsfähigkeit

Aus der Schilderung der Ist-Situation in vielen Unternehmen lassen sich Anforderungen ableiten: Die Reduzierung der Komplexität steht an erster Stelle, um in der Zukunft Innovationen zu ermöglichen. Die Komplexität betrifft dabei sowohl die IT-Landschaften mit ihrer Vielzahl an heterogenen Systemen als auch die Strukturen innerhalb einzelner Systeme. Redundante Daten (z. B. Aggregationstabellen zur Datenanalyse) müssen vermieden werden. Ein wesentliches Ziel muss die Verringerung des Testaufwandes sein, um zeitnahe Innovationen überhaupt zu ermöglichen. Dies beinhaltet auch eine Abkehr von eigenen Modifikationen an der Standardsoftware. Je mehr kundeneigene Änderungen an den Systemen vorgenommen wurden, umso größer ist der Aufwand, neue Versionen der Hersteller zu nutzen, da die neuen Funktionen zunächst mit systemindividuellen Anpassungen in Einklang gebracht werden müssen.

Der Weg in die Cloud — Um diese Einschränkungen zu kompensieren, werden Plattformen benötigt, die einerseits eine Basis für eigene Entwicklungen darstellen, andererseits über Standardschnittstellen nur lose an die Systeme gekoppelt sind. Neben *On-premise-Systemen*, die intern im Unternehmen installiert sind und dort gewartet und betreut werden, können zukünftig auch innovativere *Deploymentformen* (Betriebsformen) relevant werden. *Cloud-Modelle* bieten Services, die von einzelnen, ergänzenden Funktionalitäten bis hin zum kompletten Betrieb geschäftskritischer Anwendungen reichen. Sie offenbaren Unternehmen somit neue Möglichkeiten: Anstatt eigene Hardware anzuschaffen und Know-how zum Umgang mit ihr aufzubauen, können Unternehmen Cloud-Lösungen unmittelbar und häufig unproblematisch in Betrieb nehmen. Die Betreuung und Aktualisierung der Cloud-Lösungen wird vom Anbieter übernommen und bindet keine Ressourcen des Unternehmens.

Das Angebot neuer bzw. der Ausbau bestehender Deploymentformen stellt somit wesentliche Anforderungen an moderne IT-Systeme dar.

1.2.2 Big Data Management

Sowohl soziale Medien als auch das Internet of Things sorgen dafür, dass Unternehmen immer größere Datenmengen verarbeiten, filtern und daraus Wissen extrahieren müssen. Man spricht in diesem Zusammenhang von *Big Data Management*. Auch in transaktionalen

Geschäftsanwendungen fallen bereits sehr große Datenmengen an, die verarbeitet und analysiert werden müssen. Um aus diesen Datenmengen nützliches Wissen zu extrahieren, werden Funktionen auf der Basis aktueller wissenschaftlicher Erkenntnisse und Disziplinen benötigt, z. B. in Form von statischen Verfahren, Elementen der Spieltheorie oder Methoden wie Simulationen.

Eine besondere Herausforderung beim Management großer Datenmengen ergibt sich aus dem Aufarbeitungsbedarf unstrukturierter Daten. Während strukturierte Daten (wie Bestellungen im Onlineshop oder gemessene Temperaturwerte einer Maschine) analytisch aufbereitet werden können, ist dies bei unstrukturierten Daten (wie Postings in sozialen Medien) ungleich schwerer. Um derartige Aufgabenstellungen zu lösen, werden Methoden aus dem Gebiet des *Text Minings* benötigt. Unter diesem Begriff fasst man verschiedene Analyseverfahren zusammen, mit denen man versucht, Bedeutungsstrukturen in schwach- oder unstrukturierten Texten zu erkennen. Ein Vertreter dieser Verfahren ist die sogenannte *Sentimentanalyse*. Mit ihr versucht man zu ermitteln, ob der Autor eines Textes eine positive oder negative Haltung zu seinem Thema vertritt. Diese Stimmungsanalyse ist eine wichtige Grundlage, um z. B. automatisiert aus den Postings in sozialen Netzwerken Kundenmeinungen abzuleiten.

<small>Unstrukturierte Daten verarbeiten</small>

Halten wir also fest, dass durch den digitalen Fortschritt immer größere Datenmengen generiert werden. Egal ob diese Daten strukturiert oder unstrukturiert sind – es werden Technologien benötigt, mit denen man nützliche Informationen aus diesen Daten extrahieren kann. Dieses Wissen könnte dann direkt in eine Aktion umgesetzt werden. Die Optimierung und Weiterentwicklung des Big Data Managements ist somit eine weitere wesentliche Anforderung an moderne IT-Systeme.

1.2.3 Benutzerfreundlichkeit

Eine der wesentlichen Anforderungen an moderne *Benutzeroberflächen* (User-Interfaces) ist die einfache Bedienung. Aktuelle Oberflächen müssen so intuitiv wie möglich gestaltet und hochgradig selbsterklärend sein, damit sie unmittelbar von Kunden oder auch von Sachbearbeitern verwendet werden können. Beispiele für benutzerfreundliche Bedienungsoberflächen sind z. B. die Webseiten *www.amazon.de* oder *www.ebay.de*.

<small>Intuitive Bedienung von IT-Systemen</small>

Abbildung 1.6 zeigt eine benutzerfreundliche Oberfläche am Beispiel des Online-Versandhauses Amazon.

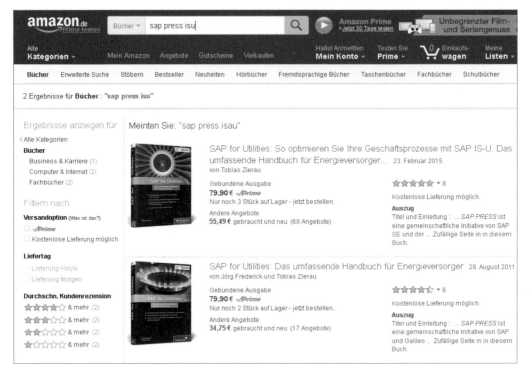

Abbildung 1.6 Benutzeroberfläche von Amazon (Quelle: amazon.de)

Deren Oberflächen sind so intuitiv wie möglich gestaltet und können daher als Benchmark für andere IT-Systeme und deren Bedienung herangezogen werden.

Das Konzept der Benutzerfreundlichkeit kann vom Endkonsumentenbereich unmittelbar auf die Unternehmensebene übertragen werden. Der Schulungsaufwand und die Einarbeitungszeiten können durch die Verwendung intuitiver Eingabemasken erheblich reduziert werden, und die Produktivität von Mitarbeitern steigt, wenn Klickwege verkürzt werden. Weiterhin können durch das IT-gestützte Einreichen von Urlaubsanträgen sowie das individuelle Eintragen von Arbeitszeiten Prozesse optimiert und der Materialverbrauch reduziert werden. Eine hohe Benutzerfreundlichkeit (Usability) stellt damit eine weitere wesentliche Anforderung an moderne IT-Systeme dar.

Diese Anforderung geht mit einer Fokussierung auf den Anwender und seine Anwendungsfälle bzw. seine Rolle einher. Abbildung 1.7 stellt den Unterschied zwischen klassischen Oberflächen und rollenbezogenen Oberflächen dar.

Der Anwender im Fokus

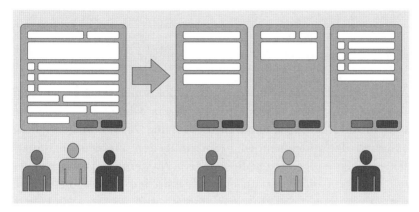

Abbildung 1.7 Auf den Benutzer zugeschnittene Oberflächen

Bisher sind die Oberflächen häufig transaktionsbezogen gestaltet. Das heißt, alle Funktionen zu einem bestimmten Themengebiet sind in möglichst einer Maske untergebracht. Die Anwender benötigen in Abhängigkeit von ihrer Aufgabe jedoch häufig nur einen kleinen Teil der gebotenen Funktionen. Die übrigen, ungenutzten Möglichkeiten machen die Oberflächen dann sehr komplex und führen dazu, dass sich mancher Anwendungsfall – obwohl er inhaltlich sehr einfach ist – auf der Benutzeroberfläche nicht intuitiv durchführen lässt.

Ein Ansatz zur Entwicklung von modernen Oberflächen nennt sich *Design Thinking*. Darunter versteht man eine Methode, die das Ziel verfolgt, Lösungen zu schaffen, die aus der Sicht des Benutzers überzeugend sind. Es geht dabei nicht darum, möglichst viele Funktionen in eine Oberfläche zu stecken, sondern die Bedarfe der Anwender genau zu treffen. Design Thinking beschreibt somit einen Entwicklungsprozess, der in verschiedene Phasen aufgeteilt ist. Die Ausgangsbasis ist das Verständnis des Anwendungsfalls aus der Sicht des Anwenders. Darauf aufbauend werden Konzepte entwickelt, Prototypen erstellt und evaluiert, bis schlussendlich eine aus Sicht des Users optimale Lösung gefunden ist. Abbildung 1.8 stellt den Prozess des Design Thinkings dar. Sie verdeutlicht die einzelnen Schritte vom Verstehen der Anforderungen an eine Benutzeroberfläche bis hin zum Testen.

Design Thinking

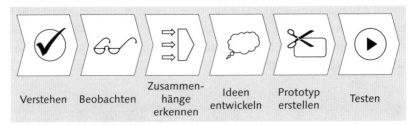

Abbildung 1.8 Design Thinking

Aus der geschilderte Reduzierung der Funktionen mit Blick auf den Anwender und die dadurch erreichte Vereinfachung ergibt sich eine weitere Anforderung an moderne IT-Systeme: Anwendungen sollten aufgrund der zunehmenden Verbreitung des Internets auf unterschiedlichen Endgeräten bedienbar sein. Moderne IT-Lösungen sollten deswegen nicht nur auf einem klassischen Desktop-PC laufen, sondern auch auf Smartphones, Tablets und weiteren Endgeräte nutzbar sein.

Responsive Oberflächen

Die Basis für diese grenzüberschreitende Anwendung stellen *responsive Oberflächen* dar. Sie besitzen die Fähigkeit, sich der Größe eines Gerätes anzupassen. Beispielsweise wird ein Menü auf dem Tablet oder Desktop-PC permanent angezeigt, während es auf dem Smartphone manuell geöffnet werden muss, da es sonst zu viel Platz wegnehmen würde. Generell setzt dieses Betriebsmodell jedoch voraus, dass die Komplexität von Anwendungen reduziert wird; andernfalls ist keine sinnvolle Gestaltung kleiner Oberflächen (z. B. auf dem Smartphone) möglich.

Vielfältige Eingabemöglichkeiten

In Zeiten des digitalen Wandels meint Benutzerfreundlichkeit jedoch nicht nur unterschiedliche Bildschirmgrößen. Eine Benutzerschnittstelle kann auch die Möglichkeit zur Spracherkennung sein, wie sie z. B. bei Smartphones oder modernen Navigationsgeräten zur Verfügung steht. Eine Smartwatch, eine intelligente Brille wie Google Glass oder auch ein Barcode-Scanner besitzen ebenfalls Schnittstellen, die an moderne IT-Systeme gekoppelt werden können.

Eben diese Vielfalt an Eingabemöglichkeiten und Benutzerschnittstellen zur eigentlichen Geschäftslogik in der Business-Anwendung führt zu einer weiteren Anforderung: zur *Entkopplung* bzw. zur losen Kopplung von Oberflächenentwicklung und Geschäftslogik. In aktuellen IT-Systemen ist diese Entkopplung in der Regel nicht gegeben. Sollen unterschiedliche Geräte an die Prozesse im Backend angebunden werden, darf in den einzelnen UI-Entwicklungen keine Geschäftslogik enthalten sein. Andernfalls müsste sie in alle Benutzerschnittstellen ebenfalls integriert werden und würde damit zu Redundanzen und zu einer erhöhten Fehleranfälligkeit führen. Die Trennung von UI-Entwicklungen und Geschäftslogik ist damit eine weitere wichtige Anforderung an moderne IT-Systeme.

1.2.4 Echtzeitdatenauswertung

In der aktuellen IT-Landschaft bilden transaktionale Systeme den Kern der Geschäftsanwendungen. Sie legen anfallende Transaktionen ohne Zeitverzögerung in Datenbanken ab. Diese Systeme werden auch als *OLTP-Systeme* (Online Transactional Processing) bezeichnet. In der Regel generieren sie durch Transaktionen Buchungen und Belege. Ein Beispiel hierzu ist der Eingang einer Kundenbestellung, durch den ein Transaktionsbeleg gespeichert wird, in dem die Bestellnummer eindeutig dem Kunden zugeordnet ist. Ein anderes Beispiel ist der Wareneingang eines Lieferanten, der ebenfalls durch eine Buchung protokolliert wird.

Ein wichtiges Merkmal dieser transaktionalen Systeme ist die sogenannte *Transaktionssicherheit*. Das heißt, die Richtigkeit und die Konsistenz der Daten muss bei parallelen Zugriffen und Änderungen sichergestellt sein. Die Systeme speichern die anfallenden Daten im höchsten erforderlichen Detaillierungsgrad in Datenbanken ab. Eine Buchung entspricht dabei häufig einem oder mehreren Tabelleneinträgen. Geht es darum, Massendaten aufzubereiten und auf dieser Basis Entscheidungen zu treffen, sind transaktionale Systeme häufig nicht gut geeignet. Sie sind zu langsam, wenn es um den Zugriff auf die Daten in relationalen Datenbanken geht. Eine Vielzahl von Datensätzen (z. B. Bestellbelege) nach unterschiedlichen Kriterien abzufragen und darüber hinaus Muster zu erkennen, ist in diesen Systemen sowohl zeit- als auch performanceintensiv.

Grenzen transaktionaler Systeme

Um dieses Problem zu bewältigen, können grundsätzlich zwei Lösungsansätze zum Einsatz kommen:

▸ **OLTP-Systeme**
In Lösungsansatz eins werden im transaktionalen OLTP-System zu jeder eingehenden Bestellung parallel Aggregatstabellen fortgeschrieben. Zusätzlich zu der eigentlichen Tabelle mit den Bestellbelegen werden also weitere Tabellen angelegt, in denen z. B. die

Bestellsummen nach Kalenderwochen automatisch aufaddiert werden. Ein Bestelleingang führt in diesem Beispiel zu zwei Einträgen: zu einem Eintrag in die Tabelle der Bestellbelege und zu einer Erhöhung der Bestellsumme der aktuellen Kalenderwoche in der zweiten Tabelle. Dieser Ansatz hat zur Folge, dass die Bestellsummen je Kalenderwoche performant analysiert werden können; er führt jedoch zu erhöhter Komplexität, zu Redundanzen sowie zu Fehleranfälligkeit.

▶ **OLAP-Systeme**
Beim zweiten Lösungsansatz kommen aktuell häufig *OLAP-Systeme* (Online Analytical Processing) zum Einsatz. Hierunter wird der Einsatz eines Data-Warehouse-Systems verstanden. Die Daten aus dem transaktionalen System werden in das parallele OLAP-System geladen und dort entsprechend den analytischen Anforderungen aufbereitet und aggregiert. Um die Performance des transaktionalen Systems nicht zu beeinträchtigen, geschieht dies häufig über Nacht, sodass eine Auswertung der Daten mit einem Verzug von etwa 24 Stunden möglich ist. Abbildung 1.9 stellt die Architekturen von OLTP und OLAP gegenüber.

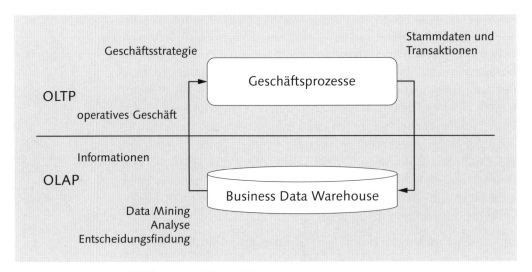

Abbildung 1.9 OLTP vs. OLAP

Beide bestehenden Lösungen unterliegen Einschränkungen hinsichtlich Geschwindigkeit und Flexibilität der Auswertungen. Ist z. B. die Analyse von Bestellungen, bezogen auf eine weitere Dimension (neben den Kalenderwochen), erforderlich, erfordert dies im ersten

Fall eine zusätzliche Programmierung im System, sodass eine weitere Aggregatstabelle fortgeschrieben wird. Auch im zweiten Fall (also beim Einsatz eines Data Warehouses) ist eine entsprechende Konfiguration des Systems erforderlich, die frühestens nach 24 Stunden zu einem Ergebnis kommen kann. Weil die OLTP- und OLAP-Systeme voneinander getrennt sind, ist es nicht möglich, Daten aus den operativen Systemen in Echtzeit anhand beliebiger Kriterien zu analysieren, auszuwerten und aus den Erkenntnissen Maßnahmen abzuleiten.

Die wesentliche Ursache dafür ist der inperformante Zugriff auf die Massendaten in relationalen Datenbanksystemen. Erst mit einer Zusammenführung von OLAP und OLTP in einem einzigen System kann den heutigen Anforderungen entsprochen werden. Lassen sich in Echtzeit Auswertungen auf den aktuellen Datenbeständen durchführen, ist es möglich, diese Erkenntnisse in sofortige Entscheidungen umzusetzen.

Verarbeitung in Echtzeit

Mithilfe komplexer Algorithmen lassen sich dann (z. B. anhand von Mustern, die in Daten erkannt werden) auch Aussagen über die Zukunft treffen. Die sogenannte *Predictive Analysis* beschäftigt sich mit genau diesem Thema, wobei unterschiedliche Tools und Algorithmen zum Einsatz kommen. Die letzten wesentlichen Anforderungen an moderne IT-Systeme sind somit: Performance-Steigerungen beim Datenbankzugriff und verbesserte Möglichkeiten zur Echtzeitdatenauswertungen.

Predictive Analysis

1.2.5 Zusammenfassung der Anforderungen

Im Rahmen von Abschnitt 1.2 haben wir unterschiedliche Anforderungen an moderne IT-Systeme identifiziert. Sie alle hängen mit den Treibern der digitalen Transformation zusammen. So konnten wir als relevante Anforderungen an moderne IT-Systeme insbesondere die folgenden Aspekte herausarbeiten:

- Anpassung an zunehmenden Flexibilitätsbedarf durch neue Deploymentformen
- Komplexitätsreduktion von IT-Infrastrukturen zur Verringerung von Testaufwänden sowie Sicherstellung von Agilität und Innovationsfähigkeit
- Verarbeitung von großen Datenmengen insbesondere im Zusammenhang mit Social Media oder dem Internet of Things

- einfache, intuitiv bedienbare Nutzeroberflächen mit Berücksichtigung der Benutzerrolle im Unternehmen
- Anbindung von Schnittstellen und Interaktionsmöglichkeiten
- Entkopplung von User-Interface und Geschäftslogik
- Bereitstellung von skalierbaren Oberflächen, die auf unterschiedlichen Endgeräten nutzbar sind
- Implementierung von Lösungen zur ortsunabhängigen mobilen Nutzung von Systemen
- flexible Echtzeitanalysen auf transaktionalen Daten, um Informationen zu gewinnen und schnell Maßnahmen ergreifen zu können
- Nutzung wissenschaftlicher Methoden zur Analyse von Daten, zur Extraktion von Wissen sowie zur Prognose zukünftiger Ereignisse
- Integration von Funktionalitäten zur Aufbereitung strukturierter und unstrukturierter Daten

Die genannten Punkte stellen die Kernanforderungen an IT-Systeme und -Infrastrukturen dar, die – wie gezeigt wurde – mittelbar auf die digitale Transformation zurückzuführen sind. Wir werden sie in Abschnitt 1.3 aufgreifen, um darzustellen, inwieweit SAP diese Anforderungen in der neuen Produktlinie SAP S/4HANA berücksichtigt hat.

1.3 Lösungsansätze in SAP S/4HANA

In diesem Abschnitt geben wir Ihnen einen Überblick über die fundamentalen Neuerungen in SAP S/4HANA – insbesondere im Vergleich zur SAP Business Suite.

SAP S/4HANA als Antwort

Abbildung 1.10 zeigt den Zusammenhang zwischen den Kernbestandteilen von SAP S/4HANA und den Treibern der digitalen Transformation auf und veranschaulicht damit, dass die neue Unternehmenssoftware zentraler Teil einer zukunftsfähigen Strategie von SAP ist.

Zu Beginn dieses Kapitels haben wir Ihnen gezeigt, welche Veränderungen die digitale Transformation mit sich bringt und erläutert, welche Anforderungen an moderne IT-Systeme mit diesen Veränderungen einhergehen. Diese Anforderungen waren die Grundlage für die Entwicklung von SAP S/4HANA.

1.3 Lösungsansätze in SAP S/4HANA

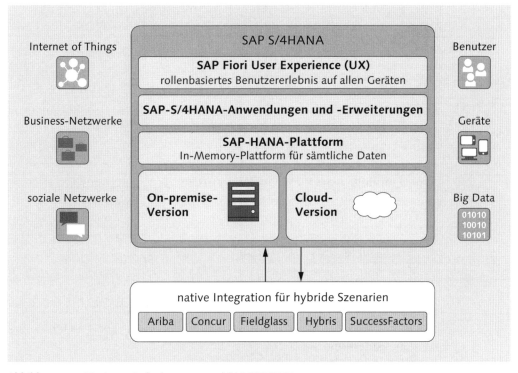

Abbildung 1.10 Moderne Anforderungen und SAP S/4HANA

Dieser Abschnitt widmet sich nun der Umsetzung dieser Anforderungen in der neuen Softwaregeneration. Ziel des Abschnitts ist dabei nicht, Ihnen eine detaillierte Beschreibung der Funktionen zu geben, die SAP S/4HANA für Finanzwesen und Logistik bereithält. Auf diese Funktionen gehen wir in Kapitel 4, »SAP S/4HANA Finance«, und in Kapitel 5, »SAP S/4HANA in der Logistik«, eigens ein. Vielmehr geben wir Ihnen einen Überblick über die grundlegenden Merkmale der Architektur. Wir stellen dabei den Bezug zu den Anforderungen an moderne IT-Systeme her, die wir in Abschnitt 1.2 beschrieben haben.

Abbildung 1.11 verdeutlicht den Zusammenhang zwischen den o. g. IT-Anforderungen und den wesentlichen Bestandteilen des SAP-S/4HANA-Konzepts. Dieser Zusammenhang wird im Folgenden erläutert. Die Struktur der Abbildung orientiert sich an den fünf Bestandteilen des Konzepts; wir werden *HANA-Datenbank*, *Redesign*, *Deploymentformen*, *Schnittstellen und Funktionen* sowie *Benutzeroberflächen* und *SAP Fiori* nacheinander vorstellen.

1 | Konzepte von SAP S/4HANA

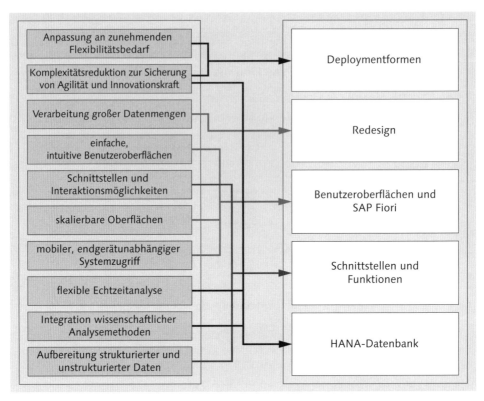

Abbildung 1.11 Zusammenhang zwischen den IT-Anforderungen und den Bestandteilen von SAP S/4HANA

1.3.1 Die Datenbank SAP HANA

Heutige SAP-Systemlandschaften zeichnen sich durch eine hohe Komplexität aus. Daten und Prozesse werden auf unterschiedliche Systeme verteilt und müssen über entsprechende Integrationssysteme miteinander kommunizieren. Die systemübergreifende Datenredundanz und resultierende Schnittstellen sorgen häufig für eine mangelnde Innovationsfähigkeit. Das Adaptieren neuer Lösungen in derartige Strukturen birgt Risiken und führt meist zu einem hohen Testaufwand, um die notwendige Systemstabilität zu gewährleisten. Die meisten Systeme werden von eigenem IT-Personal betreut und binden dadurch wertvolle Ressourcen.

Diese Einschränkungen stehen den Anforderungen gegenüber, die sich durch die digitale Transformation ergeben, und stellen damit für SAP schwerwiegende Gründe dar, mit S/4HANA eine neue Produktlinie als Lösungsszenario zu etablieren. SAP S/4HANA nutzt dabei als eine wesentliche Komponente die HANA-Datenbank. Sie wurde unter anderem mit dem Ziel konstruiert, ein deutlich vereinfachtes Datenmodell abzubilden und kürzere Zugriffzeiten zu ermöglichen.

Die HANA-Datenbank wurde erstmals im Jahr 2010 vorgestellt. Im Gegensatz zu den klassischen Datenbanken basiert sie auf der sogenannten *In-Memory-Technologie*. Bei diesem Ansatz werden die Daten im Hauptspeicher eines Systems vorgehalten. Verglichen mit den bisherigen Datenbanken, die ihre Daten auf Festplatten ablegen, können Datenzugriffe auf Basis von SAP HANA deutlich schneller erfolgen. Weiterhin werden die Daten spaltenorientiert abgelegt, was insbesondere bei der Durchführung von Analysen und bei der Bildung von Aggregaten in Echtzeit zu Performance-Steigerungen führt. Technische Details zu der genauen Funktionsweise von SAP HANA erläutern wir in Kapitel 2, »Die technischen Säulen von SAP S/4HANA«.

Die In-Memory-Technologie

Durch die neue HANA-Technologie können wesentliche Anforderungen an moderne IT-Systeme abgedeckt werden. Aufgrund der erheblich verbesserten Zugriffszeiten ist es möglich, flexible Auswertungen in Echtzeit auf großen Datenmengen durchzuführen. Die HANA-Datenbank bietet damit eine integrierte Lösung, um sowohl strukturierte als auch unstrukturierte Daten zu verarbeiten.

1.3.2 Redesign

Redesign bezeichnet die Veränderungen der Systemarchitektur unter SAP S/4HANA im Vergleich zur SAP Business Suite. Die Datenhaltung von SAP-ERP-Systemen basierte bislang auf relationalen Datenbanken. Dabei konnten Produkte unterschiedlicher Hersteller (z. B. von Oracle oder Microsoft) zum Einsatz kommen. Neue Anforderungen – wie die flexiblen Analysen in Echtzeit, die Zusammenfassung von OLTP und OLAP oder das geforderte Big Data Management – konnten auf dieser Basis nicht realisiert werden. Um Auswertungen dennoch zeitnah zur Verfügung zu stellen, existierte in einem ERP-System eine Vielzahl von Aggregats- und Indextabellen. Diese Tabellen erhöhten die Komplexität der Datenverarbeitung und sorgten für Redundanzen sowie für hohen Speicherbedarf. Über externe analytische Systeme (z. B. SAP BW) konnten zwar weitere Auswertungen erfolgen. Hierbei kam es jedoch zu Verzögerungen, da die Daten meist über Nacht extrahiert und aufbereitet werden mussten.

Eine neue Systemarchitektur

1 | Konzepte von SAP S/4HANA

Die SAP Business Suite kann mit der SAP-HANA-Datenbank zwar grundsätzlich betrieben werden und wurde für eine performantere Verarbeitung optimiert. Diese Optimierung wurde allerdings so umgesetzt, dass in das bestehende Coding Abfragen integriert wurden, mit denen geprüft werden kann, ob die zugrunde liegende Datenbank eine HANA-Datenbank ist. Abhängig vom Ergebnis werden die Datenzugriffe dann angepasst, um bessere Laufzeiten zu erzielen. Ein echtes Redesign der bestehenden ERP-Funktionalität, das auf das neue Datenbankkonzept abgestimmt war, erfolgte allerdings nicht.

Verringerung des Daten-Footprints

Hieraus ergeben sich im Vergleich zu SAP S/4HANA insbesondere zwei Nachteile: Einerseits bleiben Potenziale zur Verbesserung der Performance ungenutzt und andererseits erfolgt keine Reduktion des Daten-Footprints. Das heißt, bestehende Summen- und Indextabellen werden weiterhin in identischer Form fortgeschrieben. Die SAP Business Suite benötigt daher im Gegensatz zum SAP S/4HANA-System einen deutlich größeren Arbeitsspeicher.

Verzicht auf Summen- und Indextabellen

Bei der Entwicklung von *SAP S/4HANA Enterprise Management* ergriff SAP die Chance, das System neu zu gestalten. Das neue System schreibt bei der Verbuchung von Transaktionen deutlich weniger Tabellen fort, weil die neue Datenbanktechnologie die Möglichkeit bietet, auf Summen- oder Indextabellen zu verzichten. Der Speicherbedarf der neuen Lösung wurde damit um ein Vielfaches reduziert. Weiterhin wurden Funktionen (wie z. B. die Materialbedarfsplanung) vollständig neu entwickelt und im Sinne des Redesigns der neuen Technologie überarbeitet. Diese Entwicklungen betreffen aktuell die Logistik und das Rechnungswesen – in künftigen Releaseständen ist allerdings auch ein Redesign für weitere Funktionsbereiche vorgesehen.

Die genannten Nachteile von klassischen ERP-Systemen können somit mithilfe von SAP S/4HANA überwunden werden. Die neue Produktlinie ist durch ihren innovativen technischen Unterbau den Anforderungen gewachsen, die moderne IT-Systeme im Hinblick auf den Echtzeitdatenzugriff stellen, und ist damit ihren Vorgängern technisch überlegen.

1.3.3 Betriebsformen von SAP S/4HANA

SAPs Cloud-Strategie

Mit der Produktlinie SAP S/4HANA Enterprise Management etabliert SAP eine neue Betriebsform (Deploymentform): die Cloud-Strategie.

Sie verfolgt das Ziel, wesentliche Probleme heutiger IT-Landschaften zu überwinden, indem die Komplexität interner IT-Infrastrukturen reduziert wird. SAP versteht die neuen Cloud-Lösungen als Ergänzungen oder Alternative zu internen Systemen. Der interne Ressourcenbedarf an Personal und Hardware wird durch den Einsatz von Cloud-Komponenten erheblich reduziert: Zum einen besteht keine Notwendigkeit mehr, interne Hardware anzuschaffen, zum anderen reduziert sich der Mitarbeitereinsatz für den Betrieb und die Betreuung der Systeme erheblich.

Um unterschiedlichen Kundenbedürfnissen gerecht zu werden und ein breites Spektrum flexibler Lösungsalternativen anbieten zu können, wird SAP S/4HANA in mehreren Versionen angeboten. Neben der klassischen *On-premise-Version*, die im kundeneigenen Netzwerk selbst betrieben wird, werden künftig auch cloudbasierte Varianten angeboten.

On-premise-Version

In der sogenannten *Managed-Cloud-Version* (SAP S/4HANA Cloud, private option) wird dem Kunden ein Betriebsmodell angeboten, bei dem er keine eigene Hardware beschaffen muss. Das Hosting übernimmt in der Regel SAP. Dennoch erhält der Kunde nach wie vor alle Möglichkeiten, das System nach eigenen Wünschen zu erweitern, z. B. durch Eigenentwicklungen. Neben diesem Betriebsmodell wird zudem die sogenannte *Public-Cloud-Version* angeboten. Sie hat insbesondere das Ziel, kleine und mittlere Unternehmen mit einem Standardprodukt zu bedienen, das sich durch eine sehr kurze Einführungszeit auszeichnet. Demgegenüber steht jedoch eine eingeschränkte Erweiterbarkeit: Eigenentwicklungen lassen sich bei dieser Version nur noch bedingt einbinden.

Managed und Public Cloud

Mit dem Angebot unterschiedlicher Versionen leistet SAP S/4HANA einen wesentlichen Beitrag, um die Anforderungen zu befriedigen, die der Markt an moderne IT-Systeme stellt. Die neuen Deploymentformen stellen somit einen weiteren Vorteil dar, durch den sich die neue Produktlinie von den ERP-Systemen abhebt.

1.3.4 Ergänzende SAP-Produkte

Die unterschiedlichen Versionen, in denen SAP S/4HANA angeboten wird, stellen nur einen Teil der Produkte innerhalb der Cloud-Strategie von SAP dar. Darüber hinaus bietet SAP weitere Produkte an, die ergänzend zum Leistungsumfang von SAP S/4HANA cloudbasiert

Cloud-Produkte rund um SAP S/4HANA

genutzt werden können. Dies beinhaltet insbesondere die Produkte *SAP Ariba*, *SAP SuccessFactors*, *SAP Fieldglass*, *Concur* und *SAP Hybris Cloud for Customer*, die im Folgenden kurz erläutert werden:

- **SAP Ariba**
  Das *SAP Ariba Network* ist eine Online-Handelsplattform. Unternehmen können über sie ein weltweites Partnernetzwerk für geschäftliche Transkationen aufbauen. Partner können mithilfe der Plattform z. B. Bestellungen und Rechnungen auf digitalem Weg austauschen.

- **SAP SuccessFactors**
  Mit einer cloudbasierten Lösung für die Personalwirtschaft steht SAP SuccessFactors als Alternative oder Ergänzung des klassischen SAP ERP HCM zur Verfügung.

- **SAP Fieldglass**
  SAP Fieldglass bietet ein cloudbasiertes *Vendor Management System* (VMS), mit dessen Hilfe Bedarfspersonal und Dienstleistungen verwaltet werden können.

- **Concur**
  Concur bietet eine cloudbasierte Lösung für die Abwicklung von Reisekostenabrechnungen an.

- **SAP Hybris Cloud for Customer**
  Mit dem Produkt SAP Hybris Cloud for Customer bietet SAP eine cloudbasierte Alternative zum klassischen SAP-CRM-System.

Diese Produkte sind Bestandteil der Cloud-Strategie von SAP, die das Ziel verfolgt, dass Unternehmen Systemerweiterungen zukünftig nicht mehr im eigenen Haus betreiben, sondern diese über eine Cloud-Anbindung an interne Systeme oder Cloud-Systeme koppeln. Know-how im Unternehmen hinsichtlich des Betriebs der Lösungen muss dann nur noch beschränkt zur Verfügung stehen. So werden Projektlaufzeiten für die Einführung der Lösungen reduziert, und die Aufwendungen für Wartung und Betrieb werden größtenteils vom Cloud-Anbieter übernommen. SAP S/4HANA trägt hierdurch dazu bei, die Komplexität der unternehmensinternen Systemlandschaft zu reduzieren und die Flexibilität für den Kunden zu erhöhen.

SAP HANA Cloud Platform

Die *SAP HANA Cloud Platform* haben wir noch nicht erwähnt: Sie ist anders als die zuvor genannten Produkte kein unmittelbarer Bestandteil von SAP S/4HANA, kann jedoch nachträglich zur Systemlandschaft hinzugefügt werden. Die SAP HANA Cloud Platform ist eine

Platform-as-a-Service-Lösung (PaaS), mit der die Entwicklung, Erweiterung und Bereitstellung von Anwendungen in der Cloud ermöglicht wird. Mit ihr verfolgt SAP das Ziel, dem Kunden eine Umgebung zur Verfügung zu stellen, in der Anwendungen schnell und agil entwickelt werden können. Unternehmensinterne Infrastrukturkomponenten müssen dabei nicht aufgebaut werden. Stattdessen werden cloud-basierte Ressourcen verwendet.

In der SAP HANA Cloud Platform steht z. B. ein Java-Applikationsserver zur Verfügung. Auf ihm lassen sich Webanwendungen betreiben, und es besteht die Möglichkeit, HANA-Datenbank-Instanzen online zu nutzen und Nutzeroberflächen hierfür zu entwickeln. Darüber hinaus erlaubt die SAP HANA Cloud Platform die Entwicklung mobiler Anwendungen über entsprechende mobile Services.

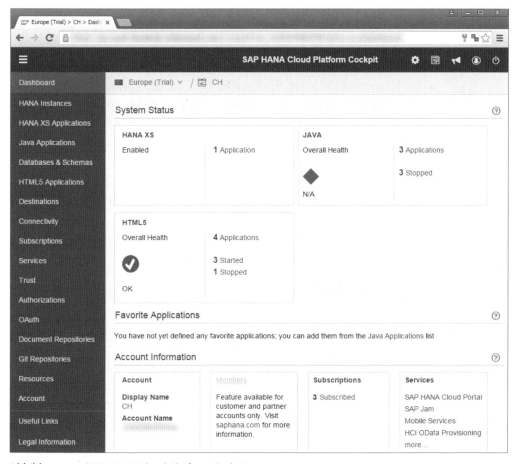

Abbildung 1.12 SAP HANA Cloud Platform Cockpit

1 | Konzepte von SAP S/4HANA

Cloud-Connector

Eine weitere Besonderheit der SAP HANA Cloud Platform ist die Anbindung ans On-premise-System, die über den *Cloud-Connector* erfolgt. Dieser stellt eine sichere Verbindung zwischen dem eigenem Netzwerk und der Cloud her. Hierdurch ist es möglich, mit einer Anwendung, die in der SAP HANA Cloud Platform entwickelt wurde und betrieben wird, auf Daten lokaler Systeme zuzugreifen. Der Cloud-Connector stellt damit eine wichtige Schnittstelle dar, die den Flexibilitätsanforderungen an moderne IT-Systeme gerecht wird.

Abbildung 1.12 zeigt einen Screenshot des *SAP HANA Cloud Platform Cockpits*, um die Funktionen zu veranschaulichen.

1.3.5 Benutzeroberflächen und SAP Fiori

Grenzen des SAP GUI

Die Benutzeroberflächen wurden in ERP-Systemen bislang häufig als Dynpro-Anwendungen entwickelt und über das SAP GUI (SAP Graphical User Interface) vom Anwender aufgerufen. Bei diesem Vorgehen handelt es sich um eine proprietäre Technologie, die nicht zu den Anforderungen an moderne IT-Systeme im Hinblick auf ihre Unabhängigkeit von Endgeräten oder auf die Trennung von Oberflächenlogik und Geschäftslogik passt. Darüber hinaus zeichnen sich die Benutzeroberflächen in der Regel durch eine hohe Komplexität aus, da sie nicht auf die individuellen Rollen von Benutzern zugeschnitten sind.

Zwar hat SAP in den vergangenen Jahren weitere Oberflächentechnologien implementiert (z. B. Web Dynpro für ABAP oder Java), doch auch diese können den modernen Anforderungen im Hinblick auf Skalierbarkeit und Usability in der Regel nicht gerecht werden.

Abbildung 1.13 verdeutlich diesen Mangel: Sie sehen hier, wie eine klassische Dynpro-Oberfläche auf einem SAP-ERP-System dargestellt wird.

Was ist SAP Fiori?

Um diesen Mängeln zu begegnen, wird die Oberflächentechnologie *SAP Fiori* unter SAP S/4HANA zu einem elementaren Produktbestandteil. Der Anwender nutzt mit SAP Fiori eine moderne browserbasierte Benutzeroberfläche. Fiori-Apps erlauben ein einfaches durchgängiges Design, das es dem Anwender erleichtert, sich in den Apps intuitiv zurechtzufinden.

1.3 Lösungsansätze in SAP S/4HANA

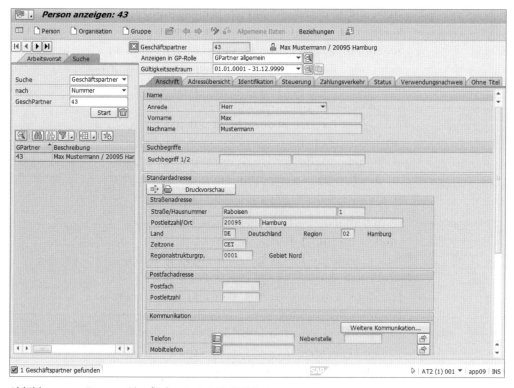

Abbildung 1.13 Dynpro-Oberfläche eines SAP-ERP-Systems

Die Applikationen sind durch ein responsives Design gekennzeichnet. Sie passen sich also automatisch an die Auflösung an, die das aufrufende Endgerät darstellen kann. Eine Fiori-App kann auf diese Weise gleichermaßen vom Desktop-PC, vom Tablet oder auch von einem Smartphone aus genutzt werden. SAP Fiori wird hierdurch gleich mehreren Anforderungen an moderne IT-Systeme gerecht.

Mit der Einführung von SAP Fiori geht außerdem ein Paradigmenwechsel einher: Es erfolgt eine stärkere Ausrichtung auf den Benutzer und seine Bedürfnisse. Die Oberflächen werden unter SAP Fiori über Mitarbeiterrollen ausgesteuert. Anstelle von funktional überladenen Transaktionen werden benutzerspezifische Applikationen und Menüs ausgeliefert, die die Bedienung für den Anwender vereinfachen und Einarbeitungszeiten verringern. Der Benutzer gelangt über einen zentralen Einstieg (SAP Fiori Launchpad) zu allen Anwendungen, die für ihn relevant sind. Die Zuweisung erfolgt über seine Rollen im Unternehmen und verbessert die Usability. Abbildung 1.14 zeigt ein Beispiel für eine Fiori-Benutzeroberfläche.

Rollenkonzept von SAP Fiori

1 | Konzepte von SAP S/4HANA

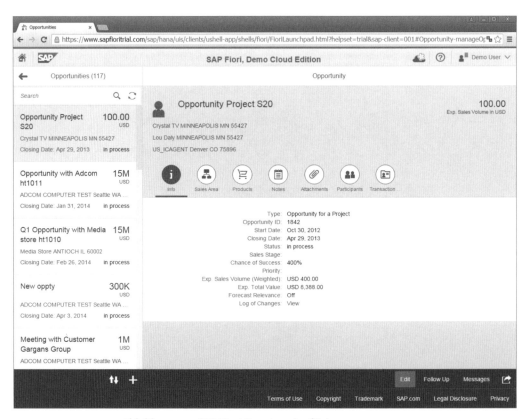

Abbildung 1.14 SAP-Fiori-Benutzeroberfläche

OData-Services
Die neuen Fiori-Anwendungen erfüllen auch die Anforderung, Benutzeroberfläche und Geschäftslogik zu entkoppeln. Die technische Entkopplung der UI-Anwendung und der Verarbeitungslogik erfolgt durch den Einsatz sogenannter *OData-Services*. Hierbei handelt es sich um offene und nichtproprietäre Schnittstellen, die von unterschiedlichen Systemen und Programmiersprachen genutzt werden können. Die eigentliche Geschäftslogik kann durch diese Entkopplung grundsätzlich von sämtlichen Benutzerschnittstellen aus benutzt werden. SAP S/4HANA wird somit einer weiteren Anforderung an moderne IT-Systeme gerecht und grenzt sich hierdurch wesentlich von klassischen ERP-Systemen ab.

In diesem Abschnitt haben Sie gesehen, wie SAP mit der Einführung einer neuen Produktlinie auf die Veränderungen der Marktbedürfnisse reagiert hat. In Kapitel 2, »Die technischen Säulen von SAP S/4HANA«, zeigen wir detaillierter, wie diese Neuerungen technisch umgesetzt wurden. In den weiteren Kapiteln dieses Buches beschreiben wir für die einzelnen Funktionen, welche Auswirkungen das neue Datenmodell, die neuen Deploymentformen, die erweiterten Schnittstellen und Funktionen sowie die Änderungen durch Fiori-Apps haben.

1.4 Zusammenfassung

In diesem Kapitel haben wir Ihnen das allgemeine Konzept vorgestellt und die wesentlichen Beweggründe von SAP dafür erläutert, die neue Produktlinie SAP S/4HANA zu entwickeln. Hierzu haben wir zunächst die digitale Transformation, die zu Veränderungen in sämtlichen Sektoren der Wirtschaft führt, in ihre wesentlichen Treiber Social Media, Internet of Things, Mobility und Analytics unterteilt. Anschließend haben wir aus diesen allgemeinen Veränderungen der Märkte konkrete Anforderungen an moderne IT-Systeme abgeleitet. Dabei konnten wir zeigen, dass z. B. Komplexitätsreduktion, Flexibilitätssteigerung, Verbesserung der Benutzerfreundlichkeit, Skalierbarkeit und Echtzeitdatenauswertungen wesentliche Argumente für eine neue Softwarelösung sind.

Aufbauend auf diesen Erkenntnissen haben wir Ihnen weiterhin gezeigt, dass mit SAP S/4HANA in vielerlei Hinsicht ein Paradigmenwechsel bei SAP erfolgt ist. Die neue Produktlinie zielt explizit darauf ab, die Anforderungen zu erfüllen, die durch die digitale Transformation entstehen. Sie setzt sich hierdurch klar von existierenden ERP-Lösungen ab. Mit seinen neuen Deploymentformen (z. B. den neuen Cloud-Lösungen oder dem Einsatz der HANA-Datenbanktechnologie) bietet SAP S/4HANA Ansatzpunkte für erhebliche Effizienzgewinne innerhalb von Unternehmen. Mithilfe von Echtzeitdatenanalysen und durch die Integration neuer Analyseinstrumente können strukturierte und unstrukturierte Daten unmittelbar ausgewertet werden, sodass Unternehmen sich tagesaktuell an die Marktgegebenheiten anpassen können. Des Weiteren wird mit SAP Fiori eine anwender- und rollenorientierte Benutzeroberfläche implementiert, die ein intuitives Auswerten großer Datenmengen erlaubt, Einarbeitungszeiten verkürzt und gleichzeitig auf unterschiedlichen Endgeräten genutzt werden kann. Mit dem neuen Produkt SAP S/4HANA Enterprise Management bietet SAP eine Lösung, die den aktuellen Herausforderungen gerecht werden soll.

Die Datenbank SAP HANA ist eine tragende Säule von SAP S/4HANA. Sie ermöglicht es, Daten in Echtzeit zu analysieren. Die Art und Weise, wie programmiert wird, hat mit der SAP HANA Cloud Platform fundamentale Änderungen erfahren. Dieses Kapitel erklärt Ihnen diese Änderungen und weitere technische Grundlagen von SAP S/4HANA.

2   Die technischen Säulen von SAP S/4HANA

Im ersten Kapitel haben wir Ihnen die Anforderungen an moderne IT-Systeme vor dem Hintergrund des digitalen Wandels vorgestellt. Wir haben Ihnen gezeigt, welche Lösungsansätze SAP vor diesem Hintergrund bei der Entwicklung von SAP S/4HANA gewählt hat. In diesem Kapitel wollen wir Ihnen nun die technischen Komponenten und Prinzipien von SAP S/4HANA detaillierter erklären.

In Abschnitt 2.1, »Die Datenbank SAP HANA«, nehmen wir die Datenbank SAP HANA als technische Basis in den Blick. Sie eröffnet Ihnen mithilfe der In-Memory-Technologie ganz neue Ansätze für die Entwicklung von SAP-Anwendungen.

Abschnitt 2.2, »Entwicklung unter SAP S/4HANA«, stellt die Möglichkeiten in den Vordergrund, die SAP S/4HANA für die Entwicklung von Anwendungen bereitstellt: Geänderte Paradigmen bedeuten große Veränderungen für SAP-Entwickler. Um die Möglichkeiten von SAP HANA ausschöpfen zu können, werden für die Entwicklung Komponenten aus dem Applikationsserver in die Datenbank verlagert. Diese wiederum sind mit der sogenannten ABAP Workbench – der Standardentwicklungsumgebung im ABAP-Umfeld – nicht zu bewerkstelligen. Aus diesem Grund werden neue Werkzeuge wie das SAP HANA Studio eingesetzt. Dabei werden sowohl neue Entwicklungsoptionen auf der HANA-Datenbank als auch Erweiterungen von Open SQL unter ABAP unterstützt.

Zur Auswertung von Daten in SAP HANA stehen unterschiedliche Werkzeuge zur Verfügung: In Abschnitt 2.3, »Analysewerkzeuge von SAP HANA«, beschreiben wir Werkzeuge, die eine Datenanalyse in Echtzeit direkt in SAP S/4HANA ermöglichen. Es ist dann z. B. nicht mehr notwendig, einen Umweg über SAP Business Warehouse (SAP BW) zu gehen. In diesem Zusammenhang stellen wir Ihnen SAP Lumira und SAP BusinessObjects Analysis vor.

Die neue Benutzeroberfläche gehört ebenfalls zu den zentralen Bausteinen von SAP S/4HANA (siehe Abschnitt 2.4, »SAP Fiori«). Wir gehen detailliert auf die Technologien und Prinzipien ein, die hinter den SAP-Fiori-Anwendungen stehen.

In Abschnitt 2.5, »SAP HANA Cloud Platform«, stellen wir die SAP HANA Cloud Platform in den Mittelpunkt. Dieses Platform-as-a-Service-Angebot von SAP bietet Ihnen eine Vielzahl von cloud-basierten Diensten, mit denen das SAP-S/4HANA-System erweitert werden kann. Die SAP HANA Cloud Platform dient dabei z. B. als Laufzeitumgebung für eigene Anwendungen oder stellt cloud-basierte Entwicklungstools wie die SAP Web IDE zur Verfügung.

2.1 Die Datenbank SAP HANA

In-Memory-Technologie

Der zentrale Kern von SAP S/4HANA ist die Datenbank SAP HANA. Sie basiert vollständig auf der *In-Memory-Technologie*. Das bedeutet, dass ein Großteil aller operativ genutzten Daten im Hauptspeicher gehalten und dort verarbeitet wird.

Die Verwendung dieses Konzepts führt zu einer minimalen Latenz bei der Verarbeitung der Daten durch den Prozessor. Antwortzeiten können so deutlich verkürzt und Auswertungen und Prozesse signifikant beschleunigt werden. In SAP S/4HANA stellt die In-Memory-Datenbank die primäre Persistenz dar; die »physische Datenbank« wird hierbei vollständig ersetzt und in den Arbeitsspeicher verlagert. Lediglich zu Archivierungszwecken und für Wiederherstellungsszenarien erfolgt eine physische Sicherung der Daten.

Auf diese Weise sind nicht nur die Daten des Arbeitsspeichers näher an den verarbeitenden Prozessoren; auch die spaltenorientierte Vorgehensweise bei der Datenspeicherung mit SAP HANA sorgt wesentlich für die Beschleunigung der Datenbankzugriffe. Dieses Prinzip wird im Folgenden detailliert beschrieben. In Abschnitt 2.1.3 zeigen wir, inwiefern SAP HANA das ACID-Prinzip (Atomicity, Consistency, Isolation, Durability) einhält, und in Abschnitt 2.1.4, »Technischer Aufbau von SAP HANA«, erfahren Sie, welche Architektur der Datenbank zugrunde liegt.

2.1.1 Spalten- und zeilenbasierte Datenbanken

Alle Daten können aus logischer Sicht als zweidimensionale Datenstrukturen betrachtet werden, die aus Zeilen und Spalten bestehen. Auf der physischen Schicht der Datenablage im speichernden Medium werden diese Datenstrukturen allerdings als eine eindimensionale Folge von Bytes abgelegt und verwaltet.

Herkömmliche Datenbankarchitekturen verwalten ihre Daten in der Regel *zeilenbasiert*. Hierbei werden die einzelnen Elemente eines Datensatzes als aufeinanderfolgender Bytestring gespeichert. Alle Daten eines Datensatzes liegen bei diesem Ansatz nebeneinander im Speicher, was den Zugriff auf »ganze« Datensätze optimiert.

Zeilenbasierte Datenbanken

Schwieriger gestaltet sich bei diesem Ansatz der gezielte Zugriff auf eine begrenzte Teilmenge an Informationen eines Datensatzes (z. B. auf den Saldo eines Sachkontos der FI-Einzelposten (Tabelle BSEG). Hierzu muss der Bytestring zerlegt werden, um die relevanten Informationen auszulesen.

Dies führt häufig dazu, dass eine gesamte Bytefolge in die Applikationsebene geladen wird und vom System aufgelöst und verarbeitet werden muss. Dieser Ansatz führt zu längeren Antwortzeiten, einem erhöhten Datenvolumen in den Applikationsebenen und somit zu einem erhöhten Zeit- und Ressourcenbedarf des Systems.

Diese Aspekte schlagen sich in längeren Antwortzeiten einer jeden Systemoperation nieder. Bei Einfüge-, Änderungs- und Löschoperationen, die einen ganzen Datensatz betreffen, hat dieses Konzept aber Vorteile, da hier ein zusammenhängender Speicherblock adressiert werden kann.

Mit SAP HANA greift SAP auf den Ansatz der physisch *spaltenbasierten* Datenhaltung zurück. Hierbei werden die Inhalte der einzelnen Spaltenelemente einer logischen Datensicht als Bytefolge abgelegt.

Spaltenbasierte Datenbanken

Der logische Aufbau eines Datensatzes wird also im Rahmen des Persistierens aufgelöst. Dieses Vorgehen hat zur Folge, dass Daten-

55

operationen, die nur auf ausgewählte Spalten einer logischen Tabelle zugreifen, deutlich schneller ausgeführt werden können, als ein zeilenorientierter Ansatz es ermöglichen würde. So können z. B. Summen über ausgewählte Attribute deutlich schneller berechnet werden.

Ebenso reduzieren sich der Ressourcenbedarf und der Verarbeitungsaufwand der Daten in den Applikationsebenen, da jetzt gezielt nur die Daten geladen werden, die für die einzelnen Operationen und Prozesse auch erforderlich sind.

Zugriffe, die auf komplette logische Datensätze erfolgen, führen in diesem Fall allerdings zu einem erhöhten Verarbeitungsaufwand: In diesem Fall müssen die einzelnen Datensätze wieder komplett als logischer Datensatz zusammengeführt werden.

Abbildung 2.1 illustriert den Unterschied zwischen der zeilenbasierten und der spaltenbasierten physischen Datenablage. Während bei der zeilenorientierten Speicherung die Zeileninhalte nacheinander abgelegt werden, sieht die spaltenorientierte Ablage zunächst eine Ablage der Spaltenwerte aus Spalte 1, dann aus Spalte 2 usw. vor. Einfüge-, Änderungs- und Löschoperationen sind im Kontext einer spaltenorientierten Datenablage ressourcenintensiv.

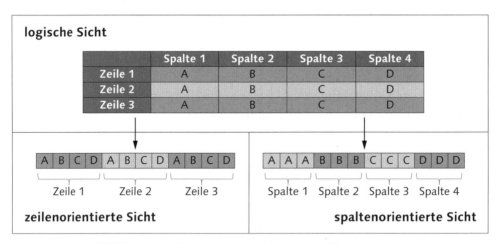

Abbildung 2.1 Zeilen- und spaltenbasierte Datenablage

2.1.2 Delta-Merge-Verfahren

Einfüge-, Änderungs- und Löschoperationen werden aufgrund der ressourcenintensiven Datenbankprozesse nach dem sogenannten

Delta-Merge-Verfahren durchgeführt. Dieses Verfahren soll sicherstellen, dass mögliche aktive Leseprozesse nicht von den langsameren Schreibprozessen behindert und verlangsamt werden.

Das Delta-Merge-Verfahren sammelt alle durchgeführten Änderungen in einem schreiboptimierten Delta-Storage (pro Datenbanktabelle) und speichert diese dort zwischen. Zeitgleich werden die betroffenen Einträge im Main-Storage als überarbeitet und somit als ungültig markiert. Alle Leseoperationen greifen zu diesem Zeitpunkt sowohl auf den Main-Storage als auch auf die aktuelleren Delta-Storages zu. So ist sichergestellt, dass Ihre Datenzugriffe immer auf dem aktuellen Datenstand basieren.

Delta-Storage und Main-Storage

Durch dieses Vorgehen soll das System entlastet werden und soll die bestmögliche Performance der lesenden Prozesse sichergestellt werden, da die Transformation der veränderten Daten in die speicherplatz- und lesezugriffsoptimierte spaltenbasierte Datenablage sehr ressourcenintensiv ist. Die Umwandlung der veränderten Daten erfolgt automatisiert zu einem späteren Zeitpunkt, an dem die Systemauslastung gering ist.

Abbildung 2.2 zeigt den schematischen Ablauf des Delta-Merge-Verfahrens. Während der Durchführung des Delta-Merge-Verfahrens werden temporär neue Main-Storages für die betroffenen Tabellen angelegt. Diese temporären Main-Storages ersetzen nach Abschluss des Delta-Merge-Verfahrens die ursprünglichen und zu aktualisierenden Main-Storages. Zusätzlich werden mit Beginn des Verfahrens neue Delta-Storages erzeugt. Das Delta-Merge-Verfahren überführt alle Änderungen aus den Delta-Storages in die Main-Storages und baut die alten Delta-Storages im Anschluss ab.

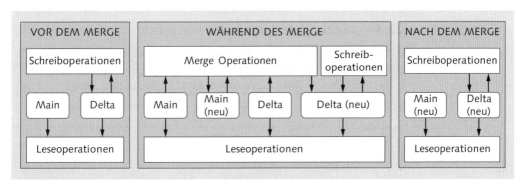

Abbildung 2.2 Delta-Merge-Verfahren

2.1.3 Das ACID-Prinzip

Bestandteile des ACID-Prinzips

SAP HANA garantiert als transaktionale Datenbank die Einhaltung der vier grundlegenden Eigenschaften des sogenannten *ACID-Prinzips*. Diese sind:

- **Atomarität (Atomicity)**
  Jede durchgeführte Transaktion eines Endanwenders muss atomar erfolgen. Dies bedeutet, dass sie entweder vollständig oder überhaupt nicht ausgeführt wird. Das Prinzip der Atomarität betrifft im Speziellen alle schreibenden Datenbankprozesse einer Transaktion. Tritt im Verlauf einer Transaktion ein Fehler (Software- oder Hardwarefehler) auf, setzt SAP HANA alle bereits ausgeführtem Datenbankoperationen zurück (Datenbank-Rollback) und entfernt die Daten vollständig von der Datenbank.

- **Konsistenz (Consistency)**
  Die Datenbankkonsistenz vor und nach der Durchführung einer Transaktion ist gewährleistet.

- **Isolation (Isolation)**
  SAP HANA unterstützt das parallele Arbeiten einer großen Anzahl von Endanwendern. Die Datenbank stellt durch geeignete Sperrverfahren sicher, dass aus dem Mehrbenutzerbetrieb heraus keine inkonsistenten oder nicht nachvollziehbaren Datenstände resultieren.

- **Dauerhaftigkeit (Durability)**
  SAP HANA garantiert die Dauerhaftigkeit der Daten. Datenbankoperationen von abgeschlossenen Transaktionen überleben alle möglichen zukünftigen Fehler des Systems und sind im schlimmsten Fall vollständig wiederherstellbar.

Speziell der Aspekt der Dauerhaftigkeit ist bei In-Memory-Datenbanken besonders relevant, da bei einem Systemcrash die Daten des Arbeitsspeichers verloren gehen können. Der Arbeitsspeicher, als führendes SAP-HANA-Medium, ist ein volatiles Speichermedium, dessen Inhalt z. B. bei einem Stromausfall vollständig verloren geht.

Sicherungspunkte

Das Sichern der Daten einer SAP-HANA-Datenbank erfolgt deshalb in regelmäßigen Abständen über definierbare *Sicherungspunkte*. Beim Erreichen eines Sicherungspunktes werden die Daten auf physische Speichersubsysteme übertragen und dort persistiert. Die Datenübertragung erfolgt hierbei parallel zum normalen operativen Systembetrieb und führt hier zu keinerlei Beeinträchtigungen.

Im Zeitraum zwischen zwei Sicherungspunkten wird zusätzlich ein *Transaktionslog* geführt, das die Ergebnisse aller atomar abgeschlossenen Transaktionen und der zugehörigen Datenbankoperationen protokolliert. Dieses Transaktionslog wird laufend auf systemnahen Flashspeichern gesichert.

Transaktionslog

Die Kombination aus Sicherungspunkten und Transaktionslog garantiert die Konsistenz und Dauerhaftigkeit der Daten auch nach einem vollständigen Systemausfall und erlaubt den Wiederaufbau eines Systemzustands wie in Abbildung 2.3 dargestellt.

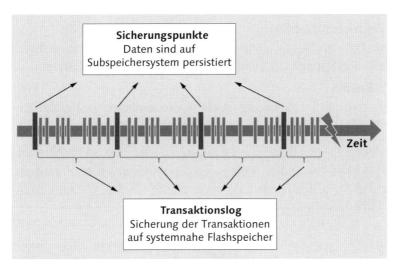

Abbildung 2.3 Sicherstellung der Dauerhaftigkeit

Anhand der Daten des letzten Sicherungspunktes kann nach einem Abbruch das System wieder aufgebaut werden. Alle Transaktionen (bzw. deren Datenbankoperationen), die nach dem letzten Sicherungspunkt erfolgreich beendet wurden, werden im Anschluss erneut durchgeführt. So wird das System wieder in den letzten vorliegenden stabilen Zustand versetzt.

2.1.4 Technischer Aufbau von SAP HANA

Die SAP-HANA-Datenbank besteht aus den folgenden fünf wesentlichen Servern:

Server von SAP HANA

- **Index Server**
  Der Index Server ist die zentrale Serverkomponente, die die aktuellen Daten sowie die Zugriffe auf die Daten steuert und verwaltet.

▶ **Name Server**
Der Name Server verwaltet Informationen zur Topologie der SAP-HANA-Datenbank. Bei verteilten Systemen verwaltet er zusätzlich die Informationen, wo welche Dienste und Funktionen laufen und wo welche Daten abgelegt sind.

▶ **Statistics Server**
Der Statistikserver verwaltet die Daten über den Status, die Performance und den Ressourcenverbrauch aller SAP-HANA-Komponenten. Er verfügt außerdem über Werkzeuge für das Monitoring der SAP-HANA-Datenbank.

▶ **Preprocessor Server**
Der Preprocessor Server wird vom Index Server genutzt, um spezielle Funktionen zur Textsuche und -analyse durchzuführen.

▶ **XS Engine**
Die SAP HANA XS Engine ist ein Applikationsserver, der den Zugriff via HTTP erlaubt. Diese Komponente ist optional.

Abbildung 2.4 illustriert die erläuterten Server der SAP-HANA-Datenbank. Für den Index Server, der die Kernkomponente darstellt, nimmt die Grafik eine weitere Unterteilung vor, die wir im Folgenden kurz darstellen.

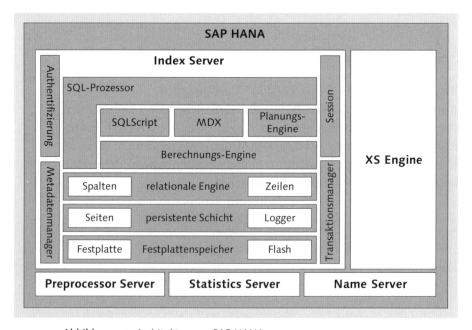

Abbildung 2.4 Architektur von SAP HANA

Der Index Server verwaltet die Komponenten, die für die grundlegenden Datenbankzugriffe verantwortlich sind:

Komponenten des Index Servers

- **SQL-Prozessor**
  Der SQL-Prozessor führt die schreibenden Datenbankzugriffe durch und leitet alle anderen Zugriffe an die relevanten Komponenten weiter.

- **SQLScript**
  SQLScript ist die SAP-HANA-eigene Datenbanksprache. Ihr Fokus liegt auf der Optimierung und Parallelisierung von Datenbankabfragen. Sie stellt eine Sammlung von Erweiterungen zur SQL-Standardsyntax dar.

- **MDX (Multidimensional Expressions)**
  MDX ist eine Datenabfragesyntax zum Auslesen und Arbeiten mit multidimensionalen Datenstrukturen. Diese Syntax ist bisher weitgehend im Bereich der OLAP-Cubes von SAP BW verwendet worden.

- **Planungs-Engine**
  Die Planungs-Engine führt alle Planungsoperationen (z. B. zur Finanzplanung) aus. Hierzu gehören z. B. Funktionen zum Anlegen neuer Planungsversionen.

- **Berechnungs-Engine**
  Die Berechnungs-Engine verwaltet die zentralen Berechnungslogiken, die bei Datenbankabfragen relevant sind. SQLScripts, MDX-Statements und Planungsfunktionen werden bei ihrer Ausführung in die hier verarbeiteten Berechnungsmodelle überführt und dann verarbeitet.

2.2 Entwicklung unter SAP S/4HANA

Mit dem Einsatz von SAP HANA sowie der geschilderten In-Memory-Technologie ergeben sich völlig neue Möglichkeiten, sowohl einerseits für die Entwicklung von neuen Anwendungen als auch andererseits für die Erweiterung von bestehenden Anwendungen. Um dieses neue Potenzial jedoch ausschöpfen zu können, muss sich auch die Vorgehensweise bei der Entwicklung von SAP-Anwendungen wandeln.

Vom Applikationsserver zur Datenbank

Open SQL bietet bei der Entwicklung von ABAP-Programmen seit vielen Jahren eine Abstraktionsebene im Hinblick auf die verwendete Datenbank. Aufgrund der Unabhängigkeit von der eigentlichen Datenbank mussten sich die Entwickler lange Zeit keine Gedanken über Hersteller oder Version machen. Viele Entwickler haben sich dadurch einen Programmierstil angeeignet, der den Fokus sehr auf den Applikationsserver und weniger auf die Datenbank legt. Häufig hat dies zur Folge, dass große Datenmengen von der Datenbank in den Applikationsserver gelesen und dort verarbeitet wurden.

Im Zuge des digitalen Wandels und weil die Datenmengen so enorm wachsen (z. B. durch das Internet of Things und soziale Medien, siehe Kapitel 1, »Konzepte von SAP S/4HANA«), ist diese Vorgehensweise bei der Entwicklung zukünftig nicht mehr praktikabel. Es dauert schlicht viel zu lange, derartige Datenmengen aus der Datenbank zunächst in den Applikationsserver zu laden und sie dort zu verarbeiten.

Konzept des Code Pushdown

Bei der Antwort auf diese Herausforderung kann die SAP-HANA-Datenbank ihre Stärken ausspielen. Die In-Memory-Technologie von SAP HANA erlaubt es Entwicklern, rechenintensive Prozesse direkt in die Datenbank zu verlagern. Auf diese Weise entfällt die Übertragung von großen Datenmengen an den Applikationsserver, die früher notwendig war. Es entsteht ein enormer Geschwindigkeitsgewinn. Diese Verlagerung der Berechnung wird als *Code Pushdown* bezeichnet.

Abbildung 2.5 soll Ihnen diese Verschiebung von Rechenoperationen veranschaulichen: Während diese Operationen in der klassischen Entwicklung noch in der Applikationsschicht verankert waren, werden sie unter SAP HANA so weit wie möglich in die Datenbankschicht verschoben.

Beim Code Pushdown geht es also darum, rechenintensive Kalkulationen aus der Applikationsschicht in die Datenbankschicht zu verlagern. Auf diese Weise können Sie zum einen das Datenvolumen in der Applikationsschicht reduzieren und zum anderen signifikante Performancegewinne durch die Nutzung der neuen SAP-HANA-Datenbankfunktionen erzielen.

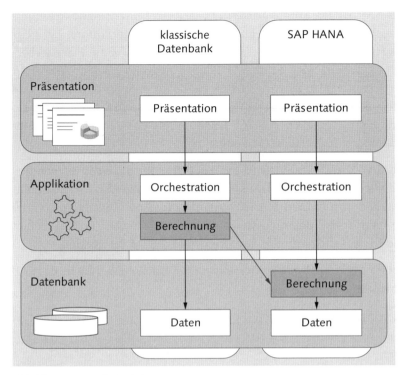

Abbildung 2.5 Code Pushdown

Entwicklungen für SAP S/4HANA erfolgen künftig also sowohl auf der Ebene der Datenbank als auch weiterhin mithilfe der SAP-Programmiersprache ABAP. Die wesentlichen Werkzeuge und ihre Eigenschaften stellen wir Ihnen in den folgenden Abschnitten vor. Der Fokus liegt dabei zunächst auf der Entwicklung der Geschäftslogik. Die neue Oberflächentechnologie SAP Fiori wird in Abschnitt 2.4 separat betrachtet.

2.2.1 SAP HANA Studio

Nachdem wir im vorherigen Abschnitt gezeigt haben, wie rechenintensive Kalkulationen auf die Datenbankschicht verschoben werden, beschreiben wir in diesem Abschnitt, wie Komponenten entwickelt werden.

Während in den Zeiten vor der SAP-HANA-Datenbank ausschließlich über das SAP GUI (z. B. über die Transaktion SE80) entwickelt wurde, wird heute das sogenannte *SAP HANA Studio* als Entwicklungsumgebung eingesetzt.

Eclipse als Entwicklungsumgebung

Das SAP HANA Studio basiert auf der Open-Source-Entwicklungsumgebung *Eclipse*. Diese Entwicklungsumgebung können Sie über das Hinzufügen von Plug-ins beliebig erweitern. Diese Erweiterbarkeit ist der Grund, warum SAP Eclipse als Basis für das SAP HANA Studio nutzt. Mit dem SAP HANA Studio können Sie datenbanknahe Entwicklungen wie SAP-HANA-Sichten und SQLScripts erstellen. Außerdem ermöglicht das SAP HANA Studio das Verwalten und Einrichten der Zugriffsberechtigungen.

Das SAP HANA Studio wird lokal auf dem Rechner des Anwenders installiert. Anschließend müssen Sie es über einen SAP-HANA-Datenbankbenutzer mit SAP HANA verbinden. Im Anschluss daran können Sie nahezu alle datenbanknahen SAP-Komponenten (z. B. Tabellen und Views) auch mithilfe des SAP HANA Studio verwenden.

Abbildung 2.6 zeigt einen Screenshot der Eclipse-Oberfläche des SAP HANA Studios.

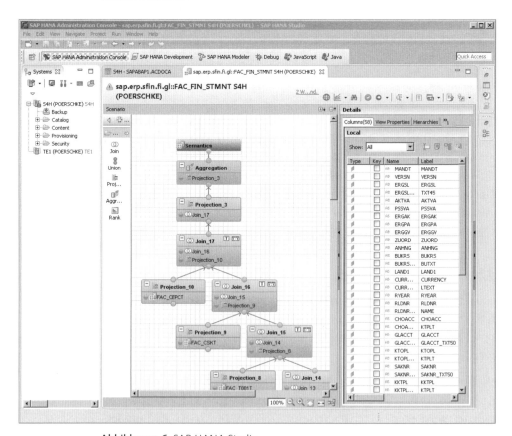

Abbildung 2.6 SAP HANA Studio

Dort können Sie Objekte sowohl grafisch als auch textuell modellieren. Das bedeutet, dass Sie Objekte z. B. in ABAP sowohl mithilfe der Oberfläche per Texteingabe (klassische Implementierung) als auch mithilfe eines grafischen Werkzeugs erstellen können. Wenn Sie dieses Werkzeug nutzen, können Sie Objekte erzeugen, ohne selbst Quelltext eingeben zu müssen. Den entsprechenden Quelltext erzeugt das Programm.

Die beiden wesentlichen Menüpunkte des SAP HANA Studios sind der CATALOG und der CONTENT. Diese beiden Reiter stellen wir Ihnen im Folgenden vor.

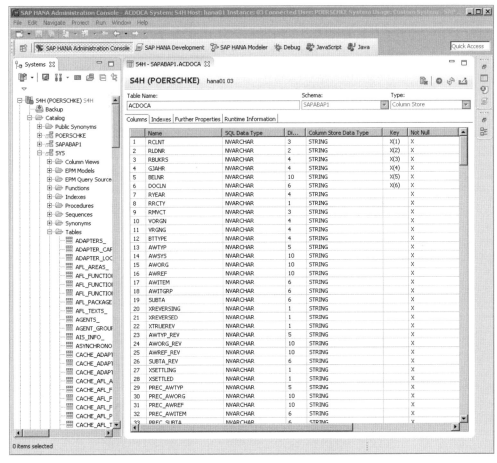

Abbildung 2.7 SAP HANA Studio – Catalog (Beispiel: Tabelle ACDOCA)

Unter der Registerkarte CATALOG verwalten und bearbeiten Sie alle SAP-HANA-Datenbankobjekte. Hier finden sich alle physischen

Datenbankobjekte im Catalog

Datenstrukturen, Tabellen und Views wieder, die klassisch zum Beispiel über SAP-Standardtransaktionen (z. B. Transaktion SE11 – Pflege der Datenbankobjekte – und Transaktion SE16 – Anzeigen von Inhalten) verwaltet wurden. Neue Datenbanktabellen, Erweiterungen oder Views können so in Zukunft auch aus dem SAP HANA Studio heraus angelegt und bearbeitet werden. Die klassischen SAP-GUI-Oberflächen stehen weiterhin zur Verfügung. Abbildung 2.7 zeigt ein Beispiel für eine Tabellendefinition (Tabelle ACDOCA) im SAP HANA Studio.

Datenbankmodelle im Content

Die wesentliche Neuerung unter SAP S/4HANA stellen allerdings die Funktionen des Contents dar: Auf der Registerkarte CONTENT ist es möglich, mit den SAP-HANA-Datenbankmodellen zu arbeiten. Diese SAP-HANA-Datenmodellierung stellt das Kernstück der Entwicklungen in der HANA-Datenbank dar. Das Ziel dieser Datenmodellierungen ist der Code Pushdown aus Logiken der Datenverarbeitung in Richtung der Datenbank (siehe Kapitel 3, »Prinzipien des Redesigns«).

2.2.2 Entwicklungskomponenten von SAP HANA

Werkzeuge des SAP HANA Studios

Das SAP HANA Studio stellt als Entwicklungskomponente im Wesentlichen vier Werkzeuge zur Verfügung, die Sie im Folgenden kennenlernen:

- SQL-Prozeduren (Procedures)
- Entscheidungstabellen (Decision Tables)
- Analyseberechtigungen (Analytic Privileges)
- HANA-Sichten (Views)

Diese Objekte dienen der datenbanknahen Datenverarbeitung und können ausschließlich über das SAP HANA Studio verwaltet werden.

SQL-Prozeduren

SQLScript

Mit der Skriptsprache *SQLScript* stellt SAP HANA ein Werkzeug zur Implementierung von Datenbankprozeduren und Berechnungssichten zur Verfügung. Diese Skriptsprache ermöglicht es, modulare Datenbankfunktionen zu erstellen und über eine imperative Sprache zu implementieren.

Die so definierten SQL-Programme können als wiederverwendbare Prozeduren gekapselt und mit Input- und Output-Parametern versehen werden. Im Anschluss können sie bei der Definition von SAP-HANA-Views genutzt und in SAP-S/4HANA-Programmen angesteuert werden.

So ist es möglich, komplexe Analysefunktionen zu modularisieren und wiederzuverwenden. Abbildung 2.8 stellt die Entwicklung einer SQL-Prozedur dar. Im Hauptteil findet die eigentliche Implementierung der Prozedur statt, und auf der rechten Seite werden die Input- und Output-Parameter definiert.

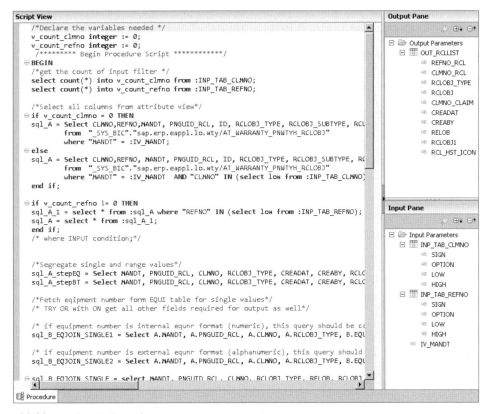

Abbildung 2.8 SQL-Prozeduren

Bei der Nutzung von SQLScript kann der Entwickler Standardfunktionen aus verschiedenen Programmbibliotheken nutzen. Ein Beispiel hierzu stellt die *Predictive Analysis Library* (PAL) dar.

Predictive Analysis Library

Über diese Library ist es möglich, Data-Mining-Funktionen (z. B. Entscheidungsbäume, ABC-Analysen und Cluster) direkt auf der SAP-

HANA-Datenbank anzuwenden und so belastbare und treffsichere Prognosen zu erstellen und Trends zu erkennen. Diese Algorithmen profitieren von den schnellen Zugriffszeiten auf die In-Memory-Daten und können direkt auf den Echtzeitdaten von SAP S/4HANA operieren. Mit PAL können Sie sich also weg von reinen Ist- und Plandatenanalysen hin zu zukunftsorientieren Vorhersage-Modellen bewegen.

Entscheidungstabellen

Vorteile von Entscheidungstabellen

SAP-HANA-Entscheidungstabellen ermöglichen es Ihnen, Teile Ihrer Programmlogik in flexibel definierbare Regeln auszugliedern. Die Verwendung von Entscheidungstabellen hat folgende Vorteile:

- Die Komplexität von Anwendungen wird durch klar lesbare und verständliche Tabellen verringert.
- Es lassen sich flexible Strukturen generieren, die es ermöglichen, auf neue Sachverhalte zu reagieren, ohne die Programmierung einer Anwendung anpassen zu müssen.

Über Entscheidungstabellen definieren Sie basierend auf einem oder mehreren Parametern, welches Ergebnis aus diesen Tabellen automatisiert abgeleitet werden soll. Dazu können feste Wertzuordnungen oder auch flexible Formeln (mithilfe des integrierten Formeleditors) zum Einsatz kommen.

Auf diese Weise benötigen Sie keine Programmierkenntnisse, um Entscheidungstabellen zu verstehen und zu erweitern. Abbildung 2.9 zeigt die Definition einer Entscheidungstabelle.

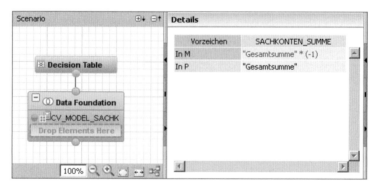

Abbildung 2.9 Entscheidungstabelle

Analyseberechtigungen

Analyseberechtigungen erlauben es, den Zugriff auf Daten von SAP-HANA-Sichten einzuschränken. So können zu bestehenden Attribut-, Analyse- oder Berechnungssichten anhand ihrer Ausprägungen flexibel Zugriffsberechtigungen definiert werden. Diese Berechtigungen schränken (ggf. zeitabhängig) den Zugriff auf die Daten ein. So definierte Analyseberechtigungen können im Anschluss beliebigen SAP-HANA-Anwendern zugewiesen werden.

Flexible Zugriffsberechtigungen

Diese Analyseberechtigungen können nicht auf SAP-Datenbanktabellen angewendet werden. Abbildung 2.10 zeigt die Definition einer Analyseberechtigung. Hier definiert man den Zeitraum, für den eine Berechtigung erteilt wird, sowie die Datenräume, für die eine Berechtigung erteilt oder eingeschränkt wird.

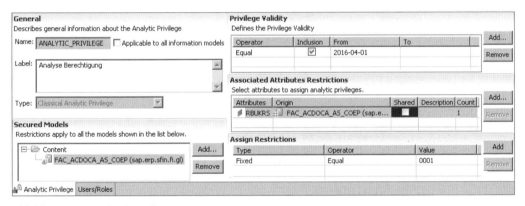

Abbildung 2.10 Analyseberechtigungen

Sichten

Es ist möglich, drei Arten von Datenbanksichten zu definieren. Diese Sichten können im Anschluss z. B. in Analysewerkzeugen wie SAP Lumira und anderen Reportingwerkzeugen des SAP-BusinessObjects-Portfolios verwendet werden (siehe Abschnitt 2.3, »Analysewerkzeuge von SAP HANA«):

Attribut-, Analyse- und Berechnungssicht

- **Attributsicht**
  Eine Attributsicht ist eine wiederverwendbare Sicht auf Stammdaten. Hierbei können *Joins* über mehrere Tabellen definiert werden. Diese Joins können in Analyse- und Berechnungssichten wiederverwendet werden. In der Regel werden Attributsichten ge-

nutzt, um die Stammdaten mit den zugehörigen Texttabellen zu verknüpfen. Es ist aber ebenso möglich, verschiedene Stammdatentabellen miteinander zu verknüpfen.

Abbildung 2.11 zeigt die Definition einer Attributsicht, bei der zwei Tabellen (SKA1 und SKAT) miteinander verbunden werden.

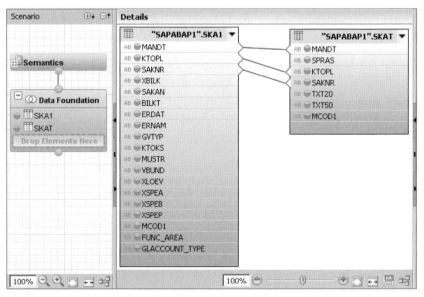

Abbildung 2.11 Attributsicht (Stammdaten zum Sachkonto)

- **Analysesicht**
Analysesichten stellen eine Kombination aus Merkmalen und Kennzahlen dar. Sie sind mit OLAP-Cubes in SAP BW vergleichbar. Eine Analysesicht besteht in der Regel aus einer Kennzahlentabelle (Faktentabelle), die um ergänzende Daten (Dimensionstabellen) erweitert wird.

Ein Beispiel für eine derartige grafische Modellierung einer Analysesicht ist in Abbildung 2.12 dargestellt.

- **Berechnungssicht**
In Berechnungssichten ist es möglich, über Entscheidungstabellen, Aggregationen, Berechnungsregeln und SQLScript-Funktionen flexible Datenberechnungen durchzuführen und bereitzustellen.

Im Rahmen der Berechnungssichten können Sie entweder verschiedene andere Sichten und Tabellen über eine grafische Modellierung miteinander in Beziehung setzen und durch Standardfunktionen bearbeiten, oder Sie implementieren alle Berechnungen über ein SQLScript.

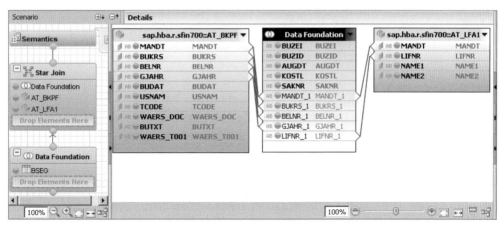

Abbildung 2.12 Analysesicht (Einzelposten in FI)

Abbildung 2.13 zeigt ein Beispiel für die Definition einer Berechnungssicht.

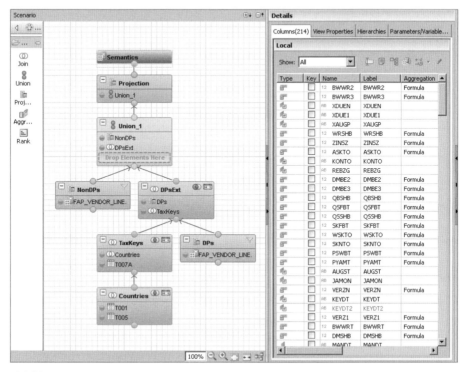

Abbildung 2.13 Berechnungssicht (SAP_VENDOR_LINE_ITEMS)

2.2.3 ABAP-Entwicklung

Unabhängig davon, ob Sie SAP S/4HANA in der Cloud benutzen oder ob Sie es als On-premise-Lösung einsetzen: Das Backend eines SAP-S/4HANA-Systems ist weiterhin in ABAP entwickelt. Befürchtungen, dass in Zukunft Ihr ABAP-Know-how obsolet wird, sind also unbegründet. Es ist jedoch erforderlich, dass Sie sich als ABAP-Entwickler mit einigen Neuerungen auseinandersetzen, damit Sie die Potenziale von SAP S/4HANA optimal nutzen können. Einige dieser Neuerungen stellen wir in den folgenden Abschnitten vor.

Erweiterungen von Open SQL

Die In-Memory-Technik der HANA-Datenbank allein garantiert noch keine Verbesserung der Laufzeit. Die Laufzeit von Datenbankabfragen wird nicht nur durch die Performance der eigentlichen Suche auf der Datenbank beeinflusst. Ein weiterer entscheidender Faktor bei der Laufzeit ist die Datenmenge, die von der Datenbank zum Applikationsserver übertragen wird. Indem die übertragene Datenmenge möglichst klein gehalten wird, kann die Laufzeit deutlich reduziert werden.

Nutzung von Open SQL — Eine der wichtigsten Neuerungen ist eine umfangreiche Erweiterung von *Open SQL*. SQL ist eine Datenbanksprache zum Bearbeiten und Abfragen von Daten eines Datenbankmanagementsystems. SQL ist zwar standardisiert, trotzdem gibt es je nach Datenbankmanagementsystem unterschiedliche SQL-Dialekte. Open SQL ist ein proprietäres SQL-Derivat von SAP, das unabhängig von der zugrunde liegenden Datenbank ist und von der Laufzeitumgebung in den entsprechenden SQL-Dialekt, das sogenannte *Native SQL*, übersetzt wird. Im Zuge der Erweiterung von Open SQL wurde eine veränderte Syntax eingeführt. Aus Gründen der Abwärtskompatibilität ist die alte Syntax zwar weiterhin gültig, neue Sprachelemente von Open SQL lassen sich mit der alten Syntax aber nicht nutzen.

Core Data Services und CDS Views — Eine weitere Neuerung für ABAP-Entwickler sind die *Core Data Services*. Die Core Data Services sind ein weitestgehend datenbankunabhängiges Framework, mit dem komplexe Datenmodelle direkt auf der Datenbankebene erstellt werden können. In der ABAP-Entwicklung werden die Core Data Services unter anderem dafür genutzt, um sogenannte *CDS Views* anzulegen, deren Funktionalität weit über die Fähigkeiten der aus Transaktion SE11 bekannten Views hinausgeht. Dies ist eine weitere Möglichkeit für den Entwickler, um Programmlogik in die Datenbankschicht zu verlagern.

Die Funktionen von Open-SQL mit den Erweiterungen und die CDS Views sind bis auf wenige Ausnahmen als gleichwertig zu betrachten. Wenn eine Datenbankoperation wiederverwendbar sein soll, wird man sich meist für CDS Views entscheiden. Wird die entsprechende Datenbankoperation nur einmal benötigt, ist Open SQL in den meisten Fällen die bevorzugte Wahl.

Insbesondere im Hinblick auf den Code Pushdown sind einige Erweiterungen an Open SQL vorgenommen worden. Diese ermöglichen den Entwicklern, rechenintensive Vorgänge in die Datenbankschicht zu verlagern. ABAP- und HANA-Entwicklungen wachsen auf diese Weise deutlich näher zusammen. Als Beispiel sind an dieser Stelle auch die sogenannten *ABAP Managed Database Procedures* (AMDP) zu nennen. Diese werden in der ABAP Entwicklungsumgebung angelegt. Dies hat unter anderem den Vorteil, dass Datenbankprozedur und deren Verwendung im ABAP Programm gemeinsam transportiert werden.

ABAP Managed Database Procedures

ABAP-Entwicklungsumgebung

Wie bereits beim SAP HANA Studio legt SAP zukünftig auch bei der ABAP-Entwicklung die Open-Source-Plattform Eclipse zugrunde. Auch dafür werden Plug-ins – die sogenannten *ABAP Development Tools* – angeboten. Diese Werkzeuge verwandeln die Eclipse-Basis in eine ABAP-Entwicklungsumgebung. Abbildung 2.14 zeigt die ABAP-Entwicklung innerhalb der Eclipse-Umgebung. Auf der linken Seite wird dabei die Struktur der Entwicklungspakete und Objekte dargestellt, und im Hauptfenster findet die eigentliche Programmierung statt.

ABAP Development Tools

Die bekannte *ABAP Workbench* können Sie zwar weiterhin nutzen, neue Funktionen (wie z. B. die Implementierung von Fiori-Apps) werden aber von der ABAP Workbench nicht mehr unterstützt und können nur über ABAP in Eclipse angelegt werden.

ABAP Workbench vs. ABAP in Eclipse

Für Objekte, die noch nicht direkt in Eclipse angelegt werden können, wird eine eingebettete SAP-GUI-Session mit der entsprechenden Transaktion in Eclipse geöffnet, sodass Sie nicht in eine andere Entwicklungsumgebung wechseln müssen.

2 | Die technischen Säulen von SAP S/4HANA

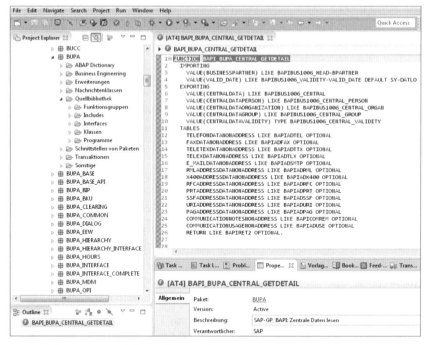

Abbildung 2.14 ABAP-Entwicklung in Eclipse

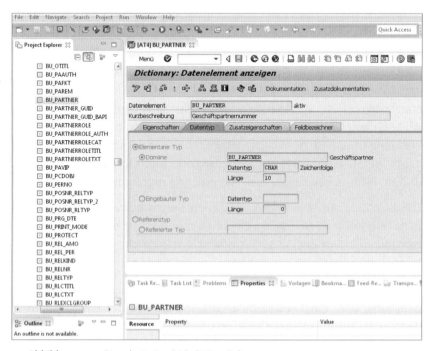

Abbildung 2.15 Eingebettetes SAP GUI in Eclipse

In Abbildung 2.15 sehen Sie, wie eine SAP-GUI-Transaktion eingebettet wird. Sie zeigt ein Data-Dictionary-Objekt. Durch die Einbettung von SAP-GUI-Transaktionen wird sichergestellt, dass ein Entwickler alle notwendigen Tätigkeiten direkt aus Eclipse durchführen kann, ohne permanent zwischen zwei unterschiedlichen Umgebungen wechseln zu müssen.

2.2.4 Erweiterbarkeit von SAP S/4HANA

In einem Unternehmen besteht immer wieder die Notwendigkeit, die Geschäftsprozesse zu optimieren, um wettbewerbsfähig zu bleiben. In solchen Fällen müssen Sie auch Ihre Unternehmenssoftware an die neuen Bedürfnisse anpassen. Dies ist in vielen Fällen nicht ohne Kundenerweiterungen, also kundeneigene Programmierung, möglich. Ein Grund für die große Akzeptanz von SAP-Lösungen in den Unternehmen waren daher auch immer schon die vielfältigen Möglichkeiten, kundenspezifische Erweiterungen vorzunehmen oder Lösungen von Drittanbietern (sogenannte Add-ons) in das SAP-ERP-System zu integrieren.

Die Möglichkeiten, die Sie für die Erweiterung von SAP S/4HANA haben, unterscheiden sich, je nachdem, welche Deploymentform Sie nutzen. *Erweiterungsmöglichkeiten*

In der *On-premise-Version von SAP S/4HANA*, bei der das System auf Ihrer eigenen Hardware installiert wird, stehen nach wie vor alle Möglichkeiten der Anpassung zur Verfügung.

Derzeit werden unterschiedliche Public-Cloud-Versionen angeboten. Diese bieten einen speziellen Funktionsumfang für unterschiedliche Anwendungsfälle. Die Anpassungsmöglichkeiten für den Kunden sind in diesen Fällen nur eingeschränkt und stehen daher nicht im Fokus dieses Buches.

SAP S/4HANA Enterprise Management Cloud stellt ein vollständiges ERP-System in der Cloud dar. SAP betreut den Betrieb und die Wartung des Systems. Releasewechsel und System-Updates werden von SAP in regelmäßigen Abständen durchgeführt und dürfen durch Kundenanpassungen nicht behindert werden. Deshalb ist eine klare Trennung von SAP-Kernsystem und Kundenentwicklung zwingend erforderlich.

Erweiterungen in der Cloud-Version

SAP hat deshalb ein eigenes Konzept für Kundenerweiterungen in der Enterprise Cloud entwickelt, das den folgenden Anforderungen entspricht:

- Anwender, Anwendungsbetreuer und Entwickler müssen Erweiterungen in ihrem Verantwortungsbereich ohne Risiko vornehmen können.
- Es muss eine strikte Trennung zwischen Kundenerweiterung und Kernsystem bestehen, sodass weder ein Releasewechsel durch kundenspezifische Erweiterungen blockiert noch die Funktionalität einer Kundenerweiterung nach dem Releasewechsel beeinträchtigt wird.
- Es müssen Werkzeuge angeboten werden, die sowohl die Anforderungen des Kunden bezüglich Flexibilität als auch die Interessen des Dienstanbieters bezüglich Stabilität berücksichtigen.

Typen von Erweiterungen

Das Ergebnis ist ein neues Erweiterungskonzept von SAP für SAP S/4HANA. Dieses Konzept unterscheidet zwischen den beiden folgenden Typen vor Erweiterungen:

- *In-App-Erweiterungen*: Erweiterungen innerhalb des Systems
- *Side-by-Side-Erweiterungen*: Erweiterungen, die von außen kommen

Die Erweiterungen innerhalb des Systems werden noch einmal in drei Untergruppen unterteilt:

- **Klassische Erweiterungen (Classic Extensibility)**
  Die Erweiterungstechniken, die man auch aus anderen SAP Business Suites kennt, werden dabei als klassische Erweiterungen bezeichnet.

- **Key-User-Erweiterungen (Key User Extensibility)**
  Mit Key-User-Erweiterungen sind Erweiterbarkeitsfunktionen gemeint, die von Anwendungsexperten über Erweiterbarkeits-Apps realisiert werden können.

- **Gemanagte Erweiterungen (Managed Extensibility)**
  Für Kundenentwicklungen in der cloud edition sieht SAP laut dem SAP White Paper »SAP S/4HANA Extensibility for Customers and Partners« zusätzlich eine sogenannte gemanagte Erweiterung vor. Die Umsetzung dieser Erweiterungsoption ist aber noch unklar und deshalb nicht Teil dieses Buches.

Abbildung 2.16 zeigt den grundsätzlichen Unterschied zwischen der In-App-Erweiterungen und der Side-by-Side-Erweiterung. Der Bereich »Cloud« bezieht sich dabei auf die SAP S/4HANA, cloud edition. Im Rahmen der Key-User-Erweiterung bietet SAP mehrere Erweiterbarkeits-Apps an, um kundeneigene Anpassungen vornehmen, testen und ins Produktivsystem importieren zu können.

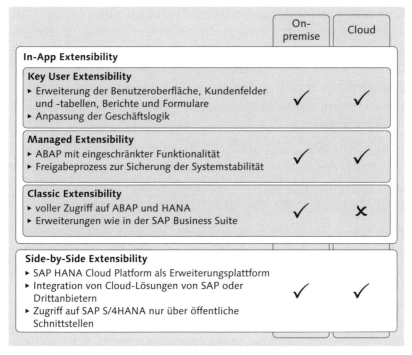

Abbildung 2.16 In-App-Erweiterung und Side-by-Side-Erweiterung

Key-User-Erweiterung

Die Erweiterbarkeits-App *Benutzerdefinierte Felder und Logik* bietet zwei Erweiterungsoptionen. Zum einen können mit dieser App kundeneigene Felder definiert werden. Nach dem Anlegen und Aktivieren der Felder können diese in Benutzeroberflächen, Reports, E-Mail-Vorlagen und Formularvorlagen verwendet werden. Zum anderen können sie an von SAP festgelegten Erweiterungspunkten Anpassungen an der Geschäftslogik vornehmen. Die Erweiterungen werden in einem Web-Editor mit einer eingeschränkten ABAP-Version dem sogenannten *ABAP für Key-User* implementiert. Bei der On-premise-Version erfolgt der Transport der Erweiterungen über das normale

Benutzerdefinierte Felder und Logik

Transportwesen. Dazu müssen die Erweiterungen über eine weitere Erweiterungs-App einem Transportauftrag zugeordnet werden.

Klassische Erweiterungen

Mit *klassischen Erweiterungen* sind die Erweiterungen gemeint, die Sie bereits aus der SAP Business Suite kennen. Bei den klassischen Erweiterungen haben Sie den vollen Zugriff auf ABAP und die SAP-HANA-Datenbank. Diese Form der Erweiterung ist nur in der On-premise-Version möglich. Entscheiden Sie sich für eine On-premise-Installation von SAP S/4HANA, haben Sie also weiterhin alle Möglichkeiten, das System zu erweitern, die Sie bislang hatten. Kundenerweiterungen aus einer älteren SAP Business Suite können übernommen werden.

Anpassung von Erweiterungen für SAP S/4HANA

In SAP S/4HANA wurde jedoch das Datenmodell so weit verändert, dass Ihnen einige Datenbanktabellen nicht mehr zur Verfügung stehen. Sie müssen Ihre Kundenerweiterungen also möglicherweise vor einer Migration an das vereinfachte Datenmodell anpassen.

Auch wenn Sie als On-premise-Kunde bezüglich Ihrer Entwicklungen so weiterverfahren, wie Sie es von der SAP Business Suite gewohnt sind, sollten Sie sich bei den Kundenerweiterungen künftig so weit wie möglich auf die in der Cloud möglichen Erweiterungstechniken beschränken. Das hat folgende Gründe: Zum einen verringert sich bei einer strikten Trennung von SAP-Kernsystem und Kundenerweiterungen der Test- und Anpassungsaufwand, der vor einem Releasewechsel notwendig wird. Dadurch können Sie in Zukunft schneller Neuerungen von SAP in Ihrem System einspielen und nutzen. Zum anderen können Sie die aufwendige Umwandlung von klassischer Erweiterung in cloud-kompatible Erweiterungsoptionen vermeiden, sollten Sie für die Zukunft den Weg in die Cloud planen.

Side-by-Side-Erweiterung

SAP HANA Cloud Platform

Die Side-by-Side-Erweiterung nutzt die SAP HANA Cloud Platform als Erweiterungsplattform (siehe Abschnitt 2.5). Mit dieser Erweiterungsplattform haben Sie als Entwickler volle Flexibilität im Umfeld von Java, HTML5 und nativen SAP HANA Services. Sie können z. B. neue Anwendungen auf dieser Basis entwickeln und auf der SAP HANA Cloud Platform als Laufzeitumgebung betreiben.

Neben individuellen Anwendungen des Kunden können aber auch Cloud-Lösungen von SAP (z. B. SAP SuccessFactors oder SAP Ariba) oder von Drittanbietern integriert werden. Mit dem SAP-Kernsystem sind diese Erweiterungen lose über öffentliche Schnittstellen verknüpft.

2.3 Analysewerkzeuge von SAP HANA

Die Analysewerkzeuge, die für den Einsatz auf einer SAP-HANA-Datenbank optimiert sind, stellen eine weitere wesentliche Säule von SAP S/4HANA dar.

Mit SAP S/4HANA ist es möglich, viele der Analysen und Berichte, die aus Performancegründen in *SAP Business Warehouse* (SAP BW) ausgelagert wurden, wieder in das ERP-System zu integrieren und dort Echtzeitanalysen vorzunehmen. Bisher war es häufig erforderlich, performanceintensive Datenaufbereitungen und Analysen in ein separates BW-System auszulagern und die benötigten Daten hier ggf. persistent vorzuberechnen. Im Anschluss daran erfolgten die Analysen auf diesem kopierten Datenbestand in SAP BW.

Nutzung von SAP BW

Als Folge der hiermit verbundenen Beladungsprozesse könnten Sie keine wirklich aktuellen Daten für Ihre Analysen und Planungsprozesse nutzen. Ein Auffrischen der Daten und somit ein Analysieren der aktuellen Datenbasis war Ihnen nur durch das erneute Durchführen von Beladungsprozessen und somit nicht »on the fly« möglich.

Mit der verbesserten Performance und den neuen Datenmodellierungswerkzeugen von SAP S/4HANA ist ein Berichtswesen in Echtzeit wieder möglich: Die Datenbestände wurden über Reorganisationen deutlich reduziert und die Performance über die In-Memory-Technologie verbessert.

Mit SAP S/4HANA könnten Sie somit Ihre BW-Systeme vollständig ablösen. Stattdessen integrieren Sie das bestehende Berichtswesen wieder ganz in das in SAP S/4HANA eingebettete SAP BW und etablieren die neue HANA-Datenbank so als »single point of truth«. Wenn Sie diesem Ansatz folgen, müssen Sie geeignete Werkzeuge für den Aufbau Ihres neuen Berichtswesens auswählen.

SAP HANA als single point of truth

SAP stellt Ihnen hierzu unter anderem die Werkzeuge SAP Lumira und SAP BusinessObjects Analysis zur Verfügung. Beide werden im

Folgenden kurz vorgestellt. Weitere Werkzeuge (z. B. SAP Crystal Reports, SAP BusinessObjects Design Studio oder SAP BusinessObjects Web Intelligence) vervollständigen die SAP-BusinessObjects-Produktpalette; sie werden aber in diesem Kapitel nicht näher erläutert.

2.3.1 SAP Lumira

SAP Lumira ermöglicht es Ihnen, flexibel und individuell Daten aus SAP S/4HANA und anderen Quellen auszuwerten (z. B. aus SAP BW oder Microsoft Excel). Es dient zur *Ad-hoc-Analyse* von Daten aus unterschiedlichen Systemen.

Storyboards in SAP Lumira
Der Fokus von SAP Lumira liegt auf der anwenderfreundlichen Analyse von Daten. Das heißt, dass Sie damit schnell und komfortabel aussagekräftige Schaubilder und sogenannte *Storyboards* erstellen können. Die Oberfläche von SAP Lumira ist übersichtlich und intuitiv bedienbar, damit Fachanwender ohne Unterstützung der IT-Abteilung mit dem Werkzeug arbeiten können. Aufgrund der direkten Kopplung an SAP S/4HANA ist es möglich, auch große Datenmengen schnell zu analysieren und so unternehmensrelevante Entscheidungen abzuleiten.

Das Arbeiten mit SAP Lumira umfasst fünf Schritte:

1. **Akquisition**
   Bei der Datenakquisition geht es darum, die Daten zu beschaffen und anzubinden, die analysiert werden sollen. SAP Lumira ermöglicht es, flexibel Datenquellen (SAP S/4HANA, SAP BW, Excel usw.) miteinander zu kombinieren und im Anschluss die Daten zu analysieren. Werden Daten aus SAP S/4HANA verwendet, werden diese live aus SAP HANA geladen. Auf diese Weise können die Performancevorteile von SAP HANA genutzt werden. Daten aus anderen Datenquellen werden in SAP Lumira gespeichert und können auch offline ausgewertet werden.

2. **Transformation**
   Während der Transformation werden die Daten an die Analyseanforderungen angepasst. Sie können die Daten prüfen, sie modifizieren und kalkulierte Kennzahlen definieren. Des Weiteren ist es möglich, die Daten um Informationen aus anderen Quellen anzureichern. Sie können Hierarchien flexibel definieren und auch Geodaten hinzuziehen.

3. **Visualisierung**

Nach der Aufbereitung können Sie die Daten verwenden, um verschiedene Visualisierungen zu erstellen. Dabei ist es auch möglich, lediglich Teilmengen zu visualisieren. SAP Lumira nutzt dabei das Drag&Drop-Prinzip. Sie können flexibel Merkmale und Kennzahlen miteinander kombinieren und die gewünschte Darstellungsform auswählen. SAP Lumira stellt Ihnen dafür eine Vielzahl von Diagrammtypen zur Verfügung.

Abbildung 2.17 zeigt die Drag&Drop-Oberfläche, auf der in SAP Lumira die Visualisierungen erstellt werden. Dazu können Sie eine Vielzahl an verschiedenen Diagramm- oder Tabellendarstellungen wählen.

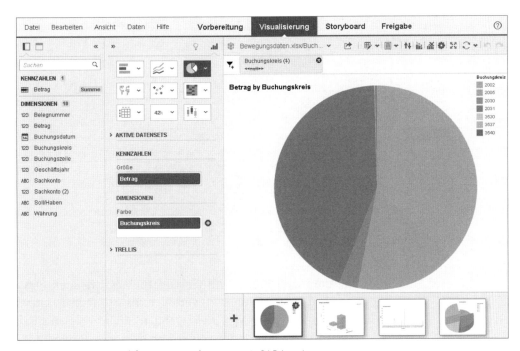

Abbildung 2.17 Beispiel für eine Visualisierung mit SAP Lumira

4. **Zusammenstellen**

Nach dem Erstellen aller relevanten Visualisierungen können Sie diese druckoptimiert zu Storyboards zusammenfassen. In einem Storyboard kann man die Visualisierungen formatiert zusammenstellen und um Texte und Grafiken ergänzen. Abbildung 2.18 zeigt ein Beispiel für ein solches Storyboard. Einen besonderen Nutzen

2 | Die technischen Säulen von SAP S/4HANA

bringt Ihnen das Storyboard dadurch, dass sich große Mengen an aggregierten Daten in leicht verständlicher und übersichtlicher Form darstellen lassen. Sie sind somit nicht an statische Reports gebunden, sondern können die Darstellung Ihrer Daten selbst wählen.

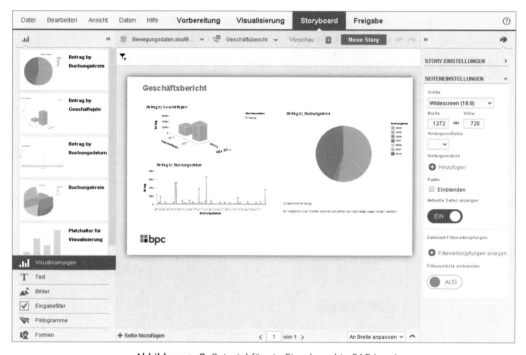

Abbildung 2.18 Beispiel für ein Storyboard in SAP Lumira

5. **Verteilung**
SAP Lumira bietet Ihnen eine Vielzahl an Möglichkeiten, um die gewonnenen Informationen zu verteilen. Es ist möglich, einzelne Visualisierungen per E-Mail zu versenden. Ebenso lassen sich die Storyboards auf den Lumira Servern oder innerhalb der BI-Plattform veröffentlichen.

2.3.2 SAP BusinessObjects Analysis

SAP BusinessObjects Analysis ist ein interaktives Analysewerkzeug, das Sie nicht nur mit SAP BW, sondern auch mit SAP S/4HANA verwenden können. Es gibt zwei Varianten von SAP BusinessObjects Analysis:

- eine webbasierte Variante
- ein Add-in für Microsoft Excel und PowerPoint

Der Einsatzbereich von SAP BusinessObjects Analysis ist die Ad-hoc-Analyse von Daten. Das Werkzeug lässt sich intuitiv via Drag & Drop bedienen. SAP BusinessObjects Analysis findet zum Beispiel im Zuge von SAP Integrated Business Planning (SAP IBP) Verwendung (siehe Kapitel 4, »SAP S/4HANA Finance«).

Nutzung von Excel-Arbeitsmappen

Sie können mehrere Berichtsquellen in Arbeitsmappen miteinander kombinieren und mit den bekannten Formatierungswerkzeugen von Microsoft Excel bearbeiten. Zusätzlich können die SAP-Daten mit dem Excel-Formeleditor und Excel-Diagrammen verarbeitet werden.

Anders als bei SAP Lumira, wo der Fokus auf der Erstellung von aussagekräftigen Diagrammen liegt, wird Analysis für die Definition von wiederverwendbaren Excel-Arbeitsmappen und Analysen in Tabellenform genutzt. Dort können Sie flexible Drill- und Dice-Operationen durchführen, Hierarchien (z. B. Sachkonten) darstellen und Reporting Cockpits anlegen. Die Handhabung des Werkzeugs ähnelt der Arbeitsweise mit Excel-Pivot-Tabellen.

Abbildung 2.19 zeigt eine Cashflow-Struktur in hierarchischer Darstellung in SAP BusinessObjects Analysis for Office. Im rechten Bildbereich sehen Sie den Designbereich zur Modifikation Ihrer Analyse.

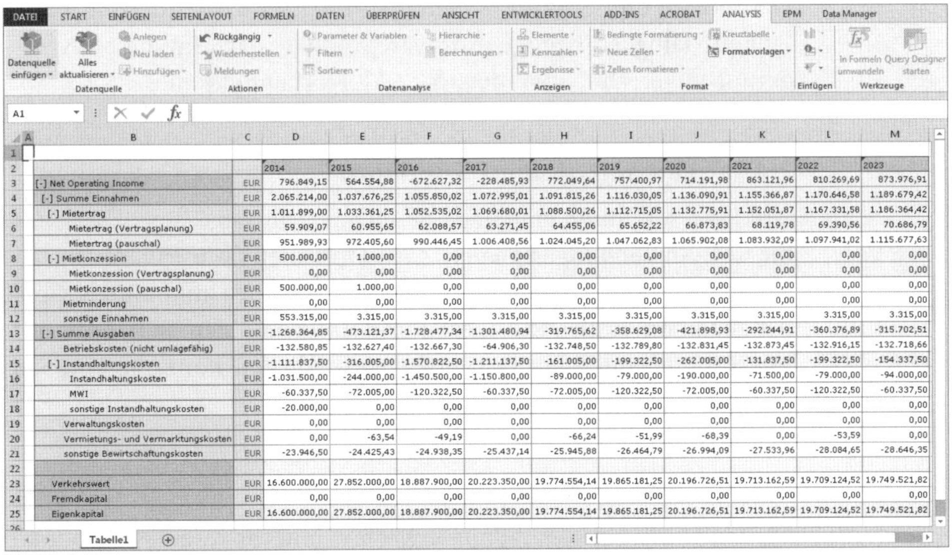

	B	C	D	E	F	G	H	I	J	K	L	M
1												
2			2014	2015	2016	2017	2018	2019	2020	2021	2022	2023
3	[-] Net Operating Income	EUR	796.849,15	564.554,88	-672.627,32	-228.485,93	772.049,64	757.400,97	714.191,98	863.121,96	810.269,69	873.976,91
4	[-] Summe Einnahmen	EUR	2.065.214,00	1.037.676,25	1.055.850,02	1.072.995,01	1.091.815,26	1.116.030,05	1.136.090,91	1.155.366,87	1.170.646,58	1.189.679,42
5	[-] Mietertrag	EUR	1.011.899,00	1.033.361,25	1.052.535,02	1.069.680,01	1.088.500,26	1.112.715,05	1.132.775,91	1.152.051,87	1.167.331,58	1.186.364,42
6	Mietertrag (Vertragsplanung)	EUR	59.909,07	60.955,65	62.088,57	63.271,45	64.455,06	65.652,22	66.873,83	68.119,78	69.390,56	70.686,79
7	Mietertrag (pauschal)	EUR	951.989,93	972.405,60	990.446,45	1.006.408,56	1.024.045,20	1.047.062,83	1.065.902,08	1.083.932,09	1.097.941,02	1.115.677,63
8	[-] Mietkonzession	EUR	500.000,00	1.000,00	0,00	0,00	0,00	0,00	0,00	0,00	0,00	0,00
9	Mietkonzession (Vertragsplanung)	EUR	0,00	0,00	0,00	0,00	0,00	0,00	0,00	0,00	0,00	0,00
10	Mietkonzession (pauschal)	EUR	500.000,00	1.000,00	0,00	0,00	0,00	0,00	0,00	0,00	0,00	0,00
11	Mietminderung	EUR	0,00	0,00	0,00	0,00	0,00	0,00	0,00	0,00	0,00	0,00
12	sonstige Einnahmen	EUR	553.315,00	3.315,00	3.315,00	3.315,00	3.315,00	3.315,00	3.315,00	3.315,00	3.315,00	3.315,00
13	[-] Summe Ausgaben	EUR	-1.268.364,85	-473.121,37	-1.728.477,34	-1.301.480,94	-319.765,62	-358.629,08	-421.898,93	-292.244,91	-360.376,89	-315.702,51
14	Betriebskosten (nicht umlagefähig)	EUR	-132.580,85	-132.627,40	-132.667,30	-64.906,30	-132.748,50	-132.789,80	-132.831,45	-132.873,45	-132.916,15	-132.718,66
15	[-] Instandhaltungskosten	EUR	-1.111.837,50	-316.005,00	-1.570.822,50	-1.211.137,50	-161.005,00	-199.322,50	-262.005,00	-131.837,50	-199.322,50	-154.337,50
16	Instandhaltungskosten	EUR	-1.031.500,00	-244.000,00	-1.450.500,00	-1.150.800,00	-89.000,00	-79.000,00	-190.000,00	-71.500,00	-79.000,00	-94.000,00
17	MWI	EUR	-60.337,50	-72.005,00	-120.322,50	-60.337,50	-72.005,00	-120.322,50	-72.005,00	-60.337,50	-120.322,50	-60.337,50
18	sonstige Instandhaltungskosten	EUR	-20.000,00	0,00	0,00	0,00	0,00	0,00	0,00	0,00	0,00	0,00
19	Verwaltungskosten	EUR	0,00	0,00	0,00	0,00	0,00	0,00	0,00	0,00	0,00	0,00
20	Vermietungs- und Vermarktungskosten	EUR	0,00	-63,54	-49,19	0,00	-66,24	-51,99	-68,39	0,00	-53,59	0,00
21	sonstige Bewirtschaftungskosten	EUR	-23.946,50	-24.425,43	-24.938,35	-25.437,14	-25.945,88	-26.464,79	-26.994,09	-27.533,96	-28.084,65	-28.646,35
22												
23	Verkehrswert	EUR	16.600.000,00	27.852.000,00	18.887.900,00	20.223.350,00	19.774.554,14	19.865.181,25	20.196.726,51	19.713.162,59	19.709.124,52	19.749.521,82
24	Fremdkapital	EUR	0,00	0,00	0,00	0,00	0,00	0,00	0,00	0,00	0,00	0,00
25	Eigenkapital	EUR	16.600.000,00	27.852.000,00	18.887.900,00	20.223.350,00	19.774.554,14	19.865.181,25	20.196.726,51	19.713.162,59	19.709.124,52	19.749.521,82

Abbildung 2.19 Cashflow-Struktur in SAP BusinessObjects Analysis

2.4 SAP Fiori

Klassische SAP-Transaktionen im SAP GUI sind häufig komplex und bündeln eine Vielzahl von Funktionen für unterschiedliche Benutzerrollen im Unternehmen auf einer Bildschirmmaske. Die meisten Anwender benötigen jedoch lediglich einen kleinen Teil der angebotenen Funktionen, um ihre Aufgaben zu erledigen. Diese Transaktionen wurden bisher oft mit dem Blick auf den Funktionsumfang des Systems entwickelt, ohne allzu viele Gedanken an die Anwender zu verschwenden, die täglich mit dem System arbeiten. Die Folgen waren häufig ein hoher Einarbeitungsaufwand und eine umständliche Handhabung. Nicht zuletzt diese tragen oft zu einer geringeren Akzeptanz der SAP-Software in den Unternehmen bei.

Nutzung mobiler Geräte
Ein Trend unserer Zeit ist der ortsunabhängige Zugriff auf Daten und Funktionen über unterschiedliche Endgeräte hinweg. Prozesse werden am Arbeitsplatz über stationäre Laptops oder Desktop-PCs gesteuert, unterwegs kommen hingegen Tablets oder Smartphones zum Einsatz. Der mobile Zugriff führt zu effizienteren Geschäftsprozessen, zu Zeitersparnissen und damit einhergehend zur Senkung von Kosten. Auch diesen Anforderungen einer mobilen Nutzung sind die klassischen SAP-Oberflächen nicht gewachsen.

Beide genannten Punkte – die einfachen, auf die Benutzer zugeschnittenen Services sowie die Unterstützung von unterschiedlichen Plattformen und Geräten – stellen eine zentrale Anforderung an die Zukunftsfähigkeit heutiger Softwareprodukte dar. Um diesen Anforderungen gerecht zu werden, hat SAP Fiori entwickelt.

2.4.1 Wie funktioniert SAP Fiori?

SAP Fiori soll Ihnen eine neue Benutzererfahrung (User Experience) für SAP-Anwendungen bieten. SAP Fiori bietet ein rollenbasiertes, auf den Anwender zugeschnittenes Arbeiten auch auf mobilen Geräten. Sie können auch in anderen SAP-Anwendungen Fiori-Apps nutzen. Im Folgenden lernen Sie die wesentlichen Konzepte von SAP Fiori kennen.

Der Anwender im Mittelpunkt

Rollenbasierte Anwendungen
SAP Fiori stellt einen Paradigmenwechsel innerhalb der SAP-Produkte dar. Im Mittelpunkt steht der Wechsel von transaktionsbasierten zu

rollenbasierten Anwendungen. Anstelle von komplexen Oberflächen, die – bezogen auf ein Thema – versuchen, möglichst viele Funktionen zu vereinen, werden die Anforderungen und Bedürfnisse der Anwender in den Mittelpunkt gestellt.

Was ist damit gemeint? Die Gestaltung der Oberflächen verläuft so:

1. Zunächst werden die vorhandenen Benutzerrollen identifiziert.
2. Im zweiten Schritt werden für jede Rolle Anwendungsfälle identifiziert, die der jeweilige Benutzer benötigt.
3. Jeder einzelne Anwendungsfall wird für die jeweiligen Rollen in eine eigenständige Fiori-App umgesetzt.

Anstelle der Frage »Welche Funktionen werden zu einem Thema benötigt und wie können diese in einer Oberfläche kombiniert werden?« heißt es jetzt mit Blick auf den Nutzer: »Welche Benutzerrollen gibt es in einem Bereich, und wie müssen die Oberflächen für jede einzelne Rolle gestaltet werden, um die jeweiligen Nutzer bei der Erledigung ihrer Aufgaben optimal zu unterstützen?«

Genau dieser Paradigmenwechsel ist bestimmend für SAP Fiori. Einfache und optimierte Services führen zu geringeren Einarbeitungszeiten der Anwender, zur Erhöhung der Produktivität sowie zur Kostenreduktion und zu mehr Akzeptanz der Lösung durch den Anwender.

Nutzung von Apps

SAP bietet ein Portfolio von einzelnen Fiori-Apps für verschiedene Benutzerrollen im Unternehmen an. Diese Apps werden bereits seit Mai 2013 nach und nach von SAP in mehreren Wellen, sogenannten *Waves*, herausgegeben. Fiori-Apps waren also bereits erhältlich, bevor SAP S/4HANA auf den Markt kam, und können auch unabhängig von SAP S/4HANA genutzt werden. Mittlerweile gibt es über 500 Fiori-Apps für unterschiedlichste Bereiche im Unternehmen, z. B. für Finanzen, Personaladministration und Beschaffung. In jedem Bereich gibt es wiederum mehrere Benutzerrollen, für die Apps entwickelt wurden.

Es gibt verschiedene Typen von Fiori-Apps:

Typen von Fiori-Apps

- **Analytische Apps**
  Analytische Apps bieten Echtzeitanalysen zu unterschiedlichsten Themen und benötigen SAP HANA als Datenbank.

- **Fact-Sheet-Apps**
  Sogenannte Fact-Sheet-Apps ermöglichen dem Anwender einen 360-Grad-Blick auf betriebswirtschaftliche Objekte. Auch für Fact-Sheet-Apps müssen Sie SAP HANA einsetzen.

- **Transaktionale Apps**
  Transaktionale Apps können auch ohne SAP HANA genutzt werden und bilden klassische transaktionale Funktionen ab, z. B. das Anlegen einer Bestellung.

Abbildung 2.20 zeigt als Beispiel eine Fiori-App aus dem CRM-Umfeld. In ihr werden Informationen zu Ansprechpartnern mit Kontaktinformationen, Anhängen sowie weiteren Notizen dargestellt.

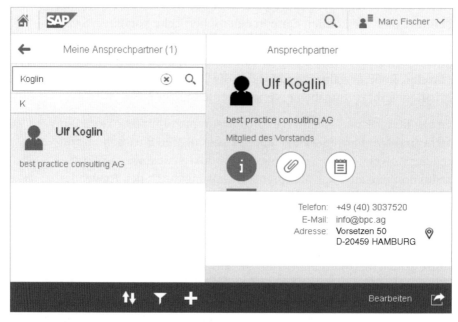

Abbildung 2.20 Persönliche Ansprechpartner in SAP Fiori

Technische Architektur von SAP Fiori

Das JavaScript-Framework SAPUI5

Neben dem geschilderten Paradigmenwechsel und der Sammlung aus unterschiedlichen Apps steht Fiori für eine neue technologische Architektur, auf deren Grundlage die Oberflächen entwickelt werden. Die Benutzeroberfläche basiert auf dem JavaScript-Framework *SAPUI5*, einer Weiterentwicklung verschiedener Open-Source-Frameworks durch SAP. SAPUI5 hat insbesondere die Aufgabe, einfache und wiedererkennbare Oberflächen für die Nutzer zu schaffen. In umfangreichen Bibliotheken werden den Entwicklern verschiedenste UI-Elemente zur Verfügung gestellt, deren Einsatz zusammen mit der Einhaltung von vorgegebenen Designstandards dazu führt, dass sich die Benutzer schnell in neuen Anwendungen zurechtfinden.

Die bereits angesprochene Unterstützung unterschiedlicher Endgeräte vom PC über das Tablet bis hin zum Smartphone wird ebenfalls durch den Einsatz von SAPUI5 gewährleistet. SAPUI5-Anwendungen oder auch *Apps* können beim Einsatz entsprechender Bibliotheken *responsiv* gestaltet werden. Das bedeutet, dass sich die Darstellung des UI dem Gerät anpasst, auf dem es verwendet wird.

Responsive Benutzeroberflächen

Ein klassisches Beispiel ist die Anzeige eines Menüs. Auf einem Desktop-PC oder Tablet, bei dem die Auflösung ausreichend groß ist, wird das Menü permanent auf dem Bildschirm angezeigt. Auf einem Smartphone hingegen, auf dem der Platz ohnehin sehr knapp bemessen ist, blendet sich das Menü automatisch aus und kann vom Benutzer über einen Button eingeblendet werden.

Zur Veranschaulichung dienen Abbildung 2.21 und Abbildung 2.22. Dabei wird die gleiche Anwendung zuerst auf einem Tablet bzw. Desktop-PC und dann auf einem Smartphone dargestellt. Je nach Gerät passt sich die Benutzeroberfläche an den verfügbaren Platz an.

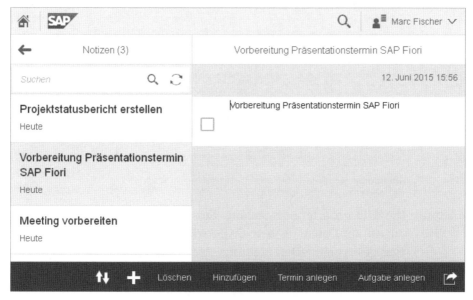

Abbildung 2.21 Die CRM-Notizen-App auf dem Desktop oder Tablet PC

Die Abbildungen zeigen die CRM-Notizen-App einerseits auf dem Desktop bzw. Tablet, andererseits auf einem Smartphone. Im ersten Fall wird die Liste der Notizen auf der linken Seite permanent dargestellt und gleichzeitig die Detailansicht angezeigt. Auf dem Smartphone wird aufgrund der geringen Bildschirmgröße die Darstellung auf zwei Screens aufgeteilt. Zunächst wird die Liste der Notizen angezeigt, und erst nach Auswahl einer bestimmten Notiz gelangt der Nutzer in die Detailanzeige.

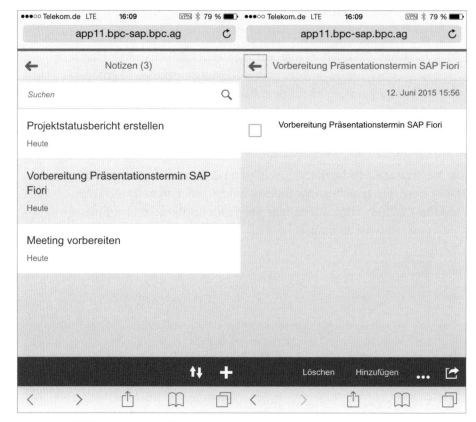

Abbildung 2.22 Die CRM-Notizen-App auf einem iPhone

Open Data Protocol (OData)
Die UI5-basierte Entwicklung des User-Interfaces wird für den Zugriff auf Daten aus dem SAP-Backend an sogenannte *OData-Services* gekoppelt. OData steht für *Open Data Protocol* und ist ein von Microsoft entwickeltes HTTP-basiertes Protokoll. Es erlaubt das Lesen und Verändern von Backend-Daten über HTTP-Aufrufe. Ein zugrunde liegendes Datenmodell definiert dabei die enthaltenen Entitäten sowie deren Beziehungen untereinander.

Für die Entwicklung der OData-Services im SAP-Umfeld kommt *SAP Gateway* zum Einsatz. SAP Gateway wird von SAP empfohlen, um Daten aus dem Backend nach außen zu liefern (z. B. an mobile Anwendungen oder Portale). Bei SAP Gateway handelt es sich um ein Add-on auf dem SAP-NetWeaver-ABAP-Stack. Meist wird SAP Gateway auf einem eigenen Server installiert, der als zentraler Hub den Backend-Systemen der SAP Business Suite vorgeschaltet ist. Auf Letzteren wird ebenfalls eine zusätzliche Add-on-Komponente benötigt. Sie ermöglicht die Definition des OData-Modells sowie die Verbindung der einzelnen Operationen zum Lesen und Ändern von Objekten, z. B. mit Funktionsbausteinen in SAP. Auf dem Gateway-Hub wird dieses Modell schließlich importiert und veröffentlicht.

SAP Gateway

Bei der Nutzung analytischer Anwendungen besteht auch die Möglichkeit, dass Fiori-Anwendungen direkt auf die SAP-HANA-Datenbank zugreifen. In diesem Fall werden die OData-Services direkt auf HANA entwickelt und von der Benutzeroberfläche angesprochen. Sollen sowohl Services vom Gateway als auch von SAP HANA genutzt werden, muss ein SAP Web Dispatcher als sogenannter *Reverse-Proxy* zwischengeschaltet werden. Er verteilt ankommende Anfragen von der Benutzeroberfläche und leitet sie an die korrekten Stellen weiter.

Abbildung 2.23 gibt Ihnen einen Überblick über die technische Architektur von Fiori-Anwendungen.

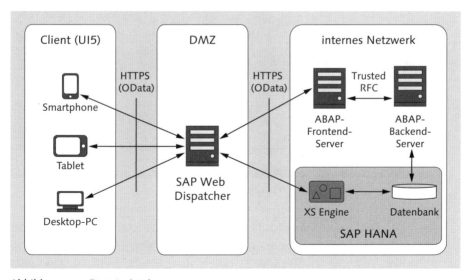

Abbildung 2.23 Fiori-Architektur

2.4.2 Das SAP Fiori Launchpad als zentraler Einstieg

Abhängig von seiner Rolle hat ein Benutzer Zugriff auf unterschiedliche Fiori-Apps, die auf seine individuellen Aufgaben zugeschnitten sind. Der zentrale Einstieg in die Fiori-Apps erfolgt über das sogenannte *SAP Fiori Launchpad*.

Individueller Zugriff auf Apps

Wie die einzelnen Apps ist auch das SAP Fiori Launchpad eine SAPUI5-basierte Webanwendung. Alle zur Verfügung stehenden Apps werden dem Benutzer übersichtlich angezeigt und können direkt gestartet werden. Das Fiori Launchpad können Sie individuell konfigurieren. Ein Benutzer hat Zugriff auf alle Apps, die seiner Benutzerrolle zugeordnet sind. Zudem hat er die Möglichkeit, nicht benötigte Anwendungen aus seinem Launchpad zu entfernen oder die vorhandenen Anwendungen frei anzuordnen und zu gruppieren. Abbildung 2.24 zeigt ein Beispiel für ein Fiori Launchpad.

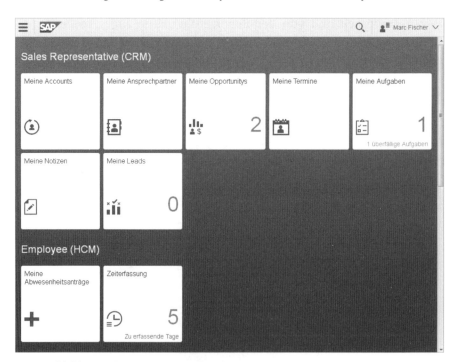

Abbildung 2.24 SAP Fiori Launchpad

Launchpad-Design

Das Design des Fiori Launchpads können Sie individuell konfigurieren. Über den sogenannten *Theme Designer* von SAP können Sie Farben, Logos usw. verändern, indem Sie die dahinterliegenden Stylesheets anpassen.

2.5 SAP HANA Cloud Platform

Die SAP HANA Cloud Platform nimmt einen wichtigen Platz in der Cloud-Strategie von SAP ein. Sie ist kein Bestandteil von SAP S/4HANA. Als In-Memory-Platform-as-a-Service-Lösung ermöglicht sie die Entwicklung, Erweiterung und Bereitstellung von Applikationen in der Cloud. SAP HANA Cloud Platform ist eine Plattform, auf der neue Anwendungen und Erweiterungen agil entwickelt werden können. Dabei entfällt der Aufbau von kundeninternen Systemen, da alle notwendigen Ressourcen in der Cloud zur Verfügung gestellt werden. Der Projektaufwand – Hardwarekosten und benötigtes Personal – kann durch den Einsatz einer solchen Plattform verringert werden und Projektlaufzeiten können verkürzt werden.

Platform as a Service

Um dies zu erreichen, bietet die SAP HANA Cloud Platform umfassende Leistungen: Dazu gehören unter anderem Laufzeitumgebungen für unterschiedliche Arten von Anwendungen, die direkt in der Cloud betrieben werden können. Darüber hinaus existieren z. B. Services für die Speicherung von Daten in cloud-basierten SAP-HANA-Instanzen, für das Benutzermanagement, für die nahtlose Integration externer Systeme, für das Dokumentenmanagement und vieles mehr.

Abbildung 2.25 zeigt einen Screenshot aus dem *SAP HANA Cloud Platform Cockpit*. Der Menüpunkt SERVICES ist aktiviert und stellt einen Ausschnitt noch weiterer angebotener Services dar (z. B. für den Betrieb von mobilen Anwendungen).

SAP HANA Cloud Platform Cockpit

Hinsichtlich der Laufzeitumgebungen unterstützt die Plattform unterschiedliche Typen von Applikationen, z. B.:

Laufzeitumgebungen

- Java
- SAP HANA XS
- HTML5/SAPUI5

Für die Entwicklung von Applikationen der jeweiligen Technologien stellt die SAP HANA Cloud Platform umfassende Entwicklungswerkzeuge zur Verfügung.

Die Java-Laufzeitumgebung der SAP HANA Cloud Platform ist Java-EE-6-zertifiziert und erlaubt die Entwicklung von Java-basierten Enterprise-Applikationen.

2 | Die technischen Säulen von SAP S/4HANA

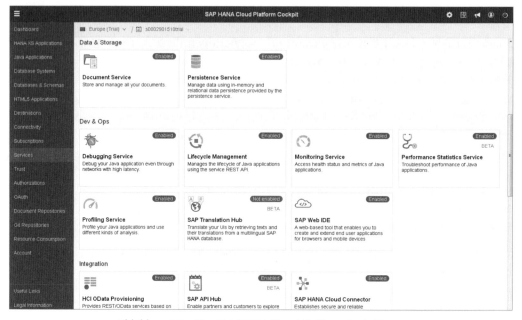

Abbildung 2.25 Das SAP HANA Cloud Platform Cockpit

SAP HANA XS Engine

Die *SAP HANA XS Engine* ist ein leichtgewichtiger JavaScript-Applikationsserver und erlaubt die Ausführung schlanker SAPUI5-Applikationen mit direkter Anbindung an SAP-HANA-Datenbanken. SAP-HANA-XS-Applikationen können mithilfe der Entwicklungsumgebung SAP HANA Studio entwickelt werden.

HTML5-Applikationen (z. B. SAPUI5-basierte Fiori-Apps) können ebenfalls in der Cloud betrieben werden. Für die Entwicklung von SAPUI5-Anwendungen wird eigens eine entsprechende browserbasierte Entwicklungsumgebung in der SAP HANA Cloud Platform namens SAP Web IDE angeboten (IDE steht für Integrated Development Environment). Auf diese gehen wir in Abschnitt 2.5.2, »SAPUI5-Anwendungen in der SAP Web IDE entwickeln«, näher ein.

2.5.1 SAP-HANA-Cloud-Platform-Services

Applikationen in der SAP HANA Cloud Platform profitieren von den integrierten Services der Plattform. In diesem Abschnitt gehen wir auf die folgenden Services näher ein:

- Security-Service
- Connectivity-Service

- Persistence-Service
- Document-Service

Security-Service

Der Security-Service dient zur Authentifizierung von Benutzern beim Zugriff auf geschützte Applikationen auf der SAP HANA Cloud Platform. Das Ziel ist, die Benutzerinformationen, die im Unternehmen bereits existieren, nicht redundant in der SAP HANA Cloud Platform zu verwalten. Um dies zu erreichen, wird die Aufgabe der Benutzerauthentifizierung an einen sogenannten externen Identity Provider delegiert. Der Identity Provider muss dafür lediglich das SAML-2.0-Protokoll unterstützen. Im Standard wird der SAP-eigene Identity Provider – der SAP ID Service – verwendet.

Authentifizierung von Benutzern

Der Mechanismus zur Authentifizierung basiert auf der Tatsache, dass sich der eingesetzte Identity Provider und die SAP HANA Cloud Platform gegenseitig vertrauen. Versucht ein Benutzer, auf eine geschützte Anwendung zuzugreifen, leitet die SAP HANA Cloud Platform den Aufruf an ein Login-Formular des Identity Provider weiter. Wenn sich der Benutzer zum Beispiel mit seinem Benutzernamen und Kennwort erfolgreich authentifizieren kann, wird diese Information an die SAP HANA Cloud Platform weitergegeben. Da die SAP HANA Cloud Platform dem Identity Provider vertraut, kann der Benutzer auf die gewünschte Anwendung zugreifen.

Connectivity-Service

Der Connectivity-Service dient zur sicheren Anbindung externer Systeme sowie von Internet-Services. Für die Anbindung von On-premise-Systemen wird der *SAP HANA Cloud Connector* verwendet. Er gewährleistet eine verschlüsselte Verbindung zwischen der SAP HANA Cloud Platform und dem lokalen Netzwerk. Der SAP HANA Cloud Connector baut einen verschlüsselten SSL-Tunnel zur SAP HANA Cloud Platform auf. Auf diese Weise können Applikationen in der SAP HANA Cloud Platform sicher mit Services im lokalen Netzwerk kommunizieren.

SAP HANA Cloud Connector

Lokale Systeme, die von der SAP HANA Cloud Platform erreicht werden dürfen, müssen über das *Access Control Feature* des Cloud Connectors definiert werden, eine sogenannte *Whitelist*. Der Admi-

Access Control Feature

nistrator des lokalen Netzwerks hat somit die volle Kontrolle darüber, welche Systeme von außen erreichbar sind.

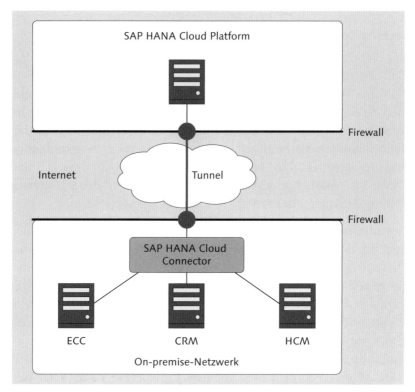

Abbildung 2.26 Der Connectivity-Service für die SAP HANA Cloud Platform

Destinations   Wenn Sie ein System im Access Control Feature definieren, geben Sie das Protokoll an, das für den Verbindungsaufbau verwendet werden soll. Die letztendliche Anbindung eines Systems erfolgt als sogenannte *Destination*, die innerhalb der SAP HANA Cloud Platform definiert wird. Eine Destination ist ein virtueller Endpunkt und verweist auf einen externen Internet- oder On-premise-Service. Applikationen innerhalb der SAP HANA Cloud Platform können mithilfe einer Destination den jeweiligen externen Service adressieren.

Derzeit werden drei unterschiedliche Typen von Destinationen unterstützt:

- HTTP Destination
- RFC Destination
- Mail Destination

Eine *HTTP Destination* dient als Schnittstelle zu HTTP-basierten Services und kann entweder an Internet-Services verweisen oder an On-premise-Services, die mithilfe des SAP HANA Cloud Connectors bereitgestellt werden.

Die *RFC Destination* dient als Schnittstelle zu SAP-Systemen und ermöglicht den Aufruf RFC-fähiger Funktionsbausteine, z. B. mithilfe des *SAP Java Connectors*. Die RFC-Anbindung eines SAP-Systems kann nur über den SAP HANA Cloud Connector erfolgen.

Des Weiteren ermöglicht eine *Mail Destination* die Anbindung eines Mail-Servers zum Senden und Empfangen von E-Mails per SMTP, IMAP und POP3.

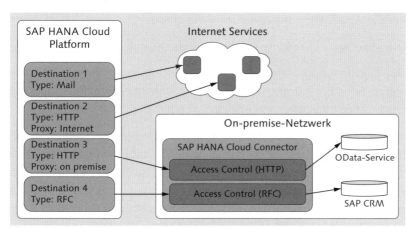

Abbildung 2.27 SAP HANA Cloud Platform Destinations

Destinations erlauben eine zentrale Verwaltung externer Systeme. Der Connectivity-Service sorgt für eine Auflösung der tatsächlichen Ziel-Adressen zur Laufzeit. Auf diese Weise können angebundene Systeme auch on-the-fly ausgetauscht werden, ohne dass vorhandene Applikationen angepasst werden müssten.

Persistence-Service

Der Persistence-Service ist für die integrierten Datenbanksysteme der SAP HANA Cloud Platform verantwortlich. Er gewährleistet den Zugriff auf die Datenbanken und führt diverse datenbankspezifische Aufgaben aus. Darunter fallen unter anderem Backup- und Recovery-Maßnahmen zur Sicherstellung eines 24/7-Betriebs. Des Weiteren

Datenbankspezifische Aufgaben

steuert er eine gleichmäßige Lastverteilung sowie die automatische Skalierung bei steigenden Anforderungen.

Für die Persistenz von Daten stellt die SAP HANA Cloud Platform zwei Datenbanksysteme zur Verfügung:

- SAP HANA
- SAP MaxDB

Die SAP HANA Cloud Platform ermöglicht hierbei eine flexible Zuordnung von Datenbankschemata zu Applikationen:

- ein Schema pro Applikation
- ein gemeinsames Schema für mehrere Applikationen
- eine Applikation nutzt mehrere Schemata.

Die jeweilige Zuordnung erfolgt über das Management Cockpit.

Nutzung von Eclipse

Der Zugriff auf die Datenbanken erfolgt über standardisierte Technologien wie JPA 2.0 und JDBC. Für die objektrelationale Abbildung wird das *EclipseLink-Framework* verwendet.

Datenbankbasierte Java-Applikationen werden in der Entwicklungsumgebung Eclipse entwickelt und können lokal getestet werden. Für die Integration mit der SAP HANA Cloud Platform stehen diverse Plug-ins zur Verfügung. Zum Testen einer Applikation können Sie entweder eine lokale Apache-Derby-Datenbank oder eine Datenbank der SAP HANA Cloud Platform verwenden. Die Datenbanken der SAP HANA Cloud Platform sind jedoch nicht öffentlich zugänglich. Die Eclipse-Plug-ins, die von der SAP HANA Cloud Platform zu Verfügung gestellt werden, ermöglichen deswegen den Aufbau eines Datenbanktunnels. Auf diese Weise können lokale Applikationen auf Datenbanken der SAP HANA Cloud Platform zugreifen.

Document-Service

Datenspeicherung und -bereitstellung

Der Document-Service der SAP HANA Cloud Platform bietet ein Repository zur Speicherung und Bereitstellung unstrukturierter und semistrukturierter Daten (Dokumente).

Die Dokumente werden hierbei in einer hierarchischen Ordnerstruktur organisiert und können mit diversen Metadaten angereichert werden. Gespeicherte Dokumente können anhand dieser Metadaten mithilfe eines SQL-ähnlichen Query-Interfaces gesucht werden. Der Zugriff auf Dokumente erfolgt über den offenen *CMIS-Standard* (Content Management Interoperability Services). Die Zugriffsrechte von Dokumenten können mithilfe von Zugriffslisten verwaltet werden.

Die Dokumente werden grundsätzlich mit AES-128 verschlüsselt, bevor sie im Document-Service gespeichert werden. Der Speichervorgang kann hierbei mit einer Antiviren-Software ergänzt werden, um die Sicherheit der Dokumente zu gewährleisten.

Weitere Services

Das Angebot von Services in der SAP HANA Cloud Platform wird von SAP permanent erweitert. Um sich einen aktuellen Überblick zu verschaffen, empfiehlt sich die Registrierung eines kostenlosen Trial-Accounts (*https://account.hanatrial.ondemand.com*).

Trial-Accounts für die Cloud Platform

2.5.2 SAPUI5-Anwendungen in der SAP Web IDE entwickeln

SAPUI5-Anwendungen (z. B. die mehrfach erwähnten Fiori-Apps) sind ein zentraler Bestandteil der User-Interface-Strategie von SAP. Um dem Rechnung zu tragen und ihre Entwicklung so einfach wie möglich zu gestalten, wurde die *SAP Web IDE* entwickelt und in das Angebot der SAP HANA Cloud Platform integriert. Ähnlich wie in klassischen Entwicklungsumgebungen (wie z. B. Eclipse), die auf dem lokalen Arbeitsplatz installiert werden, können in der SAP Web IDE Projekte angelegt und entsprechende HTML- und JavaScript-Dateien entwickelt werden.

SAP Web IDE

Abbildung 2.28 vermittelt einen ersten Eindruck von der SAP Web IDE. Sie zeigt die SAP Web IDE in einem Browser. Auf der linken Seite befindet sich die Projekt- und Ordner-Struktur, und im Hauptfenster werden die Dateien erstellt und bearbeitet.

Sie profitieren dabei von den Vorteilen der Cloud: Da auch die SAP Web IDE permanent von SAP weiterentwickelt und um neue Funktionen ergänzt wird, stehen Ihnen diese Neuerungen augenblicklich zur Verfügung, ohne dass manuelle Updates oder Ähnliches in einer lokalen Entwicklungsumgebung einzuspielen wären. Durch die cloudbasierte Entwicklung ist weiterhin eine nahtlose Integration in die entsprechende Laufzeitumgebung auf der SAP HANA Cloud Platform gegeben, sodass Entwicklungen mit geringstmöglichem Aufwand veröffentlicht werden können. Ein weiterer Vorteil ist die Integration von Testfunktionalitäten direkt aus der Entwicklungsumgebung heraus. Da die Entwicklung im Browser stattfindet, lassen sich die entwickelten Anwendungen mit nur wenigen Klicks im Browser testen. Unterschiedliche Display-Größen können durch angebotene Hilfsmittel simuliert werden. So können Sie das Verhalten der Anwendung auf verschiedenen Geräten testen.

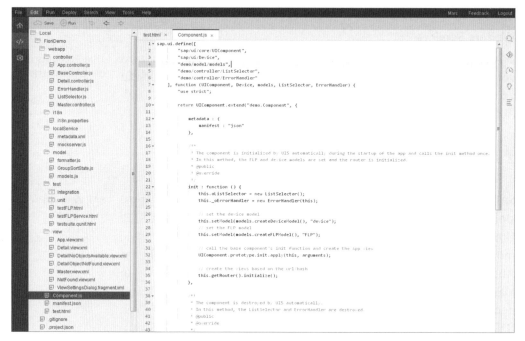

Abbildung 2.28 SAP Web IDE im Browser

Vorlagen für Projekte in der SAP Web IDE

Das Anlegen von Projekten in der SAP Web IDE wird durch den Einsatz von Assistenten und App-Templates (Vorlagen) unterstützt. Sie können als Entwickler z. B. beim Anlegen eines neuen Fiori-App-Projekts ein UI-Template sowie einen zu verwendenden OData-Service wählen. Mit wenigen Klicks lässt sich auf diese Weise eine erste funktionstüchtige Anwendung generieren, ohne dass alle Elemente von Hand entwickelt werden müssen. Ein derartiges Template bietet eine gute Basis für die Entwicklung eigener Anwendungen. In der Abbildung 2.29 sehen Sie die Templates, aus denen Sie auswählen können, wenn Sie ein neues SAPUI5-Projekt in der SAP Web IDE anlegen.

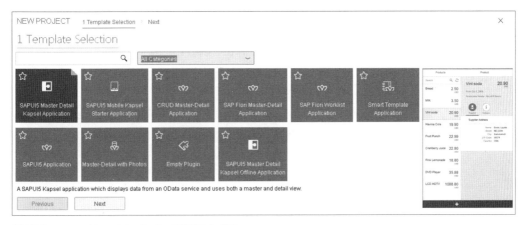

Abbildung 2.29 Templates in der SAP Web IDE

Weitere Themen, die im Hinblick auf die SAP Web IDE noch Erwähnung finden sollten, sind z. B. die Integration von GIT-Repositories oder die Möglichkeit der Simulation von OData-Services mit Testdaten. Durch Letzteres ist es dem Entwickler sehr einfach möglich, SAPUI5-Oberflächen zu gestalten, ohne eine direkte Anbindung an die Backend-Systeme zu haben.

Die SAP Web IDE stellt mit den vorgestellten und noch weiteren Funktionalitäten eine alternative Entwicklungsumgebung dar. Ziehen Sie sie für die Entwicklung von SAPUI5-Anwendungen in jedem Fall in Betracht. Dennoch ist es zusätzlich möglich, SAPUI5-basierte Fiori-Apps in Eclipse zu entwickeln. Auch für diesen Anwendungsfall stellt SAP entsprechende Plug-ins zur Verfügung, wenngleich die Unterstützung für den Entwickler in dieser Umgebung nicht so komfortabel ist wie in der SAP Web IDE.

2.6 Zusammenfassung

Im vorliegenden Kapitel haben wir die technischen Säulen von SAP S/4HANA detailliert beschrieben. Die Datenbank SAP HANA bildet dabei die Grundlage und bietet mit ihrer In-Memory-Technologie eine wesentlich verbesserte Verarbeitungsgeschwindigkeit. Um Steigerungen zu erreichen, ist der Austausch der Datenbank allein jedoch nicht ausreichend. Vielmehr ist es notwendig, neue und bestehende Anwendungen für SAP HANA zu optimieren. Die wesentliche Grundlage dafür ist der Code Pushdown, d. h. die Verlagerung von aufwendigen Berechnungen vom Applikationsserver auf die Datenbank. Die Möglichkeiten von SAP können nur genutzt werden, wenn teure Berechnungen direkt in der Datenbank vorgenommen werden und nur wenige Daten zum Applikationsserver übertragen werden müssen.

Diese notwendige Umstellung hinsichtlich der Architektur von Anwendungen stellt insbesondere die Entwickler vor enorme Herausforderungen. Während die Art und Weise der Entwicklung von SAP-Anwendungen über lange Zeit sehr konstant geblieben ist, werden nun ganz neue Kenntnisse notwendig. Neue Werkzeuge und Komponenten der Datenbank SAP HANA müssen genauso beherrscht werden wie die entsprechenden Erweiterungen in Open SQL, um die engere Verbindung zwischen Applikationsserver und Datenbank zu ermöglichen. Wenn Sie sich die neuen Benutzeroberflächen auf der Basis von SAP Fiori anschauen, treten nicht minder große Herausforderungen auf: Die Interaktion mit dem Benutzer basiert zukünftig auf SAPUI5 – einem JavaScript-basierten UI-Framework. Dieses wiederum agiert mit dem Backend über neue OData-Services. Beides stellt für die meisten SAP-Entwickler eine neue Welt dar. Ständiges Lernen und die Erweiterung des klassischen ABAP-Know-hows sind weiterhin unabdingbar.

Die Möglichkeit, Daten in Echtzeit zu analysieren (z. B. über die vorgestellten Werkzeuge wie SAP Lumira oder SAP BusinessObjects Analysis), eröffnet auch Anwendern ohne Entwicklungskenntnisse neue Optionen.

Zuletzt bringt das Thema Cloud ein weiteres Spektrum in die SAP-Welt hinein, das vielen Kunden bisher unbekannt ist. SAP nennt sich selbst »Cloud Company« und unterstreicht dies z. B. auch durch Akquisitionen von Firmen, die Cloud-Applikationen anbieten. Die SAP HANA Cloud Platform bietet den Kunden viele Möglichkeiten zur Softwareentwicklung, ohne dass sie eigene Systeme aufbauen und das entsprechende Personal einstellen müssten. Agilität ist in Zeiten des digitalen Wandels unverzichtbar, um wettbewerbsfähig zu sein, und die SAP HANA Cloud Platform ist als Innovationsplattform ein ganz wesentlicher Baustein dafür.

SAP S/4HANA ist eine neue Produktlinie von SAP und keine Weiterentwicklung von SAP ERP. Eine 1:1-Umstellung von der alten auf die neue Lösung ist deshalb nicht immer möglich. Wenn Sie auf SAP S/4HANA umstellen, müssen Sie eventuell Ihre gesamte Systemarchitektur ändern.

3 Prinzipien des Redesigns

Auch wenn SAP S/4HANA von Kunden als unmittelbarer Nachfolger der SAP Business Suite wahrgenommen wird, hat SAP ein anderes Bild von der Lösung. Für SAP begründet SAP S/4HANA eine neue Produktlinie – mit der Konsequenz, dass entgegen möglicher Erwartungen ein unmittelbarer Übergang von der alten zur neuen Lösung nicht für alle Kunden selbstverständlich umsetzbar ist. Der Wechsel in die neue Produktwelt geht nicht nur aufgrund der geänderten Technologie über den Umfang eines Releasewechsels weit hinaus. Gleichwohl stellt SAP Ihnen eine technische Basis und viele Funktionen und Hilfsmittel bereit, die Ihnen den Weg von SAP ERP zu SAP S/4HANA vereinfachen.

Dieses Kapitel widmet sich den folgenden Fragen, die sich aus der Maxime »neue Produktlinie statt Produktnachfolger« ergeben:

- Welchem Leitgedanken ist SAP bei der Entwicklung von SAP S/4HANA gefolgt?
- Hat der Umstieg auf SAP S/4HANA Einfluss auf Systeminfrastrukturen, die bisher im Zusammenhang mit SAP ERP genutzt wurden?
- Entstehen funktionale Auswirkungen für Kunden, die die SAP Business Suite eingesetzt haben und nun zu SAP S/4HANA wechseln?
- Wie kann die neue Lösung auf dem bekannten Funktionsumfang der SAP Business Suite aufsetzen, ohne vollständig neu entwickelt zu werden?
- Welchen Einfluss hat die geänderte Frontend-Strategie auf Prozesse und Funktionen? Welche Möglichkeiten haben Sie, den Umfang der Auswirkungen zu gestalten?

▸ Welche Hilfsmittel gibt es, die Ihnen den Wechsel auf SAP S/4HANA erleichtern?

Wir konzentrieren uns in diesem Kapitel vor allem auf einen Vergleich der SAP Business Suite mit der On-premise-Version von SAP S/4HANA Enterprise Management. Hinweise zu Veränderungen, die sich durch den Einsatz der Cloud-Lösung ergeben, nehmen wir dort, wo sie einen sinnvollen Beitrag leisten können, zusätzlich in die Betrachtung auf. Weiterhin verdeutlichen wir am Beispiel der neuen integrierten Businessplanung (SAP Integrated Business Planning) die Maximen des Redesigns.

3.1 Das Principle of One

Viele Wege zum Ziel

In der SAP Business Suite bzw. in SAP ERP gibt es teilweise mehrere Lösungsansätze, um identische Geschäftsanforderungen und Abläufe im Unternehmen zu unterstützen. So gibt es z. B. verschiedene Konzepte für die Budgetierung, die technisch unterstützt werden. Auch Entwickler können, je nach Anforderung, zwischen dem ABAP-Stack, dem Java-Stack und zwischen verschiedenen Technologien für die Programmierung von Eigenentwicklungen bzw. Benutzeroberflächen wählen. SAP selbst hat sich bei der Entwicklung von Lösungen ebenfalls unterschiedlicher Technologien bedient.

Die Verwendung dieser unterschiedlichen Technologien, Programmiersprachen und -umgebungen hatte zur Folge, dass sowohl verschiedene Prozesse der Softwareproduktion bestanden als auch unterschiedliche Mechanismen für Lebenszyklen genutzt wurden. Diese Heterogenität hat zwei wesentliche Konsequenzen: Zum einen wurde die Wartung erheblich komplizierter, komplexer und damit auch kostenintensiver. Zum anderen wurden Innovationszyklen zwangsläufig länger und die Systemstrukturen unflexibel. Die Bereitstellung einer cloudfähigen Lösung sowie deren Betrieb wurden z. B. durch die Vielfalt an Möglichkeiten ebenso verkompliziert.

Der Leitgedanke des Principle of One

Bei der Entwicklung von SAP S/4HANA wurde aus diesem Grund das *Principle of One* zum Leitgedanken der neuen Produktlinie erhoben. Das Principle of One besagt, dass idealerweise für eine Anforderung nur ein Lösungsansatz zur Verfügung gestellt werden soll. Der Leitgedanke bezieht sich auf unterschiedliche Ebenen: Er gilt einerseits inhaltlich, andererseits auch technisch und impliziert hierdurch erhebliche Veränderungen an der gesamten Systemarchitektur und an den Funktionen zwischen SAP S/4HANA und der SAP Business Suite.

Umgesetzt wurde das Principle of One in Form einer Neukonzeptionierung. Dabei wurde zum einen die Zahl der Anwendungen und Transaktionen reduziert, die SAP in Zukunft warten muss, und zum anderen wurde die Datenbankstruktur überarbeitet und optimiert.

Wenn Sie auf SAP S/4HANA wechseln, können diese Änderungen erhebliche Folgen für Sie haben – bislang verwendete Funktionen sind eventuell nicht mehr verfügbar, und Sie könnten gezwungen sein, Ihre Geschäftsprozesse zu überarbeiten, um auf andere, neue oder bereits bekannte Funktionen auszuweichen.

Aus diesem Grund beschreiben wir die konkreten Veränderungen der Softwarearchitektur sowie die funktionalen Änderungen durch eine Einführung von SAP S/4HANA detailliert. Aus dieser Beschreibung leiten wir möglichen Anpassungsbedarf ab, der sich für Sie aus den funktionalen Änderungen ergeben kann. Indem wir Sie auf die Vorteile, Änderungen und Problemfelder hinweisen, schaffen wir die Grundlage dafür, dass Sie die Vorzüge der kürzeren Innovationszyklen und einfacheren Bedienbarkeit von SAP S/4HANA nutzen können. Abbildung 3.1 stellt die Folgen des Redesigns dar.

Änderungen von Funktionen und Softwarearchitektur

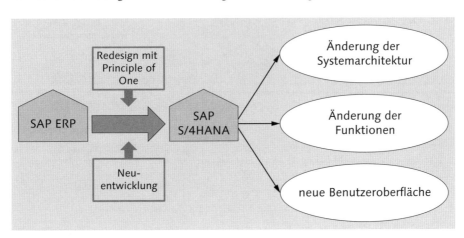

Abbildung 3.1 Folgen des Redesigns

In den folgenden Abschnitten stellen wir Ihnen Beispiele vor, die zeigen, in welchen Bereichen unmittelbare Auswirkungen auf Ihre

3 | Prinzipien des Redesigns

Systemarchitektur entstehen können, wo sich funktionale Änderungen ergeben und wie sich in diesem Zusammenhang die geänderte User-Interface-Strategie auf Sie auswirken kann.

3.2 Wie wirkt sich das Redesign auf die Systemarchitektur aus?

Durch die Ausrichtung auf das Principle of One wurden in SAP S/4HANA erhebliche Änderungen notwendig. Diese können bei einem Wechsel von der SAP Business Suite erheblichen und unmittelbaren Veränderungsbedarf an Ihrer Systemlandschaft bewirken. Deshalb stellen wir im Folgenden Beispiele für verschiedene wesentliche Veränderungen durch das Redesign sowie deren potenzielle Auswirkungen auf Ihre Systemarchitekturen vor und diskutieren diese Beispiele. Änderungen der Systemarchitektur sind in Abbildung 3.2 dargestellt.

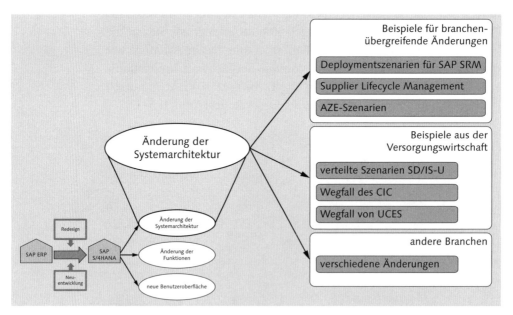

Abbildung 3.2 Beispiele für Auswirkungen auf die Systemarchitektur

Bündelung von Funktionen in SAP S/4HANA

Die angestrebte Vereinheitlichung nach dem Principle of One machte es nötig, den Funktionsumfang von Lösungen, die bisher als separate Instanzen der SAP Business Suite genutzt wurden, in die SAP-S/4HANA-Software zurückzuführen und zu bündeln. Dies ist

z. B. für *SAP Supplier Relationship Management* (SAP SRM) und *SAP Supplier Lifecycle Management* (SAP SLC) der Fall. Sie müssen bei einem Wechsel daher mit einer diesbezüglichen Umgestaltung Ihrer Systemlandschaft rechnen.

Die Entscheidung von SAP, einzelne Funktionen oder Szenarien künftig nicht mehr zu unterstützen, kann ebenfalls Einfluss auf Ihre künftige Architektur haben. Dies ist z. B. für verteilte Szenarien beim Einsatz von SD (Sales and Distribution) und FI-CA (Vertragskontokorrent), die Self-Service-Szenarien, die SAP mit der Lösung SAP for Utilities Customer Electronic Services (UCES) anbietet oder das Customer Interaction Center (CIC) der Fall. Diese Szenarien bzw. Funktionen werden zukünftig unmittelbar nicht mehr unterstützt. Beispiele für potenzielle Auswirkungen dieser Entscheidungen auf Ihre Systemarchitektur werden im Folgenden erläutert.

3.2.1 SAP Supplier Relationship Management (SAP SRM)

SAP SRM deckt als Teil der SAP Business Suite den gesamten Beschaffungszyklus ab. Die Funktionen erstrecken sich von der strategischen Bezugsquellenfindung über die operative Beschaffung bis hin zur Einbeziehung von Lieferanten durch die Verwendung von konsolidierten Content- und Stammdaten des Kerngeschäfts. Die Benutzeroberfläche von SAP SRM basiert auf den Technologien von SAP Enterprise Portal und Web Dynpro. Über ein Add-on wird zusätzlich eine SAPUI5-basierte Oberfläche bereitgestellt.

Der Funktionsumfang von SAP SRM soll schrittweise in SAP S/4HANA übernommen werden und – anders als bisher – vollintegrierter Teil der Beschaffungslösung der neuen Software werden. Dabei sind die folgenden drei Besonderheiten zu beachten:

Überführung von SRM-Funktionen in SAP S/4HANA

- Die neue Beschaffungslösung wird von SAP zum einen weder inhaltlich noch technisch als Weiterentwicklung von SAP SRM betrachtet. Dementsprechend stellt SAP auch keine Werkzeuge für einen automatischen Übergang von SAP SRM auf die neue Lösung bereit.

- Der bestehende Funktionsumfang der neuen Lösung für die Beschaffung erreicht derzeit das bekannte Leistungsspektrum von SAP SRM noch nicht und wird erst nach und nach erweitert.

> Anders als in der SAP Business Suite wird es nicht mehr möglich sein, im Rahmen eines One-Client-Szenarios SAP SRM und SAP S/4HANA auf demselben System zu nutzen. Nur der Betrieb von SAP SRM als separate Instanz ist im Zielszenario auch weiterhin möglich.

Wegfall des One-Client-Ansatzes

Insbesondere die dritte Besonderheit hat bei der Umstellung auf SAP S/4HANA Auswirkungen auf die zugrunde liegende Architektur: Wurde bei der Einführung von SAP SRM der One-Client-Ansatz gewählt, der dadurch gekennzeichnet ist, dass SRM direkt auf der SAP-Einkaufskomponente MM (Materials Management) aufsetzt, müssen Sie zukünftig ggf. auf alternative Einsatzszenarien für SAP SRM umstellen. Alternativ können Sie prüfen, ob ausschließlich auf die Beschaffungsfunktionen von SAP S/4HANA zurückgegriffen werden soll. Diese Entscheidung kann auch den Zeitpunkt beeinflussen, zu dem eine Umstellung auf SAP S/4HANA grundsätzlich erfolgen soll. Da das One-Client-Szenario ein vielfach genutzter und von SAP kontextabhängig auch empfohlener Ansatz für den Betrieb von SAP SRM ist, ist zu erwarten, dass viele Kunden von dieser Veränderung betroffen sein werden.

3.2.2 SAP Supplier Lifecycle Management

Funktionen für das Lieferantenmanagement

Für SAP Supplier Lifecycle Management empfiehlt SAP beim Wechsel auf SAP S/4HANA ein vergleichbares Vorgehen. Die Lösung wird bislang verwendet, um die gesamte Beziehung zum Lieferanten abzubilden. Dies reicht von der Lieferantenregistrierung über die Lieferantenqualifizierung bis hin zur Lieferantenklassifizierung und Verwaltung der Lieferanten. Langfristig ist geplant, den Funktionsumfang von SAP Supplier Lifecycle Management vollumfänglich mit SAP S/4HANA verfügbar zu machen. Bis das der Fall ist, können jedoch nur die Teile von SAP Supplier Lifecycle Management genutzt werden, die funktional in die neue Lösung überführt wurden.

Der Betrieb von SAP Supplier Lifecycle Management und von SAP S/4HANA auf demselben System wird nicht unterstützt. Da SAP Supplier Lifecycle Management aber nicht so weit verbreitet ist wie SAP SRM, lässt diese Veränderung jedoch nicht so weitreichende Folgen erwarten, wie es für SAP SRM der Fall sein wird.

3.2.3 SAP SD, SAP FI-CA, CIC und UCES

Der kombinierte Einsatz von SD (Sales and Distribution – Vertrieb) und FI-CA (Vertragskontokorrent) ist vor allen Dingen bei Unternehmen der Versorgungswirtschaft verbreitet. Ein übliches architektonisches Szenario ist es, die sogenannten *Kernkomponenten* (hierzu gehört auch die SAP-ERP-Komponente SD) getrennt von der Branchenlösung IS-U (Industry Solution for Utilities) auf unterschiedlichen Systemen zu betreiben. Da die debitorischen Geschäftsprozesse hauptsächlich in der Komponente *FI-CA* als Bestandteil der IS-U-Lösung abgebildet werden, werden Fakturen, die in SD erzeugt werden, nicht in die Debitorenbuchhaltung des Core-Systems, sondern in FI-CA übertragen. Die Nutzung dieses Szenarios ist mit SAP S/4HANA nicht mehr möglich. Es wird vielmehr erforderlich sein, FI-CA innerhalb des S/4HANA-Systems zu nutzen.

SAP-Komponenten in der Versorgungswirtschaft

Für Unternehmen der Versorgungswirtschaft bedeutet dies konkret, dass zukünftig bei der Nutzung verteilter Systeme auf die Integration von SD und FI-CA verzichtet werden muss, solange nicht grundsätzliche Änderungen bezüglich des architektonischen Ansatzes für die Branchenlösung umgesetzt werden sollen.

Die Entscheidung von SAP, das *Customer Interaction Center* (CIC) unter SAP S/4HANA nicht mehr zur Verfügung zu stellen, hat für Unternehmen der Versorgungswirtschaft, je nach deren Ansatz zur Abwicklung von Kundenbetreuungsprozessen, ebenfalls massive Auswirkungen. Das CIC ermöglichte es den Anwendern als zentrale Arbeitsplattform bislang einerseits, Geschäftspartnern Auskünfte (z. B. zu Rechnungen, zum Kontostand oder zu Verbrauchsdaten) zu geben. Andererseits wurde es auch dazu genutzt, Prozesse wie die Bearbeitung von Um- oder Einzügen oder ein Beschwerdemanagement durchzuführen. Sofern also für diese Abläufe das CIC genutzt wurde, muss unter SAP S/4HANA nach einer alternativen Abbildungsform gesucht werden. Diese kann z. B. aus dem Einsatz von SAP CRM On-premise, den Cloud-Lösungen SAP Hybris Cloud for Customer oder SAP Hybris bestehen. Mit der Umstellung auf SAP S/4HANA müssen Sie daher, sofern Sie von dem beschriebenen Sachverhalt betroffen sind, ein Projekt zur Anpassung der Kundenbetreuungsprozesse starten.

Wegfall des Customer Interaction Centers

Haben Sie als Unternehmen der Versorgungswirtschaft die SAP-Komponente UCES eingesetzt, um Ihren Kunden Self-Services, wie die Ansicht von Verbrauchsdaten und Rechnungen, die Pflege Ihrer eige-

SAP Multichannel Foundation

nen Daten (z. B. zur Zahlungsabwicklung mit SEPA) oder die Erfassung von Zählerständen zu ermöglichen, steht Ihnen diese Lösung mit SAP S/4HANA auch nicht mehr zur Verfügung – konkrete Lösungsszenarien hierfür sind aktuell offiziell nicht verfügbar. Perspektivisch ist davon auszugehen, dass die *SAP Multichannel Foundation* (MCF) *for Utilities*, die als zentrale Plattform eine Integration unterschiedlicher Kommunikationskanäle ermöglicht, das Zielszenario, z. B. für die Abbildung der genannten Kundenprozesse, darstellen wird.

3.3 Welche Auswirkungen gibt es auf die Funktionen?

Neben den notwendigen Änderungen an der Systemlandschaft können sich aus einem Wechsel von der SAP Business Suite auf SAP S/4HANA auch funktionale Änderungen für Sie ergeben. In diesem Abschnitt erläutern wir anhand von Beispielen, in welchen Bereichen sich wesentliche Änderungen an den bislang genutzten Funktionen ergeben können und welche Möglichkeiten Sie haben, damit umzugehen. Funktionale Änderungen durch den Einsatz von Fiori-Applikationen anstelle von GUI-Transaktionen werden dabei nicht berücksichtigt. Diese beschreiben wir aufgrund ihrer besonderen Bedeutung in Abschnitt 3.5, »Was bewirkt die neue User-Interface-Strategie?«, gesondert.

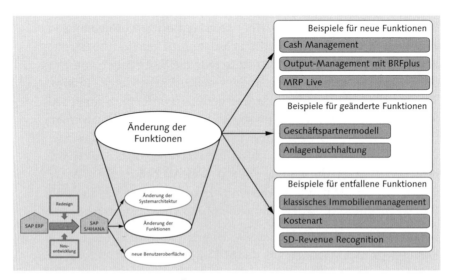

Abbildung 3.3 Beispiele für Änderungen von Funktionen

In diesem Abschnitt gehen wir zunächst auf funktionale Auswirkungen (wie in Abbildung 3.3 dargestellt) durch neue Funktionen unter SAP S/4HANA ein. Anschließend beschreiben wir detailliert die Auswirkungen, die durch Veränderungen oder durch die Verschlankung aufgrund des Principle of One verursacht werden.

3.3.1 Funktionale Änderungen durch Neuerungen

Unter SAP S/4HANA werden bisher vorhandene Lösungskonzepte teilweise vollständig durch neue Komponenten und Funktionen ersetzt. Ein Beispiel hierzu ist das klassische Cash Management, das durch das neue Produkt *SAP Cash Management powered by SAP HANA* ersetzt wird. Im Umstellungsprozess auf SAP S/4HANA sollten Sie daher direkt ein isoliertes Projekt für das neue SAP Cash Management vorsehen.

Cash Management

Gleiches gilt auch für das *Output-Management* (dt. Ausgabesteuerung), für das im Kontext der bisherigen SAP Business Suite verschiedene Lösungskonzepte vorhanden waren. Im Bereich der logistischen Komponenten SD und MM lag dem Output-Management die Nachrichtensteuerung auf Basis der Tabelle NAST zugrunde, mit deren Hilfe unterschiedliche Ausgabekanäle (z. B. Print, Fax, EDI, E-Mail oder Workflow) gefunden und verwaltet werden konnten. Außerdem konnten verschiedene Werkzeuge für den Druck (z. B. SAPscript, SAP Smart Forms oder SAP Interactive Forms by Adobe) eingebunden werden. Für Anwendungen der Finanzbuchhaltung erfolgte die Steuerung des Outputs mittels anderer Funktionen. Auch mit ihnen konnten jedoch unterschiedliche Ausgabekanäle adressiert und die benannten Druckwerkzeuge eingebunden werden.

Output-Management

SAP S/4HANA stellt ein neues, zentrales Werkzeug für das Output-Management zur Verfügung, das eine regelbasierte Konfiguration auf der Basis von *BRFplus* (Business Rule Framework plus) zulässt. Als Zielarchitektur für die Ausgabe von Dokumenten sind der *Adobe Document Server* und *SAP Interactive Forms by Adobe* vorgesehen. Damit die jeweilige Anwendung das entsprechende Formular ermitteln kann, müssen mit BRFplus entsprechende Regeln gepflegt werden.

Einsatz von BRFplus

Das neue Output-Management ermöglicht die Nutzung der Ausgabekanäle Mail, Print und XML sowie die Verwendung der Druckformen SAP Smart Forms, SAP Interactive Forms by Adobe und Adobe Forms using Fragments. Kunden, bei denen ein Ausdruck bisher ausschließlich mit SAPscript realisiert wurde, sollten daher für den Einsatz des neuen Output-Managements entsprechende Neuentwicklungen der Formulare vornehmen und Formularentwickler auf die Nutzung der neuen Ausgabeformate geeignet vorbereiten. Darüber hinaus muss die Umstellung vom generellen und zentralen Werkzeug *Nachrichtensteuerung* auf das BRFplus-basierte, neue Output-Management-System erfolgen. Die Regeln, die bisher als Bestandteil der NAST-Konfiguration festgelegt wurden, sind dabei auf geeignete Weise in das neue Regelpflegewerkzeug zu transformieren.

3.3.2 Funktionale Auswirkungen von Änderungen

Transaktionen für Stammdatenobjekte

Eine generelle Folge des Neuentwurfs der Architektur unter SAP S/4HANA ist, dass viele Transaktionen, die seit mehr als 25 Jahren verfügbar sind, zukünftig nicht mehr genutzt werden können. Es müssen daher andere Lösungsansätze zur Abbildung der Anforderungen verwendet werden. Ein Beispiel hierzu sind z. B. die Transaktionen im Umfeld der *Stammdatenpflege* für Debitoren und Kreditoren. War es bisher vorgesehen, beide Stammdatenobjekte getrennt mittels Transaktionen anzulegen, zu ändern und anzuzeigen, wird dies künftig nicht mehr unterstützt – die entsprechenden Transaktionen werden gesperrt und der Anwender auf die Pflege von Geschäftspartnerdaten umgeleitet.

Customer Vendor Integration

Zwar stehen die beiden genannten Stammdatenobjekte auch künftig zur Verfügung, da sie weiterhin zentrale Bestandteile der Funktionen von Vertrieb, Einkauf und Buchhaltung sind. Sie müssen künftig allerdings jeweils gekoppelt mit Geschäftspartnerstammsätzen (*Customer Vendor Integration*) angelegt und gepflegt werden. Diese Funktion stand Ihnen im Rahmen von SAP ERP zwar bereits zur Verfügung. Die Nutzung des Objekts *Geschäftspartner* war bislang allerdings nicht zwingend erforderlich.

Abbildung 3.4 zeigt die Koppelung von Geschäftspartnerstammsätzen mit Debitoren- und Kreditorenstammsätzen. Sie veranschaulicht hierdurch den Umgestaltungsbedarf bei Ihnen, der sich aus der Notwendigkeit ergibt, dass Debitoren- und Kreditoren künftig integriert mit Geschäftspartnern gepflegt werden müssen. Weiterhin wird durch die Abbildung deutlich, dass im Rahmen einer Migration Geschäftspartnerstammsätze aufgebaut werden müssen und ggf. vorhandene Schnittstellen von vorgelagerten Systemen so anzupassen sind, dass neben extern angelegten Debitoren oder Kreditoren auch entsprechende Geschäftspartner mit angelegt werden.

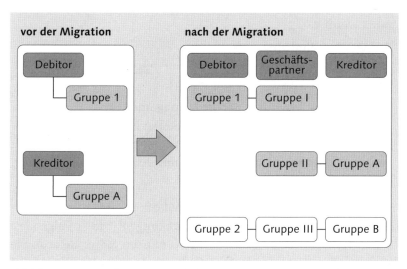

Abbildung 3.4 Koppelung von Geschäftspartnerstammsätzen mit Debitoren- und Kreditorenstammsätzen (CVI)

Die Fragestellungen zur Customer Vendor Integration werden in Kapitel 5, »SAP S/4HANA in der Logistik«, und in Kapitel 7, »Praxisbeispiel: Einführung von SAP S/4HANA«, mit anderen Schwerpunkten noch einmal aufgegriffen.

3.3.3 Funktionale Änderungen aufgrund der Verschlankung

Das zuvor dargestellte Beispiel zur Pflege von Debitoren- und Kreditorenstammdaten zeigt den Kerngedanken des Redesigns der neuen Lösung auf: Bereiche, in denen ggf. mehrere Ansätze zur Abbildung ähnlicher Anforderungen verfügbar waren, werden mit SAP S/4HANA nach dem Principle of One nur noch durch einen dieser Ansätze unterstützt. Die Lösung wird also verschlankt.

Wegfall redundanter Lösungen

Angewendet wurde dieses Konzept auch in den folgenden Bereichen:

- **Kaufmännisches Immobilienmanagement**
  Das Immobilienmanagement kann künftig nur noch mit der Komponente RE-FX (Flexibles Immobilienmanagement) statt alternativ mit der ursprünglichen Lösung RE (Real Estate Management) betrieben werden.

- **Hauptbuch (General Ledger)**
  Als Hauptbuch darf künftig nur noch das neue Hauptbuch von SAP (oft kurz NewGL genannt) statt des klassischen Hauptbuchs genutzt werden.
- **Anlagenbuchhaltung**
  Bei der Anlagenbuchhaltung wird nur noch das New Asset Accounting (NAA) als Lösung unterstützt.
- **Budgetierung im Public Sector Management**
  Diese Budgetierung konnte bisher mit den Funktionen der klassischen Budgetierung und dem Budget Control System (BCS) erfolgen. In Zukunft kann sie nur noch mit dem BCS vorgenommen werden.

Für Sie als Kunden, der von SAP ERP auf die neue Plattform wechseln möchte, bedeuten solche Verschlankungen jedoch Folgendes: Während Sie den Wechsel vorbereiten, müssen Sie prüfen, ob Sie zunächst andere Funktionen der SAP Business Suite einführen müssen, um anschließend auf die neue Plattform wechseln zu können. Dies geht deutlich über die Anforderungen eines klassischen Upgrades hinaus, da die Einführung der neuen Funktionen Projektcharakter haben kann.

So ist für die Umstellung auf das neue Hauptbuch oder von RE auf RE-FX zuerst eine technische Migration erforderlich, die ggf. in mehreren Schritten durchgeführt werden muss. Weil außerdem ein geeignetes Customizing und die Umstellung auf andere Transaktionen und veränderte Berechtigungen erforderlich sind, warten noch weitere Aufgabenblöcke auf Sie, die ein echtes Softwareprojekt daraus machen.

3.4 Kontinuität beim Datenzugriff mit Compatibility Views

Verschlankung des Datenmodells

Eine notwendige Voraussetzung für die Umsetzung des Principle of One ist eine Verschlankung des DATENMODELLS – Tabellen für Lösungsansätze, die künftig nicht mehr verwendet werden, können entfallen, und weiter benötigte Tabellen müssen so weit angepasst werden, dass sie die Eigenschaften der neuen Datenbank optimal ausnutzen.

3.4 Kontinuität beim Datenzugriff mit Compatibility Views

Eine wesentliche Zielsetzung bei der Entwicklung der neuen Produktlinie SAP S/4HANA bestand deshalb darin, das bestehende Datenmodell der klassischen ERP-Anwendungen der SAP Business Suite zu vereinfachen.

Dabei werden insbesondere *Summen- und Indextabellen*, die für einen performanten Betrieb der Lösung von zeilenorientierten Datenbanksystemen notwendig waren, nicht mehr verwendet. Diese Veränderung resultierte einerseits daraus, dass eine Fortschreibung der Index- und Summentabellen aufgrund der neuen Datenbanktechnologie nicht mehr nötig ist und auch zu Performance-Einbußen führt. Andererseits hat sie auch einen wirtschaftlichen Hintergrund: Mit SAP S/4HANA werden künftig alle Daten im Arbeitsspeicher gehalten, was bei einem höheren Datenvolumen deutlich höhere Hardwarekosten verursachen würde.

Wegfall von Summen- und Indextabellen

Eine vollständige Neukonzeptionierung des Datenmodells konnte bei der Entwicklung von SAP S/4HANA jedoch nicht in Betracht kommen: Zum einen hätte dies eine komplette Neuentwicklung der SAP Business Suite nach sich gezogen. Zum anderen haben SAP-Kunden in der Regel eigene Anwendungen und Erweiterungen entwickelt, die auf dem vorhandenen Datenmodell basieren und damit nicht mehr nutzbar wären. Sowohl für die Programme und Anwendungen von SAP als auch für die Programme und Anwendungen der SAP-Partner und -Kunden gilt, dass der entwickelte Programmcode das zugrunde liegende Datenmodell widerspiegelt. Ändert man das Datenmodell grundsätzlich, gehen hiermit hohe Entwicklungskosten einher.

Für die Implementierung wurde deshalb der Ansatz der sogenannten *Compatibility Views* konzeptioniert, dessen wesentliche Merkmale im Folgenden erläutert werden.

Das Konzept der Compatibility Views

Durch die Verschlankung der Softwarearchitektur werden unter SAP S/4HANA keine Datensätze mehr in alle bisher verwendeten Tabellen geschrieben. Die Daten werden stattdessen nur noch in den Tabellen abgelegt, bei denen es unbedingt erforderlich ist – oder in neuen, zentralen Tabellen, für die die jeweilige Anwendung optimiert ist.

Sofern in Anwendungen Zugriffe auf alte Tabellen hinterlegt sind, musste jedoch sichergestellt werden, dass diese Verweise auch zukünftig genutzt werden können – der andernfalls resultierende

Änderungsbedarf wäre beträchtlich gewesen. Zu diesem Zweck wurden die Compatibility Views unter SAP S/4HANA implementiert. Sie stellen, einfach ausgedrückt, Verweise dar, die von alten auf andere (neue oder bereits bekannte) Tabellen zeigen und hierdurch deren Inhalte simulieren. Abfragen im ABAP-Code können aus diesem Grund in der bisher gewohnten Form erfolgen; im Hintergrund werden sie in der Datenbankschicht auf die jeweils fortgeschriebenen Datenbanktabellen umgeleitet. Sofern Daten hierfür aggregiert oder zusammengestellt werden müssen, geschieht dies ebenfalls mithilfe entsprechender Views. Abbildung 3.5 veranschaulicht das Umleitungskonzept der Compatibility Views in einer Übersicht.

Anpassung von Fortschreibungstabellen

Ein Nachteil dieses Lösungsansatzes ist, dass Erweiterungen, die von Kunden für alte Tabellen umgesetzt wurden, oder Programme, bei denen Daten in diesen Tabellen direkt geändert wurden, zukünftig nicht mehr verwendet werden können. SAP stellt deshalb für einige der alten Tabellen künftig Bausteine und Methoden bereit, mit denen vordergründig Einträge angepasst werden können. Im Hintergrund werden jedoch nur die dem Compatibility View zugrunde liegenden *Fortschreibungstabellen* angepasst. Dieses Konzept erlaubt es, die von SAP S/4HANA in den Bereichen Rechnungswesen und Logistik benötigten Tabellen sowie den notwendigen Daten-Footprint signifikant zu reduzieren.

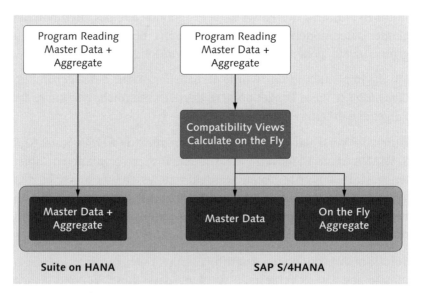

Abbildung 3.5 Übersicht über das Umleitungskonzept der Compatibility Views

Die Umsetzung des Konzepts der Compatibility Views sichert damit die Investitionen für Ihre bisherigen Entwicklungen. Gleichzeitig können Sie vom erheblich verschlankten Datenmodell profitieren, das Ihnen neue Möglichkeiten insbesondere im Kontext von Ad-hoc-Auswertungen bereitstellt. Durch das Compatibility-View-Konzept hat SAP somit die Hürde dafür, auf die neue Produktlinie zu wechseln, erheblich niedriger gelegt.

3.5 Was bewirkt die neue User-Interface-Strategie?

In der SAP Business Suite greifen die Anwender üblicherweise mithilfe des SAP GUI auf Funktionen zu. Das GUI stellt dem einzelnen User idealerweise einen Menübaum mit den Transaktionen zur Verfügung, die seiner Anwenderrolle entsprechen. Neben dem SAP-GUI standen auch weitere Frontend-Technologien zur Verfügung, z. B. der SAP Business Client oder anwendungsabhängig auch Web-Dynpro-Applikationen (z. B. für Prozesse von SAP SRM 7.0). Identische Benutzer konnten oder mussten deswegen teilweise auch mit unterschiedlichen technischen Plattformen auf SAP-Anwendungen zugreifen.

Benutzeroberflächen des SAP-Systems

Eine wesentliche Zielsetzung von SAP S/4HANA ist es, die Bedienung des Systems für den Anwender zu vereinfachen und das Hauptaugenmerk von den funktionsbasierten Anwendungen hin zu den *rollenbasierten Anwendungen* zu verlagern. Dieses Konzept zur Nutzung der Software sollte einerseits in der gesamten Organisation umgesetzt werden. Andererseits sollten die vom einzelnen Mitarbeiter im Rahmen seiner Rolle auszuführenden Geschäftsabläufe prozessübergreifend in einem einfachen und einheitlichen Design erfolgen. Abbildung 3.6 zeigt beispielhaft eine Benutzeroberfläche der *SAP Multichannel Foundation for Utilities*.

Rollenbasierter Ansatz von SAP S/4HANA

Was die Verarbeitung von Transaktionen angeht, rückte daher die Idee in den Vordergrund, dass ausgehend von einem Einstiegspunkt jeweils eine *intuitive Navigation* zu weiteren Applikationen möglich sein sollte und dem Benutzer damit jeweils Startpunkte zur Verfügung stehen, an denen er mit der Arbeit beginnen kann. Die Bedienung der einzelnen Funktionen wird durch das geänderte Design erleichtert. Abbildung 3.7 zeigt exemplarisch, wie sich die Bedienung geändert hat.

Intuitive Nutzung

3 | Prinzipien des Redesigns

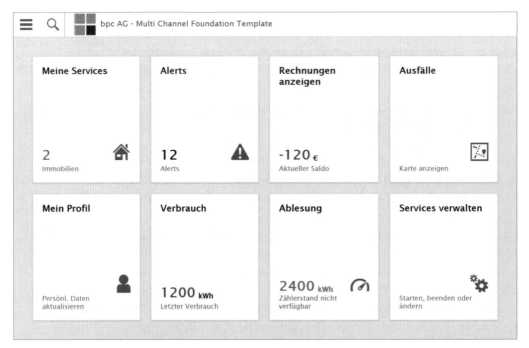

Abbildung 3.6 Benutzeroberfläche der SAP Multichannel Foundation for Utilities

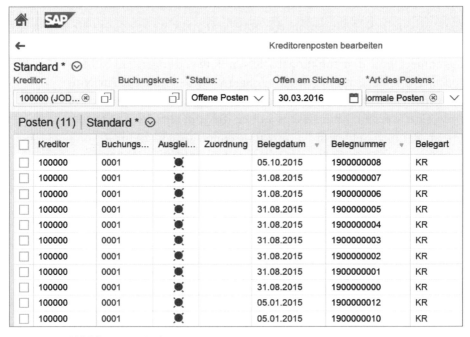

Abbildung 3.7 Kreditorenposten

Grundsätzlich gibt es unter SAP S/4HANA drei verschiedene Typen von SAP-Fiori-Applikationen (Fiori-Apps):

- **Transaktionale Apps**
  Transaktionale Apps ermöglichen es Ihnen, Daten im Rahmen von Transaktionen anzupassen oder anzulegen. Beispiele hierzu sind z. B. die Buchung von Belegen oder das Anlegen von Sachkonten.
- **Analytische Apps**
  Bei analytischen Apps (inklusive Smart Business) stehen grafische Übersichten im Vordergrund, z. B. für die Darstellung von KPIs.
- **Fact-Sheet-Apps**
  Fact Sheets hingegen verschaffen Ihnen einen Überblick über ein Objekt (z. B. einen Anlagen- oder einen Kundenstammsatz) und bieten die Möglichkeit, in weitere Apps (z. B. zu gebuchten Belegen) abzuspringen.

Typen von SAP-Fiori-Apps

Eine Übersicht über alle verfügbaren Fiori-Apps können Sie unter *http://www.sap.com/fiori-apps-library* einsehen.

In welcher Form Sie die neue Frontend-Technologie nutzen, bleibt Ihnen überlassen, sofern Sie SAP S/4HANA als On-premise-Lösung betreiben. Nutzen Sie die Software in der Cloud, können Ihre Anwender nur mithilfe des neuen Frontends auf diese zugreifen. Dies ist insofern wesentlich, als mit der geänderten Fokussierung bei der Oberflächengestaltung auch Änderungen hinsichtlich der verfügbaren Funktionen verbunden sind.

Das heißt, nicht alle bisher transaktional abgebildeten Geschäftsprozesse werden auch durch die neue User-Interface-Technologie unterstützt. So gab es z. B. in der Kreditorenbuchhaltung der SAP Business Suite unterschiedliche Transaktionen für die Erfassung von Kreditorenrechnungen. Die Eingabe konnte mithilfe der Rechnungsprüfungsfunktion aus der Materialwirtschaft oder alternativ aus der Kreditorenbuchhaltung selbst erfolgen – dann allerdings mit einem anderen Funktionsspektrum und anderen Voraussetzungen.

Unter SAP S/4HANA steht z. B. für das *Invoice-Management* als Fiori-App nur eine Anwendung zur Verfügung, mit der man Rechnungen erfassen kann. Diese App lehnt sich inhaltlich an die Rechnungsprüfungsfunktion an, die Ihnen aus der SAP Business Suite bekannt ist. Implizit geht für Sie mit einer Einführung von SAP S/4HANA – sofern Sie Ihre Anwender vorrangig mit Fiori-Apps arbeiten lassen

Beispiel: Invoice-Management

möchten – also eine Verjüngung des Lösungsportfolios einher, was ja dem Principle of One entspricht. Vergleichbare Szenarien finden sich auch innerhalb der Debitorenbuchhaltung.

Wenn Sie als ERP-Bestandskunde bisher nicht die Funktionen der Materialwirtschaft im Rahmen der Kreditorenbuchhaltung eingesetzt haben und jetzt auf SAP S/4HANA umstellen wollen, haben Sie unterschiedliche Optionen, um diesen Prozess durchzuführen:

- Sie ändern den Nutzungsumfang von SAP S/4HANA gegenüber der SAP Business Suite insoweit, dass sie die Fiori-App nutzen können. Neben den notwendigen Konfigurationsaktivitäten hat dies allerdings auch Auswirkungen auf das umzusetzende Berechtigungskonzept.
- Sie lassen für diesen Geschäftsvorfall die Nutzung der Standardtransaktion zur rein kreditorischen Erfassung zu. Dies kann in unterschiedlicher Form erfolgen und ggf. als Workaround dahingehend optimiert werden, dass die zugrunde liegende Transaktion mithilfe von SAP Screen Personals in ein Format transformiert wird, das optisch dem UI5-Standard nahekommt. Die angepasste Transaktion wäre dann entsprechend der Rolle dem Launchpad hinzuzufügen.
- Sie entwickeln Ihre eigene Fiori-App, die eine ähnliche Verarbeitung wie die bisherige Standardtransaktion für FI-Kreditorenrechnungen ermöglicht.

Wenn Sie auf SAP S/4HANA Enterprise Management Cloud wechseln, können Sie allerdings auf die genannten Standardtransaktionen nicht mehr zugreifen. Wesentliche Aufgaben im Rahmen eines Migrationsprojekts auf SAP S/4HANA sind damit:

- der Abgleich der Transaktionen bestehender Rollenkonzepte mit den von SAP bereitgestellten Fiori-Apps in Form einer GAP-Analyse
- die Entwicklung von Lösungsszenarien, falls für die bisher verwendeten Transaktionen Lücken auftreten. Dazu können Sie z. B. die Prozesse umgestalten, neue Apps entwickeln oder auf bestehende Anwendungstransaktionen zurückgreifen.

Funktion und Umfang der neuen Applikationen üben damit ebenfalls potenziell Einfluss auf Ihr neues Lösungsszenario aus und können Änderungen an Prozessabläufen nach sich ziehen. Dass für bestimmte Transaktionen nur noch vergleichbare Apps vorhanden sind, hat für Sie aber nicht nur Nachteile. Es bietet Ihnen auch die Chance, mit dem Wechsel auf SAP S/4HANA Geschäftsprozesse zu vereinfachen.

3.6 Die Simplification List als Hilfswerkzeug

Wie Sie bereits wissen, geht die Einführung von SAP S/4HANA mit einer Vielzahl an Änderungen einher. Beispiele dafür haben Sie in den vorangegangenen Abschnitten kennengelernt. Hierdurch erhöht sich auch der Umstellaufwand im Vergleich zu einem herkömmlichen Upgrade.

Um Kunden den Wechsel auf SAP S/4HANA zu erleichtern, liefert SAP verschiedene Hilfsmittel zu dem Produkt. Diese bieten Ihnen zum einen Informationen, zum anderen technische Unterstützung.

Die technische Unterstützung kann am besten anhand eines konkreten Fallbeispiels erläutert werden. Aus diesem Grund beschränkt sich die Darstellung in diesem Abschnitt auf eine Erläuterung der Informationen, die SAP Ihnen in Form der *Simplification List* und *Simplification Database* zur Verfügung stellt. Ein konkretes Migrationsbeispiel sowie die Beschreibung der technischen Hilfsmittel für den Plattformwechsel finden Sie hingegen in Kapitel 6, »Technische Migration«, und in Kapitel 7, »Praxisbeispiel: Einführung von SAP S/4HANA«.

Simplification List und Simplification Database

SAP stellt ab der Auslieferung SP1511 die Simplification List bereit. In dieser sind alle Änderungen und Vereinfachungen beschrieben und bewertet, die SAP vorgenommen hat. Weiterhin enthält die Liste Empfehlungen, wie Sie bei der Implementierung von SAP S/4HANA vorgehen sollten. Für die einzelnen Komponenten der SAP Business Suite enthält sie zudem Hinweise darüber, welches Abbildungsszenario mit SAP S/4HANA künftig wie unterstützt werden kann.

Dabei ist es Ihnen ausdrücklich möglich, ausgewählte Lösungen der SAP Business Suite auch künftig mit der neuen Plattform zusammen zu betreiben. Entsprechend dem Principle of One gilt das aber nicht für alle Lösungen.

3 Prinzipien des Redesigns

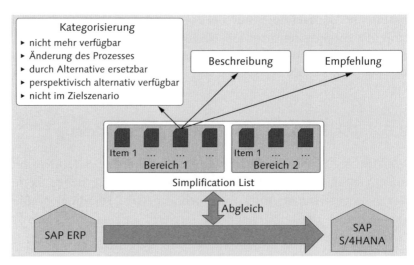

Abbildung 3.8 Simplification List

Bewertung der Veränderungen

Die in der Simplification List vorgenommene Bewertung der Veränderungen unter SAP S/4HANA erfolgt anhand unterschiedlicher Kriterien. Zuerst findet eine Einordnung der Änderung dahingehend statt, ob lediglich eine technische Änderung vorliegt oder ob eine wesentliche Folge für Geschäftsprozesse entsteht. Als wesentliche Folgen kommen dabei z. B. die sofortige Umstellung auf eine andere Lösung (z. B. die Einführung von Geschäftspartnern oder die Umstellung des Budgetierungsverfahrens) oder aber der vollständige Verzicht auf eine Funktion in Betracht.

In einigen Anwendungsbereichen verweist die Liste zudem darauf, dass ein Lösungsszenario gegenwärtig noch unterstützt wird, es aber von SAP nicht als Zielszenario betrachtet wird und dass in Zukunft mit seiner Ablösung gerechnet werden muss.

Des Weiteren wird im Rahmen der Bewertung auch gesagt, wie dringend eine Änderung vorgenommen werden muss. Es wird dabei geprüft, inwieweit sie einen unmittelbaren oder mittelbaren Einfluss auf Ihre eingesetzten Lösungen haben kann. Ein Beispiel hierfür ist die Einführung der 40-stelligen Materialnummer. Sie kann in vollem Umfang ggf. auch erst zu einem späteren Zeitpunkt erfolgen, d. h. nach einem Wechsel auf die neue Produktlinie.

Analysewerkzeug für notwendige Veränderungen

SAP empfiehlt außerdem, dass Sie auch die Programme und Erweiterungen untersuchen und kategorisieren, die Sie selbst entwickelt haben. Um dieses Vorgehen zu unterstützen, stellt der Hersteller deshalb seit der Version SP1511 ein Analysewerkzeug zur Verfügung. Mit diesem können Sie überprüfen, ob ein selbst entwickelter Code zu den ausgelieferten Datenstrukturen passt oder ob Anpassungen und Neuentwicklungen erforderlich sind. Die für die Durchführung der Analyse notwendigen Schritte werden in der Online-Hilfe beschrieben.

Um Ihren eigenen Code prüfen zu können, müssen Sie die *Simplification Database* nutzen. Diese Datenbank enthält diejenigen Tabellen und Objekte, die während des Redesigns angepasst oder entfernt worden sind. Das Analysewerkzeug lädt diese Objekte und analysiert ihre Verwendung in dem von Ihnen entwickelten Code.

3.7 Praxisbeispiel: SAP Integrated Business Planning

In diesem Kapitel haben Sie erfahren, dass SAP mit der neuen Produktlinie SAP S/4HANA dem Leitgedanken des Principle of One folgt. Darüber hinaus haben wir Auswirkungen des Prinzips an verschiedenen Stellen des Systems aufgezeigt, in denen sich das neue Einheitsprinzip grundsätzlich wiederfindet.

Um Ihnen einen Eindruck davon zu vermitteln, wie eine konsequente Umsetzung des Principle of One aussehen kann, zeigen wir Ihnen im Folgenden die Veränderung der Planungsfunktion zwischen der SAP Business Suite und SAP S/4HANA. Abbildung 3.9 stellt dazu zunächst den Unterschied zwischen einer getrennten Systemlandschaft und der neuen Systemlandschaft mit SAP S/4HANA dar.

Neue Funktionen für die Planung

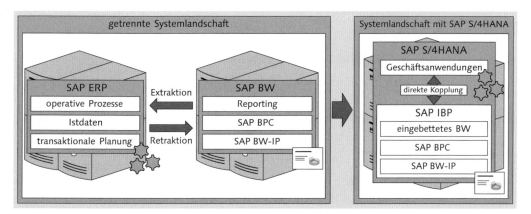

Abbildung 3.9 Systemlandschaft von SAP S/4HANA

Die Planungsfunktion haben wir aufgrund ihres hohen Verbreitungsgrades und der erheblichen Umgestaltungen als Beispiel ausgewählt. Im Folgenden beschreiben wir zunächst die allgemeinen Veränderungen. Anschließend erläutern wir die Anpassungen der technischen Komponenten. Daran erkennen Sie, wie das Principle of One in SAP S/4HANA umgesetzt wurde.

In der SAP Business Suite werden betriebswirtschaftliche Planungsvorgänge bislang mit komponentenspezifischen Transaktionen umgesetzt. Diese weisen teilweise zwar einen identischen Funktionsumfang auf, werden jedoch anwendungsspezifisch entwickelt. Es gab somit für weitestgehend identische Funktionen unterschiedliche Zugriffspunkte. Ein einheitliches Bedienkonzept existierte bislang nicht, was zu Beeinträchtigungen der Benutzerfreundlichkeit führte.

SAP Integrated Business Planning

Mit dem neuen Werkzeug *SAP Integrated Business Planning* (SAP IBP), das unter SAP S/4HANA eingeführt wurde, versucht SAP, diesen Mangel zu beseitigen. Hierzu wird Ihnen eine komplett in SAP ERP integrierte Planungsanwendung zur Verfügung gestellt, die in unterschiedlichen betriebswirtschaftlichen Anwendungsbereichen verwendet werden kann. Dadurch, dass die Zugriffspunkte der Benutzer vereinheitlicht werden, versucht SAP eine erhebliche Verbesserung der Bedienbarkeit zu erreichen. Die Einführung von SAP IBP spiegelt damit das Principle of One mustergültig wider.

Die Veränderungen von SAP IBP basieren dabei auf drei unterschiedlichen technischen Komponenten. Diese werden im Folgenden vorgestellt und erläutert, um Ihnen so am Beispiel von SAP IBP zu veranschaulichen, wie die Umsetzung des Principle of One im Detail ausgestaltet ist.

3.7.1 Nutzung des eigenen BW-Systems

Mit dem Einsatz von SAP IBP ist es möglich, einen Großteil der Planungsprozesse, die bislang in SAP BW ausgelagert waren, wieder in die Prozesse von SAP S/4HANA zu integrieren. Hierzu wurden die folgenden Änderungen im Vergleich zur SAP Business Suite vorgenommen:

- **SAP BW**
  Die Komponente SAP Business Warehouse (SAP BW) ist nun fester Bestandteil jeder SAP-S/4HANA-Landschaft. Sie stellt Ihnen die

technische Basis für die Modellierung und Nutzung der von der SAP IBP zu beplanenden OLAP-Cubes zur Verfügung. Innerhalb der Strukturen von SAP BW erfolgt das Persistieren der geplanten Daten. Ist- und Stammdaten, die im Zuge des Planungsprozesses verwendet werden, werden über SAP-S/4HANA-Sichten mit den Plandaten verbunden und Ihnen so für das Berichtswesen und die Planungsprozesse zur Verfügung gestellt.

- **Integrierte Planung von SAP BW**
  Die in SAP BW fest *Integrierte Planung* (SAP BW-IP) stellt unter SAP S/4HANA eine Vielzahl an Planungsfunktionen zur Verfügung. Mit diesen können zum Beispiel neue Planversionen angelegt, Vorhersage- und Prognoseverfahren durchgeführt, Plandaten verteilt und Währungsumrechnungen durchgeführt werden. Durch das *Planning Application Kit* (PAK) wird dabei ein Großteil der Planungsfunktionen signifikant beschleunigt.

- **SAP Business Planning and Consolidation**
  Mit SAP Business Planning and Consolidation 10.1 embedded steht außerdem eine Weiterentwicklung von SAP Business Planning and Consolidation 10.0 bereit. Diese ist erstmals komplett in SAP BW-IP integriert. Hierdurch entsteht eine einheitliche Plattform für die Planung und das Berichtswesen. Zudem werden aus der klassischen SAP-Business-Planning-and-Consolidation-Komponente Funktionen des Workflowmanagements zur Steuerung des Planungsprozesses in SAP BW-IP übernommen – zukünftig werden zusätzlich Funktionen zur Konsolidierung bereitgestellt.

Vergleichbare Lösungsszenarien für die komfortable Abbildung von Planungsprozessen waren bisher grundsätzlich zwar auch möglich. Hierzu war es allerdings erforderlich, ein separates BW-System einzusetzen, in das Daten aus dem ERP-System überführt werden mussten. Die Planung konnte dann z. B. mit der Komponente *Integrierte Planung* (IP) erfolgen. Auch im Rahmen dieser Ansätze war es möglich, Planungsdaten ins ERP-System zurückzuübertragen. Dafür mussten Sie dann entsprechende Retraktionsfunktionen entwickeln und umsetzen.

Die wesentlichen Vorteile der neuen, integrierten Planung im Vergleich zu diesen Lösungsszenarien bestehen also darin,

- dass kein separates BW-System eingerichtet und administriert werden muss,

- dass keine eigenen Retraktionsmechanismen bereitgestellt werden müssen und
- dass auch Ist-Daten unmittelbaren Einfluss auf Planungsabläufe haben können, weil die Verknüpfung der Strukturen unmittelbar erfolgt.

Als wesentliche Vorteile, z. B. gegenüber der herkömmlichen CO-Planung, sind zudem die deutlich verbesserten Werkzeuge für die Planungsabwicklung und die komfortableren Auswertungsmöglichkeiten im Kontext der Planung zu nennen. Mit der Einführung von SAP IBP werden somit Vereinfachungen der Systemarchitektur und Funktionen erreicht.

3.7.2 Ein Konzept für unterschiedliche Problemstellungen

Die Anforderung, Planungsvorgänge zu unterstützen, besteht grundsätzlich in unterschiedlichen betriebswirtschaftlichen Bereichen. In der SAP Business Suite wurde sie aus diesem Grund bislang an verschiedenen Stellen in das System implementiert. Unter SAP S/4HANA ändert sich dies mit dem neuen SAP IBP. SAP IBP unterstützt fortan simultan die Funktionen, die in Abbildung 3.10 dargestellt sind.

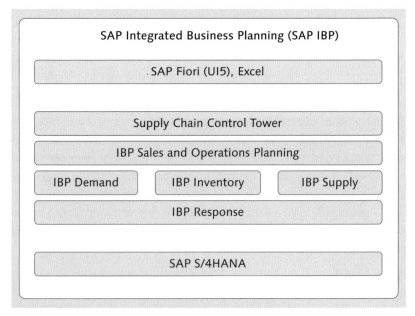

Abbildung 3.10 SAP Integrated Business Planning – Komponenten

Unter *IBP for Sales and Operations* (S&OP) versteht man Planungsfunktionen für die Planung des Verkaufs, des Vertriebs, des Marketings und des Finanzbereichs. *IBP for Demand* bezeichnet die Absatzplanung inklusive Prognoseverfahren, ARIMA-Modellen und Mustererkennung. *IBP Inventory* unterstützt die Bestandsplanung und erhöht so die Transparenz der Sicherheitsbestände. *IBP Supply* liefert Informationen zur Planung von Lieferungen für den Produktionsprozess. *IBP Response* unterstützt die Kontrolle von Lagerbeständen. *Supply Chain Control Tower* verwaltet Warnungen aus SAP APO, SAP CRM und SAP ERP.

Planungsfunktionen für die Logistik

Mit der Einführung von SAP IBP erfolgt also eine Bündelung der bislang nebeneinander existierenden Funktionen, wodurch eine intuitivere Bedienbarkeit bei reduziertem Datenhaltungsbedarf erreicht wird. Auch hier spiegelt sich somit der Leitgedanke von SAP S/4HANA wider.

3.7.3 Benutzeroberflächen

Als Frontend-Technologien zur Visualisierung und Erfassung der Plandaten stehen Ihnen mit dem *SAP BusinessObjects Design Studio* und *SAP BusinessObjects Analysis* zwei Werkzeuge aus dem SAP-BusinessObjects-Portfolio zur Verfügung. Während das Design Studio UI5-basierte Weboberflächen bereitstellt, ist Analysis ein Planungswerkzeug, das auf Microsoft Excel basiert. Beide Frontend-Technologien erlauben das Ansteuern der Planungsfunktionen von SAP BW-IP. Innerhalb von SAP S/4HANA unterstützt SAP IBP in Verbindung mit dem SAP BusinessObjects Design Studio insbesondere die Entwicklung von SAPUI5-Oberflächen, die technologisch vergleichbar mit Fiori-Oberflächen sind. SAP IBP bietet so die Möglichkeit, benutzerfreundliche Oberflächen auf mobilen Endgeräten zu nutzen.

SAP BusinessObjects Design Studio und SAP BusinessObjects Analysis

Mit SAP IBP verschmilzt die führende Planungstechnologie von SAP BW mit den operativen Prozessen von SAP S/4HANA. Über das Einbinden der Planungsoberflächen in das Fiori Launchpad (entweder durch das Nutzen des Design Studios oder durch Sprungziele in Analysis-Excel-Oberflächen) erfolgt sowohl inhaltlich als auch technisch eine enge Kopplung der Planung an die neuen Fiori-Oberflächen. Das Nutzen der virtuellen Provider ermöglicht ein direktes Lesen und Schreiben der Ist-Daten innerhalb der Planungsoberflächen und im unterstützenden Berichtswesen.

Durch den Einsatz der neuen Frontend-Technologien werden somit die Benutzerfreundlichkeit erhöht, die Nutzungseffizienz verbessert und der Funktionsumfang durch den Zugriff auf Echtzeitdaten erweitert. SAP IBP veranschaulicht damit auch hier die konsequente Umsetzung des Principle of One sowie die daraus resultierenden Vorteile für den Endbenutzer.

3.8 Zusammenfassung

SAP hat bei der Entwicklung der neuen Produktlinie SAP S/4HANA verschiedene Aspekte berücksichtigt. Auf der einen Seite sollten die Möglichkeiten der neuen technischen Basis optimal genutzt werden. Bisher angebotene alternative Lösungsszenarien wurden für vergleichbare Anforderungen zu einem umfassenden Konzept zusammengeführt, und es wurden neue Zielszenarien (z. B. für das Output-Management) bereitgestellt. Auf der anderen Seite war es wesentlich, sowohl die eigenen Investitionen für die Entwicklung der SAP Business Suite als auch die Investitionen für Kundenentwicklungen zu schützen und so die Einstiegshürde für den Wechsel auf die neue Plattform nicht zu hoch zu legen. Eine vollständige Neuentwicklung von SAP S/4HANA war daher nicht möglich. Es wurde aber das Principle of One als Leitgedanke zugrunde gelegt.

Zu diesem Zweck implementierte SAP sogenannte Compatibility Views, die es Ihnen ermöglichen, bisher verwendete Datenbankzugriffe weiterhin sowohl im eigenen Coding als auch in Entwicklungen des Kunden zu nutzen. Der Aufwand für den Umstieg von der SAP Business Suite auf SAP S/4HANA ist dennoch nicht vergleichbar mit einem reinen technischen Update. Hierfür gibt es im Wesentlichen drei Gründe:

- notwendige Vorarbeiten, die die Umstellung von bisher verwendeten Lösungsszenarien auf in der SAP Business Suite zwar verfügbaren, aber nicht genutzten Lösungen erfordern (z. B. neues Hauptbuch, RE-FX oder Budgetierungsfunktionen)
- Nacharbeiten, die erforderlich sind, weil bisher verfügbare Funktionen durch neue, nur in SAP S/4HANA bereitgestellte Lösungen ersetzt werden. Die Gründe für das Ersetzen können dabei von der schlichten Erfordernis (z. B. Cash Management) bis zur einfachen Optimierung der Lösung (Output-Management) reichen.

▸ Für den Einsatz von SAP S/4HANA existieren im architektonischen Kontext Restriktionen. Diese Beschränkungen können zur Folge haben, dass bestimmte Lösungsszenarien künftig nicht mehr möglich sind (z. B. für die SRM-Integration) und dass Sie alternative Umsetzungsmöglichkeiten identifizieren und umzusetzen müssen (ggf. mit einhergehendem funktionalen Verlust). Darüber hinaus müssen neben der reinen Umstellung auf SAP S/4HANA weitere Projekte durchgeführt werden, die auch die Einführung anderer Produkte erforderlich machen oder einen Verzicht auf bisher verfügbare Funktionen bedingen.

Um die Kunden beim Wechsel auf SAP S/4HANA hinsichtlich der auftretenden Fragestellungen zu unterstützen, stellt SAP eine Simplification List bereit, in der wesentliche Änderungen dargestellt, erläutert und bewertet werden. Die Analyse dieser Liste im Kontext des jeweiligen Kunden ist zusammen mit der Ableitung entsprechender Maßnahmen ein wesentlicher Bestandteil eines Umstellungsprojekts von der SAP Business Suite auf die neue Produktlinie.

Ein wesentlicher und erfolgskritischer Bestandteil eines derartigen Umstellungsprojekts ist auch die Überprüfung, ob mit den verfügbaren Apps der bisher benötigte Funktionsumfang vollständig abgedeckt werden kann oder ob ggf. Änderungen an der Lösungskonfiguration erforderlich werden. Vorhandene Rollenkonzepte sind diesbezüglich zu untersuchen und im Fall auftretender Lücken sind geeignete Lösungsszenarien zu entwickeln. Diese können abhängig von der Deploymentform von SAP S/4HANA unterschiedlich sein: Während für On-premise-Szenarien notfalls ein Rückgriff auf bekannte Transaktionen möglich ist, kann dieser für die Cloud-Version nicht erfolgen.

Im Rahmen des aktuellen Kapitels haben wir alle eingangs formulierten Fragestellungen beantwortetet. Weiterhin haben wir Ihnen anhand des Beispiels der integrierten Planung gezeigt, dass SAP die neuen Möglichkeiten der In-Memory-Technologie konsequent einsetzt, um ein Berichtswesen in Echtzeit zu erreichen und Planungsprozesse zu verbessern. Das Ergebnis ist eine vollständig in die operativen Prozesse integrierte Planungskomponente. Dieses reduziert die Anzahl an erforderlichen Schnittstellen, vereinfacht die Systemarchitektur, erweitert den Nutzungsumfang und den Benutzungskomfort und veranschaulicht so, wie eine konsequente Umsetzung des Principle of One ausgestaltet sein kann.

SAP S/4HANA Finance enthält eine Reihe von Neuerungen: Das Universal Journal ist das zentrale Element der Lösung und der Kern des Redesigns. Aber auch die neuen Funktionen für das SAP Cash Management und für SAP Integrated Business Planning sind Säulen der Accounting-Software.

4 SAP S/4HANA Finance

Das Rechnungswesen bildet den Kernbestandteil der SAP Business Suite und anderer ERP-Systeme. Auch unter SAP S/4HANA kommt ihm eine tragende Bedeutung zu. Insbesondere aus diesem Grund ist es notwendig und wichtig, die Veränderungen und die daraus für Sie resultierenden Konsequenzen zu kennen, die sich durch die Umstellung der Produktlinie für diesen Funktionsbereich ergeben. Damit befassen wir uns in diesem Kapitel.

Zunächst beschreiben wir die möglichen Betriebsmodelle und Integrationsszenarien für SAP S/4HANA Finance. Dabei muss zum einen die Verknüpfung mit anderen Business-Anwendungen von SAP geprüft werden, die in der Cloud angeboten werden (z. B. SAP SuccessFactors, Concur oder SAP Ariba). Zum anderen muss auch das neue Konzept für den Einsatz von SAP S/4HANA Finance als konsolidierende Lösung für die Integration verschiedener Accounting-Systeme im Sinne eines zentralen Finanzsystems (Central Finance) explizit berücksichtigt werden. Wir erläutern die Betriebsmodelle in Abschnitt 4.1, »Betriebsmodelle und Integrationsszenarien«.

Die architektonischen Änderungen unter SAP S/4HANA Finance erörtern wir in Abschnitt 4.2, »Konzeptionelle Änderungen«. Dabei steht das Konzept des neuen *Universal Journal* im Fokus der Betrachtung. Außerdem gehen wir auf das verwendete Prinzip des *Einkreissystems* ebenso ein wie auf die Reduzierung der Anzahl der Tabellen, die für das Rechnungswesen benötigt werden. Wir beschreiben auch, wie das Universal Journal an die bestehenden Buchungstransaktionen angebunden ist.

SAP S/4HANA Finance ist nicht der unmittelbare Nachfolger der Accounting-Lösungen der SAP Business Suite, sondern Bestandteil einer neuen Produktlinie, der das *Principle of One* zugrunde liegt. Daher werden nicht alle Lösungsansätze, die in der SAP Business Suite bisher zur Abbildung ähnlicher Anforderungen angeboten wurden, auch künftig verfügbar sein. Stattdessen konzentriert sich SAP auf jeweils ein Lösungskonzept. Wenn Sie also bisher Komponenten genutzt haben, die künftig nicht mehr verfügbar sein werden, müssen Sie projektvorbereitend bereits in SAP ERP Maßnahmen ergreifen, die Ihnen eine Umstellung auf SAP S/4HANA Finance ermöglichen.

Vor diesem Hintergrund präsentieren wir in Abschnitt 4.3, »Neue Funktionen in SAP S/4HANA Finance«, die wesentlichen neuen Funktionen, die SAP S/4HANA für das Accounting zur Verfügung stellt. Dabei betrachten wir insbesondere das neue SAP Cash Management powered by SAP HANA und die fundamental überarbeitete integrierte Planung anhand von Beispielen.

Darüber hinaus analysieren wir in Abschnitt 4.4, »Geänderte Funktionen in SAP S/4HANA Finance«, die Funktionen von SAP S/4HANA, die sich im Vergleich zu SAP ERP geändert haben. Auch hier verfolgen wir das Ziel, Ihnen aufzuzeigen, welche Vorteile durch SAP S/4HANA zu erwarten sind. Wir sagen Ihnen aber auch, welche Risiken bestehen und welche Besonderheiten Sie bei der Einführung beachten müssen.

Ein wesentlicher Bestandteil von SAP S/4HANA Finance ist die neue UI-Technologie, die den Anwendern ein intuitives Arbeiten auf der Basis von SAP-Fiori-Apps ermöglicht. In Abschnitt 4.5 stellen wir neue Fiori-Apps vor und erläutern die verschiedenen Anwenderrollen für das Rechnungswesen.

4.1 Betriebsmodelle und Integrationsszenarien

Durch die Einführung von SAP S/4HANA erweitert SAP das Spektrum der möglichen Betriebsmodelle. Da diese teilweise für spezielle Anwendungsbereiche vorgesehen sind, ergeben sich je nach gewähltem Betriebsmodell Besonderheiten für Ihre Systemlandschaft, die sich auch in den Funktionen der Finanzkomponente wiederfinden.

Im Folgenden stellen wir daher die grundsätzlichen Betriebsmodelle vor und beschreiben ihre Auswirkungen auf SAP S/4HANA Finance.

4.1.1 Deploymentformen

Mit SAP S/4HANA haben Sie die Möglichkeit, das Finanzwesen sowohl *on premise* mit einer auf Ihren eigenen Servern installierten Systemlandschaft als auch als *Cloud-Lösung* zu betreiben. Sofern Sie die Cloud-Lösung wählen, haben Sie drei Entscheidungsoptionen:

Betrieb in der Cloud und on premise

- **SAP HANA Enterprise Cloud**
  Sie können den Service SAP HANA Enterprise Cloud nutzen. Dieser bietet Ihnen eine private Cloud-Umgebung für SAP S/4HANA und damit die vollen Konfigurationsmöglichkeiten der On-premise-Lösung.

- **SAP S/4HANA Cloud**
  Alternativ können Sie SAP S/4HANA Cloud verwenden. Als Public-Cloud-Lösung bietet sie deutlich weniger Konfigurationsmöglichkeiten als SAP HANA Enterprise Cloud sowie einen eingeschränkten Funktionsumfang. Demgegenüber stehen jedoch Vorteile in Form von standardmäßig bereitgestellten Integrationsszenarien, z. B. mit dem SAP Ariba Network.

- **Hybride Szenarien**
  Die dritte Option ist die Umsetzung von hybriden Szenarien: Dabei werden nur Teile der Lösung in der Cloud betrieben.

Die Auswahl der Deploymentform ist grundsätzlich von verschiedenen Faktoren abhängig. Aus der Perspektive des Finanzwesens ist die Wahl einer geeigneten Deploymentform neben strategischen Aspekten auch von der Ausgangssituation der IT-Landschaft eines Unternehmens abhängig.

Das bedeutet: Nutzt ein Unternehmen also bereits SAP ERP und sind an dieser Lösung umfangreiche Anpassungen oder Ergänzungen vorgenommen worden, ist davon auszugehen, dass diese zusätzlichen Funktionen auch zukünftig benötigt werden. Eine Umstellung des Systems auf SAP S/4HANA sollte daher mit der On-premise-Lösung erfolgen. Ähnliches gilt, wenn ein Unternehmen neben den Kernkomponenten des Rechnungswesens auch andere SAP-Komponenten, z. B. FI-CA (Contract Accounting, dt. Vertragskontokorrent), oder branchenspezifische Funktionen (wie die Darlehensverwal-

Nutzung von Systemerweiterungen

tung) einsetzen möchte. Da diese Anforderungen durch die Cloud-Version nicht abgedeckt werden können, beschränkt sich das Entscheidungsspektrum dann auf die On-premise-Version von SAP S/4HANA.

Handelt es sich bei Ihrem Unternehmen nicht um einen SAP-Bestands-, sondern um einen SAP-Neukunden, erweitert sich Ihr Entscheidungsspektrum. Da keine individuellen Erweiterungen im Kalkül berücksichtigt werden müssen, stehen sowohl On-premise- als auch Cloud-Versionen zur Auswahl. Dies ist ebenso der Fall, wenn Ihr Unternehmen z. B. aus regionalen Gründen mehrere ERP-Systeme (SAP- und Nicht-SAP-Systeme) nutzt und diese in einem zentralen SAP-S/4HANA-System konsolidieren möchte. Einschränkungen hinsichtlich der Wahl der Deploymentform liegen nur dann vor, wenn neben den Anwendungen des Rechnungswesens und der Materialwirtschaft weitere Funktionen (z. B. die Darlehensverwaltung) auf das zentrale System übertragen werden sollen. In solchen Fällen kommen die Cloud-Editionen als Zielsysteme nicht infrage. Abbildung 4.1 fasst die genannten Umstellungsszenarien in einer Übersicht zusammen. SAP Landscape Transformation betrachten wir im folgenden Abschnitt genauer.

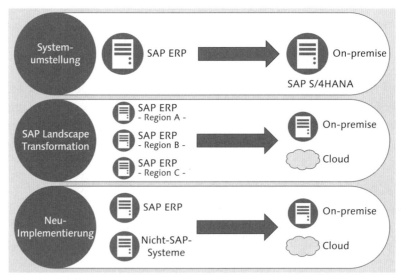

Abbildung 4.1 Umstiegs- und Bearbeitungsszenarien

Eine Besonderheit in SAP S/4HANA Finance ist das Konsolidierungssystem Central Finance, dem sich der nächste Abschnitt widmet. In diesem zentralen System werden nicht nur Geschäftsprozesse zusammengeführt, sondern zusätzlich weitere Geschäftsprozesse (z. B. zur Planung oder Abstimmung) genutzt.

4.1.2 Central Finance

Mit *Central Finance* können Sie alle Finanzdaten in einem System zusammenführen. Auf diese Weise erhalten Sie völlig neue Möglichkeiten, sowohl im Berichtswesen als auch in der Planung.

Eine wesentliche Rolle beim Aufbau eines Central-Finance-Systems nimmt das Werkzeug *SAP Landscape Transformation* (SAP LT) ein. Das Grundkonzept von SAP LT besteht darin, als Zwischenschicht zu agieren. Das heißt, sendende Anwendungen schreiben Triggereinträge in Datenbanktabellen von SAP LT, die dann in die empfangende Anwendung weitergeschrieben werden können.

SAP Landscape Transformation

SAP LT bietet Ihnen neben einer 1:1-Übertragung von empfangenen Datensätzen auch die Möglichkeit, empfangene Daten zu mappen und an ein Schnittstellenprogramm weiterzuleiten, das z. B. im neu aufzubauenden SAP-S/4HANA-System für ein zentrales Finanzwesen implementiert ist. Wenn also in einem dezentralen ERP-System eine Buchung für das Finanzwesen erzeugt wird, ruft SAP LT diese Buchung ab, nimmt ein Mapping vor und leitet die Daten an das empfangende Schnittstellenprogramm des Universal Journals weiter. Dieses Programm verarbeitet die Buchung anschließend korrekt im Central-Finance-System.

Ein generelles Problem beim Aufbau von zentralisierten Systemen besteht darin, dass sich (z. B. durch laufende Änderungen in den liefernden Systemen) Unschärfen beim Mappen der Senderbelege auf die Zielstruktur ergeben können. Im empfangenden System kann für die Bearbeitung solcher Fälle die FI-Komponente *Error Correction and Suspense Accounting* (ECS, Vorabkontierung und Fehlerkorrektur) verwendet werden, um die Buchungsdaten zu prüfen und ggf. anzupassen. Das ECS stellt eine Schicht zwischen den Dateien des Quellsystems und den FI-Buchungen dar und bietet die Möglichkeit, Prüfungen und Autokorrekturstrategien zu hinterlegen sowie manuelle Korrekturen vorzunehmen. Alle Änderungen werden dabei protokolliert und sind über das ECS-Reporting auswertbar. Abbildung 4.2 verdeutlicht das Zusammenspiel der verschiedenen Komponenten in der Central-Finance-Systemlandschaft.

Vorabkontierung und Fehlerkorrektur

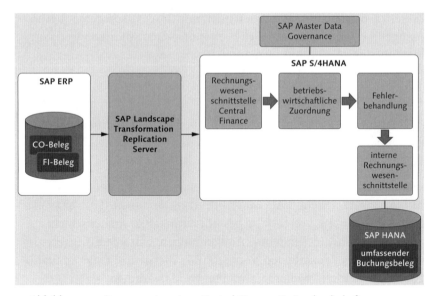

Abbildung 4.2 Komponenten einer Central-Finance-Systemlandschaft

Vorteile von Central Finance

Der Aufbau eines Central-Finance-Systems auf der Basis von SAP S/4HANA kann für Sie verschiedene Vorteile haben:

- Die umfangreichen Funktionen, insbesondere hinsichtlich des Reportings, der Analyse, aber auch hinsichtlich der integrierten Planung, können sowohl zentral als auch dezentral genutzt werden.
- Den Anwendern steht das neue UI mit den entsprechenden Apps, basierend auf den Fiori-Funktionen, unmittelbar zur Verfügung.
- Ein weiterer denkbarer Ansatz besteht darin, neben der Konsolidierung als zentrales Finanzsystem für Reporting- und Planungszwecke bestimmte Funktionen – wie z. B. die Abwicklung von Zahlungen und Mahnungen – zu zentralisieren und künftig nicht mehr in den dezentralen Systemen abzubilden.
- Es besteht die Möglichkeit, schrittweise dezentrale ERP-Systeme abzulösen und an ihrer Stelle das zentrale SAP-S/4HANA-System zu nutzen.

Der Aufbau eines Central-Finance-Systems kann für Sie also ein wesentlicher Bestandteil eines Konsolidierungskonzepts für Ihre SAP-Systemlandschaft sein. Abhängig vom Deploymentszenario und den von Ihnen benötigten Funktionen kann dies im Falle eines in der Cloud betriebenen Central-Finance-Systems auch bedeuten, dass Sie Ihr System schrittweise auf den Cloud-Betrieb umstellen.

Neben der Konsolidierung eines Systems kann auch die Integration mit weiteren Komponenten entscheidend für die Auswahl einer geeigneten Deploymentform sein. Auch hier müssen Sie die Einschränkungen sowie die Vor- und Nachteile berücksichtigen, die sich aus einem Betriebsmodell im Hinblick auf die Einbindung weiterer Komponenten ergeben.

Im Folgenden betrachten wir zur Verdeutlichung dieser mit SAP S/4HANA implementierten Neuerung die Integration mit SAP SuccessFactors und den Ariba- und Concur-Netzwerken. Ihre explizite Berücksichtigung im Kontext von SAP S/4HANA Finance ist notwendig, da über die Personalabrechnung, über den Einkauf und Verkauf bzw. über die Reisekostenabrechnung unmittelbare Anknüpfungspunkte an das Rechnungswesen bestehen.

4.1.3 Integration mit SAP SuccessFactors

SAP SuccessFactors ist die SAP-Personalwirtschaftslösung der nächsten Generation. Sie wird Ihnen als Public-Cloud-Service zur Verfügung gestellt. Sie können die HCM-Lösung der SAP Business Suite zusammen mit SAP S/4HANA auf nur einem System oder in einem Zweisystemszenario, gekoppelt über ALE (Application Link Enabling), verwenden. SAP ERP HCM wird jedoch nicht mehr weiterentwickelt und optimiert.

Integration mit der Personalwirtschaft

Sie können SAP SuccessFactors in unterschiedlicher Tiefe – gekoppelt an Ihr SAP-ERP-HCM-System oder auch nur gekoppelt an das Rechnungswesen in SAP S/4HANA – nutzen. Abbildung 4.3 stellt unterschiedliche Formen und Szenarien für Integrationsansätze von SAP SuccessFactors mit SAP S/4HANA dar. Im Szenario Talent Hybrid ❶ wird nur das Talent Management in der Cloud genutzt, während beim Side-by-Side-Ansatz ❷ auch Funktionen des Organisationsmanagements und der Personaladministration – etwa für Niederlassungen – in der Cloud abgebildet werden. In beiden Ansätzen wird das Core-HCM auch weiter genutzt. Der Ansatz Kern Hybrid ❸ sieht die vollständige Ablösung des Organisationsmanagements und der Personaladministration durch Cloud-Funktionen vor. Im Voll-Hybrid-Ansatz ❹ werden alle Prozesse der Personalwirtschaft mit SAP SuccessFactors abgebildet und sind lediglich in das Rechnungswesen integriert. Die Integration kann dabei jeweils über SAP-Standardfunktionen erfolgen – technisch wird dabei *SAP HANA Cloud Integration* (SAP HCI) genutzt, um die Systeme miteinander zu verbinden.

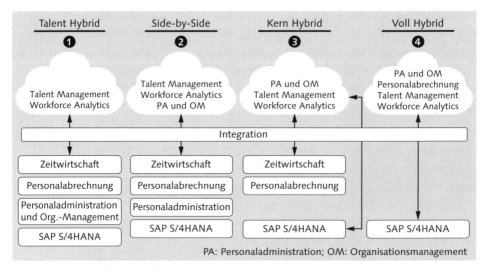

Abbildung 4.3 Überblick über die Integration von SAP S/4HANA Finance und SAP SuccessFactors

Im Kontext des Rechnungswesens ist insbesondere die Anbindung der Abrechnungsfunktionen an SAP S/4HANA von Bedeutung. Diese ist als Teil der produktspezifischen Integration für die Koppelung verfügbar.

4.1.4 Integration mit dem Ariba Network

Integration mit dem Einkauf

Das *Ariba Network* ist eine elektronische Beschaffungsplattform für Unternehmen. SAP Ariba verbindet mithilfe von Services zu E-Procurement und E-Payments die beschaffende mit der verkaufenden Seite Ihres Unternehmens.

Bereits für SAP ERP standen Add-ons zur Verfügung, mit denen Sie das Ariba Network sowohl für den Einkauf (Bestellungen, Rechnungen, Zahlungen) als auch für den Verkauf (Aufträge, Rechnungen) integriert nutzen konnten. Eine solche Integration ist auch mit SAP S/4HANA möglich. Innerhalb der Cloud-Lösung von SAP S/4HANA ist sie bereits standardmäßig eingerichtet. Für die On-premise-Lösung muss die Einrichtung hingegen entsprechend Ihren individuellen Anforderungen separat konfiguriert werden. Daher ergeben sich keine grundsätzlichen Änderungen für Sie, wenn Sie bereits in der SAP Business Suite mit dem Ariba Network verbunden waren. Sie müssen lediglich die Art der Einbindung berücksichtigen: vorkonfiguriert oder nicht?

4.1.5 Integration mit dem Concur Network

Concur ist ein Cloud-Service von SAP, mit dem Anwendern einerseits ein Online-Buchungstool für Geschäftsreisen und andererseits ein automatisierter Reisekostenabrechnungsprozess bereitgestellt wird. Belege können z. B. mit dem Smartphone abfotografiert und unmittelbar für den Abrechnungsprozess verwendet werden. Die vollständige Dokumentation der Reisen stellt einen wesentlichen Bestandteil der Lösung dar.

Integration mit dem Reisemanagement

Eine automatische Integration von Concur mit SAP S/4HANA wurde bislang ebenso wenig umgesetzt wie mit SAP ERP. Da sie aber als Bestandteil von SAP S/4HANA, cloud edition bereits angekündigt ist, wird sich dies zukünftig ändern. Die Wahl des Betriebsmodells hat daher künftig auch Auswirkungen auf die Integration des Finanzwesens mit dem Concur Network.

4.2 Konzeptionelle Änderungen

Mit der Einführung von SAP S/4HANA hat SAP die Grundstrukturen der klassischen SAP Business Suite teilweise erheblich verändert. Diese konzeptionellen Veränderungen finden sich auch in SAP S/4HANA Finance wieder. Um Ihnen die Auswirkungen zu verdeutlichen, stellen wir Ihnen im Folgenden die wesentlichen Neuerungen vor: das Universal Journal und das neue Sachkontenkonzept. Mithilfe der Erkenntnisse, die Sie in diesem Abschnitt gewinnen, können Sie besser einordnen, wie weit sich eine SAP-S/4HANA-Einführung auf Ihre bestehende IT-Systemlandschaft auswirken würde.

4.2.1 Universal Journal

Das *Universal Journal* stellt eine wesentliche Neuerung unter SAP S/4HANA dar. Zukünftig werden alle Buchungen der Finanzbuchhaltung und die Ist-Buchungen des Controllings im Universal Journal gespeichert. Es bildet damit den Kern der neuen Accounting-Lösung und ist als zentrale Buchungstabelle ein wesentliches Ergebnis des Redesigns.

Zusammenwachsen von Buchhaltung und Controlling

Bei der Neukonzeption des Datenmodells für das Accounting wurden unterschiedliche Anforderungen maßgeblich berücksichtigt:

- **Reduzierung der Tabellenzahl**
  Die Anzahl der benötigten Tabellen musste wesentlich reduziert werden, um die Eigenschaften der neuen Datenbank optimal ausnutzen zu können. Index- und Summentabellen sollten nicht mehr verwendet und ihre Fortschreibung aus den Buchungen unterbunden werden.

- **Direkte Datenbereitstellung für Auswertungen**
  Auswertungen, die Daten aus verschiedenen Komponenten des Rechnungswesens gleichzeitig benötigen (z. B. aus der Anlagenwirtschaft oder der Profit-Center-Rechnung), sollten Sie unmittelbar erstellen können, ohne dass sie erst mithilfe von Extraktorprogrammen aus den betroffenen Anwendungsbereichen vorbereitet werden müssten. Dabei war jedoch zu beachten, dass die Detaillierungsebenen in den verschiedenen Einzelpostentabellen (z. B. des Asset Accountings und des Hauptbuchs) unterschiedlich waren.

- **Beibehaltung von Buchungskonzept und kundeneigener Logik**
  Das Grundkonzept für die Buchung von Belegen durfte nicht geändert werden, weil dies umfangreiche Änderungen in vielen Applikationen zur Folge und damit hohe Entwicklungskosten nach sich gezogen hätte. Insbesondere kundeneigene Logik sollte von der Einführung des neuen Datenmodells nicht betroffen sein. Validierungen und Substitutionen, die Sie zur qualitativen Absicherung Ihres Buchungsgeschäfts definiert haben, sollten dementsprechend weiterhin verwendbar sein.

- **Identische Fortschreibung von Buchungsdaten anderer Komponenten**
  Bei der Buchung von Belegen in der Finanzbuchhaltung werden – in Abhängigkeit von den erfassten Informationen – Buchungsdaten weiterer Komponenten fortgeschrieben, die derzeit nicht unmittelbar vom Redesign des Datenmodells betroffen sind. Hierzu gehören z. B. die Komponente PSM (Public Sector Management, dt. Haushaltsmanagement), die Komponente FS-CML (Corporate Mortgage Loans, dt. Darlehensverwaltung) oder die Special Ledger, die bei vielen Kunden zur Abbildung auch rechtlicher Anforderungen genutzt werden. Die Fortschreibung dieser Komponenten musste deshalb auch durch die neue Accounting-Lösung gewährleistet werden.

- **Kontinuität von Standardschnittstellen**
  Auch nach außen durfte die Einführung des neuen Datenmodells keine Auswirkungen haben. Externe Verfahren, mit denen Sie über

standardisierte Schnittstellen (z. B. BAPIs, Business Application Programming Interfaces) Buchungen in SAP erzeugen, sollten über eben diese Schnittstellen weiterhin an SAP S/4HANA Finance angebunden werden können, um auch hier einen größtmöglichen Investitionsschutz für Ihre Entwicklungen sicherstellen zu können.

Um den genannten Anforderungen gerecht zu werden, hat SAP zwei wesentliche Neuerungen in die Architektur implementiert:

Änderungen in der Architektur

- **Verwendung einer zentralen Buchungstabelle**
  Es wird die neue zentrale Buchungstabelle ACDOCA verwendet, in der alle buchhaltungsrelevanten Vorgänge auch aus anderen Komponenten erfasst werden. Diese Tabelle bildet z. B. auch die Basis für Einzelposten aus dem Nebenbuch *Anlagenbuchhaltung*.

- **Verzicht auf Index-, Aggregats- und Summentabellen**
  Viele bisher genutzte Buchungstabellen der Finanzbuchhaltung (z. B. die Hauptbuchsummentabellen GLT0 bzw. FAGLFLEXT, BSIK zur Verwaltung offener Posten für Kreditorenposten oder BSID für Debitorenposten) werden nicht mehr in der Form verwendet, wie dies in der SAP Business Suite der Fall war.

  Für Anwendungen, die ursprünglich Daten aus den ersetzten Tabellen verwendet haben, werden die Daten nicht mehr direkt aus Einzelsätzen der jeweiligen Tabelle, sondern indirekt mithilfe von Compatibility Views bereitgestellt, die auf die Tabelle ACDOCA verweisen.

Zur Veranschaulichung zeigt Abbildung 4.4 einen Auszug aus dem Inhalt der Tabelle ACDOCA am Beispiel einer Kreditorenrechnung.

Tabelle ACDOCA

Abbildung 4.4 Auszug aus der Tabelle ACDOCA

Alle Zeilen des Belegs erzeugen einen Eintrag in der Buchungstabelle. Im Beispiel werden also eine Buchungszeile für den Kreditorenposten und jeweils eine Zeile für die Aufwands- bzw. die Vorsteuerbuchung in die Buchungstabelle geschrieben. Die Buchung führt hingegen nicht mehr zu Einträgen in der Tabelle BSIK. Dies erkennen Sie an Abbildung 4.5, die den Datenbestand auf der Datenbankebene anzeigt. Hier wird lediglich die View-Definition dargestellt.

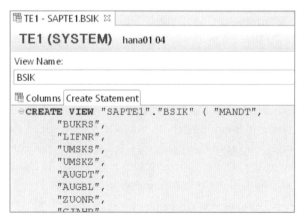

Abbildung 4.5 Datenbestand auf der Datenbankebene

Compatibility Views

Aus der Sicht des SAP-Systems enthält die Datenansicht jedoch noch den offenen Posten. Die sogenannten *Compatibility Views* ermöglichen es Ihnen, die Daten weiterhin im SAP-System anzuzeigen – genau so, wie Sie sie auch über die Offene-Posten-Liste für Kreditoren darstellen können.

Der offene Kreditorenposten aus dem Beispielbeleg wird mithilfe des Compatibility Views dargestellt. Beim Aufruf der allgemeinen Tabellenanzeige aus dem SAP-System wird der View im Hintergrund genutzt, um die Daten anzeigen zu können (siehe Abbildung 4.6).

Abbildung 4.6 Auszug aus der Tabelle BSIK – CDS Compatibility View

Dimensionen der Einzelpostentabellen

Damit die Daten des Rechnungswesens künftig einer Quelle entnommen werden können, muss die Tabelle ACDOCA neben den aus Sicht der Hauptbuchhaltung benötigten Feldern künftig auch die Dimensionen enthalten, die von den entsprechenden *Einzelpostentabellen* verwendet werden. Dies gilt ebenfalls für:

- die Materialwirtschaft
- die Anlagenbuchhaltung (Asset Accounting)

4.2 Konzeptionelle Änderungen

- das Controlling (Management Accounting)
- die Ergebnis- und Marktsegmentrechnung (CO-PA)

Abbildung 4.7 zeigt das Konzept des Universal Journals in einer Übersicht.

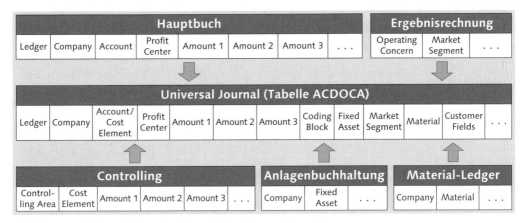

Abbildung 4.7 Übersicht über das Konzept des Universal Journals (Tabelle ACDOCA)

4.2.2 Sachkontenkonzept

Neben dem Universal Journal wird mit SAP S/4HANA auch ein neues *Sachkontenkonzept* eingeführt. Dieses stellt eine wesentliche Änderung gegenüber dem architektonischen Ansatz des bekannten Rechnungswesens aus SAP ERP in der SAP Business Suite dar. Das Sachkontenkonzept ist von fundamentaler Bedeutung für das Zusammenspiel von Controlling und Finanzbuchhaltung und ist eine Voraussetzung für die nichtredundante Fortschreibung von Ist-Daten des Controllings.

In der SAP Business Suite wurden *Sachkonten* und *Kostenarten* als unterschiedliche Objekte mit unterschiedlichen Transaktionen gepflegt, bei denen Sie kostenrechnungsrelevante Erfolgskonten auch als separates Objekt »Primärkostenart« anlegen konnten. Im Gegensatz dazu liegt SAP S/4HANA nun das Konzept des echten *Einkreissystems* zugrunde.

SAP S/4HANA als Einkreissystem

Die Pflege der Sachkonten und Kostenarten wurde zusammengeführt und erfolgt nun zentral über die Transaktion für die Sachkontenstammdatenpflege. Zu jeder Kostenart müssen Sie auch ein passendes Sachkonto anlegen. Dies gilt nicht nur für die primären, sondern auch für die sekundären Kostenarten. Denn alle Geschäftsvorfälle werden auf Sachkonten erfasst – sowohl die Geschäftsvorfälle des externen als auch des internen Rechnungswesens. Die entsprechenden Transaktionen zur Pflege von Kostenarten stehen Ihnen damit nicht mehr zur Verfügung – vielmehr müssen Sie die generelle Transaktion für Sachkonten verwenden, auch wenn Sie Sekundärkostenarten anlegen möchten.

Zur Veranschaulichung zeigt Abbildung 4.8 die Pflegesicht für Sachkonten mit dem neuen Feld KONTOART.

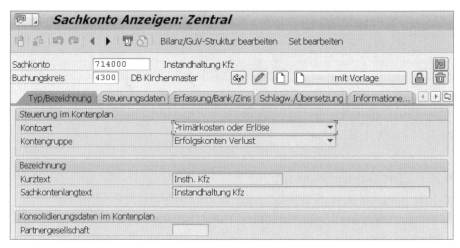

Abbildung 4.8 Pflegesicht für Sachkonten – Kontenplandaten

Kontoart Über das neue Feld KONTOART (GLACCOUNT_TYPE) in den kontenplanabhängigen Sachkontendaten (Tabelle SKA1) kennzeichnen Sie, ob ein Sachkonto für die Kostenrechnung relevant ist. Beim Anlegen eines Sachkontos müssen Sie nun mithilfe der Kontoart festlegen, ob das Konto ein bilanzrelevantes *Bestandskonto* oder ein nicht für die Kostenrechnung relevantes *Erfolgskonto* ist (Sachkontoart »Nicht betriebliche Aufwendungen und Erträge«). Alternativ können Sie festlegen, ob das Konto einer Sekundärkostenart entspricht oder – wie im Anwendungsfall – eine Primärkostenart oder eine Erlösart sein soll.

Kostenrechnungskreis Wenn das Sachkonto die Sachkontoart »Primärkosten oder Erlöse« bzw. »Sekundärkosten« erhält, ist es für die Kostenrechnung relevant. Sie pflegen dann auf der Registerkarte STEUERUNGSDATEN die

Kontoeinstellungen für den Kostenrechnungskreis, wie z. B. den Kostenartentyp. In Abbildung 4.9 sehen Sie im unteren Teil der Steuerungsdaten der Sachkontenpflege die Kontoeinstellungen für den Kostenrechnungskreis. Das Sachkonto hat in diesem Beispiel in den Kontenplandaten (siehe Abbildung 4.8) die Kontoart »Primärkosten oder Erlöse« und erhält in den Kostenrechnungskreisdaten den Kostenartentyp »Primärkosten/kostenmindernde Erlöse«.

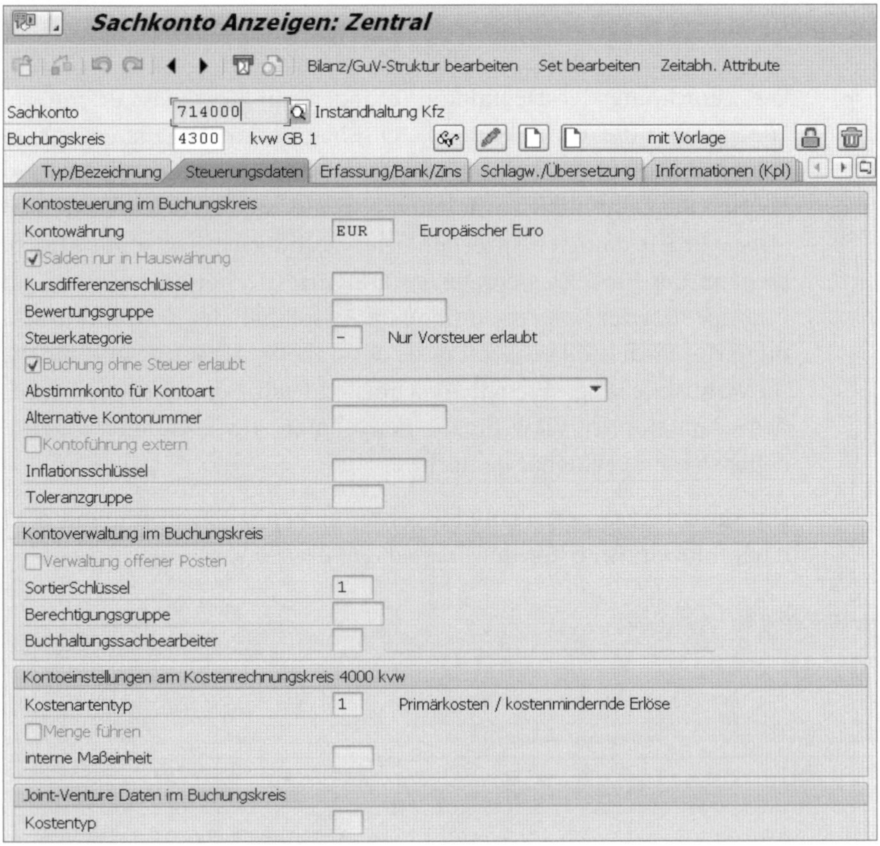

Abbildung 4.9 Pflegesicht für Sachkonten – Steuerungsdaten

Die Kontoeinstellungen für die kostenrechnungsrelevanten Sachkonten werden weiterhin je Kostenrechnungskreis in der Tabelle CSKB »Kostenarten (Kostenrechnungskreisabhängige Daten)« gespeichert (siehe Abbildung 4.10). Sie können aber nur noch über die Sachkontenstammdatentransaktionen gepflegt werden; die Transaktionen für die reine Kostenartenpflege sind nicht mehr verfügbar.

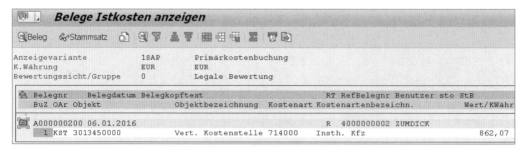

KKrs	Kostenart	Gültig bis	Gültig ab	Kostenartentyp	Erfaßt am	Erfasser	Eig.-Mix	Planzugr.	PO	PB	Kostenst.	Auftrag	Menge	ME	DA	LV	KT
4000	714000	31.12.9999	01.01.1990	1	01.04.2016	ZUMDICK											
NO01	714000	31.12.9999	01.01.1997	1	09.04.1999	SAP											

Abbildung 4.10 Kontoeinstellungen für den Kostenrechnungskreis

Die Zuordnung der Defaultkontierungen zur Kostenart erfolgt zukünftig über die Transaktion OKB9. Eine direkte Angabe eines Kostenrechnungsobjekts bei der Pflege des entsprechenden Sachkontos können Sie nicht mehr vornehmen. Einzelposten zu dem Werttyp 04 »Ist« werden dann entsprechend der geänderten Konzeption nicht mehr in der Einzelpostentabelle COEP erfasst. Stattdessen wird der Einzelposten der Kostenrechnung im Beispielfall der Kreditorenrechnung durch denselben Eintrag in der Tabelle ACDOCA wie für die Aufwandsbuchung erzeugt. Anschließend wird er wiederum durch den Compatibility View für die betroffenen Anwendungen und Tabellensichten verfügbar gemacht.

Um diesen Zusammenhang zu verdeutlichen, zeigt Abbildung 4.11 einen Einzelposten aus der Perspektive des Controllings.

Abbildung 4.11 Einzelpostenanzeige – Controlling

Aus der Perspektive des Controllings wird dem Anwender der Einzelposten angezeigt, der mit der Buchung der Kreditorenrechnung erzeugt worden ist. Die Darstellung erfolgt in der Form, die Sie von der SAP Business Suite her kennen. Die Einzelposteninformation wird aber ausschließlich in der Tabelle ACDOCA gespeichert.

Dies zeigt Abbildung 4.12. Sie stellt die Einzelpostenanzeige aus der Sicht des Universal Journals dar und enthält einen Verweis auf die Nummer des Controllingbelegs, der aus der Buchung resultierte. In der Abbildung ist dieser Verweis zur Veranschaulichung farblich hervorgehoben.

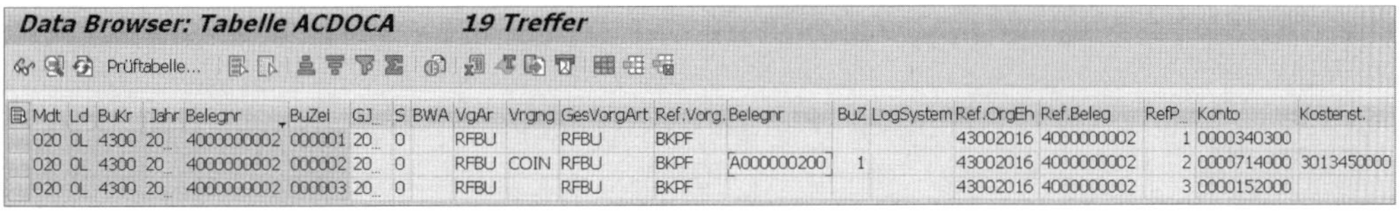

Abbildung 4.12 Einzelpostenanzeige im Universal Journal

Es ist auch unter SAP S/4HANA weiterhin möglich, in einer Aufwands- oder Ertragszeile mehrere CO-Objekte anzugeben. Es wird dann für genau ein Objekt der Werttyp 04 »Ist« erzeugt. Die weiteren zusätzlichen CO-Objekte erhalten statistische Buchungen mit dem Werttyp 11 »Statistisches Ist«. In dem Beispiel in Abbildung 4.13 enthält der CO-Beleg zu der Aufwandsbuchung eine Kostenstelle, die die »echte« Ist-Buchung mit dem Werttyp 04 erhält, und einen Innenauftrag, der die statistische Buchung mit dem Werttyp 11 erhält.

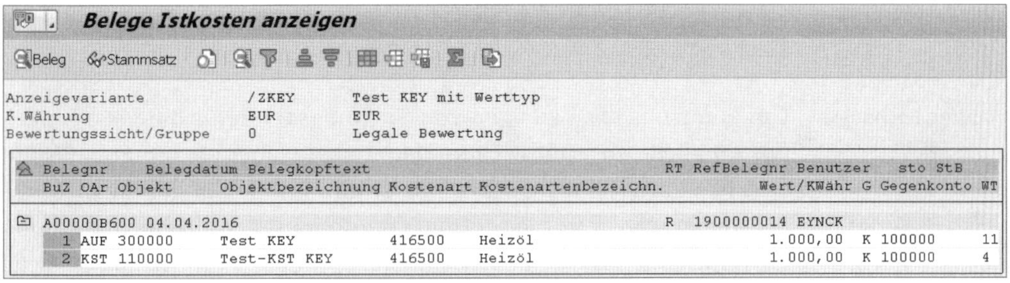

Abbildung 4.13 Einzelpostenanzeige im Controlling mit statistischer Buchung

Der Datensatz für den Werttyp 4 »Ist« wird nicht mehr in der CO-Einzelpostentabelle COEP fortgeschrieben, sondern lediglich in der Tabelle ACDOCA (Universal Journal, siehe Abbildung 4.14). Die Buchungszeile 000002 enthält für den Aufwand sowohl eine Kostenstelle als auch einen Innenauftrag. Das Feld KONTIERUNG enthält das CO-Objekt, das die »echte« CO-Buchung vom Werttyp 4 »Ist« erhält (Kostenstelle 110000). Zusätzlich können bis zu drei statistische Kontierungen angegeben werden. In dem Beispiel ist der statistische Kontierungstyp 1 mit dem Wert OR (Order, Innenauftrag) gefüllt.

Einzelpostenanzeige im Universal Journal

Zu durchsuchende Tabelle	ACDOCA															
Anzahl Treffer	2															
Laufzeit	00:00:01	Maximale Trefferzahl	500													

Ld	BuKr.	Jahr	Belegnr	BuZei	GJHB	Konto	Kostenst.	Profitcenter	GsBe	KKrs	Auftrag	Kontierung	Art	LstA	T	KontTyp1	TZST2	TZST3	Pos	Belegnr	Betrag TW
0L	0001	2016	1900000014	000001	2016	160000				0001											1.000,00-
0L	0001	2016	1900000014	000002	2016	416500	110000	SAP-DUMMY	0001	0001	300000	0000110000	KS			1	OR		2	A00000B600	1.000,00

Abbildung 4.14 Einzelpostenanzeige im Universal Journal mit statistischer Kontierung

SAP HANA Studio

Die CO-Objekte, die die statistischen Buchungen erhalten, sind ebenfalls in der Tabelle ACDOCA in der Aufwands- bzw. Ertragszeile enthalten. Für diesen Werttyp 11 werden aber weiterhin Zeilen in der Tabelle COEP erzeugt. Abbildung 4.15 zeigt den CO-Beleg aus dem o. g. Beispiel im SAP HANA Studio auf der Datenbankebene in der Tabelle COEP. Die Tabelle COEP enthält lediglich einen Datensatz für den Werttyp 11 »Statistisches Ist«, aber keine Daten für den Werttyp 4 »Ist«.

```
S4H (EYNCK)  hana01 03
SQL  Result
select * from "SAPABAP1"."COEP" where "BELNR" = 'A00000B600'

  MANDT KOKRS GJAHR BELNR      BUZEI PERIO WRTTP VRGNG KSTAR    OBJNR          WTGBTR
1 001   0001  2016  A00000B600 001   004   11    COIN  0000416500 OR000000300000 1.000
```

Abbildung 4.15 SAP HANA Studio – CO-Beleg in der Tabelle COEP

Interne Buchungsschnittstelle

Um einerseits das Erzeugen von Buchungsdaten für die neue Einzelpostentabelle zu ermöglichen, andererseits aber auch eine vollständige Neuentwicklung der Buchungstransaktionen in der Finanzbuchhaltung sowie in vorgelagerten Komponenten zu vermeiden, nutzt SAP die *interne Buchungsschnittstelle*, um Daten in die Tabelle ACDOCA fortzuschreiben. Diese interne Buchungsschnittstelle wird immer dann durchlaufen, wenn die Buchung eines Belegs in der Finanzbuchhaltung erfolgt. Sie sieht verschiedene Zeitpunkte vor, in denen die Belegdaten aufbereitet, geprüft und schließlich in die Einzelpostentabellen der jeweils betroffenen Anwendungen geschrieben werden.

Wenn Sie z. B. kostenrechnungsrelevante Buchungen erfassen, werden die relevanten Daten für die Einzelposten der Kostenrechnung genau so aufgebaut, wie die Einzelposten für die Buchhaltung und das Controlling beim Durchlaufen der Buchungsschnittstelle aus Ihren Daten des Vertragskontokorrents bei der Überleitung von

Abstimmschlüsseln erzeugt werden. Verantwortlich für den Aufbau der Daten sind *Funktionsbausteine*, die für die einzelnen Zeitpunkte in einer Steuerungstabelle hinterlegt sind.

Abbildung 4.16 zeigt das Konzept der Buchungsschnittstelle mit Beispielen für unterschiedliche Quellen, aus denen Buchungsbelege stammen können.

Abbildung 4.16 Das Buchungsschnittstellenkonzept

Zum Erzeugen von Posten in der Einzelpostentabelle ACDOCA hat SAP neue Funktionsbausteine für die interne Buchungsschnittstelle entwickelt und in der Steuerungstabelle hinterlegt. Abbildung 4.17 zeigt die zusätzlichen Funktionsbausteine, die für die Vorgänge DOCUMENT (wird bei der Erfassung von Belegen mit Fiori-Apps verwendet) und BELEG (wird bei der Buchung mit der Transaktion FB01 genutzt) durchlaufen werden.

Neue Funktionsbausteine

Vorgang	Zeitpunkt	Nr	Komp	Blg	Funktionsbaustein
BELEG	CLOSE	771	GL		FINS_ACDOC_CLOSE
BELEG	POST	771	GL		FINS_ACDOC_POST
BELEG	PROJECT	771	GL		FINS_ACDOC_PROJECT
DOCUMENT	CHECK	771	GL		FINS_ACDOC_CHECK
DOCUMENT	CLOSE	771	GL		FINS_ACDOC_CLOSE
DOCUMENT	DELETE	771	GL		FINS_ACDOC_DELETE
DOCUMENT	POST	771	GL		FINS_ACDOC_POST
DOCUMENT	PREREV	771	GL		FINS_ACDOC_PREREV
DOCUMENT	PROJECT	771	GL		FINS_ACDOC_PROJECT
DOCUMENT	REVERSE	771	GL		FINS_ACDOC_REVERSE

Abbildung 4.17 Funktionsbausteine für BELEG und DOCUMENT

Diese Funktionsbausteine bewirken die Fortschreibung des Universal Journals. SAP musste verhindern, dass in den Tabellen, die mit

SAP S/4HANA nicht mehr verwendet werden sollen, noch Einzelposten erzeugt werden. Dazu hat SAP die Funktionsbausteine, die bisher für das Einfügen von Sätzen in diese Tabellen im Kontext der Belegbuchungen verantwortlich waren, so angepasst, dass kein Update der relevanten Tabellen mehr erfolgt.

Vermeidung von Abstimmungsaufwand

Durch die Implementierung des Universal Journals wird also erreicht, dass künftig eine redundanzfreie Speicherung von Accounting-Daten zur Verfügung steht, ohne dass eine Abstimmung erforderlich wäre. Außerdem werden die Details für die genannten Applikationen des Accountings in einer Tabelle zusammengefasst, womit Ihnen die Grundlage für ein schnelles, multidimensionales Reporting zur Verfügung steht, ohne dass Sie Daten in SAP Business Warehouse (SAP BW) replizieren müssten.

Bei der Umstellung von der SAP Business Suite auf SAP S/4HANA werden die Daten aus den verschiedenen Einzelpostentabellen mithilfe von Migrationstools in die Tabelle ACDOCA umgesetzt. Die hierzu erforderlichen Schritte beschreiben wir in Kapitel 7, »Praxisbeispiel: Einführung von SAP S/4HANA«.

Eine vollständige Liste der Tabellen, die künftig nicht mehr verwendet werden, finden Sie in der Simplification List zum Auslieferungsstand SP1511 von SAP S/4HANA.

4.3 Neue Funktionen in SAP S/4HANA Finance

Bei der Entwicklung von SAP S/4HANA Finance wurde nicht nur das Konzept der Architektur geändert, sondern es wurden auch neue Funktionen eingeführt. Für das Finanzwesen sind hier insbesondere das neue SAP Cash Management (SAP Cash Management powered by SAP HANA) und die überarbeitete integrierte Planung (SAP Integrated Business Planning, SAP IBP) herauszugreifen. Die neue integrierte Planung wird ohne externes SAP-BW-System verwendet.

Aufgrund der Tragweite der Veränderungen in diesen beiden Bereichen betrachten wir beide Anwendungen im folgenden Abschnitt 4.3.1 und in Abschnitt 4.3.2, »Integrierte Planung«, genauer. Anschließend stellen wir allgemeine weitere Neuerungen unter SAP S/4HANA vor und gehen kurz auf ihre Vor- und Nachteile ein.

4.3.1 Cash Management

Mit dem SAP Cash Management powered by SAP HANA können Sie Ihre liquiden Mittel verwalten und Ihre *Liquiditätsplanung* durchführen. Es muss jedoch im Rahmen einer separaten Lizenzierung erworben werden. Nur die Funktionen zur *Kontoauszugsverarbeitung* und zur Erzeugung und Abwicklung von Zahlungen mit dem *Zahlprogramm* sind weiterhin Bestandteil der Standardlizenz.

Liquiditätsplanung

Zur Standardlizenz gehört darüber hinaus das neue *Bank Account Management* in einer Lite-Version, mit der eine erweiterte Bankkontenpflege möglich ist. Hierzu wird ein neues Stammdatenobjekt verwendet. Weiterhin stehen anstelle der Hausbankendefinition, die bisher Bestandteil des Customizings war, für die Pflege von Hausbanken sowohl Fiori-Apps als auch Anwendungstransaktionen, die auf dem SAP Business Client (vormals SAP NetWeaver Business Client) basieren, zur Verfügung.

Bank Account Management

Das Bank Account Management in der Vollversion stellt Ihnen vor allem die folgenden neuen Funktionen bereit:

- Anzeige von Bankkonten in einer Hierarchiesicht
- Abbildung von Genehmigungsprozessen für Zahlungen mit Unterzeichnern
- Festlegung von Cash Pools und Funktionen zum Kontenclearing
- Verwaltung von Überziehungslimits für Bankkonten

Das neue SAP Cash Management weist die folgenden wesentlichen Merkmale auf:

Neue Funktionen im Cash Management

- verbesserte Funktionen zur Cash Concentration, basierend auf dem Bank Account Management
- verbesserte Liquiditätsplanung durch Planungsfunktionen auf der Basis von SAP BPC-PAK (Planning Application Kit), inklusive mehrstufiger Planungsszenarien wie Top-down- und Bottom-up-Konzept oder zentrale und dezentrale Ansätze zur Planung
- Liquiditätsvorschau auf der Basis von Standard-Queries
- Fiori-Apps und Smart-Business-Transaktionen für die Durchführung von täglichen Zahlungsvorgängen, z. B. Banktransfer, Analyse von Zahlungsdetails, Verarbeitungsstatus von Kontoauszügen und Übersichten über Banksalden (Cash Position)

Für das SAP Cash Management ergeben sich damit sowohl Verbesserungen aus dem vereinfachten Datenmodell und den verbesserten Reporting- und Planungsfunktionen als auch eine gesteigerte Benutzerfreundlichkeit durch die neuen Fiori-Anwenderoberflächen.

4.3.2 Integrierte Planung

Wir haben bereits beschrieben, dass SAP S/4HANA Finance eine Funktion zur integrierten Planung (SAP IBP) zur Verfügung stellt, mit der Sie Planungsanforderungen im Controlling und in der Finanzbuchhaltung abbilden können, und Ihnen die Konzeption dieses Ansatzes erläutert.

Planerische Vorgänge – z. B. für die Objekte des Controllings (z. B. für Kostenstellen, Innenaufträge oder Profit-Center), aber auch für die Planung der GuV in der Finanzbuchhaltung – müssen von Ihnen nicht mehr mithilfe der klassischen Transaktionen durchgeführt werden. Sie können stattdessen ein neues, einheitliches Planungswerkzeug verwenden.

Integriertes Planungsmodell

Die Planungsanwendungen basieren auf einem vollständig in SAP S/4HANA integrierten *Planungsmodell* mit einer eigenen Plandatenpersistenz. Stamm- und Ist-Daten aus dem Finanzwesen und Controlling können Sie direkt innerhalb der Planungsprozesse in SAP IBP nutzen. Sie müssen dazu keine Replikationen vornehmen. Weiterhin müssen Sie auch keine Strukturen definieren. Planungsdaten, die Sie in der Planungsanwendung in sogenannten *Plan-Cubes* erzeugt und gespeichert haben, können Sie anschließend in die ursprünglichen Tabellen zurückschreiben.

Fiori-Planungs-Apps

Um Sie bei der Einführung der neuen Planungsfunktion zu unterstützen, liefert SAP standardmäßig ein breites Spektrum an Fiori-Planungs-Apps und Strukturen für das eingebettete BW-System mit aus. Unter anderem werden für die folgenden Planungsbereiche eigene Standard-Planungs-Apps mitausgeliefert:

- Kostenstellenplanung auf Jahre und Perioden
- Projektplanung auf Jahre und Perioden
- Innenauftragsplanung auf Jahre und Perioden
- Marktsegmentplanung auf Jahre und Perioden
- Profit-Center-Planung auf Jahre und Perioden
- Funktionsbereichsplanung auf Jahre und Perioden

- GuV-Planung auf Jahre und Perioden
- Bilanzplanung auf Jahre und Perioden

Bestandteil jedes Planungsbereichs sind Oberflächen (meist SAP BusinessObjects Analysis) zur Erfassung und Bearbeitung von Plandaten. Zur automatisierten Verarbeitung der Daten werden zusätzlich Planungsfunktionen zur Interaktion mit den operativen Daten von SAP S/4HANA (Extraktion und Retraktion) oder zum Verteilen und Kopieren der Daten bereitgestellt. Die Datenhaltung der Planadaten erfolgt hierbei in den Strukturen des eingebetteten BW-Systems, während die operativen Ist-Daten in den Standardtabellen von SAP S/4HANA liegen. Abbildung 4.18 zeigt eine SAP-IBP-Arbeitsmappe für die Kostenstellenplanung, in die Sie die Planwerte für ein Geschäftsjahr je Kostenstelle und Kostenart eingeben können.

Planungsoberflächen

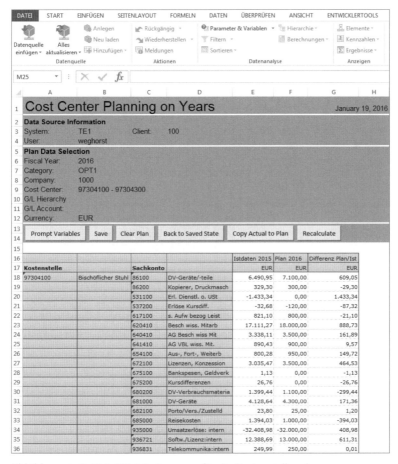

Abbildung 4.18 SAP-IBP-Arbeitsmappe für die Kostenstellenplanung

Virtuelle Datenprovider

Die Kopplung der SAP-S/4HANA-Daten an die Plandaten erfolgt über sogenannte *virtuelle Datenprovider*. Diese Datenprovider des eingebetteten BW-Systems greifen über ein Klassenmodell direkt auf die persistierenden Tabellen von SAP S/4HANA zu. Dieser Zugriff erfolgt sowohl lesend als auch schreibend.

Ein typischer Planungsprozess sieht in diesem Umfeld wie folgt aus:

Abbildung 4.19 illustriert den technischen Ablauf der Extraktions- und Retraktionsprozesse zwischen SAP IBP und den operativen Daten in SAP S/4HANA.

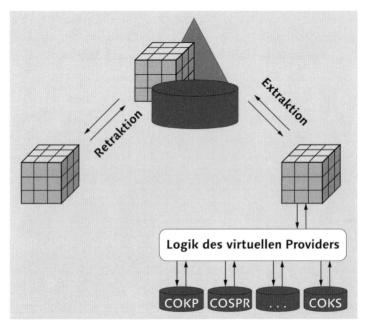

Abbildung 4.19 Extraktion und Retraktion

Ablauf des Planungsprozesses

1. **Extraktionsprozess (ERP to IPB)**
   Dieser Extraktionsprozess wird aus den Planungs-Apps von SAP IPB heraus angestoßen. Über die virtuellen Provider werden die aktuellen Echtzeitdaten der operativen Prozesse ausgelesen und in die Planungsstrukturen von SAP IBP überführt. Diese Datenübertragung erfolgt über eine Planungsfunktion des eingebetteten BW-Systems.

2. **Bearbeiten der Plandaten innerhalb von SAP IBP**
   In diesem Arbeitsschritt ist das Erfassen und Manipulieren der Plandaten auf flexiblen Ebenen und Stammdatenhierarchien mög-

lich. Über automatisierte Verteilungsalgorithmen werden die so erfassten Daten auf die granularste Planungsebene heruntergebrochen.

3. **Retraktionsprozess (IBP to ERP)**
Analog zur Extraktion erfolgt die Rückübertragung der Daten ebenfalls über eine Planungsfunktion von SAP BW. Hierbei werden die Daten über den virtuellen Provider auf die relevanten Datenbanktabellen von SAP S/4HANA geschrieben.

Zusätzlich zu den bestehenden Planungsbereichen können über die Funktionen von SAP BW flexibel neue *Planungsarchitekturen* (z. B. zur Planung von statistischen Kennzahlen) implementiert werden. So können in Zukunft nahezu alle Planungsanforderungen Ihres Unternehmens direkt innerhalb von SAP S/4HANA abgebildet werden.

Um solche neuen und eigenen Planungsprozesse zu implementieren, führen Sie die folgenden Schritte durch:

Implementieren von Planungsprozessen

1. Legen Sie die Planungsstrukturen (Plan-Cube, Merkmale, Kennzahlen) im eingebetteten BW-System von SAP S/4HANA an.

2. Legen Sie Planungsfunktionen zur automatisierten Bearbeitung der Daten an (z. B. Anlegen von Planversionen). Dazu verwenden Sie SAP IBP.

3. Legen Sie Planungslayouts über Berichte von SAP BW (SAP Query Designer) an.

4. Legen Sie Planungsoberflächen zum Ansteuern der Berichte an (mit SAP BusinessObjects Analysis).

5. Betten Sie die Planungsoberflächen in die Fiori-Oberfläche ein.

Im Anschluss daran können Sie die neu entwickelten Applikationen analog zu den Standard-Apps verwenden.

4.3.3 Weitere neue Funktionen

Neben den bereits dargestellten Neuerungen für das SAP Cash Management und die Planung gibt es durch SAP S/4HANA Finance weitere wesentliche Neuerungen gegenüber der SAP Business Suite. Alle Neuerungen zu nennen und zu vertiefen würde den Umfang dieses Kapitels überschreiten; zudem müssen Neuerungen immer im Kontext Ihrer individuellen Systemlandschaft bewertet werden.

Verbesserungen in SAP S/4HANA Finance

Subsumiert werden können die vorgenommenen Änderungen allerdings unter verschiedenen allgemeinen Verbesserungen, wie im Folgenden aufgelistet:

- flexibleres und harmonisiertes Berichtswesen im Accounting
- verbesserte Benutzeroberflächen, die einerseits die Zusammenfassung verschiedener Aktivitäten ermöglichen, andererseits intelligente Navigationsmöglichkeiten im Rahmen einer intuitiven Benutzung bieten
- geringere Durchlaufzeiten von Abschlussaktivitäten aufgrund der Eliminierung von Batchjobs bzw. durch die Verbesserung der Performance bei Batchjobs und aufgrund von rationalisierten Abstimmungen während einer Periode
- optimierte Echtzeitverarbeitung im Kontext der Abstimmung zwischen Debitoren- und Kreditorenbelegen der verbundenen Belege im Konzern
- vereinfachte Abstimmung von Waren- und Rechnungseingang in Materialwirtschaft und Rechnungsprüfung

Ein wesentlicher Grund für die Verbesserung in allen genannten Bereichen ist, dass unter SAP S/4HANA jederzeit ein Echtzeiteinblick bzw. ein Drill-down in die zugrunde liegenden Daten möglich ist. Die genannten allgemeinen Verbesserungen lassen sich damit im Wesentlichen auf die geänderte Datenbanktechnologie und das damit verbundene Redesign der Architektur des Finanzwesens zurückführen.

4.4 Geänderte Funktionen in SAP S/4HANA Finance

Neben vollständig neuen Funktionen werden mit SAP S/4HANA Finance auch inkrementelle Verbesserungen des bestehenden Funktionskatalogs eingeführt. Wegen der Änderungen, die sich durch das Principle of One ergeben (siehe Kapitel 3, »Prinzipien des Redesigns«), können einige Lösungen, die in der SAP Business Suite für das Rechnungswesen zur Verfügung standen, künftig nicht mehr verwendet werden. Sie werden entweder durch neue oder durch bereits bestehende Funktionen ersetzt.

Im Folgenden beschreiben wir zunächst die konkreten Veränderungen innerhalb der Hauptbuchhaltung, bevor wir genauer auf die Nebenbuchhaltung eingehen. Innerhalb der Nebenbuchhaltung legen wir einen Schwerpunkt auf die Anlagenbuchhaltung, da sich bei ihr besonders gravierende Veränderungen ergeben haben. Andere Nebenbücher und Komponenten werden aggregiert abgearbeitet, um so die Übersicht zu vervollständigen.

4.4.1 Hauptbuchhaltung – General Ledger

Bestand mit der SAP Business Suite noch die Möglichkeit, die Hauptbuchhaltung mit dem klassischen Hauptbuch oder auf Basis des neuen Hauptbuchs (New General Ledger) abzubilden, ist dies künftig nicht mehr vorgesehen: SAP S/4HANA unterstützt zukünftig ausschließlich das neue Hauptbuch.

Klassisches und neues Hauptbuch

Sofern Sie das neue Hauptbuch bisher noch nicht verwenden, besteht für Sie die Möglichkeit einer einfachen Migration in die neue Hauptbuchhaltung. Funktionen wie den *Belegsplit* – also die technische Aufteilung des Belegs nach Kontierungsobjekten – oder parallele Bücher werden hierbei aber nicht automatisch zur Verfügung gestellt. Hierzu müssen Sie zu einem späteren Zeitpunkt eine Umsetzung vornehmen. Wenn Sie die neue Hauptbuchhaltung in vollem Umfang nutzen wollen – inklusive Belegaufteilung und/oder parallelen Ledgern – empfiehlt SAP die Einführung des neuen Hauptbuchs vor der Umstellung auf SAP S/4HANA.

Belegsplit

Falls Sie also aktuell ein Umstellungsprojekt vom klassischen Hauptbuch auf das neue Hauptbuch in der SAP Business Suite durchführen, sollten Sie dieses abschließen, bevor eine Migration erfolgen kann. Die Umstellung vom bestehenden neuen Hauptbuch auf das neue Hauptbuch von SAP S/4HANA unter Beibehaltung des Belegsplits wird vollständig unterstützt. Darüber hinaus ist die Überführung der Bewegungsdaten in die neuen Tabellenstrukturen Bestandteil der Migrationsarbeiten und erfolgt mithilfe der automatischen Migrationstools.

Umstellung auf das neue Hauptbuch

4.4.2 Nebenbuchhaltung – Anlagenwirtschaft

Die SAP Business Suite stellte für die Anlagenwirtschaft das klassische Nebenbuch zur Anlagenbuchhaltung (FI-AA) mit zwei Arten der Abschreibungsermittlung zur Verfügung: mit der alten und der neuen Abschreibungsrechnung. Unter SAP S/4HANA steht nun die neue Anlagenbuchhaltung (NAA) zur Verfügung.

Depreciation Calculation Program

Um diese nutzen zu können, muss jedoch zwingend die neue Abschreibungsrechnung mit dem *Depreciation Calculation Program* (DCP) aktiviert sein. Aktivieren Sie die Extension EA-FIN für die Umstellung auf die neue Abschreibungsrechnung. Diese Aktivierung müssen Sie jedoch in einem separaten Projekt vornehmen, da an sie weitere Aktivitäten und Bedingungen geknüpft sind. Nutzen Sie z. B. Kundenerweiterungen (User-Exits) für die Ermittlung von Abschreibungsbeträgen in der »alten« Abschreibungsrechnung, müssen Sie diese in die entsprechenden BAdIs (Business Add-Ins) der neuen Abschreibungsrechnung überführen.

Voraussetzungen für die neue Anlagenbuchhaltung

Im Folgenden stellen wir kurz die wichtigsten Aktivitäten und Bedingungen rund um die neue Anlagenbuchhaltung vor, um Ihnen den grundlegenden Aufwand zum Aktivieren der neuen Anlagenbuchhaltung zu verdeutlichen.

Der Jahresabschluss für das Geschäftsjahr vor der Umstellung muss in der Anlagenbuchhaltung abgeschlossen sein, denn nach der Umstellung können keine Buchungen in frühere Perioden mehr vorgenommen werden. Sofern also die Notwendigkeit besteht, noch Buchungen in vergangene Geschäftsjahre in der Anlagenbuchhaltung durchzuführen, können Sie noch nicht nach SAP S/4HANA migrieren.

Gleiches gilt auch für den (unterjährigen) Periodenabschluss. Dieser muss im Vorfeld einer Migration durchgeführt worden sein, da keine Buchungen in der Anlagenbuchhaltung mehr möglich sind, bis das Customizing und die Belege vollständig migriert worden sind. Insbesondere müssen alle periodischen Bestandsbuchungen für Anlagen mit dem Programm RAPERB2000 abgeschlossen sein, da nach der Migration für die Bewertungsbereiche die Option BEREICH BUCHT BESTÄNDE UND ABSCHREIBUNG PERIODISCH nicht mehr zur Verfügung steht. Wie Sie in Abbildung 4.20 sehen, sind für die Buchungen ins Hauptbuch nur noch die Optionen BEREICH BUCHT NICHT, BEREICH BUCHT REALTIME, BEREICH BUCHT NUR DIE ABSCHREIBUNGEN oder BEREICH BUCHT BESTÄNDE ZEITGLEICH, ABSCHREIBUNGEN PERIODISCH verfügbar.

Eine Migration ist auch dann nicht möglich, wenn Sie die Komponente RE (Real Estate Management, dt. Immobilienmanagement), die Komponente JVA (Joint Venture Accounting) oder die Komponente PSM mit der Buchung von anlagenbezogenen Anordnungen einsetzen möchten. Dies wird bislang nicht von SAP S/4HANA unterstützt.

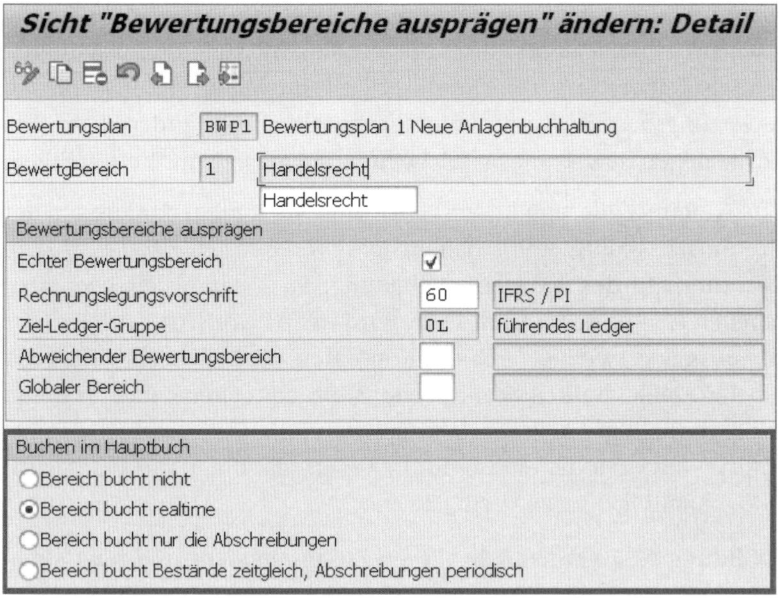

4.4 Geänderte Funktionen in SAP S/4HANA Finance

Abbildung 4.20 Customizing des Bewertungsbereichs

Wenn Sie die *parallele Rechnungslegung* nutzen, ist der Umstieg auf SAP S/4HANA sowohl in der neuen Hauptbuchhaltung für die Ledger- oder Kontenlösung möglich als auch im klassischen Hauptbuch für die Kontenlösung. In der neuen Anlagenbuchhaltung werden für jede Rechnungslegungsvorschrift die vollen Werte in Echtzeit in den dazugehörigen Bewertungsbereichen gebucht (keine Delta-Werte). Wenn Sie Wertunterschiede je Rechnungslegungsvorschrift abbilden möchten, können Sie die Buchungen auf die Rechnungslegungsvorschrift bzw. bestimmte Bewertungsbereiche einschränken. Sie müssen vor der Migration sicherstellen, dass die parallelen Währungen im führenden Ledger im Hauptbuch und in den Bewertungsbereichen der führenden Bewertung der Anlagenbuchhaltung deckungsgleich sind. Für die Ledger-Lösung gilt außerdem, dass die parallelen Bewertungen der nichtführenden Ledger und der Bewertungsbereiche der parallelen Bewertungen in der Anlagenbuchhaltung ebenfalls deckungsgleich sein müssen. Nutzen Sie z. B. im Hauptbuch zwei Ledger mit je drei parallelen Währungen, benötigen Sie in der Anlagenbuchhaltung sechs Bewertungsbereiche – einen Bewertungsbereich je Ledger und Währung. Verwenden Sie bisher im Hauptbuch parallele Währungen und haben aber nicht die entsprechenden Bewertungsbereiche für alle parallelen Währungen in der Anlagenbuchhaltung eingerichtet,

Parallele Rechnungslegung

müssen Sie in einem vorgelagerten Projekt zunächst die fehlenden Bewertungsbereiche einführen, bevor Sie SAP S/4HANA installieren können. Dabei muss zum einen das Customizing für die zusätzlichen Bewertungsbereiche vorgenommen werden; zum anderen müssen Sie die neuen Bewertungsbereiche für alle Anlagen mit Werten füllen.

Veränderte Tabellenstrukturen

Eine weitere Änderung im Vergleich zu bestehenden Funktionen der SAP Business Suite ergibt sich aus den veränderten *Tabellenstrukturen* innerhalb der Anlagenbuchhaltung. Statt der bisher genutzten Tabellen ANEP, ANEA und ANLP wird in SAP S/4HANA das Universal Journal verwendet. Für die Kopfdaten wird weiterhin statt der Tabelle ANEK die Belegkopftabelle BKPF verwendet. Entsprechend der dargestellten Logik für den Zugriff auf die Daten stehen Compatibility Views mit dem Präfix FAAV bereit, die Ihnen die Daten auch in Eigenentwicklungen verfügbar machen.

Abbildung 4.21 verdeutlicht diesen Zusammenhang. Sie zeigt einen Ausschnitt aus der View-Definition für die Anlageneinzelposten (FAAV_ANEP1), auf den der Compatibility View FAAV_ANEP zurückgreift.

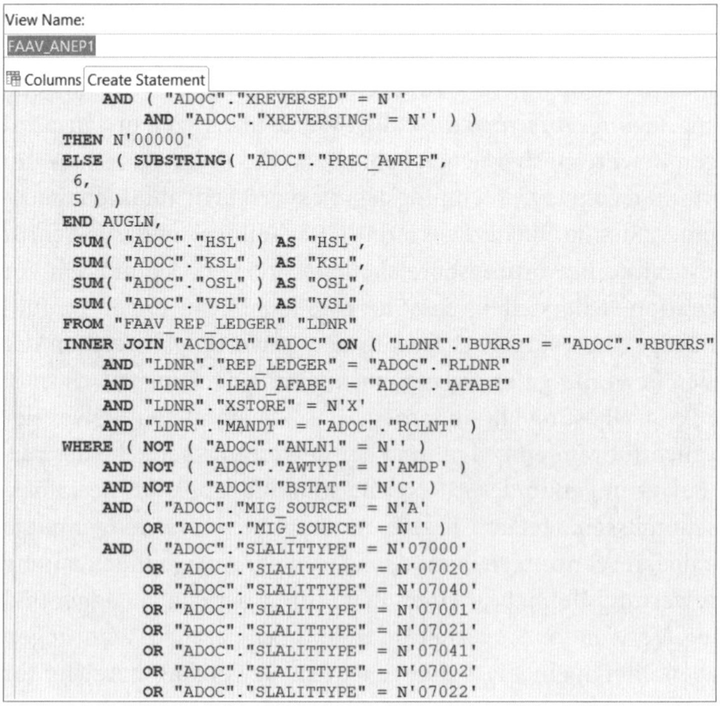

```
View Name:
FAAV_ANEP1
Columns  Create Statement
          AND ( "ADOC"."XREVERSED" = N''
              AND "ADOC"."XREVERSING" = N'' ) )
    THEN N'00000'
    ELSE ( SUBSTRING( "ADOC"."PREC_AWREF",
        6,
        5 ) )
    END AUGLN,
    SUM( "ADOC"."HSL" ) AS "HSL",
    SUM( "ADOC"."KSL" ) AS "KSL",
    SUM( "ADOC"."OSL" ) AS "OSL",
    SUM( "ADOC"."VSL" ) AS "VSL"
FROM "FAAV_REP_LEDGER" "LDNR"
INNER JOIN "ACDOCA" "ADOC" ON ( "LDNR"."BUKRS" = "ADOC"."RBUKRS"
    AND "LDNR"."REP_LEDGER" = "ADOC"."RLDNR"
    AND "LDNR"."LEAD_AFABE" = "ADOC"."AFABE"
    AND "LDNR"."XSTORE" = N'X'
    AND "LDNR"."MANDT" = "ADOC"."RCLNT" )
WHERE ( NOT ( "ADOC"."ANLN1" = N'' )
    AND NOT ( "ADOC"."AWTYP" = N'AMDP' )
    AND NOT ( "ADOC"."BSTAT" = N'C' )
    AND ( "ADOC"."MIG_SOURCE" = N'A'
        OR "ADOC"."MIG_SOURCE" = N'' )
    AND ( "ADOC"."SLALITTYPE" = N'07000'
        OR "ADOC"."SLALITTYPE" = N'07020'
        OR "ADOC"."SLALITTYPE" = N'07040'
        OR "ADOC"."SLALITTYPE" = N'07001'
        OR "ADOC"."SLALITTYPE" = N'07021'
        OR "ADOC"."SLALITTYPE" = N'07041'
        OR "ADOC"."SLALITTYPE" = N'07002'
        OR "ADOC"."SLALITTYPE" = N'07022'
```

Abbildung 4.21 View-Definition für die Anlageneinzelposten

Geänderte Funktionen in SAP S/4HANA Finance | **4.4**

Für statistische Daten bzw. Plandaten, die zuvor in den Tabellen ANEP oder ANLC gespeichert wurden, wird zukünftig nicht mehr die Buchungstabelle genutzt. Stattdessen verwenden Sie die neuen Tabellen FAAT_DOC_IT bzw. FAAT_PLAN_VALUES. Wenn Sie Ihr ERP-System von der SAP Business Suite auf SAP S/4HANA umstellen, überführen Sie als Bestandteil der Datenmigration die Buchungsdaten aus den Einzelpostentabellen in die Tabelle ACDOCA. Nach der Umstellung stehen die Daten im Universal Journal zur Analyse und Auswertung bereit. Eine in der neuen Anlagenbuchhaltung erzeugte Anlagenzugangsbuchung aus Sicht des Universal Journals ist zur Veranschaulichung in Abbildung 4.22 dargestellt.

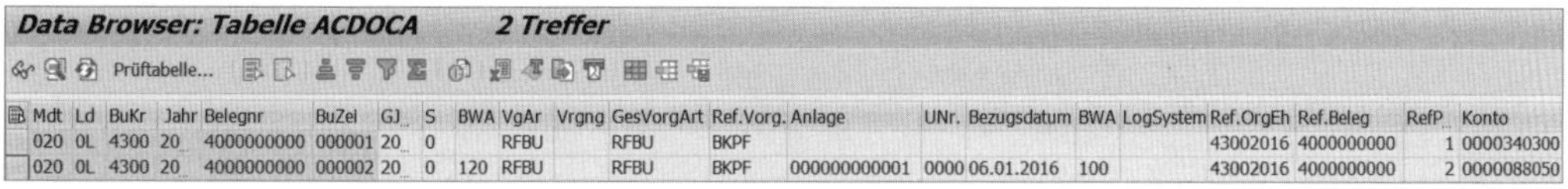

Data Browser: Tabelle ACDOCA					2 Treffer												
Mdt	Ld	BuKr	Jahr	Belegnr	BuZel	GJ	S	BWA	VgAr	Vrgng	GesVorgArt	Ref.Vorg. Anlage	UNr.	Bezugsdatum	BWA	LogSystem	Ref.OrgEh	Ref.Beleg	RefP	Konto
020	0L	4300	20	4000000000	000001	20	0		RFBU		RFBU	BKPF					43002016	4000000000	1	0000340300
020	0L	4300	20	4000000000	000002	20	0	120	RFBU		RFBU	BKPF	000000000001	0000 06.01.2016	100		43002016	4000000000	2	0000088050

Abbildung 4.22 Anlagenzugangsbuchung im Universal Journal

Für den Zugriff auf die Funktionen der Anlagenbuchhaltung stehen die entsprechenden Menüs und Transaktionen der klassischen User-Interfaces weiterhin zur Verfügung. Darüber hinaus gibt es auch eine Fiori-App zu den *Anlagenstammdaten*. Abbildung 4.23 zeigt exemplarisch den Zugriff auf eine Anlage in dieser App.

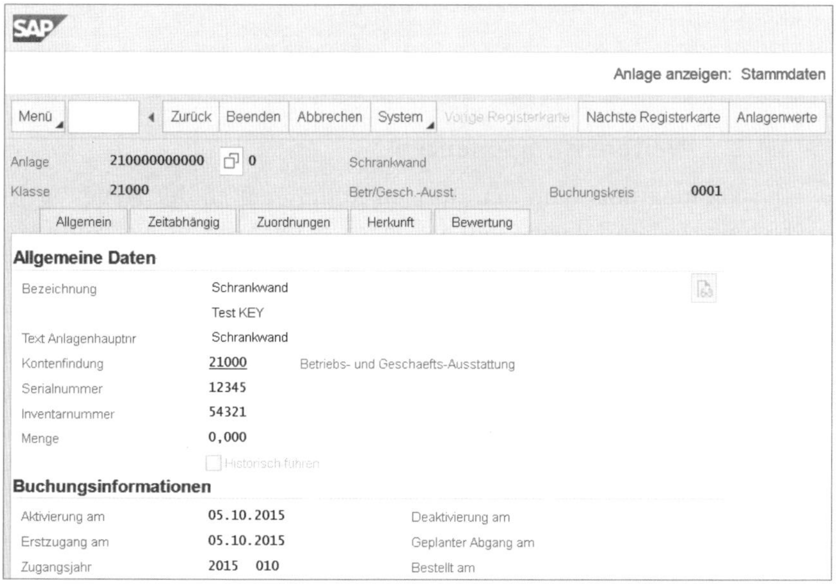

Fiori-App für Anlagenstammdaten

Abbildung 4.23 Fiori-App für die Anlagenstammdaten

Wie in den klassischen ERP-Transaktionen zu den Anlagenstammdaten können Sie von dort aus in den Asset Explorer für die Anlagenwerte und weiter auf einzelne Buchungsbelege verzweigen (siehe Abbildung 4.24).

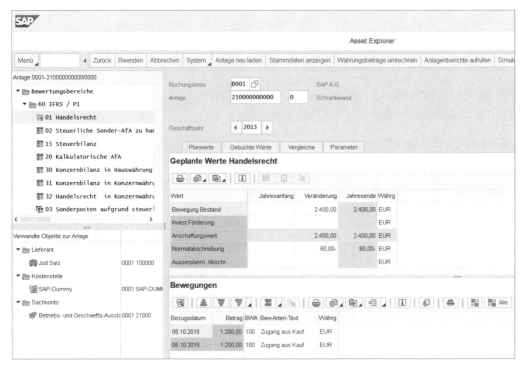

Abbildung 4.24 Asset Explorer

4.4.3 Weitere Komponenten

Die Veränderungen an den übrigen Komponenten der Nebenbuchhaltung sind im Allgemeinen weniger weitreichend als die Modifikationen innerhalb der Anlagenbuchhaltung – wobei diese Wahrnehmung in Abhängigkeit von der bestehenden IT-Landschaft variieren kann.

Da wir nicht jegliches Unternehmensszenario im Rahmen dieses Buches berücksichtigen können, Ihnen aber einen Überblick über die potenziellen Auswirkungen von SAP S/4HANA verschaffen wollen, stellen wir im Folgenden ausgewählte Veränderungen stichpunktartig dar. Eine vollständige Übersicht über die Auswirkungen auf andere Komponenten finden Sie in der Simplification List.

- **Debitoren- und Kreditorenbuchhaltung**
    - Die Funktionen der *SAP Working Capital Analytics* zur Analyse von ausstehenden Debitoren- und Kreditorenposten werden durch neue Berichte ersetzt.
    - Die Integration mit den Self-Service-Szenarien von *SAP Biller Direct* ist zwar noch verfügbar und kann verwendet werden, stellt aber kein Zielszenario von SAP S/4HANA dar. Perspektivisch müssen Sie hierzu alternative Abbildungsmöglichkeiten finden.
- **Credit Management**
    - Die Komponente FI-AR-CR ist mit SAP S/4HANA nicht mehr verfügbar. SAP sieht stattdessen vor, dass die Komponente Credit Management (FIN-FSCM-CR) genutzt wird.
    - Für die Migration von FI-AR-CR nach FIN-FSCM-CR können Sie Hilfsmittel verwenden, die die Umstellung teilweise automatisiert unterstützen. Diese Tools sind jedoch nicht nach der Umstellung auf SAP S/4HANA nutzbar – die Migration muss also zwingend vorher erfolgen.

4.5 Fiori-Applikationen und das Rollenkonzept

Ein Kernstück der Veränderungen des Finanzwesens von SAP S/4HANA stellen die neuen Fiori-basierten Benutzeroberflächen dar. Mit diesen können Anwender auf das System zugreifen. Dafür stehen ihnen transaktionale Applikationen (Transactional Apps), Infoblätter (Fact-Sheets) sowie analytische Applikationen (Analytical Apps) zur Verfügung.

Das Nutzungskonzept von SAP Fiori basiert auf Rollen. Über die Rollen sollen den Anwendern genau die Funktionen zur Verfügung gestellt werden, die ihren Aufgaben entsprechen. Hierzu können thematische Gruppen von Anwendungen (Kachelgruppen) angelegt werden. Diese werden anschließend den Benutzern zugeordnet.

Nutzung von Rollen

Die bestehenden Kachelgruppen können auch durch die Benutzer selbst angepasst und verwaltet werden. Grundsätzlich besteht die Möglichkeit, weitere Apps hinzuzufügen, für die ein Anwender grundsätzlich berechtigt ist, oder Kacheln zu verschieben und auszublenden. Abbildung 4.25 zeigt exemplarisch das Fiori Launchpad eines Anwenders, dem die Kachelgruppen für die Rollen eines Kreditorenbuchhalters zugeordnet wurden.

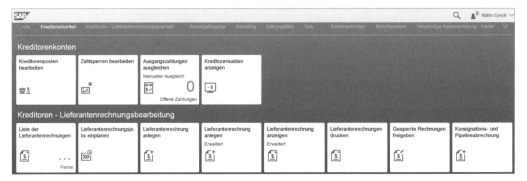

Abbildung 4.25 SAP Fiori Launchpad für den Kreditorenbuchhalter

Standardrollen für das Finanzwesen

Um Sie bei der Konfiguration von SAP Fiori zu unterstützen, liefert SAP Standardrollen für das Finanzwesen unter SAP S/4HANA aus. Diese können Sie unmittelbar verwenden oder alternativ kopieren, anpassen und dann erst benutzen. Tabelle 4.1 nennt einige der ausgelieferten Standardrollen für das Finanzwesen und fasst ihre wesentlichen Funktionen in einer Übersicht zusammen.

Rolle	Wesentliche Funktionen
Accounts Payable Accountant	Bearbeitung von offenen Posten auf Kreditorenkonten durch: ▸ Durchführung von manuellen Zahlungsausgängen ▸ Erzeugen von Anzahlungsanforderungen ▸ Starten des Zahlprogramms
Accounts Receivable Accountant	Bearbeitung von offenen Posten auf Debitorenkonten durch: ▸ Durchführen von manuellen Zahlungseingängen ▸ Zuordnen von Zahlungen ▸ Starten des Mahnprogramms
Asset Accountant	▸ Pflegen von Anlagenstammdaten ▸ Starten von Abschreibungsläufen
Cash Manager	▸ Liquiditätsplanung ▸ Bankdatenverwaltung ▸ Monitoring von Kontoauszügen ▸ Analyse des Tagesfinanzstatus

Tabelle 4.1 Fiori-Apps für SAP S/4HANA Finance

Rolle	Wesentliche Funktionen
Accounts Receivable Manager	▸ Durchführen von Analysen zu überfälligen Posten ▸ Überwachen der Kreditauslastung ▸ Ermitteln ausstehender Zahlungen ▸ Auswerten zukünftiger Forderungen
Accounts Payable Manager	▸ Durchführen von Analysen zu Kreditorenposten entlang unterschiedlicher Richtungen ▸ Erstellen von Liquidititätsprognosen ▸ Vornehmen von Kreditorenbewertungen ▸ Evaluieren der Rechnungsbearbeitungszeit
Controller	▸ Verwalten von Objekten der Kostenrechnung ▸ Durchführen von Allokationsläufen ▸ Planung auf Basis der integrierten Planung ▸ Erstellen von Analysereports für verwendete Kontierungsobjekte
G/L Accountant	▸ Durchführen, Prüfen und Erläutern des Periodenabschlusses ▸ Meldedaten für Konformität und Verwaltungszwecke erläutern ▸ Kontenprobleme bearbeiten ▸ Berichte für das Meldewesen und das obere Management bereitstellen ▸ korrekte Strukturierung von Organisationseinheiten und Konten
Sales Manager	▸ Überwachen von Gewinn und Margen ▸ Durchführen von Verkaufsanalysen
Manager-Finance Info	▸ Abrufen und Auswerten von Budgets ▸ Auswerten von Projekten ▸ Erstellen von kennzahlenbasierten Analysen

Tabelle 4.1 Fiori-Apps für SAP S/4HANA Finance (Forts.)

Applikationen, die einerseits Analysemöglichkeiten vorhalten und andererseits auch eine transaktionale Bearbeitung ermöglichen, sind dabei besonders hilfreich für den Anwender. *Smart Business Cockpits* stellen z. B. KPI-Informationen (Key Performance Indicator, dt. Kennzahl) in Form von Kacheln dar und ermöglichen zusätzlich den Drilldown in detailliertere Auswertungen oder den Absprung in transaktionale Funktionen, wie z. B. das Entfernen von Bearbeitungs- oder Zahlsperren auf Posten- oder Kontenbasis. Abbildung 4.26 zeigt ein

Smart Business Cockpits

Beispiel für ein solches Smart Business Cockpit, und zwar für die Rolle »Accounts Payable Manager«.

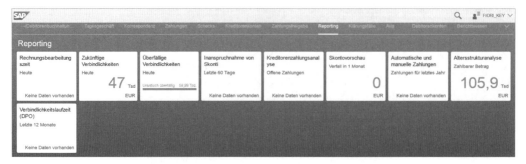

Abbildung 4.26 Reporting für den Accounts Payable Manager in SAP Fiori

Die Kachel für die Altersstrukturanalyse zeigt dabei bereits den zahlbaren Betrag in Summe an. Von dort ist der Absprung in den eigentlichen Bericht zur Altersstrukturanalyse möglich, der die Zusammensetzung dieser Gesamtsumme genauer veranschaulicht (siehe Abbildung 4.27).

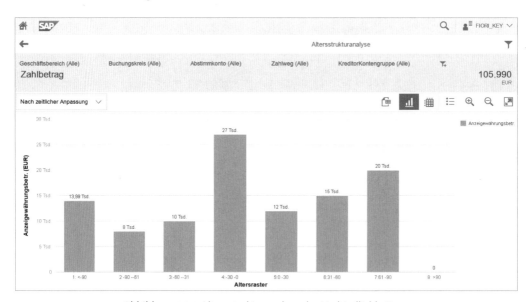

Abbildung 4.27 Altersstrukturanalyse der Verbindlichkeiten

Nutzung von Transaktionen

Neben den genannten Vorteilen birgt die Fiori-Technologie jedoch auch Einschränkungen, die ebenfalls genannt werden müssen. So decken die bisher verfügbaren Apps bislang nicht den vollen Funktionsumfang der Transaktionen des Rechnungswesens ab, die im Rahmen der Lösung SAP S/4HANA verfügbar sind. Sofern Sie weiterhin andere Komponenten im Umfeld des Accountings einsetzen möchten – wie z. B. die Darlehensverwaltung, das Immobilienmanagement oder auch das Public Sector Management –, sollten Sie Ihren Anwendern neben der Nutzung von Fiori-basierten Applikationen einen zusätzlichen transaktionalen Zugriff auf Funktionen erlauben.

Ausgeprägt ist diese Einschränkung auch innerhalb der Anlagenbuchhaltung. Bislang fehlen Applikationen zur Abbildung von wesentlichen Funktionen, wie z. B. der Anlagenstammdatenpflege, der anlagenspezifischen Buchungen oder der Primärkostenplanung für Abschreibungen und Zinsen. Allerdings ist dies nur eine Momentbetrachtung; die Funktionen werden laufend erweitert. Beispielsweise soll die Asset Master Worklist zukünftig nicht nur die Anzeige der Anlagenstammdaten, sondern auch den zentralen Einstieg für die Anlagenpflege sowie den Absprung in die Erfassung von Anlagenbuchungen ermöglichen.

Eine vollständige Umstellung der Benutzeroberfläche und die ausschließliche Nutzung von Fiori-Apps werden deshalb für die meisten SAP-Kunden gegenwärtig noch nicht möglich sein. Zur Veranschaulichung dieses Sachverhalts haben wir in Tabelle 4.2 einige häufig verwendete Transaktionen aus dem Anwendungsbereich des Rechnungswesens den verfügbaren bzw. nicht verfügbaren (n. v.) Fiori-Apps gegenübergestellt.

Transaktionscode	Aktivität	Fiori-App
ABAVN	Anlagenabgang buchen	n. v.
ABUMN	Anlagenumbuchung	n. v.
AJAB	Jahresabschluss durchführen	n. v.
AS02	Anlagenstammdaten pflegen	n. v.
F.14	Dauerbuchung ausführen	n. v.
F-02	allgemeine Hauptbuchbuchung	Hauptbuchbelege buchen
F-06	Zahlungseingang	Eingangszahlungen buchen

Tabelle 4.2 Gegenüberstellung – alte Transaktionen vs. neue Fiori-Apps

Transaktionscode	Aktivität	Fiori-App
F-07	Zahlungsausgang	manuelle Zahlung anlegen
F110	Zahlen	Zahlungsvorschläge einplanen
F150	Mahnen	Forderungsliste bearbeiten
F-28	Zahlungseingang	Eingangszahlungen buchen
F-65	allgemeine Hauptbuch-vorerfassung	Hauptbuchbelege buchen
F90	Anlagenzugang buchen	n. v.
FB02	Beleg ändern	Buchungsbelege verwalten
FB03	Beleg anzeigen	Buchungsbelege verwalten
FB08	Einzelstorno Beleg	Buchungsbelege verwalten
FB50	Sachkontenbeleg erfassen	Hauptbuchbelege buchen
FB60	Rechnung buchen (Kreditor)	(Lieferantenrechnung)
FB65	Gutschrift (Kreditor)	(Lieferantenrechnung)
FB70	Rechnung buchen (Debitor)	Kundenrechnung
FB75	Gutschrift (Debitor)	Kundenrechnung
FBCJ	Kassenbuch	n. v.
FBL3N	Sachkonteneinzelposten anzeigen	Sachkonteneinzelposten anzeigen
FD01	Debitor anlegen	n. v. (→ Geschäftspartner-verwaltung)
FD02	Debitor ändern	n. v. (→ Geschäftspartner-verwaltung)
FD03	Debitor anzeigen	n. v. (→ Geschäftspartner-verwaltung)

Tabelle 4.2 Gegenüberstellung – alte Transaktionen vs. neue Fiori-Apps (Forts.)

Transaktionscode	Aktivität	Fiori-App
FK01	Kreditor anlegen	n. v. (→ Geschäftspartnerverwaltung)
FK02	Kreditor ändern	n. v. (→ Geschäftspartnerverwaltung)
FK03	Kreditor anzeigen	n. v. (→ Geschäftspartnerverwaltung)
FK10N	Salden anzeigen (Kreditor)	Kreditorensalden anzeigen
FS00	zentrale Bearbeitung Sachkonto	Sachkontenstammdaten verwalten
FS10N	Sachkontensalden anzeigen	Sachkontensalden anzeigen
FSP0	Sachkonto im Kontenplan bearbeiten	Sachkontenstammdaten verwalten
FSS0	Sachkonto im Buchungskreis bearbeiten	Sachkontenstammdaten verwalten
FV50	Sachkontenbeleg vorerfassen	n. v.

Tabelle 4.2 Gegenüberstellung – alte Transaktionen vs. neue Fiori-Apps (Forts.)

4.6 Zusammenfassung

In diesem Kapitel haben wir untersucht, welche Veränderungen SAP am Rechnungswesen der klassischen SAP Business Suite vorgenommen hat, um zu den Neuerungen von SAP S/4HANA zu gelangen. Dazu haben wir Ihnen zunächst eine Übersicht über die verschiedenen Deploymentformen im Kontext des neuen Accountings gegeben. Das Konzept des Central Finance mit SAP S/4HANA als Zielszenario für ein konsolidierendes System in der Finanzbuchhaltung, das in unterschiedlichen Schritten erreicht werden kann, haben wir als mögliche Einstiegsform in die neue Lösung beschrieben.

Dabei haben wir den Einsatz von SAP Landscape Transformation als Voraussetzung für den Aufbau und die Anbindung eines solchen zentralen Finanzsystems an bestehende SAP- und Nicht-SAP-ERP-

Systeme berücksichtigt. Der Aufbau eines solchen Zielsystems wurde als möglicher Schritt hin zum Betrieb einer SAP-Lösung in der Cloud dargestellt.

Die Nutzung von SAP S/4HANA, cloud edition für die SAP-Business-Suite-Kunden auch im Rahmen des Rechnungswesens hat Vor- und Nachteile. Sofern Sie einen Betrieb in der Cloud erwägen, ist es zu überlegen, SAP S/4HANA mit dem Umfang der On-premise-Lösung zu nutzen, wenn Sie Ihre kundeneigenen Erweiterungen weiter nutzen möchten.

Für SAP S/4HANA hat SAP im Vergleich zur SAP Business Suite zudem grundlegende Änderungen an der Architektur des Rechnungswesens vorgenommen. Diese sind zum Teil technischer Natur und für Sie als Anwender nur insofern relevant, als dass sich Ihre Möglichkeiten hinsichtlich der Datenanalyse oder durch die Beschleunigung von Prozessen massiv verbessern und sie von Ihnen mit relativ geringem Aufwand unmittelbar genutzt werden können. Hierzu gehört z. B. das geänderte Datenmodell mit dem Universal Journal, das insbesondere hinsichtlich der Kontensystematik eher kleinere Umstellungen der Prozesse nach sich ziehen wird.

Von großem Nutzen kann weiterhin für Sie die Möglichkeit sein, Ihren Anwendern intuitiv verwendbare neue Oberflächen innerhalb des Rechnungswesens anzubieten. Insbesondere die Smart Business Cockpits stellen gegenüber den bisher nutzbaren Oberflächen eine massive Verbesserung dar, weil sie einerseits wichtige Informationen übersichtlich darstellen und andererseits eine Verzweigung in transaktionale Bearbeitungsschritte erlauben.

Beachten Sie aber, insbesondere wenn Sie weitere Komponenten im Funktionsbereich des Rechnungswesens nutzen möchten, dass aktuell nicht alle Funktionen durch Fiori-Apps abgedeckt werden. Ebenso sollten Sie berücksichtigen, dass sich bei einer Fokussierung auf die neue Oberfläche auch Änderungen ergeben können, die die zugrunde liegenden Funktionen und Komponenten betreffen. Die Bearbeitung von Kreditorenrechnungen ist ein Beispiel hierzu. Hieraus können z. B. Schulungsbedarf oder zusätzliche Einarbeitungszeiten resultieren.

Andere Anpassungen, die sich aus dem Redesign des Rechnungswesens ergeben, können in Form notwendiger Projekte größere

Auswirkungen haben. Zum Beispiel kann die Umsetzung des Principle of One dazu führen, dass Prozesse oder Komponenten, die Sie bisher eingesetzt haben, nicht mehr in ihrer bisherigen Form unterstützt werden bzw. verfügbar sind. Als Beispiele hierzu haben wir die Umstellungen in der Anlagenwirtschaft und in der Hauptbuchhaltung angeführt. Bei diesen ändert sich z. B. in Abhängigkeit von der Ausgangssituation Ihres Unternehmens die Abschreibungskonzeption, oder Sie müssen zunächst ein Projekt zur Einführung des neuen Hauptbuchs durchführen.

Als wesentliche neue Funktionen haben wir Ihnen das neue SAP Cash Management und die CO-Planungsanwendungen vorgestellt, die SAP auf Basis der integrierten Planung neu gestaltet hat. Für das SAP Cash Management hat SAP eine umfangreiche Erweiterung vorgenommen, was die Verwaltung von Bankenstammdaten und die Liquiditätsplanung betrifft. Die neue Planungsfunktion stellt Lösungsszenarien bereit, die Sie bisher nur nutzen konnten, wenn Sie ein separates BW-System haben. Für diese Anwendungen gilt, was auch generell für die meisten Verbesserungen und Veränderungen von SAP S/4HANA maßgeblich ist: Die technischen Möglichkeiten der neuen Datenbank und die geänderten Darstellungsformen mit SAP Fiori ermöglichen es dem Anwender, komfortable Funktionen zu nutzen – insbesondere bei der Aufbereitung und Analyse von Daten.

Die Funktionen für die Logistik in SAP S/4HANA unterscheiden sich wesentlich von den Logistikkomponenten der SAP Business Suite. Die zahlreichen Neuerungen und Anpassungen erfordern eine kritische Überprüfung der IT- und Prozesslandschaft. Dieses Kapitel gibt Ihnen einen Überblick darüber, welchen Einfluss diese Neuerungen und Anpassungen auf Ihre Prozesse und Ihre Systemlandschaft haben.

5 SAP S/4HANA in der Logistik

Die Version SP1511 von SAP S/4HANA, die im November 2015 auf den Markt kam, enthält neue und geänderte Funktionen und Anwendungen für die Logistik. Diese basieren zwar auf den Komponenten der SAP Business Suite, haben jedoch ein umfangreiches Redesign erfahren. Das Datenmodell wurde neu konzipiert, sodass viele Index- und Aggregationstabellen künftig entfallen. Darüber hinaus wird auch im Bereich der Logistik das Principle of One (siehe Abschnitt 3.1) zugrunde gelegt. Dies bedeutet, dass z. B. für die Materialbewertung künftig ausschließlich das Material-Ledger verwendet werden kann.

Dieses Kapitel gibt Ihnen einen Überblick über die wesentlichen Änderungen und Neuerungen der Logistik mit SAP S/4HANA. In Abschnitt 5.1 zeigen wir Ihnen, welche Veränderungen SAP im Hinblick auf die Architektur vorgenommen hat. Im Mittelpunkt steht dabei die Frage, welche Auswirkungen das Datenbank-Redesign in der Bestandsführung hat und was das geänderte Datenmodell für Ihr Unternehmen bedeutet. Dabei betrachten wir auch die geänderte Feldlänge der Materialnummer.

Abschnitt 5.2 zeigt Ihnen, welche Funktionen für die Logistik in SAP S/4HANA neu hinzugekommen sind. Wir betrachten dazu insbesondere die optimierte Bestandsführung und Materialbewertung sowie die neue Materialbedarfsplanung (Material Requirements Planning, kurz MRP). Diese Funktionen profitieren besonders von den Möglichkeiten der Datenauswertung in Echtzeit. Des Weiteren stellen wir die Neuerungen für Parallelwährungen und parallele Bewertungsansätze vor und zeigen, wie Sie diese in Ihre Systemlandschaft integrieren können.

Eine Darstellung der funktionalen Änderungen in der neuen Logistiklösung finden Sie in Abschnitt 5.3. Dort werden insbesondere das zukünftig verpflichtende Geschäftspartnermodell und die überarbeitete Beschaffung (Procurement) behandelt. Außerdem lernen Sie das angepasste Konzept für das Output-Management kennen, das sowohl für Vertriebs- als auch für Einkaufsbelege verwendet wird. Die Einkaufsfunktionen, die fundamental überarbeitet wurden, werden ebenfalls behandelt. In Abschnitt 5.4 listen wir die weggefallenen Funktionen auf.

Schließlich erfahren Sie in Abschnitt 5.5, welche Auswirkungen die auf SAP Fiori basierende Frontend-Strategie von SAP S/4HANA auf die Logistik hat. Wir stellen neue Fiori-Apps vor, die mit der Produktlinie eingeführt werden, weisen aber auch auf bislang nicht in SAP Fiori umgesetzte Transaktionen hin. Der Abschnitt endet mit einer Darstellung des Rollenkonzepts, das hinter den Applikationen steht. Da SAP-Fiori-Oberflächen, abhängig von der Benutzerrolle, bestimmte Applikationen anbieten, ist dieses Rollenkonzept die Grundlage für ein einfaches und komfortables Arbeiten mit SAP S/4HANA.

5.1 Änderungen in der Architektur

Mit SAP S/4HANA wurde ein neues Datenmodell eingeführt. Dies spiegelt sich auch in der Logistik in Form architektonischer Änderungen wider. Um Ihnen zu verdeutlichen, welche Konsequenzen diese Veränderungen für Ihre Systemlandschaft haben, stellen wir Ihnen im Folgenden die wesentlichen architektonischen Veränderungen vor. Hierzu gehen wir zunächst auf die spezifischen logistischen Anforderungen an die neue Architektur ein, bevor wir anschließend die allgemeinen Änderungen beschreiben, die dafür vorgenommen worden sind. Außerdem lernen Sie auch die potenziellen Problemfelder kennen, die aus den allgemeinen Änderungen resultieren können, sowie die speziellen Änderungen der Materialnummern.

5.1.1 Anforderungen der Logistik an das Datenmodell

Nicht nur im Finanzwesen (siehe Kapitel 4, »SAP S/4HANA Finance«), sondern auch in der Logistik hat SAP ein Redesign des Datenmodells vorgenommen und musste dabei ähnliche Anforderungen und Restriktionen berücksichtigen. Insbesondere in der Bestandsführung und Materialbewertung, aber auch hinsichtlich der Vertriebsbelege lagen der SAP Business Suite eine Vielzahl von Aggregaten zugrunde. Dieser Umstand hat zu einem großen Daten-Footprint geführt, was wiederum zu einer hohen Belegung von Software- und Hardwarekapazitäten führte. Die Anzahl der benötigten Tabellen musste daher wesentlich reduziert werden, um die Eigenschaften der neuen Datenbank optimal ausnutzen zu können; Index- und Summentabellen sollten nicht mehr verwendet werden, und ihre Fortschreibung sollte unterbunden werden.

Reduzierung der Tabellenanzahl

Darüber hinaus war allerdings auch zu berücksichtigen, dass das Grundkonzept für die Bearbeitung von Vorgangsketten, z. B. in den Bereichen Vertrieb und Einkauf, nicht geändert werden durfte. Dies hätte umfangreiche Änderungen in vielen Applikationen zur Folge gehabt und damit zu hohen Entwicklungskosten und daraus resultierenden Wechselhürden geführt. Kundeneigene Logik und Anpassungen durften von der Einführung des neuen Datenmodells grundsätzlich nicht betroffen sein – bislang genutzte BAdIs sollten weiterverwendet werden können.

Eine weitere Anforderung ergab sich aus den Buchungsprozessen von Belegen im Vertrieb oder auch in der Materialwirtschaft. Diese Buchungsprozesse lösen in der Regel Buchungen in der Finanzbuchhaltung aus, sodass während der Buchung die relevanten Informationen für das neue Universal Journal übermittelt werden und die ergänzten neuen Datendimensionen befüllt werden müssen.

Buchung von Belegen

Diese Anforderung ließ sich analog auf die relevanten Buchungsdaten weiterer Komponenten übertragen. So besitzt z. B. auch die SAP-Komponente PSM über Bestellungen, Rechnungen, das zugrunde liegende Lagerkonzept, Materialbewegungen oder Budgetbelastungen Anknüpfungspunkte zur Logistik, die beim Redesign berücksichtigt werden mussten. Die Fortschreibung angebundener Komponenten musste auch mit der neuen Architektur in der Logistik gewährleistet sein.

5.1.2 Anforderungen der geänderten Architektur

Bei der Neugestaltung der Architektur wurden die verschiedenen Anforderungen auf unterschiedliche Art und Weise berücksichtigt. Im Vertrieb (Sales and Distribution) werden innerhalb der Belegverarbeitungsketten künftig keine Tabellen mehr genutzt, mit denen bisher der Status des jeweiligen Dokuments festgehalten wurde, die die Kette der Folgebelege verwaltet haben oder die als Aggregate genutzt wurden. Die entsprechenden Informationen werden stattdessen in den primären Dokumenttabellen, wie z. B. in den Belegköpfen, Belegpositionen oder Belegketten, abgelegt.

Tabelle MATDOC

Im Bereich der Bestandsführung wurde außerdem das Buchungskonzept fundamental geändert. Statt der Belegtabellen MKPF (Materialbeleg Kopfdaten) und MSEG (Positionsdaten) und einer Vielzahl von Summentabellen wird künftig ausschließlich die Tabelle MATDOC verwendet und aus den Vorgängen der Bestandsführung fortgeschrieben. Künftig werden somit alle Bestandsinformationen zu Materialien aus dieser zentralen Tabelle abgeleitet und ermittelt. Dies gilt auch für Sonderbestände (z. B. Transitbestände), die bisher in separaten bzw. in historischen Tabellen gespeichert wurden. Für Anwendungen, die ursprünglich Daten aus den ersetzten Tabellen verwendet haben, werden die Daten analog zu den Anpassungen im Accounting nicht mehr direkt aus Einzelsätzen der Tabelle, sondern indirekt mithilfe von Compatibility Views bereitgestellt.

Veränderungen bei der Materialbewertung

Die Materialbewertung wurde konzeptionell in zweierlei Hinsicht verändert, wie wir es im Folgenden erläutern. In der SAP Business Suite waren bisher zwei grundlegende Konzepte nutzbar: Um insbesondere die Mehrwährungsfähigkeit und verschiedene Rechnungswesenstandards abzubilden, bestand bislang die Möglichkeit, entweder die klassischen Bewertungsfunktionen der Bestandsverwaltung oder aber das Konzept des *Material-Ledgers* zu verwenden.

Material-Ledger

Mit SAP S/4HANA wird künftig nur noch das Konzept des Material-Ledgers unterstützt. Dies spiegelt sich im Datenmodell entsprechend wider: Enthielten Bewertungstabellen wie MBEW oder EBEW zuvor transaktionale Daten in Form von Stammdaten- und Bewertungsattributen, werden jetzt die Tabellen zwar weiterhin genutzt, Bewertungsdaten jedoch nicht mehr direkt in ihnen geführt. Stattdessen werden sie in den Tabellen des Material-Ledgers fortgeschrieben und per Compatibility View bereitgestellt. Das Material-Ledger wird unter SAP S/4HANA vollständig ohne Aggregat- und Indextabellen verwendet. Ihm liegt künftig ein vereinfachtes Datenmodell zugrunde, bei dem buchhaltungsrelevante Vorgänge der Bewertung nicht mehr in separate Tabellen eingestellt werden, sondern unmittelbar in der Buchhaltung fortgeschrieben werden.

Bei der Umstellung von der SAP Business Suite auf SAP S/4HANA wird das Material-Ledger automatisch aktiviert, und es werden Reports für die automatische Migration der Daten bereitgestellt. Anwendern wird hierdurch auch die Möglichkeit geboten, die Werte bei der Pflege der Bewertungssicht eines Materialstammsatzes in mehreren Währungen zu erfassen.

Grundsätzlich müssen Sie keine unmittelbaren Auswirkungen der Änderungen an der Datenarchitektur erwarten. Aufgrund der Compatibility Views sind kundenindividuelle Erweiterungen weiterhin nutzbar. Zur Verdeutlichung dieses Sachverhalts stellt Abbildung 5.1 einen Auszug aus dem Inhalt der Tabelle MATDOC für das Beispiel eines Wareneingangs dar.

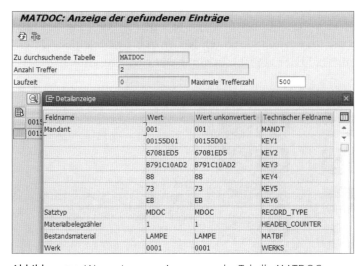

Abbildung 5.1 Wareneingang – Auszug aus der Tabelle MATDOC

Wie wir es bereits erläutert haben, führen der Wareneingang und die damit verbundene Buchung nicht mehr zu Einträgen in der Tabelle MSEG. Wie Abbildung 5.2 zeigt, können Sie die Belegposition jedoch nach wie vor anzeigen, indem Sie die Tabelle MSEG aufrufen, obwohl sie auf der Datenbankebene nicht in der Tabelle MSEG enthalten ist. Die Compatibility Views ermöglichen Ihnen also auch innerhalb der Bestandsführung eine Anzeige dieser Daten.

Compatibility Views in der Bestandsführung

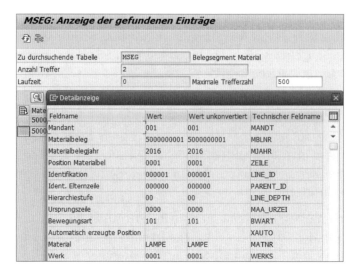

Abbildung 5.2 Auszug aus der Tabelle MSEG

Eine vollständige Liste der Tabellen, die künftig nicht mehr verwendet werden, können Sie der Simplification List zum Auslieferungsstand SP1511 von SAP S/4HANA entnehmen. Abbildung 5.3 fasst außerdem die bis jetzt dargestellten Neustrukturierungen des Datenmodells innerhalb der Logistik in einer Übersicht zusammen.

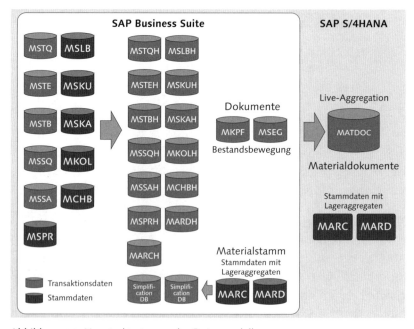

Abbildung 5.3 Neustrukturierung des Datenmodells

5.1.3 Herausforderungen durch die Änderungen der Architektur

Wie es wir bereits erläutert haben, sind grundsätzlich keine Beeinträchtigungen durch die Änderungen der Datenarchitektur in der Logistik zu erwarten. Dennoch sind Sonderfälle denkbar, in denen die Umgestaltung der Tabellenstruktur zu Problemen führen kann. Dies ist insbesondere bei kundeneigenen Erweiterungen und bei der Nutzung von Appends für Summentabellen oder aber auch bei Änderungen an Erweiterungen der Belegstruktur im Vertrieb (z. B. Erweiterungen für Statustabellen von Belegen) der Fall. Diese bedingen Anpassungen des Codings, die teilweise nicht mehr ausschließlich auf der Ebene der ABAP-Entwicklung stattfinden können, sondern auf der Datenbankebene erfolgen müssen.

Umgang mit kundeneigenen Erweiterungen

Bei der Identifikation solcher potenziellen Problemfelder werden Sie durch *Conversion-Pre-Check-Programme* unterstützt, die SAP für den Wechsel auf SAP S/4HANA bereitstellt. Diese Programme identifizieren betroffene Kundenerweiterungen in Form der betroffenen Objekte. Die in SAP-Hinweis 2216958 bereitgestellte Check-Routine unterstützt Sie z. B. dabei zu prüfen, ob Ihre kundeneigenen Entwicklungen im Hinblick auf die Umstellung des Formats der Materialnummer kompatibel sind. Auf die Umstellung des Materialnummernformats gehen wir im folgenden Abschnitt näher ein. Diese Programme führen jedoch keine automatische Umsetzung des Codings durch; Sie müssen die Umsetzung manuell vornehmen.

Conversion-Pre-Check-Programme

Im Hinblick auf die Kundenanpassungen für Vertriebsbelege gibt es darüber hinaus umfangreiche Hinweise und Cookbooks, die verschiedene Fallkonstellationen anhand von Beispielen darstellen und Ihnen die notwendigen Aktivitäten zum Umgang mit diesen Fällen detailliert beschreiben. SAP-Hinweis 2198647 und die darin enthaltenen Cookbooks bieten Ihnen einen guten Einstiegspunkt. Ein Teil dieser Aktivitäten betrifft zudem die Vorbereitung der Migration. Sofern Sie Erweiterungen zu den Statustabellen VBUK oder VBUP aktiviert haben, müssen Sie diese während der Umstellung in mindestens eine relevante Tabelle übertragen – im Falle der Tabelle VBUK z. B. in die Tabelle VBAK oder in die Tabelle VBRK. Die entsprechenden Appends sind im Rahmen der Konvertierungsphase für die künftig verwendeten Tabellen zu definieren. Für den Fall, dass Sie z. B. Appends für Aggregationstabellen wie VAPMA definiert haben (SD-Aufträge nach Materialien), die künftig mithilfe von Compatibility Views simuliert

Kundenanpassungen für Vertriebsbelege

werden, und diese Appends weiterhin benötigen, können Sie sogenannte *Extension Views* auf der Datenbankebene definieren. Das hierzu notwendige Coding kann direkt auf der Datenbank erfolgen, und die relevanten Append Views werden bei deren Aktivierung auch im Data Dictionary des SAP-Systems sichtbar.

Gegenüber der bisherigen Vorgehensweise für die Definition von Tabellenerweiterungen werden im Rahmen eines Code Pushdowns Entwicklungsaktivitäten außerhalb der SAP-Entwicklungsumgebung notwendig.

Anpassungen des kundenindividuellen Codings können außerdem im Umfeld der Tabelle VBFA notwendig werden, die den Fluss des SD-Dokuments (z. B. von der Kundenanfrage bis hin zur Rechnung) festhält. Vor dem Redesign der Tabellenstruktur existierten in diesem Kontext zum einen Redundanzen, und zum anderen waren aufgrund zu kurzer Feldlängen für das Feld DOCUMENT CATEGORY teilweise Erweiterungen erforderlich. Mit der Einführung von SAP S/4HANA können keine Programme und Erweiterungen mehr verwendet werden, die auf diese Tabelle zugreifen sowie die darin enthaltenen Daten überprüfen oder anpassen. SAP stellt allerdings alternative Methoden (z. B. für die Ermittlung von Nachfolgebelegen) bereit, die in diesem Kontext genutzt werden können. Darüber hinaus existieren SAP-Hinweise mit Hilfestellungen zur Anpassung von Entwicklungen.

Sicherung von Preisdaten

Die Konzeption der Sicherung von *Preisdaten* in Einkaufs- und Vertriebsbelegen wurde ebenfalls geändert. Statt der Tabelle KONV, in der diese Daten früher abgelegt wurden, wird künftig die neue Tabelle PRCD_ELEMENTS bzw. PRCD_ELEMENTS_DRAFT verwendet. Für Anwendungen, die auf die Tabelle zugreifen, ergeben sich keine Änderungen – sofern keine kundenindividuellen Anpassungen vorgenommen wurden. Analog zur Vorgehensweise in der Bestandsführung sind Compatibility Views eingerichtet worden. Das heißt, Anwendungen, die auf die Daten aus der Tabelle KONV zugreifen, erhalten diese künftig über diese Umleitung. Die logische Struktur, mit der die Anwendungen arbeiten, entspricht weiterhin der KONV-Struktur.

Belegkonditionsspeicherung

Für die geänderte *Belegkonditionsspeicherung* gelten die folgenden Hinweise: Sofern Erweiterungen der KONV-Struktur vorgenommen worden sind, müssen diese vor der Migration auf SAP S/4HANA auch für die neuen Tabellen definiert werden, um die Daten beim Wechsel automatisch in die neuen Tabellen einzustellen. Darüber hinaus müssen nach der Migration zudem Erweiterungen für die Compatibility Views definiert werden. Dies ist notwendig, um Zusatzdaten auch weiterhin verfügbar zu machen. Letztlich muss das Coding implementierter Entwicklungen, die direkten schreibenden Zugriff auf die Tabelle KONV haben, in der Form angepasst werden, dass die von SAP bereitgestellten Methoden verwendet werden. Diese schreiben statt eines direkten Updates der Tabelle KONV die neuen Tabellen fort. Das beschriebene Vorgehen wird von SAP auch für den lesenden Zugriff empfohlen. Eine detaillierte Handlungsanweisung mit einer Übersicht über die notwendigen Tätigkeiten stellt SAP in einem Cookbook zur Verfügung – die Programmanpassungen finden allerdings auch hier auf der Ebene der Datenbank statt. Das entsprechende Cookbook und weiterführende Informationen sind in SAP-Hinweis 2220005 enthalten. Die wichtigsten Schritte der beiden, in diesem Abschnitt erwähnten SAP-Hinweise werden in Abbildung 5.4 zusammengefasst.

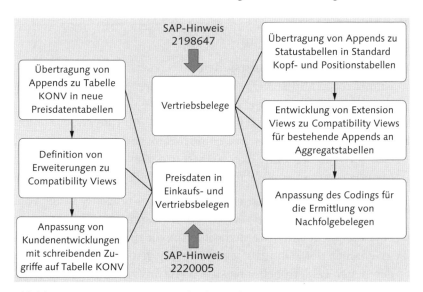

Abbildung 5.4 SAP-Hinweise zu Architekturänderungen

5.1.4 Spezielle Änderungen an der Architektur – Materialnummer

Neben den allgemeinen architektonischen Änderungen wird mit SAP S/4HANA auch eine spezielle Änderung hinsichtlich der Materialnummer eingeführt. Mit der Version SP1511 wird statt der 18-stel-

Neue 40-stellige Materialnummer

ligen nun eine *40-stellige Materialnummer* unterstützt. Die Änderung der entsprechenden Domäne wurde in die SAP-eigenen betroffenen Entwicklungsobjekte aufgenommen. Sie bleibt bei der Nutzung der Standardfunktionen grundsätzlich ohne Auswirkungen.

Auswirkungen der geänderten Feldlänge

Damit Sie die 40-stellige Materialnummer nutzen können, müssen Sie die Funktion manuell nach der Migration aktivieren. Auswirkungen kann die geänderte Feldlänge in zwei Bereichen haben:

▶ **Verwendung von kundeneigenen Erweiterungen**
Haben Sie kundeneigene Entwicklungen vorgenommen, in denen Sie z. B. die Materialnummer in andere Felder übertragen, deren Feldlänge nicht automatisch mit der Änderung der Domänendefinition angepasst wird? In diesem Fall müssen Sie gewährleisten, dass die aufnehmenden Felder Ihres Codings verlängert werden, um nach der Einführung längerer Nummern falsche Zuweisungen durch zu kurze Zielfelder zu verhindern. In diesem Kontext schlägt SAP vor, ggf. statt der Materialnummer auch eine kürzere eindeutige Identifizierung in Form der 25-stelligen GUID des Materialstammsatzes zu verwenden.

▶ **Verwendung von Schnittstellen**
Nutzen Sie Schnittstellenszenarien, in denen eine längere Materialnummer künftig verwendet werden soll? Wenn Sie hierzu z. B. Standard-BAPIs verwenden, müssen Sie die Aufrufe dieser Funktionen ändern. Die Standardschnittstellen wurden so angepasst, dass Ihre Import- bzw. Exportstruktur neben der ursprünglichen Materialnummer ein Feld mit der »längeren Feldlänge« beinhaltet.

Wie das System mit diesen neuen Feldern umgeht, hängt vom Aktivierungszustand der verlängerten Nummer ab. Ist die neue Funktion nicht aktiv, werden weiterhin die ursprünglichen Felder im Rahmen der Schnittstellenabwicklung genutzt – es sei denn, in den neuen Feldern befinden sich Werte aus zulässigen Bereichen. Weiterhin ist es zulässig, auch nur die neuen Felder mit Werten mit verkürzter Feldlänge zu nutzen. Nach der Aktivierung ist nur noch die Benutzung der neuen Felder im Rahmen der Abwicklung zulässig. Es besteht damit also grundsätzlich für Sie die Möglichkeit, Ihre Schnittstellen schon anzupassen, obwohl die neue Funktion noch nicht aktiviert worden ist.

Des Weiteren müssen Sie berücksichtigen, dass nach einer Aktivierung der verlängerten Materialnummer eine einfache *Deaktivierung* nicht mehr möglich ist. Diese würde mit einem Verlust von Daten oder inkonsistenten Datensituationen einhergehen.

5.2 Neue Funktionen für die Logistik

Die Neukonzeptionierung des Datenmodells bildet die Basis für die Neugestaltung der SAP-Logistiklösung unter SAP S/4HANA. Darauf aufbauend wurden jedoch weitere Verbesserungen in Form von neuen Funktionen mit der neuen Produktlinie eingeführt. Abbildung 5.5 enthält einen Überblick über diese Innovationen. Sie werden im Folgenden näher erläutert. Die Schwerpunkte liegen dabei auf der Echtzeitdatenauswertung im Inventory Management (Bestandsführung), auf der Verwendung mehrerer Währungen und Bewertungsmethoden sowie auf dem neuen *MRP Live*.

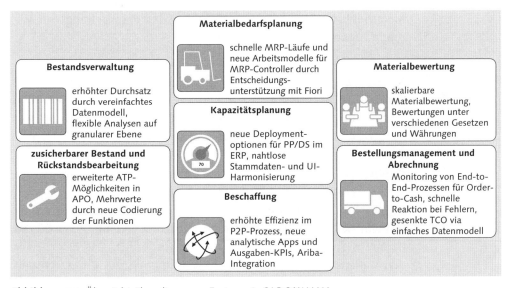

Abbildung 5.5 Übersicht über die neuen Features in SAP S/4HANA

5.2.1 Bestandsführung

In der Bestandsführung (Inventory Management) werden aufgrund des neuen Datenmodells Auswertungen von Echtzeitdaten ermöglicht. Hierdurch ergeben sich umfangreichere Analysemöglichkeiten sowie Erleichterungen für die Steuerung und Optimierung von Beständen. In Form von Applikationen zur Bestandsverwaltung werden Ihnen diese Analysefunktionen neu zur Verfügung gestellt. Mit

Auswertung von Echtzeitdaten

ihnen können Sie die Bestandsentwicklung von Materialien in verschiedenen Lagern im zeitlichen Verlauf beobachten. Sie erlauben es Ihnen, Ihr Bestandsmanagement zu optimieren, indem Sie z. B. flexibel auf Bedarfsschwankungen reagieren können. Sie profitieren somit von einem geringeren Lagerbestand und den damit verbundenen niedrigeren Lagerhaltungskosten, ohne dass die Gefahr von Engpässen steigt.

5.2.2 Parallelwährungen und parallele Bewertungsmethoden

Eine weitere Neuerung unter SAP S/4HANA stellt die Möglichkeit dar, Werte in mehreren Währungen zu führen und unter Berücksichtigung verschiedener Bewertungsmethoden abzubilden, die z. B. aus der nationalen Rechtsprechung resultieren können. Hierdurch ist es möglich, neue Konzepte zur Materialbewertung zu implementieren, die erhebliche Performancegewinne bei der Verarbeitung von Warenbewegungen bewirken können.

Standardpreis und gleitender Durchschnittspreis

Eine Ausgestaltung kann z. B. in der Form erfolgen, dass die Verarbeitungsregeln für Materialien geändert werden, die bisher mit einem Standardpreis bewertet wurden. In der SAP Business Suite wurden für diese Materialien im Hintergrund stets *statistische gleitende Durchschnittspreise* geführt. Dies ist unter SAP S/4HANA nicht mehr notwendig, sodass die Funktion deaktiviert werden kann. Deren Abschalten führt dazu, dass sich das Sperrverhalten des Systems verändert. War es zur Sicherung eines identischen statistischen Durchschnittspreises bei der Verarbeitung einer einzelnen Warenbewegung noch notwendig, systemtechnisch Sperreinträge zu setzen, ist dieses Sperrverhalten nicht mehr erforderlich. Das Erfordernis, den statistischen gleitenden Durchschnittspreis zu führen, entfällt. Sie können somit für Materialien, die mit einem Standardpreis bewertet werden, einen höheren Durchsatz bei der Verbuchung von Warenbewegungen erreichen.

Soll Material allerdings weiterhin nach dem gleitenden Durchschnittspreis bewertet werden, müssen die bisherigen Sperrmechanismen beibehalten werden. Für standardpreisbewertete Materialien ist diese Funktion nach einer SAP-S/4HANA-Migration standardmäßig aktiviert. Sie muss von Ihnen nur dann deaktiviert werden, wenn Sie sie nicht benötigen. Es ist zu beachten, dass eine Deaktivierung irreversibel ist – das geänderte Regelwerk führt dazu, dass wesentliche Tabellen der Materialbewertung nicht mehr fortgeschrieben werden. Eine konzeptionelle Aufarbeitung ist mit der Einführung von SAP S/4HANA daher sinnvoll und erforderlich.

Unmittelbare Auswirkungen der Deaktivierung sind für Sie innerhalb der Finanzbuchhaltung nicht zu erwarten. Da das Führen der Werte nur statistisch erfolgt, resultiert keine Beeinträchtigung hinsichtlich der Bilanzbewertung. Es muss jedoch geprüft werden, ob die Selektionsvarianten für die Funktionen der Bilanzbewertung unverändert bleiben können.

5.2.3 MRP Live

Weitere neue Funktionen existieren im Hinblick auf die Materialplanung. Mithilfe von Echtzeitsimulationen sind eine Prognose der Bestandsentwicklungen sowie das Ableiten geeigneter Lagerhaltungsstrategien unmittelbar und komfortabel realisiert worden. Unterstützt wird dieser Prozess durch ein Redesign der Funktionen zur Materialbedarfsplanung und durch die Implementierung des neuen Verfahrens *MRP Live*. Die neue MRP-Funktion wurde für SAP HANA optimiert und liest innerhalb einer Prozedur alle Materialbelege und feststehenden Bedarfe aus. Dabei werden Unterdeckungen ermittelt, automatisch Planaufträge erzeugt und Bestellanforderungen versandt. Hieraus ergeben sich zwei wesentliche Veränderungen.

Neue Funktionen für die Materialplanung

Zum einen können Sie künftig z. B. Folgendes als Planungsinhalt festlegen:

Planungsinhalt

- eine bestimmte Gruppe von Materialien mit allen Komponenten
- alle Materialien, für die ein Produktionsplaner verantwortlich ist
- ein Material über alle Werke hinweg

Abbildung 5.6 zeigt das neue Einstiegsbild mit den Parametern für einen Planungslauf mit MRP Live. Die neue MRP-Funktion erlaubt es Ihnen folglich, den Planungsinhalt flexibel festzulegen.

Zum anderen ändert sich die Art und Weise, wie Abhängigkeiten zwischen Werken berücksichtigt werden. Waren bislang bei Umlagerungen zwischen Werken die Bedarfe im abgebenden Werk nicht bekannt, solange die Planung für das empfangende Werk nicht durchgeführt worden war, ermittelt MRP Live jetzt Reihenfolgen, nach denen Materialien zwischen den Werken zu planen sind.

Berücksichtigung von Abhängigkeiten

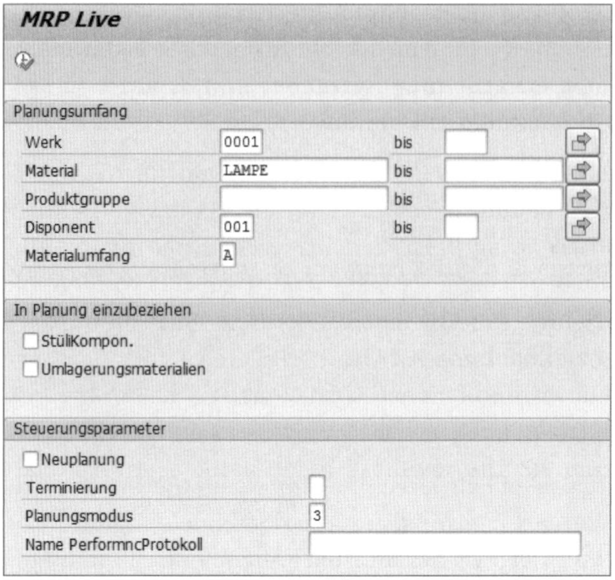

Abbildung 5.6 Einstiegsbild in MRP Live

MRP Live stellt das technische Fundament der zukünftigen Funktionen für die Produktionsplanung und -steuerung dar und weicht fundamental von der bestehenden MRP-Transaktion MD01 ab. Bislang war das Ergebnis des Planungslaufs batchorientiert und sah vor, Listenausgaben und Datenbestände in Folgeläufen nachzubearbeiten. Unter SAP S/4HANA ändert sich dies für den MRP-Controller vollständig.

Automatisierte Folgevorgänge

Ergebnisse stehen jetzt über entsprechende Fiori-Apps und unter Einbindung von Entscheidungshilfen in Echtzeit zur Verfügung. Folgevorgänge werden grundsätzlich automatisch initiiert. Im Detail bedeutet dies, dass MRP Live zukünftig keine Listen mehr erzeugt. Die mehrstufige Kundenauftragsplanung und die Projektplanung sind für SAP S/4HANA nicht optimiert, und die Erstellungskennzeichen für Bestellanforderungen und Lieferplaneinteilungen werden nicht mehr verwendet. Sowohl Bestellanforderungen als auch Lieferplaneinteilungen werden somit zukünftig automatisch erzeugt.

Wir fassen den Paradigmenwechsel, der unter SAP S/4HANA mit MRP Live erfolgt ist, in Tabelle 5.1 zusammen. In der Tabelle stellen wir den klassischen und den neuen Ansatz für die einzelnen Aspekte *Listen*, *mehrstufige Planung* und *Erstellungskennzeichen* übersichtlich gegenüber.

Aspekt	Klassischer Ansatz	SAP-S/4HANA-Ansatz
Listen	In der klassischen Materialbedarfsplanung dienten Listen der Überprüfung des Planungsergebnisses. Materialien, für die Probleme zu erwarten waren, sollten schnell identifiziert werden können. Die Listen stellten einen Snapshot zum Zeitpunkt des letzten MRP-Laufs dar.	SAP S/4HANA stellt die Informationen zu Beständen und Bedarfen unmittelbar zur Verfügung. Die kritischen Materialien werden in Echtzeit zur Verfügung gestellt, sodass grundsätzlich kein Bedarf an Snapshot-Listen mehr besteht.
mehrstufige Planung	Die mehrstufigen Planungsfunktionen waren in der SAP Business Suite eine Maßnahme zur Performanceverbesserung, die darin bestand, statt aller Planungssegmente nur einen Ausschnitt zu planen.	Mit SAP S/4HANA besteht keine Notwendigkeit, diese Maßnahme aufrechtzuerhalten; die überarbeitete Datenarchitektur macht die Performanceverbesserungen überflüssig.
Erstellungskennzeichen	Die Nutzung von Erstellungskennzeichen für Bestellanforderungen und Lieferplaneinteilungen hatte vielfach organisatorische Gründe, um die Trennung der Verantwortlichkeiten zwischen der Produktionsplanung und dem Einkauf abzubilden. Die Bearbeitung von Planaufträgen lag in der Verantwortlichkeit der Produktionsplanung, während Bestellanforderungen in den Bereich des Einkaufs fielen. Erstellte Planaufträge waren ggf. mithilfe eines separaten Laufs in Bestellanforderungen umzusetzen.	MRP Live sieht diese Trennung im Standard nicht mehr vor, sondern erzeugt Bestellanforderungen und Lieferplaneinteilungen automatisch, sofern die Voraussetzungen dafür erfüllt sind. Es besteht jedoch die Möglichkeit, dieses Ergebnis über ein BAdI anzupassen.

Tabelle 5.1 Paradigmenwechsel durch MRP Live

Die klassischen Funktionen zur Materialbedarfsplanung sind auch in SAP S/4HANA zunächst weiter verfügbar. Sie müssen diese Funktionen insbesondere dann weiterhin nutzen, wenn als Ergebnis der Planung auch *Kapazitätsbedarfe* automatisch angelegt werden müssen. Diese Funktion soll aber kurzfristig auch in MRP Live verfügbar sein.

Nicht zuletzt aus diesem Grund können Sie grundsätzlich jederzeit vom klassischen MRP zu MRP Live wechseln. Dabei sollten Sie jedoch einige Besonderheiten berücksichtigen:

Solution Cards und Cockpits
: Das geänderte Output-Konzept macht es erforderlich, dass Ihre Anwender mit den entsprechenden Apps zur Materialbedarfsplanung vertraut sind und diese als Nachfolger der Listen verwenden. In der Materialbedarfsplanung werden ihnen dann über die Listenfunktion hinaus sogenannte *Solution Cards* angeboten, die dabei helfen, im Fall von Leerbeständen geeignete Alternativen zu finden. Diese Alternativen können z. B. aus dem Erhöhen oder der Neuplanung eines Einkaufsauftrags oder aus Verlagerungen des Bestands bestehen. Die relevanten Informationen werden zusammen mit der Bestandsentwicklung als Entscheidungshilfe in einer Fiori-App aufbereitet. Des Weiteren stehen *Cockpits* zur Verfügung, die Ihnen helfen, Ausnahmesituationen zu ermitteln und, hiervon ausgehend, Lösungsmöglichkeiten zu identifizieren.

Nutzung von BAdIs über AMDP
: Sofern Sie Erweiterungen zur klassischen Materialbedarfsplanung vorgenommen und hierzu BAdIs ausgeprägt haben, müssen Sie prüfen, ob diese Erweiterungen auch für MRP Live Bestand haben sollen. Ist dies der Fall, müssen Sie das Coding entsprechend in neue AMDP-BAdI-Implementierungen übertragen (AMDP = ABAP Managed Database Procedures). AMDP sind Methoden, die als eine Art Container für Datenbankprozeduren dienen. Sie werden zum einen nicht in ABAP, sondern in SQLScript entwickelt. Zum anderen sind sie an das normale Transportwesen angebunden. Im Unterschied zu den klassischen BAdI-Entwicklungen in ABAP muss deshalb die Programmlogik in SQLScript abgebildet werden. Hieraus resultieren neue inhaltliche Anforderungen an Ihre Entwickler.

Disposition und Verfügbarkeitsprüfung
: Das neue Datenmodell, die veränderte Logik und die veränderte technische Plattform bewirken erhebliche Performancegewinne. MRP Live ist bis zu 10-mal schneller als die vergleichbare Funktion für die *Disposition* der SAP Business Suite. Auch für die *Verfügbarkeitsprüfung* (ATP) wurde das zugrunde liegende Datenmodell geändert. Der Zugriff erfolgt auch hier nicht mehr über voraggregierte Tabellen, sondern auf Basis der Einzelpostentabelle, die die Vertriebsbedarfseinzelsätze beinhaltet.

Bezugsquellenfindung
: Die Logik für das Sourcing wurde gegenüber den vergleichbaren Funktionen der SAP Business Suite vereinfacht. Insbesondere ist es

nicht mehr nötig, im Rahmen der *Bezugsquellenfindung* Orderbücher zu pflegen. Stattdessen reicht es, wenn Sie in den Einkaufsinformationssätzen ein Kennzeichen setzen, dass sie von der Bezugsquellenfindung verwendet werden dürfen.

Abbildung 5.7 gibt Ihnen einen Überblick über die veränderte Materialbedarfsplanung mit MRP Live.

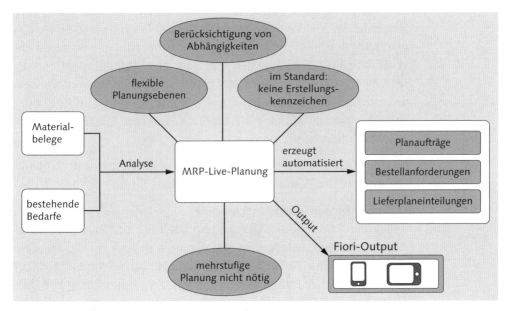

Abbildung 5.7 Überblick über die Materialbedarfsplanung mit MRP Live

5.3 Geänderte Funktionen in der Logistik

Neben neu eingeführten Funktionen sind zahlreiche bestehende Logistikfunktionen in SAP S/4HANA verbessert worden. Im Folgenden betrachten wir daher ausgewählte Änderungen detailliert und diskutieren ihre potenziellen Auswirkungen auf SAP-Kunden. Aufgrund der Fülle der von SAP vorgenommenen Änderungen beschränken wir uns hier auf die Vorstellung der wichtigsten Neuerungen. Außerdem möchten wir Sie mit diesem Buch für potenzielle Problemfelder sensibilisieren und konzentrieren uns dazu auf wesentliche und weitreichende Veränderungen. Aus diesem Grund legen wir im aktuellen Abschnitt die Schwerpunkte auf die Änderungen am Geschäftspartnerstammsatz, am Procurement und am Output-Management. Diese Änderungen erfordern aufgrund ihrer Reichweite jeweils eine

Einzelbetrachtung. Weitere Veränderungen, die sich aufgrund von Funktionswegfall ergeben, werden in Abschnitt 5.4 betrachtet.

5.3.1 Geschäftspartnerstammsatz

Customer Vendor Integration

Unter SAP S/4HANA wird die Pflege von Kunden- und Lieferantendaten in der Geschäftspartnerpflege zusammengefasst. Diese Änderung hat große Auswirkungen auf eine Vielzahl von Kunden. Wenngleich die Möglichkeit der *Customer Vendor Integration* (CVI) bereits in der SAP Business Suite bestand, so war ihre Nutzung bislang nicht verpflichtend. Das ändert sich nun und führt dazu, dass als Voraussetzung für eine Migration Vorbereitungsarbeiten notwendig werden. Im Rahmen der Vorbereitung muss für jeden Debitoren- oder Kreditorenstammsatz eine Verbindung zu einem Geschäftspartnerstammsatz hergestellt werden.

Um diese Anforderung umzusetzen, stehen Ihnen drei unterschiedliche Ansätze zur Verfügung (siehe Abbildung 5.8):

- **Einheitsgeschäftspartnermodell**
  Bei dem Einheitsgeschäftspartnermodell hat ein Geschäftspartner zugleich sowohl die Rolle des Lieferanten als auch die des Kunden. Folglich ist nur ein einheitlicher Geschäftspartner im System vorhanden, und es erfolgt eine vollständige Verschmelzung von Kreditoren- und Debitorenstammdaten.

- **Verwaltungsmodell**
  Als zweiter Ansatz kommt eine abgewandelte Form des bisherigen Verwaltungsmodells in Betracht. Dabei werden unterschiedliche Geschäftspartner für Kunden- und Lieferantenstammdaten angelegt und gepflegt. Derselbe Geschäftspartner existiert somit zweimal im System, einmal als Kreditor und einmal als Debitor.

- **Hybrides Szenario**
  Der letzte Ansatz stellt ein Mischszenario der zuvor genannten Ansätze dar. Mischszenarien können z. B. unter Einbezug von Kunden- bzw. Lieferantenkontengruppen festgelegt werden. Für bestimmte Arten von Geschäftspartnern besteht dann eine Zuordnung zu genau einem Lieferanten- bzw. Debitorenstammsatz, für andere Geschäftspartner ist eine Mehrfachpflege zulässig und vorgesehen.

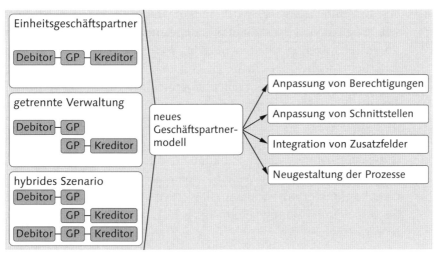

Abbildung 5.8 Anforderungen aufgrund des neuen Geschäftspartnermodells

Unabhängig vom gewählten Ansatz müssen einige Voraussetzungen für die Migration und zukünftige Pflege der Geschäftspartnerdaten geschaffen werden. So müssen z. B. die bestehenden *Schnittstellen*, mit denen Debitoren- oder Kreditoren bislang angelegt worden sind, in zweierlei Hinsicht angepasst werden: Zum einen muss technisch gewährleistet werden, dass die Pflege von Geschäftspartnerdaten möglich ist. Dies kann unmittelbar in der Schnittstelle durch die Verwendung anderer BAPIs erfolgen. Zum anderen muss eine organisatorische Eignung für die Eingliederung in das Gesamtkonzept der Verwaltung von Geschäftspartnern vorliegen. Andernfalls verursacht der gewählte Ansatz Mehrarbeit und -kosten.

Anpassung von Schnittstellen

Zusatzfelder in Form von Erweiterungen der Debitoren- oder Kreditorendaten müssen ebenfalls unabhängig vom gewählten Ansatz bei der Migration berücksichtigt werden. Die Zusatzfelder müssen zunächst in den Geschäftspartnerstammsatz integriert werden. Anschließend müssen Sie sicherstellen, dass sie z. B. beim automatischen Anlegen der Geschäftspartnerdaten korrekt genutzt und befüllt werden. Die Daten wären andernfalls nach der Migration fehlerhaft oder im schlimmsten Fall nicht mehr vorhanden.

Berücksichtigung von Zusatzfeldern

Die Anpassung des *Berechtigungskonzepts* stellt eine weitere Voraussetzung für die Migration und Pflege der Geschäftspartnerdaten dar. Unabhängig vom gewählten Ansatz müssen Sachbearbeitern über Rollen die Pflegetransaktionen und Apps zugewiesen werden – das bestehende Rollenkonzept muss also erweitert werden.

Anpassung des Berechtigungskonzepts

Abstimmung von Einkauf und Verkauf — Für den Einheitsgeschäftspartneransatz und das Mischszenario müssen neben den dargestellten Voraussetzungen auch noch weitere Voraussetzungen geschaffen werden. Weil sich Kompetenzbereiche zwischen Sachbearbeitern in Einkauf und Verkauf überschneiden, müssen die bislang eventuell unterschiedlich gestalteten Prozesse zum Anlegen, Pflegen und Löschen von Debitoren- bzw. Kreditorenstammsätzen harmonisiert werden. Bestimmte Dateninhalte gelten zukünftig für beide Stammdatenobjekte. Zur Vermeidung von Duplikaten können daher Funktionen, wie z. B Prüfmechanismen, notwendig werden. Des Weiteren sollte der Migration eine Stammdatenkonsolidierung vorangestellt werden und die Zuständigkeit für die gemeinsame Stammdatenpflege geklärt sein, um doppelte Arbeit zu vermeiden.

5.3.2 Beschaffung

Katalogbasierte Beschaffungsfunktionen — Auch die Beschaffungsfunktionen (Procurement), die Ihnen von SAP S/4HANA bereitgestellt werden, tragen dem Principle of One Rechnung. Insbesondere für die katalogbasierten Beschaffungsfunktionen und -prozesse standen mit der SAP Business Suite verschiedene Lösungskonzepte zur Verfügung:

Es bestand einerseits die Möglichkeit, direkt in der Komponente Materialwirtschaft Verbindungsmöglichkeiten zu Katalogsystemen zu schaffen und diese z. B. im Rahmen der Bestellanforderungs- oder Bestellerfassung zu nutzen (Shopping Cart in SAP ERP).

Integration von SAP SRM und MM — Anderseits – insbesondere, wenn umfangreiche Genehmigungsprozesse mit möglichst einfachen »Bearbeitungsbildern« im System abzubilden waren – war es möglich, SAP Supplier Relationship Management (SAP SRM) im Rahmen verschiedener Deploymentszenarien integriert mit der Materialwirtschaft (MM) einzusetzen. Als mögliche Deploymentszenarien für SAP SRM war dabei die Abbildung im selben System oder alternativ die Abbildung auf einem separaten System umsetzbar.

Mit SAP S/4HANA werden nun sowohl die Funktionen für einen Shopping Cart als auch der Betrieb von SAP SRM und SAP ERP in einem System nicht mehr unterstützt. Stattdessen kommt die neue Einkaufslösung zum Einsatz. Abbildung 5.9 stellt diesen Zusammenhang im Überblick dar.

5.3 Geänderte Funktionen in der Logistik

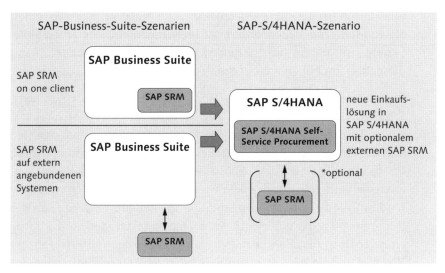

Abbildung 5.9 Beschaffung in SAP S/4HANA

Absprungkataloge werden voraussichtlich weiterhin über OCI4 (Open Catalog Interface) unterstützt. Sofern allerdings die katalogübergreifende Suche der neuen Beschaffungslösung genutzt werden soll, müssen die Daten per OCI5 bereitgestellt und in das System importiert werden.

Absprungkataloge

Darüber hinaus wird auch der SRM-MDM Catalog durch einen neuen Standard ersetzt. Der alte Katalog stellte einerseits ein Repository für die Anbindung von Katalogen zur Verfügung und beinhaltete andererseits eine Benutzeroberfläche zur technischen Umsetzung der Anwendung. Er konnte damit sowohl für die Shopping-Cart-Funktion (MM-Anbindung) als auch für die Anbindung an SAP SRM genutzt werden.

Mit SAP S/4HANA wird nun eine neue Beschaffungslösung bereitgestellt, die zunächst gegenüber SAP SRM eine reduzierte Funktion aufweist. Der Funktionsumfang soll jedoch sukzessive ausgeweitet werden. Anstelle des SRM-MDM Catalogs, der jeweils nur die Suche in einem zuvor ausgewählten Katalog ermöglichte, können Sie zukünftig die Teilanwendung *SAP S/4HANA Self-Service Procurement* verwenden. An diese Teilanwendung können die relevanten Kataloge mithilfe der OCI5-Standardschnittstelle angebunden werden – auf dieser Basis ist dann die gleichzeitige Auswahl aus mehreren Katalogen möglich. Der SRM-MDM Catalog im ERP-System wird, ähnlich wie *SAP SRM on one client*, zukünftig nicht mehr unterstützt.

SAP S/4HANA Self-Service Procurement

Eine Lösungsmöglichkeit hierzu kann die Nutzung eines externen SRM-Systems darstellen. Sofern Sie im Rahmen eines externen SRM-Systems mit einem integrierten SRM-MDM Catalog arbeiten, kann dieser wie andere Punch-out-Kataloge per OCI angebunden werden.

Insbesondere für den Fall, dass Sie aktuell SAP SRM im One-Client-Szenario einsetzen, ist für Sie der Wechsel auf SAP S/4HANA mit einem Umstellungsprojekt im Beschaffungsbereich verbunden. Sie müssen die verfügbaren Funktionen der neuen Beschaffungslösung Ihrem aktuellen Lösungsszenario gegenüberstellen und abgleichen, inwieweit ein Transfer der benötigen Funktionen möglich ist. Basierend auf dieser Analyse können Sie anschließend festlegen, ob das Deploymentszenario für SAP SRM angepasst werden und künftig eine separate Installation hierzu genutzt werden soll oder ob ein Wechsel auf die neue Beschaffungslösung mit Einschränkungen des Scope mit Ihren Anforderungen kompatibel ist.

Einsatz von SAP Ariba

Im Rahmen einer Umstellung stellt auch die Nutzung der Lieferantenmanagement-Funktionen über die Cloud-Lösung *SAP Ariba* eine Möglichkeit dar. Viele Funktionen können mit SAP Ariba bereits abgebildet werden.

Abbildung 5.10 zeigt das Fiori Launchpad eines Mitarbeiters mit Beschaffungsfunktionen, vergleichbar der Rolle eines einfachen Anforderers in SAP SRM.

Abbildung 5.10 Fiori Launchpad für einen Anforderer

Sofern Sie die neue Lösung für die Beschaffung nutzen möchten, müssen Sie neben den normalen Konfigurationsaktivitäten ggf. kundeneigene Erweiterungen aus SAP SRM übertragen. Erfahrungsgemäß sind SRM-Installationen mit umfangreichen Zusatzentwicklungen im Kontext der Genehmigerfindung und dem vereinfachten Aufbau von Bildschirmbildern über BAdIs verbunden. Soweit dies erforderlich und möglich ist, sollten vergleichbare Funktionen auch mit der neuen Procurement-Lösung zur Verfügung gestellt werden.

Übertragung kundeneigener Erweiterungen

Durch die Umstellung der Funktion werden weiterhin Test- und Schulungsmaßnahmen für die Einführung der neuen Lösung erforderlich sein. Der Einsatz der neuen Procurement-Lösung anstelle von SAP SRM oder der Shopping-Cart-Funktion zieht damit ein separates Umstellungsprojekt nach sich, das Sie in Ihren Migrationsplan einbeziehen sollten.

5.3.3 Output-Management

Das bisher auf der Nachrichtensteuerung basierende *Output-Management* für die Belege, die aus Einkaufs- und Vertriebsanwendungen erzeugt werden, wird mit SAP S/4HANA durch neue Funktionen ersetzt. Diese müssen Sie im Rahmen einer Migration ebenfalls konfigurieren. Darüber hinaus müssen Ihre Systemadministratoren und -anwender in die Funktionen eingewiesen werden.

Eine wichtige Grundlage in diesem Zusammenhang bildet das generische Regelwerkzeug *Business Rule Framework plus* (BRFplus), das auch von anderen Komponenten und Anwendungen genutzt wird. Es stellt eine einheitliche Modellierungs- und Laufzeitumgebung für Geschäftsregeln bereit und wendet sich sowohl an technisch orientierte Benutzer als auch an Sachbearbeiter. Das Werkzeug bietet Ihnen damit die Möglichkeit, einen Teil der Regelpflege von der Systemadministration auf die Sachbearbeiterebene zu übertragen und so z. B. die Auswahl von Formularinhalten durch Regeltabellen differenzierter zu steuern, ohne dass Sie hierzu Entwicklungen vornehmen müssten.

Business Rule Framework plus

Insgesamt stehen standardmäßig sieben verschiedene Regelarten zum Konfigurieren der Ausgabe bereit. Die erste Regel *Ausgabeart* weist den Belegarten die Ausgabeart und den Ausgabezeitpunkt zu. In Abbildung 5.11 ist eine mögliche Ausprägung zu sehen, die den

Regelarten für die Ausgabe

Ausgabezeitpunkt für eine bestimmte Belegart (NB – Normalbestellung), abweichend zu anderen Belegarten, auf »sofort« einstellt.

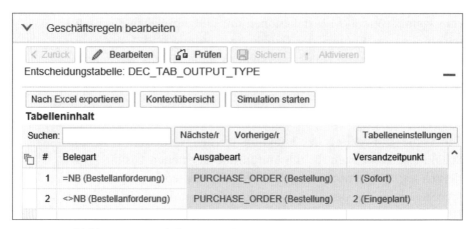

Abbildung 5.11 Regelpflege (Ausgabeart) im Rahmen des Output-Managements mit BRFplus

Über die Ausgabeart kann in der Regel *Empfänger* festgelegt werden, welchen Partnertypen des Belegs die Ausgabe zugestellt wird. Der *Ausgabekanal* bestimmt den Zustellweg des Belegs, digital (E-Mail, XML) oder gedruckt. Die Regel *Druckeroptionen* wird ausschließlich bei gedruckter Ausgabe verwendet und bestimmt z. B., welcher Drucker zur Ausgabe genutzt werden soll. In den *E-Mail-Optionen* kann die Absender-E-Mail-Adresse und das Template für den E-Mail-Text hinterlegt werden. Der Belegausdruck wird bei diesem Ausgabekanal als Anhang an die E-Mail gehängt. Zu den in der Regel *Empfänger* konfigurierten Partnertypen kann in der Regel *E-Mail-Empfänger* festgelegt werden, als welcher Empfangstyp die Empfänger die E-Mail erhalten sollen: als direkter Empfänger (TO), als Kopie (CC) oder als Blindkopie (BCC). Abbildung 5.12 zeigt hierzu, wie neben dem Lieferanten als direktem Empfänger der E-Mail auch der Warenempfänger als Kopieempfänger in die Liste der Adressaten aufgenommen werden kann.

In der Regel *Form Template* kann ein generelles Template für die Belegausgabe anhand bestimmter Kriterien festgelegt werden. So kann hierüber z. B. gesteuert werden, dass Empfänger in unterschiedlichen Ländern die Ausdrucke in den entsprechenden Landessprachen oder sogar in komplett verschiedenen Belegdesigns erhalten.

Abbildung 5.12 Regelpflege (E-Mail-Empfänger) im Rahmen des Output-Managements mit BRFplus

Die Regeln haben verschiedene Eigenschaften bezüglich der möglichen Trefferrückgabe. Für die Regel *Ausgabeart* werden z. B. alle Treffer zurückgeliefert. Als Form Template wird hingegen nur der erste Treffer, der den vorgegebenen Kriterien entspricht, berücksichtigt. Bei Regeln, die mehr als einen Treffer zurückliefern können, muss daher im Vorfeld dafür gesorgt werden, dass alle nicht gewünschten Treffer entsprechend ausgeschlossen werden. Im obigen Beispiel (siehe Abbildung 5.11) wird die zweite Regel explizit für die Belegart NB ausgeschlossen, damit die entsprechenden Belege nicht zweimal ausgegeben werden.

Tabelle 5.2 fasst die verfügbaren Regeln mit Beispielen zur Ausprägung noch einmal zusammen. Die Spalte »Trefferzahl« gibt Aufschluss über die Rückgabemenge der einzelnen Regeln.

Zusammenfassung

Regel	Trefferzahl	Werte/Beispiele
Ausgabeart	mehrere möglich	z. B. Standardausgabeart für Bestellungen PURCHASE_ORDER
Empfänger	mehrere möglich	Partnertyp der Empfänger: z. B. LF (Lieferant), WE (Warenempfänger)
Ausgabekanal	mehrere möglich	E-Mail, XML oder Druck
Druckeroptionen	Einzeltreffer	z. B. Ausgabegerät LOCL
E-Mail-Optionen	Einzeltreffer	Absender-E-Mail-Adresse und Template für E-Mail-Text

Tabelle 5.2 Übersicht über Regeln zur Konfiguration des Output-Managements

Regel	Trefferzahl	Werte/Beispiele
E-Mail-Empfänger	mehrere möglich	TO, CC oder BCC
Form Template	Einzeltreffer	z. B. Standard-Template für Bestellungen MM_PUR_PURCHASE_ORDER

Tabelle 5.2 Übersicht über Regeln zur Konfiguration des Output-Managements (Forts.)

Ihr Einstieg in die Verwendung von BRFplus aufgrund der Output-Steuerung kann ein erster Schritt zu einer umfangreicheren Nutzung von BRFplus sein. Wichtig für Sie ist es, dass nach der Migration nach SAP S/4HANA zwar Ihre bereits erzeugten Korrespondenzen abgeschlossen werden können, die Korrespondenzabwicklung aber, z. B. für neue Faktura- oder Einkaufsbelege, auf Basis des neuen Output-Managements erfolgen muss. Sie müssen daher eine adäquate Konfiguration sicherstellen.

Formulartechnologien

Hinsichtlich der einzusetzenden Formulare wurde von SAP für die Zielarchitektur die Ausrichtung auf den Adobe Document Server und die Formulartechnologie Adobe Forms using Fragments vorgesehen. Die aus der SAP Business Suite bekannten und weitverbreiteten Formulartechnologien SAP Interactive Forms by Adobe, SAP Smart Forms und SAPscript werden allerdings aus Kompatibilitätsgründen weiterhin unterstützt. Generell finden Sie alle Informationen zur Einführung des neuen Output-Managements in dem SAP-Hinweis 2228611.

5.4 Wegfallende Funktionen in der Logistik

Die bis hierher diskutierten Veränderungen des Systems betreffen potenziell einen großen Kundenkreis und können ganz unterschiedliche Auswirkungen haben. Darüber hinaus gibt es weitere Anpassungen in der Logistik, die Einfluss auf Ihre Prozesse haben können. Diese Änderungen durch wegfallende Funktionen stellen wir Ihnen in diesem Abschnitt vor.

Erweiterte Auftragsbearbeitung und Fakturierung

Mit der *erweiterten Auftragsbearbeitung und Fakturierung* (Contract Billing) konnten Sie bislang Verkaufsbelege wie Kundenaufträge und Kontrakte mit einem größeren Funktionsumfang bearbeiten, indem Sie erweiterte Kontrakte zu diesen Verkaufsbelegen pflegten. Die erweiteren Kontrakte wurden dazu verwendet, Informationen zu dokumentieren und zu verfolgen, die in der Standardverkaufsabwicklung nicht verfügbar sind. Darüber hinaus konnten Sie für die erweiterte Auftragsbearbeitung und Fakturierung notwendige Informationen pflegen, die z. B. der Änderungsverwaltung, der Budgetverteilung und alternativen Fakturierungsstrukturen unterliegen. Durch diese Funktionen waren Auftragnehmern (z. B. im öffentlichen Dienst) effizientere Gestaltungen ihrer Prozesse in der Auftragsverwaltung und Fakturierung möglich. Außerdem unterstützten die erweiterten Funktionen Sie dabei, gesetzliche Anforderungen zur Änderungsverwaltung, zur Budgetvergabe und zur Faktura zu erfüllen.

Mit SAP S/4HANA sind diese Funktionen zur erweiterten Auftragsbearbeitung und Fakturierung nicht mehr verfügbar. Falls Sie diese bislang genutzt haben, müssen Sie Ihre Prozesse im Rahmen der Standardfunktionen neu gestalten und ggf. organisatorische Regelungen treffen oder selbst Erweiterungen am System vornehmen.

Für die Prozesse im *Außenhandel* und insbesondere die Erzeugung der entsprechenden Meldungen bestanden im Kontext der SAP Business Suite bisher zwei Lösungsansätze. Ein Konzept bestand darin, die eigenen Außenhandelsfunktionen der SAP Business Suite zu verwenden. Ein anderer Lösungsansatz sah vor, SAP Global Trade Services (SAP GTS) als externen Service auf einer separaten Instanz zu betreiben und einzubinden. Mit SAP S/4HANA steht keine eigene Funktion mehr für die Außenhandelsabwicklung zur Verfügung. Es ist stattdessen vorgesehen, SAP GTS mit den Logistikfunktionen zu verbinden. Haben Sie also bisher die eigenen Funktionen der SAP Business Suite genutzt, müssen Sie SAP GTS implementieren und mit SAP S/4HANA verbinden. Zu berücksichtigen ist dabei, dass für einige Intrastat-Erklärungen noch keine Abbildungsmöglichkeit zur automatischen Erzeugung möglich ist. Hierzu müssen Sie Kundenentwicklungen vornehmen. Diese müssen Sie auch dann vornehmen, wenn Sie anstelle von SAP GTS ein anderes, externes System für die Außenhandelsgeschäftsprozesse verwenden möchten.

Außenhandelsabwicklung

Das Drucken und Archivieren von *Materialbelegen* ist mit dem Stand SP1511 noch nicht möglich. Gleiches gilt für die Nutzung des Orderbuchs in der MRP-Bezugsquellenfindung. SAP empfiehlt hier, als Workaround Einkaufsinfosätze zu verwenden. Auch diese Einschränkungen müssen Sie im Vorfeld der Migration berücksichtigen.

Drucken und Archivieren von Materialbelegen

Unsere Darstellung der Anpassungen und der möglichen Auswirkungen auf Ihr SAP-System kann an dieser Stelle nicht abschließend sein, denn das Ausmaß der Änderungen hängen stark von den von Ihnen bislang genutzten Funktionen ab. Wir konnten jedoch zeigen, dass mit der Einführung von SAP S/4HANA vielfältige Änderungen einhergehen, die Ihre IT- und Prozesslandschaft beeinträchtigen können. Eine vollständige Übersicht über die Änderungen der neuen Produktlinie können Sie der Simplification List entnehmen, die auch auf die relevanten SAP-Hinweise verweist. Diese sollten Sie mit Ihrer Systemkonfiguration abgleichen, um das Problempotenzial im Vorfeld einer Migration zu minimieren.

Eine Zusammenfassung der wichtigsten Punkte der Simplification List können Sie auch den entsprechenden Tabellen im Anhang dieses Buches entnehmen. Dort sind neben den bereits hier detailliert beschriebenen wichtigsten Änderungen der Komponenten MM (Materials Management, dt. Materialwirtschaft) und SD (Sales and Distribution, dt. Vertrieb) auch die wegfallenden Produkte und Funktionen von SAP Product Lifecycle Management (SAP PLM) und der Komponenten PP (Production Planning and Control, dt. Produktionsplanung und -steuerung), PS (Project System, dt. Projektsystem), PM (Plant Maintenance, dt. Instandhaltung) und QM (Quality Management, dt. Qualitätsmanagement) aufgelistet. Neben Funktionen, die durch neue Funktionen in SAP S/4HANA ersetzt werden, können Sie diesen Übersichten auch veraltete, redundante oder aufgrund ihrer geringen Verbreitung nicht mehr unterstützte Funktionalitäten entnehmen.

5.5 Fiori-Applikationen und das Rollenkonzept

Als wir die neuen Funktionen unter SAP S/4HANA vorgestellt haben, haben wir bereits darauf verwiesen, dass viele dieser Funktionen in Fiori-Apps zur Verfügung gestellt werden. Dies ist Bestandteil der neuen Frontend-Strategie von SAP. Allerdings ist SAP Fiori noch nicht für alle bisherigen Funktionen in der Logistik verfügbar.

Unser Ziel im aktuellen Abschnitt ist es daher, Ihnen die wichtigsten neuen Fiori-Apps der Logistik vorzustellen, Ihnen einen Eindruck von der Vollständigkeit der unterstützten Funktionen zu geben und weiterhin das dahinter liegende neue Rollenkonzept vorzustellen.

5.5.1 Fiori-Applikationen für die Logistik

Von besonderem Nutzen für den Anwender sind Applikationen, die einerseits Analysemöglichkeiten vorhalten und andererseits auch eine transaktionale Bearbeitung ermöglichen.

Ein Beispiel dafür sind *SAP Smart Business Cockpits*, die sowohl KPI-Informationen, z. B. in Form von Kacheln, in einer Übersicht darstellen als auch ausgehend von Analyseergebnissen den Drill-down in transaktionale Funktionen ermöglichen.

SAP Smart Business Cockpits

Für die Grundfunktionen der neuen Einkaufslösung werden bereits SAP-Fiori-Apps bereitgestellt. So kann der Anforderer über eine entsprechende App *Bestellanforderungen* anlegen (siehe Abbildung 5.13). Hierzu wird eine katalogübergreifende Suche, der Absprung in externe Lieferantenkataloge und auch das Hinzufügen von Freitextpositionen unterstützt. Nutzer der Rolle »Einkäufer« können sowohl diese Bestellanforderungen als auch daraus entstehende Bestellungen per App weiterbearbeiten.

Bestellanforderung

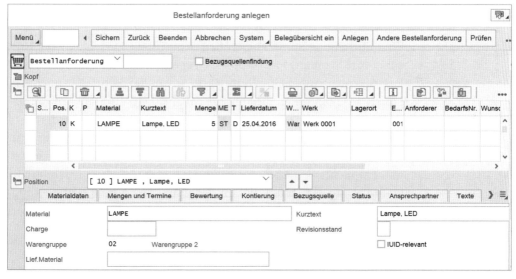

Abbildung 5.13 Bestellanforderung anlegen über eine Fiori-App

Auch *Einkaufsinfosätze* und *Rahmenverträge* können Sie per Fiori-App pflegen. Dem strategischen Einkäufer werden aktuell schon die grundlegendsten Funktionen der Lieferantenbewertung zur Verfügung gestellt. So können die Bewertungen nach Preisabweichung, Lieferzeiten, Liefermengenabweichung und Nutzer-Feedback ausge-

Einkaufsinfosätze und Rahmenverträge

wertet werden. Auch Analysetools zur Gesamtbestellmenge (z. B. gegliedert nach Artikel, Lieferant oder Werk) werden als App angeboten.

Kontrakte — Weitere Apps geben Überblicke über Laufzeiten von *Kontrakten* oder Anforderungen, die nicht über Kontrakte abgedeckt wurden. Funktionen, die SAP SRM erst durch das User-Interface-Add-on mit der SAPUI5-Oberfläche erhalten hat, werden zu Teilen schon durch die SAP-Fiori-Apps abgedeckt. Beispielsweise können Anforderer Artikelbewertungen abgeben: zum einen per fünfstufigem Rankingsystem und zum anderen mit Feedback in Fließtextform.

Die bisher verfügbaren Apps decken jedoch nicht den vollständigen Funktionsumfang der Logistiktransaktionen ab, die im Rahmen der Lösung SAP S/4HANA verfügbar sind.

Wenn Sie insbesondere weiterhin andere Komponenten im Umfeld der Logistik einsetzen (z. B. die Instandhaltung oder auch das Public Sector Management), werden Sie Ihren Anwendern neben der Nutzung von SAP-Fiori-basierten Applikationen auch weiterhin einen transaktionalen Zugriff auf die Funktionen erlauben müssen.

Eine Umstellung der Benutzeroberfläche auf die ausschließliche Nutzung von Standard-Fiori-Apps ist gegenwärtig auch innerhalb der Logistik nicht möglich. Wenn Ihre Anwender künftig Launchpad-basiert arbeiten sollen, besteht die Möglichkeit, die Standardtransaktionen über Verlinkungen nutzbar zu machen. Der Anwender wird dann über das WebGUI direkt in die jeweilige Transaktion geführt. Um die Bearbeitungsform möglichst ähnlich zu Fiori-Apps zu gestalten, empfiehlt sich auch die Nutzung von SAP Screen Personas zur Optimierung der Transaktionen. Insbesondere besteht hier die Möglichkeit, die Gestaltung der Bearbeitungsbilder mithilfe des SAP Fiori Style Guides zu gestalten.

5.5.2 Neues Rollenkonzept

Nutzung von Standardrollen — Für die Frontend-Applikationen der Logistik von SAP S/4HANA sieht SAP *Standardrollen* vor, die Sie unmittelbar verwenden bzw. angepasst nutzen können. Auch hier ist wiederum zu erwähnen, dass die bisher verfügbaren Apps die Funktionsanforderungen der einzelnen Rollen noch nicht im vollen Umfang abdecken und in Zukunft erst durch weitere Apps vervollständigt werden.

Tabelle 5.3 zeigt die vorgesehenen Rollen und Apps für die Logistik mit ihren wesentlichen Funktionen in einer Übersicht.

Überblick über Apps für die Logistik

Rolle	Wesentliche Funktionen
Accounts Payable Accountant – Procurement	▶ Suchen, Anzeigen und Verwalten von Lieferantenrechnungen
Employee – Master Data Request	▶ Anfragen von Geschäftspartnern, Kostenstellen, Kunden, Lieferanten und Materialstammsätzen ▶ Überwachen des Status dieser Anfragen
Employee – Procurement	▶ Anlegen und Verwalten von Bestellanforderungen ▶ Bestätigen von Wareneingängen
Internal Sales Representative	▶ Überwachen der Erfüllbarkeit von Kundenaufträgen
Master Data Approver (MDG)	▶ Freigeben von neuen Stammdaten
Material Planner	▶ Planung von MRP-Läufen ▶ Anzeigen von Details der MRP-Läufe, insbesondere bei Materialien, bei denen Probleme auftraten ▶ Verwalten von Bestellungsänderungen ▶ Verwalten und Überwachen von externen und internen Materialanforderungen zur Erfüllung von Kundenaufträgen ▶ Überwachen von Materialbestandsengpässen ▶ Verwalten und Überwachen von Produktions- und Prozessaufträgen
Production Planner	▶ Einplanen von Läufen zur Umsetzung von Planaufträgen
Production Supervisor	▶ Einplanen von Läufen zur Auftragsfreigabe
Purchaser	▶ Verwalten und Anzeigen von Bestellanforderungen und Bestellungen ▶ Verwalten und Anzeigen von Kontrakten und Bezugsquellen ▶ Anzeigen von Einkaufsinfosätzen ▶ Analyse zu nicht berücksichtigten Kontrakten ▶ Analyse von Varianzen in Rechnungssummen ▶ Anzeigen von nicht genutzten Kontrakten

Tabelle 5.3 Fiori-Apps für die Logistik in SAP S/4HANA

Rolle	Wesentliche Funktionen
Sales Manager	▸ Analysieren der Entwicklung der monatlichen Kundenaufträge bzw. -volumen
Shipping Specialist	▸ Anlegen und Überwachen von Läufen zur Anlage von Auslieferungen ▸ Auflisten und Anzeigen von Auslieferungen
Strategic Buyer	▸ Auflistung von offenen Bestellungen ▸ Überwachen von Kontraktlaufzeiten ▸ Anzeigen von Lieferantenbewertungen (z. B. anhand von Preis, Lieferzeit, Liefermengen) ▸ Analyse zu Auszahlungen an Lieferanten ohne referenzierte Bestellung ▸ Analyse zu Volumen von Kontrakt- und Nicht-Kontrakt-Bestellpositionen ▸ Analyse zu durchschnittlicher Lieferzeit je Lieferant ▸ Auflistung von Aktivitäten (Bestellungen, Kontrakte usw.) zu einer Einkäufergruppe ▸ Analyse von Ausgaben, gefiltert nach einer Auswahl (Lieferant, Warengruppe, EKG usw.) im Vergleich zum Gesamtausgabevolumen

Tabelle 5.3 Fiori-Apps für die Logistik in SAP S/4HANA (Forts.)

5.6 Zusammenfassung

In diesem Kapitel haben wir die Neuerungen und Veränderungen aufgelistet und diskutiert, die durch einen Wechsel von der SAP Business Suite zu SAP S/4HANA zu erwarten sind. Dabei haben wir das Ziel verfolgt, Sie insbesondere für die Felder zu sensibilisieren, in denen Ihnen Vorteile, Veränderungen oder aber auch Problemstellungen begegnen könnten.

Zu diesem Zweck haben wir in Abschnitt 5.1 zunächst herausgearbeitet, welche architektonischen Veränderungen mit dem Wechsel der Produktlinie auftreten. Hierbei konnten wir zeigen, dass alle Änderungen auf den real existierenden Anforderungen im Bereich der Logistik beruhen und sie allein hierdurch schon eine Existenzberechtigung besitzen. Bei der Darstellung der allgemeinen Änderungen haben wir gezeigt, dass der zentralen Tabelle MATDOC künftig eine hohe Bedeutung zukommen wird. Diese sowie die Beschränkung auf das Material-Ledger-Konzept spiegeln mustergültig das

5.6 Zusammenfassung

Principle of One wider, das SAP S/4HANA zugrunde liegt. Außerdem haben wir die Vor- und Nachteile der veränderten Länge der Materialnummer diskutiert. Besonderheiten, die sich z. B. an Schnittstellen wie Standard-BAPIs ergeben können, wurden dabei explizit aufgegriffen und vertieft.

Eine Diskussion der neuen Funktionen in der Logistik erfolgte anschließend in Abschnitt 5.2. Dort haben wir die Vorteile der Echtzeitdatenanalyse für das Inventory Management, Anwendungsbereiche für Parallelwährungen und parallele Bewertungsmethoden sowie die überarbeitete Materialbedarfsplanung MRP Live vorgestellt. Insbesondere MRP Live macht es erforderlich, dass Ihre Anwender geschult und bisher genutzte Erweiterungen kritisch überprüft und ggf. angepasst werden. Nur durch dieses Vorgehen können Sie künftig vom erweiterten Funktionsumfang profitieren.

Die Verdichtung von Kreditoren- und Debitorenstammdaten im Geschäftspartnerstammsatz, die Einschränkungen im Procurement hinsichtlich SAP SRM on one client sowie die Veränderungen des Output-Managements durch BRFplus stellen wesentliche Veränderungen in der Logistik dar und wurden in Abschnitt 5.3 behandelt. Die Szenarien vor und nach einer Einführung von SAP S/4HANA haben wir dabei jeweils gegenübergestellt, sodass die konkreten Auswirkungen ersichtlich werden. Weiterhin haben wir Ihnen Ansatzpunkte für die Internalisierung (z. B. in Form verschiedener Lösungsszenarien für den Umgang mit dem Geschäftspartnerstammsatz) dargelegt und damit Handlungsoptionen aufgezeigt.

In Abschnitt 5.4 haben wir erläutert, welche Funktionen wegfallen. Wir haben dabei insbesondere die erweiterte Auftragsbearbeitung und Fakturierung sowie die Außenhandelsgeschäftsprozesse identifiziert. Weiterhin haben wir gezeigt, dass das Archivieren und Drucken von Materialbelegen in SAP S/4HANA SP1511 bislang noch nicht möglich ist.

Die Logistikapplikationen und das dahinter liegende SAP-Fiori-Rollenkonzept haben wir anschließend in Abschnitt 5.5 angesprochen. Dazu haben wir die wichtigsten Rollen und unterstützten Funktionen der zugehörigen Fiori-Apps dargestellt. Hier zeigte sich, dass eine vollständige Abdeckung aller Bearbeitungsvorgänge mit SAP Fiori bislang nicht möglich ist.

Die technische Migration eines bestehenden SAP-ERP-Systems auf SAP S/4HANA erfordert eine Reihe festgelegter Schritte: Sie müssen sicherstellen, dass die erforderlichen Vorbedingungen erfüllt sind und dass die Datenbank SAP HANA einsatzfähig ist, bevor Sie die Migration durchführen. In diesem Kapitel lernen Sie außerdem die Werkzeuge kennen, die Sie nutzen können, um die Migration erfolgreich durchzuführen.

6 Technische Migration

In den bisherigen Kapiteln haben wir Ihnen die Systemarchitektur und die funktionalen Änderungen im Vergleich zur SAP Business Suite vorgestellt. Wir haben gezeigt, welche Vorteile die Einführung von SAP S/4HANA haben kann. Grundlegende Voraussetzung für den Erfolg der Umstellung ist jedoch, dass Ihr SAP-S/4HANA-System korrekt eingerichtet ist und dass alle benötigten Altdaten übernommen wurden. Diese technische Migration ist somit von fundamentaler Bedeutung für den Erfolg eines Einführungsprojektes und ist Thema dieses Kapitels.

Der Schwerpunkt des Kapitels liegt auf dem Wechsel zur On-premise-Version von SAP S/4HANA, da dieser Weg für den Großteil der SAP-ERP-Bestandskunden relevant sein wird. Wir beschränken uns auf die Arbeitsschritte, die für eine Inbetriebnahme des Systems essenziell sind. Anpassungen an die individuellen Anforderungen einzelner Unternehmen, wie Sie z. B. im Customizing umgesetzt werden können, lassen wir außen vor – dazu sind die Prozesse von Unternehmen zu heterogen. Anhand konkreter Beispiele betrachten wir die Migration in Kapitel 7, »Praxisbeispiel: Einführung von SAP S/4HANA«, genauer.

Eine Migration erfolgt in der Regel in mehreren Schritten. Diese werden im Folgenden kurz dargestellt und bilden zugleich die Struktur dieses Kapitels ab:

1. **Feststellung der Ausgangssituation**
   Zunächst müssen Sie die Ausgangssituation feststellen, in der die Migration beginnen soll, da diese maßgeblich für das weitere Vorgehen ist. Welche Situationen grundsätzlich vorliegen und welche Vorgehensweisen daraus abgeleitet werden können, wird daher in Abschnitt 6.1 betrachtet.

2. **Prüfen der Systemvoraussetzungen**
   Anschließend überprüfen Sie, inwieweit die spezifischen Voraussetzungen für die Migration erfüllt sind. Welche Voraussetzungen erfüllt sein müssen, lernen Sie in Abschnitt 6.2.

3. **Vorbereitung der Datenbank**
   Die Vorbereitung der Datenbank ist Thema von Abschnitt 6.3. Dabei steht die Einrichtung von SAP HANA im Vordergrund. Daneben behandeln wir auch die Datenarchivierung vor dem Umzug, die technischen Anforderungen der In-Memory-Datenbank sowie die Vorbereitung des kundenindividuellen Codings.

4. **Durchführung der Migrationsschritte**
   Nachdem Sie die Voraussetzungen geschaffen haben, führen Sie die eigentliche Migration durch. Abschnitt 6.4 stellt die Werkzeuge für die Migration vor, die Sie z. B. für die Prüfung von Kompatibilitäten, für die Aufdeckung von Anpassungsbedarf und für den Umgang mit Problemen im kundenindividuellen Coding benutzen. Darüber hinaus lernen Sie, welche Werkzeuge Sie durch den Prozess des Systemwechsels leiten.

5. **Konfiguration der Benutzeroberfläche**
   Nachdem Sie die Systemlandschaft eingerichtet haben, müssen Sie die Benutzeroberfläche an Ihre individuellen Bedürfnisse anpassen. Abschnitt 6.5 zeigt Ihnen, wie Sie dabei vorgehen müssen.

Den Abschluss des Kapitels bilden eine Übersicht über die Schritte der Migration in chronologischer Reihenfolge in Abschnitt 6.6.

6.1 Auswahl des Migrationsweges

Neuinstallation vs. Migration

Um SAP S/4HANA in Ihrem Unternehmen zu implementieren, stehen Ihnen zwei verschiedene Wege zur Auswahl: Die erste Option ist eine Neuinstallation eines SAP-S/4HANA-Systems, die zweite Option ist die Migration Ihrer bestehenden SAP Business Suite auf

SAP S/4HANA. Die vorzunehmenden Schritte unterscheiden sich abhängig von der gewählten Option.

Im Falle einer Neuinstallation sind die folgenden Schritte erforderlich:

1. Installation des SAP NetWeaver Application Servers auf SAP HANA
2. Installation von SAP S/4HANA (On-premise)
3. Installation der Fiori-Apps für SAP S/4HANA
4. Datenmigration (sofern bestehende Daten aus SAP ERP oder anderen Systemen erforderlich sind)

Abbildung 6.1 zeigt die Architektur des neuen Systems. Dieses basiert auf der Datenbank SAP HANA, dem SAP NetWeaver Application Server 7.5 sowie den entsprechenden Komponenten von SAP S/4HANA neben dem erforderlichen SAP Solution Manager. Der SAP Solution Manager ist nach wie vor als separates System erforderlich.

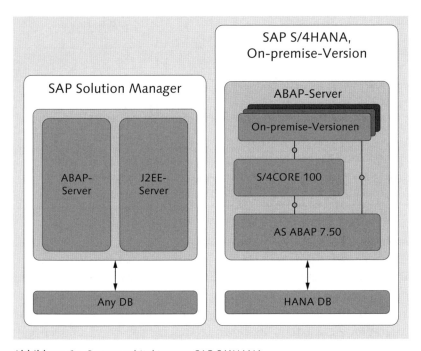

Abbildung 6.1 Systemarchitektur von SAP S/4HANA

Die Migration eines bestehenden Systems umfasst die folgenden Schritte:

Schritte bei der Migration

1. Update auf den SAP NetWeaver Application Server ABAP 7.5
2. Migration der Datenbank auf SAP HANA (sofern SAP ERP nicht bereits auf SAP HANA umgestellt wurde)
3. Installation von SAP S/4HANA (On-premise)
4. Installation der Fiori-Apps für SAP S/4HANA
5. Migration der bestehenden Datenstrukturen auf die neuen vereinfachten Datenstrukturen von SAP S/4HANA

Durch die Migration wird ein bestehendes SAP-ERP-System durch SAP-S/4HANA (On-premise-Version) ersetzt. SAP S/4HANA ersetzt damit einen Teil der SAP Business Suite. Weitere Komponenten der SAP Business Suite, wie z. B. SAP Customer Relationship Management (SAP CRM), sind dadurch nicht betroffen, da deren Funktionen nicht durch SAP S/4HANA ersetzt werden. Abbildung 6.2 zeigt dieses und weitere Systeme einer möglichen Systemlandschaft im Unternehmen.

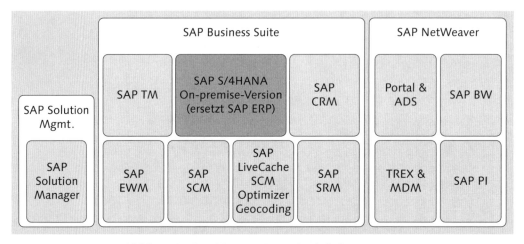

Abbildung 6.2 SAP-S/4HANA-Systemlandschaft

Prüfen von Prozessen und Kundenerweiterungen

Die Migration eines bestehenden SAP-ERP-Systems erfordert wesentlich mehr Aufwand als die Neuinstallation. Dabei ist es insbesondere zunächst erforderlich, die notwendigen Voraussetzungen für eine Migration zu schaffen. Bestehende Geschäftsprozesse müssen ggf. angepasst werden, sodass sie den Abläufen und Strukturen in SAP S/4HANA entsprechen. Des Weiteren müssen Sie bestehende Entwicklungen (also kundeneigene Programmierungen) daraufhin prüfen, ob sie mit SAP HANA kompatibel sind, sowie Anpassungen hinsichtlich der neuen Datenstrukturen von SAP S/4HANA vornehmen. Dieses Szenario der Migration eines bestehenden ERP-Systems soll in den folgenden Abschnitten näher beleuchtet werden, da sich für die meisten SAP-Kunden die Frage stellt, was bei einem Migrationsprojekt auf sie zukommt und welche Schritte es beinhaltet.

6.2 Prüfen der Systemvoraussetzungen

Wenn Sie ein ERP-System in SAP S/4HANA konvertieren wollen, müssen Sie zunächst prüfen, ob zwei Bedingungen erfüllt sind: Zum einen muss es sich bei dem zu migrierenden System um ein *Unicode-System* handeln, zum anderen darf es sich bei dem System nicht um einen kombinierten ABAP- und Java-Stack (Dual-Stack) handeln.

6.2.1 Unicode

Unicode ist ein internationaler Standard, bei dem für jedes Zeichen bzw. jedes Textelement aller bekannten Zeichensysteme ein digitaler Code festgelegt wird. Das Ziel von Unicode ist es, Probleme zu vermeiden, die aufgrund unterschiedlicher Kodierungen von Schriftzeichen in verschiedenen Sprachen und Ländern entstehen.

SAP HANA benötigt Unicode als Standard für die Zeichenkodierung. Die SAP Business Suite ist bereits seit mehreren Jahren unicodefähig, doch nicht alle Unternehmen haben auf Unicode umgestellt – vor allem dann nicht, wenn sie keine internationalen Geschäfte betreiben.

Standard für die Zeichenkodierung

6.2.2 SAP NetWeaver Application Server ohne Java-Teil

Der SAP NetWeaver Application Server stellt die Basis für viele SAP-Produkte dar. Er unterteilt sich in einen ABAP-Teil (oder ABAP-Stack) und in einen Java-EE-Applikationsserver. Beide Teile können Sie sowohl gemeinsam (Dual-Stack) auf einem Server als auch getrennt auf unterschiedlichen Servern installieren.

Unter SAP S/4HANA wird die Dual-Stack-Variante nicht mehr unterstützt. Wenn Sie also ein System auf SAP S/4HANA migrieren wollen, das sowohl einen ABAP- als auch einen Java-Applikationsserver besitzt, müssen Sie zunächst eine Trennung der Systeme vornehmen. Diese Trennung wird auch als *Dual-Stack-Split* bezeichnet und ist eine notwendige Voraussetzung für die Migration.

Dual-Stack-Split

6.3 Vorbereitung des Systems auf SAP HANA

Sofern das System, das Sie migrieren möchten, noch nicht auf SAP HANA als Datenbank läuft, müssen Sie es zunächst auf SAP HANA vorbereiten. Dieser Schritt erfolgt vor der eigentlichen Migration auf SAP S/4HANA.

Dabei spielt zum einen das Datenmanagement im Hinblick auf die Größe und die Anzahl der Daten und zum anderen die Prüfung von kundeneigenen Entwicklungen eine wesentliche Rolle. Beide Maßnahmen helfen Ihnen dabei, Zeit und Kosten bei der Migration zu sparen und die Performance des migrierten Systems zu verbessern. Diese beiden Maßnahmen stellen wir Ihnen im Folgenden vor, und wir empfehlen Ihnen, sie vor der Migration in Angriff zu nehmen.

6.3.1 Datenmanagement

Datenvolumen und Datenqualität

Die Größe einzelner Tabellen oder kompletter Datenbanken ist maßgeblich für die Dauer der Downtime bei verschiedenen Migrationsschritten, z. B. beim Kopieren des Systems, bei der Konvertierung zu Unicode, beim Wechsel auf SAP HANA als Datenbank oder auch beim Release-Upgrade. Daher empfiehlt es sich, das Datenvolumen zu kontrollieren und zu verwalten. Außerdem erhöht eine verbesserte Datenqualität die Performance und Stabilität der Geschäftsprozesse.

Ungenutzte Daten als kostentreibender Faktor

In einer konventionellen Datenbank spielen alte Datenbestände, die nicht mehr genutzt werden, kaum eine Rolle. Der zusätzliche Festplattenspeicher ist nicht mit hohen Kosten verbunden, und ungenutzte Daten führen nicht zu Einbußen in der Performance. SAP HANA jedoch hält alle Daten zu jeder Zeit im Hauptspeicher; somit werden ungenutzte Daten wegen der höheren Ausgaben für RAM zu einem kostentreibenden Faktor und können sich auch negativ auf die Performance auswirken. Gerade für eine Migration auf SAP HANA empfiehlt sich daher eine Bereinigung der Datenbestände, z. B. durch die Archivierung ungenutzter oder nicht mehr relevanter Daten.

6.3.2 Überprüfung und Anpassung des kundeneigenen Codings

Kompatibilität mit Open SQL

Als vollwertige relationale Datenbank ist SAP HANA in gleicher Weise wie das Datenbanksystem, das der SAP Business Suite zugrunde liegt, vollständig mit Open SQL kompatibel. Bestehender Standardcode, der keine datenbankspezifischen Eigenschaften verwendet, muss daher nicht angepasst werden, um auf SAP HANA zu laufen.

Allerdings müssen Sie – wie bei jeder Datenbankmigration – verschiedene Aspekte bezüglich des kundeneigenen Codings beachten. Wenn Sie SAP HANA als Datenbank nutzen wollen, sind vor allem die folgenden Punkte relevant:

Prüfung von Kundenerweiterungen

- **Funktionale Fehler vermeiden**
  Coding, das datenbankspezifische Eigenschaften verwendet, muss untersucht und angepasst werden, um einen korrekten Ablauf der kundenspezifischen Geschäftsprozesse zu gewährleisten.

- **Potenzial für Performanceoptimierung identifizieren**
  Um die Möglichkeiten von SAP HANA optimal zu nutzen, sollten bestimmte Arten des Datenzugriffs überprüft und optimiert werden. Das ist vor allem relevant für Fälle, in denen die gängigen Empfehlungen für performantes Open SQL nicht beachtet wurden.

Grundsätzlich ist es zu empfehlen, neue Entwicklungen auf die Zeit nach der Migration verschieben.

Die im Folgenden vorgestellten Tools helfen Ihnen, Stellen mit Änderungsbedarf oder Optimierungspotenzial aufzuspüren, und ermöglichen eine Priorisierung der Anpassungen.

SAP Code Inspector und ABAP Test Cockpit

Der SAP Code Inspector (SCI) ist das Standardwerkzeug um ABAP-Entwicklungen zu analysieren und kritischen Quellcode zu identifizieren. Es handelt sich hierbei um statische Überprüfungen, die auf einer Auswahl von Regeln basieren und in Prüfvarianten gruppiert werden können. Der SAP Code Inspector wiederum ist in das ABAP Test Cockpit (ATC) integriert. ATC ist ein Tool zur Qualitätssicherung von kundeneigenen Entwicklungen.

Analyse von ABAP-Programmen

Die bestehenden Prüfungen des SAP Code Inspectors wurden erweitert, um den Wechsel zu SAP HANA und entsprechende Optimierungen zu erleichtern. Dazu gehören Prüfungen auf funktionale Fehler sowie verbesserte Performanceprüfungen.

Die Analyse eines ATC-Laufs zeigt die Stellen im Coding auf, an denen eine Anpassung nötig sein könnte; aber nicht immer sind

6 | Technische Migration

Änderungen zwingend nötig. Abbildung 6.3 zeigt einen Screenshot des ATC.

2 SELECT-Anweisungen, die am Tabellenpuffer vorbei lesen	Gepufferte Tabelle ... in einem JOIN	/BPCDEV/CL_B2C_ORDER	CLAS
2 SELECT-Anweisungen, die am Tabellenpuffer vorbei lesen	Gepufferte Tabelle ... in einem JOIN	/BPCDEV/CL_B2C_ORDER	CLAS
2 SELECT-Anweisungen, die am Tabellenpuffer vorbei lesen	Gepufferte Tabelle ... in einem JOIN	/BPCDEV/CL_B2C_ORDER	CLAS

Details

	Ort / Befund	Beschreibung
Paket	/BPCDEV/B2C_ORDER	
Class-Pool	/BPCDEV/CL_B2C_ORDER	Service Bestellprozess
Methode	/BPCDEV/IF_B2C_ORDER~READ_SUPPLIER	Lesen von Lieferanter
Zeilennummer	61	
Prüftitel	SELECT-Anweisungen, die am Tabellenpuffer vorbei lesen	
Prüfmeldung	Gepufferte Tabelle ... in einem JOIN	
Priorität	Priorität 2	
Gefunden am	08.04.2016 14:41:17	
Gepufferte Tabelle EDPP1 in einem JOIN		
Die Meldung kann durch Pseudokommentar "#EC CI_BUFFJOIN unterdrückt werden		
Objekt anzeigen	Befreiungen durch Systemeinrichtung deaktiviert	

Abbildung 6.3 ABAP Test Cockpit

SQL Monitor

Auswerten von SQL-Anfragen

Im Rahmen einer Migration auf SAP HANA als Datenbank ist die SQL-Analyse des kundeneigenen Codings vermutlich der wichtigste Teil des Custom Code Assessments. In einem Produktivsystem werden verschiedene SQL-Anfragen von unterschiedlichsten Prozessen ausgeführt. Der SQL Monitor (SQLM) erlaubt das Erfassen und Auswerten von SQL-Anfragen und bietet Ihnen damit die Möglichkeit, Potenzial für Performanceoptimierungen zu identifizieren.

SQLM kann für alle oder nur für bestimmte Anwendungen aktiviert werden. Da die Erfassung der Daten des SQLM entsprechend optimiert ist, können Sie dieses Tool parallel zu den normalen Geschäftsprozessen in der Produktion ausführen. So erhalten Sie ein transparentes Bild aller im Produktivsystem verwendeten SQL-Anfragen. Dadurch können Sie anschließend Fragen der folgenden Art beantworten:

- Welches SELECT wird am häufigsten in der Produktion verwendet?
- Welches SELECT hat die längste Laufzeit in der Produktion?
- Wie sieht das SQL-Profil eines bestimmten Reports oder einer bestimmten Transaktion aus?
- Welches SELECT liest am meisten Daten?

Abbildung 6.4 zeigt einen Screenshot des SQL Monitors.

DB-Ausführungen	Gesamte DB-Zeit	Gesamtz.Sätze	Mittl. DB-Zeit	MiWe.S	Tabellennamen	SQL-Operationstyp	Obj-Typ	Objektname
5.500.400	957.075.550	5.500.400	0,174	1,000	DOMAIN.TABLES	SELECT (Exec SQL)	PROG	SDB1FADA
1.008.330	235.171.102	1.008.330	0,233	1,000	DD02L	SELECT (Open SQL)	FUGR	STRD
982.210	176.294.794	982.210	0,179	1,000	DOMAIN.TABLES	SELECT (Exec SQL)	PROG	SDB1FADA
656.748	7.470.566.558	0	11,375	0,000	<NO_TABLE>	CALL (ADBC)	CLAS	CL_SQL_STATEMENT
656.748	508.996.955	656.748	0,775	1,000	DOMAIN.TABLES	SELECT (Exec SQL)	PROG	SDB1FADA
399.263	140.360.102	0	0,352	0,000	RDA_CONFIG	Sonstige (ABAP SQL)	FUGR	SCC1
395.908	102.724.931	0	0,259	0,000	RDA_CONFIG	Sonstige (ABAP SQL)	FUGR	SDD0
367.866	36.325.319	43.058	0,099	0,117	OBJH	SELECT (Open SQL)	FUGR	STRD
352.661	85.419.971	0	0,242	0,000	RDA_CONFIG	Sonstige (ABAP SQL)	PROG	/SDF/CD_CUSTOM_CODE_CO...
349.542	65.515.975	3.228	0,187	0,009	SMODILOG	SELECT (Open SQL)	CLAS	CL_CLM_TOOL_LOG
348.039	107.727.395	296.480	0,310	0,852	ICFSERVICE	SELECT (Open SQL)	CLAS	CL_ICF_TREE
336.286	395.386.281	336.286	1,176	1,000	DD02L	SELECT (Open SQL)	FUGR	STRD
328.374	242.301.516	3.442.114	0,738	10,482	DOMAIN.COLUMNS	SELECT (Exec SQL)	PROG	SDB1FADA
313.277	136.508.049	313.277	0,436	1,000	TADIR	SELECT (Open SQL)	FUGR	SDD0
289.282	143.698.361	0	0,497	0,000	RDA_CONFIG	Sonstige (ABAP SQL)	FUGR	SCCR
261.985	872.124.548	261.919	3,329	1,000	TADIR	Load Buffer (Open SQL)	FUGR	SCC1
242.502	26.308.202	29.584	0,108	0,122	OBJH	Load Buffer (Open SQL)	FUGR	STRD
224.828	6.740.427	224.828	0,030	1,000	<NO_TABLE>	CALL (ADBC)	CLAS	CL_SQL_RESULT_SET
212.678	99.694.581	24.243	0,469	0,114	OBJH	Load Buffer (Open SQL)	FUGR	STRD
209.788	26.484.155	209.788	0,126	1,000	TMDIR	Sonstige (ABAP SQL)	CLAS	CL_OO_CLASSNAME_SERVICE
207.008	96.958.829	207.008	0,468	1,000	TMDIR	Sonstige (ABAP SQL)	CLAS	CL_OO_INCLUDE_NAMING
206.513	15.022.886	206.513	0,073	1,000	SEOCLASS	SELECT (Open SQL)	FUGR	SEOC
201.575	139.481.706	0	0,692	0,000	RDA_CONFIG	Sonstige (ABAP SQL)	FUGR	SEU_COMPONENT
201.575	303.215.024	31.439	1,504	0,156	TADIR	SELECT (Open SQL)	FUGR	SEU_COMPONENT
170.309	57.376.087	170.309	0,337	1,000	TADIR	SELECT (Open SQL)	FUGR	SCCR
145.553	41.243.171	140.535	0,283	0,966	VEPFIELDREF	SELECT (Open SQL)	CLAS	CL_WS_MD_VIF_FIELD_REFER...
137.292	271.051.534	137.270	1,974	1,000	TADIR	SELECT (Open SQL)	FUGR	SCC1
133.708	15.938.880	131.630	0,119	0,984	PROGDIR	SELECT (Open SQL)	FUGR	SEOW
132.117	36.758.580	0	0,278	0,000	RDA_CONFIG	Sonstige (ABAP SQL)	FUGR	SUNI
131.630	27.529.735	850	0,209	0,006	SMODISRC	SELECT (Open SQL)	FUGR	SEOW
126.856	48.378.637	122.582	0,381	0,966	VEPFIELDREF	SELECT (Open SQL)	CLAS	CL_WS_MD_VIF_FIELD_REFER...
126.249	82.121.158	126.249	0,650	1,000	TBTCP	SELECT (Open SQL)	FUGR	SBPT
125.829	30.281.663	0	0,241	0,000	RDA_CONFIG	Sonstige (ABAP SQL)	PROG	/SDF/CD_CUSTOM_CODE_CO...
125.829	9.221.989	125.630	0,073	0,998	DF14L	SELECT (Open SQL)	PROG	/SDF/CD_CUSTOM_CODE_CO...
123.498	82.419.001	16.333	0,667	0,132	OBJH	SELECT (Open SQL)	FUGR	STRD
122.293	12.237.419	122.285	0,100	1,000	TBTCO	SELECT (Open SQL)	FUGR	SBPT

Abbildung 6.4 SQLM-Ausgabe für Testdaten

SQL Performance Tuning Worklist

Das neue Werkzeug SQL Performance Tuning Worklist kombiniert die Ergebnisse einer statischen Quellcodeprüfung (z. B. von einem ATC-Lauf) mit Daten einer Laufzeitanalyse (z. B. von einer SQLM-Analyse des Produktivsystems). Auf diese Weise lässt sich leicht eine priorisierte Arbeitsliste für notwendige Anpassungen und Verbesserungen von SQL-Anfragen erstellen.

Quellcodeprüfung und Laufzeitanalyse

Konzentrieren Sie sich vor allem darauf, funktional fehlerhaftes Coding (z. B. eine implizite Sortierung) zu beheben und einfache Änderungen vorzunehmen, die eine hohe Wirkung haben (z. B. fehlende WHERE–Bedingungen in häufig verwendetem Coding). Erst in zweiter Linie sollten Sie sich mit einfachen Änderungen befassen, die eine geringe Wirkung erzielen. Bei Korrekturen mit geringer Wirkung, die hohen Aufwand erfordern, sollten Sie prüfen, ob tatsächlich Bedarf besteht.

Tabelle 6.1 gibt Ihnen einen Überblick über die vorgestellten Werkzeuge und ihre Verwendung.

Werkzeug	Transaktionscode	Beschreibung
ABAP Test Cockpit	ATC	Statische Quellcodeprüfung hinsichtlich funktionaler Aspekte und Performance
SQL Monitor	SQLM	▶ Transparente Darstellung der Verwendung aller SQL-Anfragen ▶ Identifiziert kritisches oder nicht mehr verwendetes Coding.
SQL Performance Tuning List	SWLT	▶ Verbindet Ergebnisse der Quellcodeanalyse und der SQL-Verwendungsanalyse. ▶ Erstellt eine priorisierte Arbeitsliste für nötige Änderungen und Verbesserungen.

Tabelle 6.1 Werkzeuge zur Überprüfung des kundeneigenen Codings

6.4 Durchführung der Migration und unterstützende Werkzeuge

Nachdem wir in Abschnitt 6.3 auf vorbereitende Maßnahmen hinsichtlich der Daten sowie der Entwicklungen im bestehenden System eingegangen sind, beschreiben wir nun die Werkzeuge, die Sie brauchen, um ein SAP-ERP-System zu einem SAP-S/4HANA-System zu migrieren.

Grundsätzlich kann hier zwischen technischen und inhaltlichen Aufgaben unterschieden werden. Abhängig von den einzelnen Schritten kommen unterschiedliche Tools zum Einsatz, z. B. der *Maintenance Planner*, der *Software Update Manager* oder die sogenannte *Simplification List*.

Abbildung 6.5 stellt den Weg von einem SAP-ERP-System (auf der linken Seite) zu SAP S/4HANA (auf der rechten Seite) dar und führt die entsprechenden Werkzeuge auf.

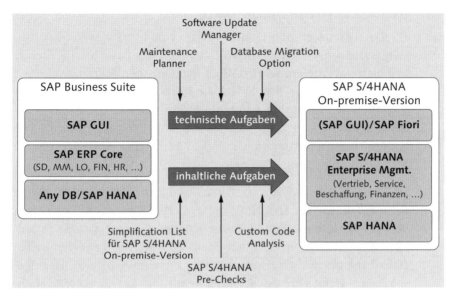

Abbildung 6.5 SAP Business Suite zu SAP S/4HANA migrieren

6.4.1 Technische Aufgaben

Um die technischen Aufgaben zu erfüllen, kommen der Maintenance Planner, der Software Update Manager (SUM) sowie die Database Migration Option (DMO) zu Einsatz, die im Folgenden näher erläutert werden.

Maintenance Planner

Der Maintenance Planner prüft die Kompatibilität des Systems (z. B. von installierten Add-ons oder Branchenlösungen) zu SAP S/4HANA. Derzeit existiert noch nicht für alle diese Komponenten ein möglicher Migrationspfad zu SAP S/4HANA. Sollte der Maintenance Planner eine nicht unterstützte Komponente entdecken, wird die Konvertierung des Systems unterbunden.

Prüfung der Systemkompatibilität

Software Update Manager (SUM)

Der Software Update Manager ist das Werkzeug, mit dem die Konvertierung des Systems zu SAP S/4HANA vorgenommen wird. Vor

Systemkonvertierung

dem Start der Konvertierung muss der Maintenance Planner ausgeführt worden sein.

Database Migration Option (DMO)

Ein-Schritt-Migration

Die Database Migration Option kommt zum Einsatz, wenn das Ausgangssystem noch keine HANA-Datenbank als Basis hat. In diesem Fall bietet es eine *Ein-Schritt-Migration* (One-Step Migration), in der die Installation der SAP-S/4HANA-Software mit der Datenbankmigration zu SAP HANA kombiniert wird. Basiert das Ausgangssystem hingegen bereits auf SAP HANA (SAP Business Suite on SAP HANA), kann die Migration mit dem klassischen Software Update Manager vorgenommen werden.

DMO ist als Teil von SUM erhältlich und kann für Systeme verwendet werden, die auf SAP NetWeaver AS ABAP basieren. Der Ablauf von DMO baut auf der Idee der Schatten-Systeme von SUM auf. Hierbei legt SUM ein Schatten-Repository auf der konventionellen Datenbank an, während parallel dazu die HANA-Datenbank aufgesetzt wird. Dann wird das Schatten-Repository auf die HANA-Datenbank kopiert, die Datenbankverbindung des Systems wird auf SAP HANA umgestellt und die Downtime beginnt. Nach der Migration der Anwendungsdaten ist das Upgrade abgeschlossen, und das SAP-System läuft auf SAP HANA. Die konventionelle Datenbank wurde dabei nicht modifiziert und läuft weiter, sodass eine Rückkehr zum ursprünglichen Setup prinzipiell möglich ist.

DMO basiert zwar auf dem Standardtool SUM, verwendet jedoch eine neue Benutzeroberfläche, die auf SAPUI5 basiert und somit mehr Komfort bei der Verwendung bietet.

6.4.2 Fachliche Aufgaben

Die fachlichen Aufgaben und Werkzeuge rund um die Durchführung der Migration umfassen die Simplification List, Conversion Pre-Checks sowie Custom Code Checks:

Simplification List

Die *Simplification List* von SAP hilft Ihnen dabei, Ihre Prozesse für die Umstellung auf SAP S/4HANA vorzubereiten. Bevor Sie ein bestehendes SAP-ERP-System zu SAP S/4HANA konvertieren, müssen Sie ggf. inhaltliche Anpassungen an den Prozessen vornehmen, weil einige Prozesse in SAP S/4HANA verändert worden sind und andere unter Umständen gar nicht mehr unterstützt werden.

Wie diese Änderungen vorzunehmen sind, ist in der Simplification List von SAP beschrieben. In jedem Eintrag in der Liste (einem sogenannten Simplification Item) wird auf entsprechende SAP-Hinweise für Pre-Checks und Custom Code Checks verwiesen.

SAP bietet zu den einzelnen Einträgen und Themen in der Simplification List – den sogenannten Simplification Items – Prüfungen, sogenannte *Pre-Checks*, an. Diese Prüfungen werden den Kunden in Form von SAP-Hinweisen angeboten und im Service Marketplace zur Verfügung gestellt. In den SAP-Hinweisen ist Quellcode in Form von ABAP-Klassen und -Reports enthalten, der im Ausgangssystem eingespielt werden muss.

Conversion Pre-Checks

Nach der Ausführung liefern die Pre-Checks eine Liste von betroffenen Themen oder Objekten, die Sie vor einer Migration auf SAP S/4HANA zunächst prüfen und anpassen müssen.

Die *Custom Code Checks* basieren ebenfalls auf dem Konzept der Simplification List. Mit ihrer Hilfe wird geprüft, inwieweit Kunden eigene Entwicklungen und Erweiterungen von SAP-Objekten vorgenommen haben, die einer Migration auf SAP S/4HANA im Wege stehen. In Abschnitt 6.3.2 ist grundsätzlich der Quellcode hinsichtlich der SAP-HANA-Datenbank bereits geprüft worden. Bei den Custom Code Checks geht es nun darum, ob für SAP S/4HANA wichtige Objekte inhaltlich modifiziert worden sind. Dabei wird generell die Verwendung von SAP-Objekten geprüft, und es werden z. B. Tabellenerweiterungen oder Modifikationen mit der Simplification List abgeglichen.

Custom Code Checks

Die Basis für die Prüfung ist die sogenannte *Simplification Database*. Dabei handelt es sich um eine ZIP-Datei, die SAP Kunden im SAP Service Marketplace zur Verfügung stellt. Diese Datei beinhaltet Informationen zu SAP-Objekten, die von den Simplification Items der Simplification List betroffen sind. Wenn z. B. ein Eintrag in der Simplification List auf die Änderung im Rahmen der Geschäftspartnerpflege unter SAP S/4HANA eingeht, sind in der Simplification Database beispielsweise die Informationen über die betroffenen SAP-Tabellen, Transaktionen, Datenelemente usw. enthalten.

Simplification Database

Custom Code Analyzer — Zunächst wird jedoch auf dem ursprünglichen SAP-ERP-System der *Custom Code Analyzer* ausgeführt. Das Ergebnis ist wiederum eine ZIP-Datei. Diese enthält die Informationen über relevante SAP-Objekte, die z. B. in Kundenentwicklungen angepasst wurden.

Im nächsten Schritt kommt ein Analyse-System zum Einsatz, das mindestens auf SAP NetWeaver 7.5 basieren muss. In diesem System werden sowohl die Simplification Database als auch das Ergebnis des Custom Code Analyzers importiert.

Custom Code Migration Worklist — Über die *Custom Code Migration Worklist* erfolgt dann ein detaillierter Abgleich mit den betroffenen SAP-Objekten aus dem Custom Code Analyzer sowie der Simplification Database. Sein Ergebnis ist eine Liste aller betroffenen Objekte, die nicht im Einklang mit den Strukturen von SAP S/4HANA sind. Zusätzlich zur reinen Auflistung werden auch weitere Informationen dargestellt, z. B. die entsprechenden SAP Notes mit Erläuterungen und Empfehlungen. Auf Basis dieser Liste können Sie alle notwendigen Systemanpassungen planen und durchführen.

Abbildung 6.6 zeigt, wie auf dem Analysesystem die Custom Code Migration Worklist erstellt wird. Dort werden sowohl die Simplification Database aus dem SAP Service Marketplace als auch die Ergebnisse des Custom Code Analyzers aus dem Ursprungssystem importiert. Das Ergebnis ist die Worklist mit direkter Verlinkung zu den relevanten Informationen auf der Basis von SAP-Hinweisen.

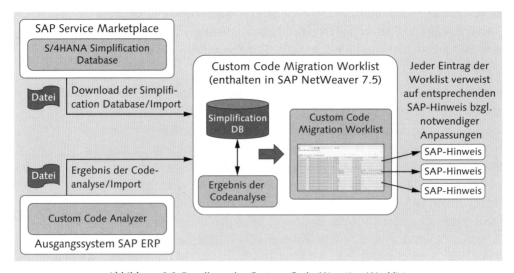

Abbildung 6.6 Erstellung der Custom Code Migration Worklist

6.5 Konfiguration der Benutzeroberfläche

SAP S/4HANA setzt, wie bereits in Kapitel 3, »Prinzipien des Redesigns«, beschrieben, auf Fiori-basierte Benutzeroberflächen. Fiori-Apps werden über den Browser aufgerufen und bieten dem Nutzer ein einfaches und durchgängiges Design, das es ihm erleichtert, sich intuitiv zurechtzufinden. In diesem Abschnitt stellen wir Ihnen die notwendigen Schritte vor, die Sie zur Konfiguration der neuen Benutzeroberfläche durchlaufen müssen.

6.5.1 Die Systemlandschaft

Fiori-Apps werden im Rahmen von SAP S/4HANA ausgeliefert. Um sie nach der Installation bzw. Migration nutzen zu können, muss zunächst die erforderliche Systemlandschaft aufgebaut werden. Abbildung 6.7 stellt die empfohlenen Komponenten dar.

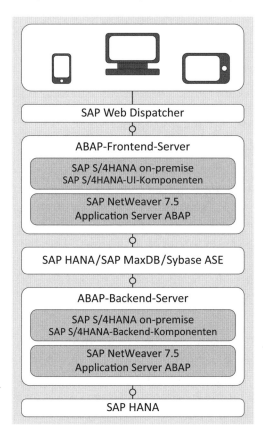

Abbildung 6.7 Übersicht über die SAP-S/4HANA-Komponenten

Datenbank und Backend-Server

Die Landschaft besteht aus drei wesentlichen Elementen. Im unteren Bereich der Darstellung ist zunächst das eigentliche SAP-S/4HANA-System zu sehen, das auf der HANA-Datenbank sowie auf dem Backend-Server mit SAP NetWeaver 7.5 und den SAP-S/4HANA-Komponenten basiert.

Frontend-Server

In der Mitte ist der Frontend-Server dargestellt. Er basiert auf SAP HANA, Sybase ASE oder MaxDB. Auch hier kommt ein SAP NetWeaver AS ABAP 7.5 zum Einsatz, auf dem die Fiori-UI-Komponenten von S/4HANA installiert werden.

Web Dispatcher

Zuletzt (ganz oben in der Abbildung zu sehen) benötigen Sie einen *Web Dispatcher*. Seine Aufgabe ist es, Anfragen vom Client an den richtigen Adressaten weiterzuleiten.

Die Darstellung der Komponenten in der Abbildung entspricht dem von SAP empfohlenen *Central Hub Deployment*, bei dem die Fiori-UI-Komponenten auf einem separaten Frontend-Server installiert werden.

6.5.2 Installation und Konfiguration

Nach der Migration bzw. Neuinstallation des SAP-S/4HANA-Systems müssen die zusätzlichen Komponenten – der Frontend-Server sowie der Web Dispatcher von SAP – installiert werden.

Web Dispatcher als Sicherheitsschicht

Sollen die Fiori-Apps grundsätzlich auch außerhalb des internen Netzwerks verfügbar sein, wird empfohlen, den Web Dispatcher in der demilitarisierten Zone des Netzwerks aufzubauen. Von dort kann er Anfragen aus dem Internet in Empfang nehmen und diese z. B. an den Frontend-Server im lokalen Netz weiterleiten. Der Web Dispatcher fungiert so als zusätzliche Sicherheitsschicht nach außen. Um diese Sicherheit noch zu erhöhen, kann z. B. eine Web-Application-Firewall eingesetzt werden. Ist ein ausschließlich interner Zugriff auf die Fiori-Apps vorgesehen, kann der SAP Web Dispatcher im lokalen Netzwerk platziert werden.

Konfiguration mithilfe der Task List

Die eigentliche Installation und Konfiguration der Fiori-Anwendungen findet auf dem Frontend-Server statt. Dort werden zunächst die UI-Komponenten von SAP S/4HANA installiert. Im Anschluss folgt die Konfiguration des Systems. SAP liefert zu diesem Zweck sogenannte *Task List*s aus, über die die mit der Konfiguration verbundenen Tätigkeiten teilweise automatisch durchgeführt werden können.

Zu diesen Tätigkeiten gehört z. B. die Aktivierung von SAP Gateway, das initiale Setup des SAP Fiori Launchpads oder das Anlegen einer vertrauenswürdigen RFC-Verbindung (*Trusted RFC Connection*) zum Backend-Server.

6.5.3 Aktivierung von SAP Gateway

SAP Gateway dient der Veröffentlichung von sogenannten OData-Services. Diese Services werden via HTTP von den Clients (z. B. von einem Browser) angesprochen, um auf Daten des Backend-Systems zugreifen zu können. Die Funktionen von SAP Gateway sind in SAP NetWeaver 7.5 enthalten, müssen jedoch zunächst aktiviert werden.

OData-Services

6.5.4 Setup des SAP Fiori Launchpads

Das SAP Fiori Launchpad ist der zentrale Einstieg für den Benutzer. Alle Fiori-Anwendungen, auf die der Benutzer Zugriff hat, werden dort übersichtlich dargestellt. Das Fiori Launchpad dient als Absprung in die einzelnen Fiori-Apps.

6.5.5 Trusted RFC Connection

Zwischen dem Frontend- und dem Backend-Server muss eine Vertrauensbeziehung in Form einer *Trusted RFC Connection* hergestellt werden. Dadurch muss sich ein Nutzer mit seinen Zugangsdaten lediglich am Frontend-Server authentifizieren. Ein anschließender Zugriff auf das Backend – um z. B. auf Daten im SAP-S/4HANA-System zuzugreifen – erfordert keine weitere Authentifizierung, da das Backend dem Frontend-Server »vertraut«.

Verbindung zwischen Frontend und Backend

Diese und abhängig von den Anforderungen weitere Konfigurationsschritte müssen zunächst auf dem Frontend-Server durchgeführt werden, um die Fiori-Oberflächen nutzen zu können.

6.5.6 Rollenzuordnung

Der letzte wesentliche Aspekt bei der Konfiguration der Fiori-Oberflächen ist die Zuordnung von entsprechenden Rollen zu Usern, um diesen den Zugriff auf die Fiori-Apps über das Fiori Launchpad zu ermöglichen. In diesem Zusammenhang sind *Kataloge*, *Gruppen* sowie *Rollen* relevant. Ein Katalog bündelt dabei eine Menge von einzelnen Fiori-Apps, auf die ein Benutzer grundsätzlich Zugriff haben soll. Gruppen dienen dazu, Startseiten im SAP Fiori Launchpad zu strukturieren, und verweisen ebenfalls auf eine oder mehrere Fiori-Apps.

Berechtigungsobjekte — Sowohl für die Kataloge als auch die Gruppen liefert die SAP Berechtigungsobjekte, die wiederum klassischen SAP-Rollen über die Transaktion PFCG im Frontend-Server zugewiesen werden können. Um einem Benutzer den Zugriff auf die Fiori-Apps zu ermöglichen, müssen Sie ihm eine PFCG-Rolle zuweisen, die die notwendigen Kataloge und Gruppen umfasst.

6.6 Zusammenfassung

In diesem Kapitel haben wir beschrieben, wie Sie ein SAP-S/4HANA-System in Betrieb nehmen können. Zunächst wurde hierbei auf mögliche Ausgangssituationen eingegangen. Da die meisten Kunden ein bestehendes SAP-ERP-System als Teil der SAP Business Suite auf das neue SAP-S/4HANA-System migrieren wollen, haben wir unsere Darstellung anschließend auf dieses Szenario beschränkt.

Im Folgenden fassen wir die Besonderheiten, die Arbeitsschritte sowie die Werkzeuge zur Migration in chronologischer Reihenfolge zusammen. Anhand der folgenden Schritte erhalten Sie einen abschließenden Überblick über den Weg zu SAP S/4HANA:

1. **Systemvoraussetzungen**
   Zunächst müssen Sie die Voraussetzungen für die Migration prüfen. Notwendige Bedingungen sind einerseits eine bereits erfolgte Umstellung auf Unicode, andererseits ein Dual-Stack-Split, sofern zuvor sowohl der ABAP- als auch der Java-Teil des SAP NetWeaver Application Servers genutzt wurde.

2. **Vorbereitung auf die SAP-HANA-Datenbank**
   Der nächste Schritt ist davon abhängig, ob SAP ERP bereits auf der HANA-Datenbank basiert (SAP Business Suite powered by SAP HANA) oder noch nicht. Ist Letzteres der Fall und ist bisher noch keine HANA-Datenbank im Einsatz, dann sollten Sie das System auf die Verwendung der HANA-Datenbank vorbereiten. Dabei sollten Sie das Thema Datenarchivierung betrachten: Da es sich bei SAP HANA um eine In-Memory-Datenbank handelt, die alle Daten

im Hauptspeicher vorhält, stellt die Datenmenge einen wesentlichen Kostenfaktor dar. Anders als bei einer physikalischen Speicherung auf Festplatten führen alle nicht genutzten Datensätze zu unnötig höheren Kosten für das System.

Der nächste Schritt bei der Vorbereitung auf die Migration auf SAP S/4HANA ist die Prüfung Ihrer eigenen Entwicklungen. Die spaltenorientierte Ablage der Daten in SAP HANA bringt insbesondere bei lesenden Zugriffen Performancevorteile mit sich. Diese Vorteile kommen jedoch nur dann zum Tragen, wenn auch das Coding in eigenen Entwicklungen entsprechend dafür optimiert wurde bzw. wenn häufige Zugriffsfehler entfernt wurden. Ist dies nicht der Fall, ist es möglich, dass die HANA-Datenbank ihr Potenzial nicht ausspielen kann.

3. **Einsatz des Maintenance Planners**
   Nachdem Sie die Voraussetzungen für SAP S/4HANA geschaffen und eine Optimierung des kundeneigenen Codings hinsichtlich SAP HANA durchgeführt haben, kommt der Maintenance Planner zum Einsatz. Er prüft die Kompatibilität, z. B. von installierten Add-ons, mit SAP S/4HANA. Ist derzeit noch keine Kompatibilität gegeben, wird die Migration unterbunden. Des Weiteren erstellt der Maintenance Planner unterschiedliche Daten, die als Input für den späteren Update-Prozess im Software Update Manager (SUM) benötigt werden.

4. **Durchführung von Pre-Checks**
   Die von SAP angebotenen Pre-Checks dienen zur Identifikation von Problemen, die zunächst behoben werden müssen, um eine Migration auf SAP S/4HANA durchführen zu können. Dazu werden die entsprechenden Hinweise, auf die die Simplification List verweist, in das System eingespielt. Wenn Sie die Pre-Checks ausführen, liefern diese eine Liste von betroffenen Themenbereichen.

5. **Durchführung von Custom Code Checks**
   Während die Pre-Checks eher die fachliche Verwendung von Themenbereichen im SAP-ERP-System untersuchen und diese hinsichtlich der Kompatibilität mit SAP S/4HANA prüfen, prüfen Sie mit den Custom Code Checks von Kunden selbst entwickelten Code sowie Erweiterungen, die Sie an Objekten vorgenommen haben, die für SAP S/4HANA relevant sind. Auch auf dieser Basis wird geprüft, inwieweit eine Kompatibilität gegeben ist. Ausgangspunkt der Checks ist die Simplification Database. Anhand

dieser Datenbank werden Informationen aus dem Ausgangssystem extrahiert und wie in Abschnitt 6.4 beschrieben mithilfe eines weiteren Systems analysiert. Das Ergebnis ist eine Liste der betroffenen Elemente, bei denen ein Anpassungsbedarf vorliegt.

6. **Nutzung des Software Update Managers (SUM) und der Database Migration Option (DMO)**
   Nachdem Sie die vorbereitenden Maßnahmen und Prüfungen durchgeführt haben, führen Sie schließlich die Migration durch. Diese ist im Detail davon abhängig, ob das Ausgangssystem bereits auf der HANA-Datenbank läuft oder nicht. Setzen Sie bereits SAP HANA ein, erfolgt die Migration auf SAP S/4HANA über den Software Update Manager. Wird bisher noch keine HANA-Datenbank verwendet, erfolgt die Migration über die Database Migration Option. Dieses Werkzeug ist ein spezieller Bestandteil des SUM und kann den Wechsel auf SAP HANA als Datenbank sowie auf die SAP-S/4HANA-Software in einem Schritt durchführen.

7. **Konfiguration von SAP Fiori**
   In Abschnitt 6.5 sind wir schließlich auf die Maßnahmen zur Verwendung der Fiori-Oberflächen eingegangen. SAP empfiehlt das Central Hub Deployment. Dabei werden die Fiori-Oberflächen auf einem separaten Frontend-Server auf der Basis von SAP NetWeaver 7.5 installiert. Um die Konfiguration der Benutzeroberflächen vorzunehmen, ist eine Reihe von Schritten erforderlich. Dazu gehören das Setup des Fiori Launchpads und die Verbindung mit dem SAP-S/4HANA-Backend-System. Im Anschluss konfigurieren Sie die Berechtigungen hinsichtlich der Fiori-Apps und weisen sie den Benutzern zu.

Abbildung 6.8 zeigt den Ablauf der Migration in einer Übersicht. Sie beginnt mit der Entscheidung, ob Unicode verwendet wird. Dann stellt sich die Frage nach dem Dual-Stack-System; schließlich müssen Sie entscheiden, ob die Migration via SUM oder DMO erfolgen soll.

Abschließend sei angemerkt, dass der Ablauf der Migration auf Basis der aktuellen Version SAP S/4HANA SP1511 (On-premise-Version) vorgestellt wurde. SAP S/4HANA ist ein neues Produkt, und SAP arbeitet intensiv daran, den Prozess der Migration für die Anwender möglichst einfach zu gestalten. Es kann daher nicht ausgeschlossen werden, dass sich die einzelnen Vorbedingungen, Schritte und Tools in Zukunft ändern werden. Wir raten Ihnen daher, vor der Planung

Ihrer Migration alle Informationsmaterialien von SAP gründlich zu studieren.

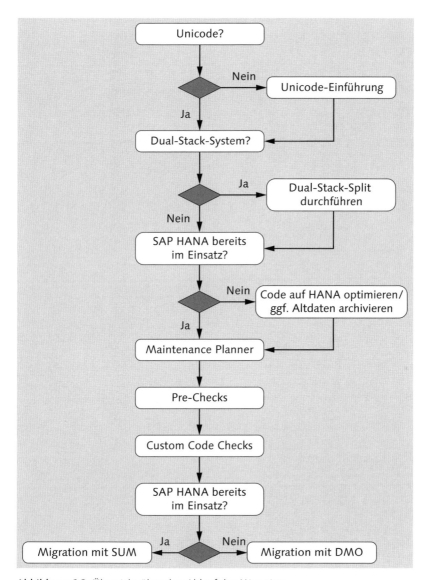

Abbildung 6.8 Übersicht über den Ablauf der Migration

Welchen Aufwand ein Einführungsprojekt tatsächlich verursacht, können Sie aus unseren theoretischen Erläuterungen in den vorherigen Kapiteln nur schwer ableiten. Anhand eines Praxisbeispiels zeigen wir Ihnen deshalb, welche Aktivitäten zur Einführung von SAP S/4HANA notwendig sind.

7 Praxisbeispiel: Einführung von SAP S/4HANA

Mit diesem Buch wollen wir Sie dabei unterstützen, die SAP-S/4HANA-Einführung in Ihrem Unternehmen vorzubereiten. Hierzu haben wir in den vorangegangenen Kapiteln dargelegt, welche Änderungen Sie in SAP S/4HANA im Vergleich zur SAP Business Suite erwarten und wie eine Installation bzw. Migration erfolgen kann. Die Erläuterungen haben wir stellenweise anhand von Beispielen verdeutlicht. In diesem Kapitel erfahren Sie nun, wie genau Sie einen Wechsel umsetzen. Wir führen Sie praxisnah durch den gesamten Migrationsprozess, damit Sie Besonderheiten, Werkzeuge und Problempotenziale einer SAP-S/4HANA-Einführung im Detail kennenlernen.

Zu diesem Zweck betrachten wir in Abschnitt 7.1 zunächst genauer, welche Vorarbeiten Sie für die Migration erledigen müssen. Zu Beginn stellen wir Ihnen die *Simplification List* und den *Conversion Guide* als wichtige Informationsquellen für die Migration vor. Anschließend zeigen wir am Beispiel der *Customer Vendor Integration*, welchen Arbeitsaufwand eine solche Vorarbeit verursachen kann und mit welchen Hilfsmitteln SAP Sie bei der Umsetzung unterstützt. Weiterhin stellen wir Ihnen in diesem Abschnitt die Prüfprogramme für die HANA-Migration, den Datenabgleich und die *Custom Code Checks* vor. Unser Ziel ist es, Ihnen einen Eindruck davon zu vermitteln, welche Besonderheiten im Vorfeld einer Migration zu SAP S/4HANA zu berücksichtigen sind und wie Sie diese Migration am besten vorbereiten können.

In Abschnitt 7.2, »Durchführung der Migration«, beschreiben wir, wie Sie die technische Migration an sich durchführen. In Abschnitt 7.2.1 stellen wir Ihnen den *Maintenance Planner* vor. Er führt Sie nicht nur durch die Planung Ihrer Migration, sondern unterstützt Sie auch bei der Überprüfung, ob Ihr System die Voraussetzungen für eine Migration erfüllt. Des Weiteren hilft er Ihnen beim Download der benötigten Installationsdateien. In Abschnitt 7.2.2 erläutern wir die Verwendung des *Software Update Managers* (SUM) und der *Database Migration Option* (DMO). Beide Werkzeuge geben Ihnen in Abhängigkeit von Ihrer Ausgangssituation Hilfestellung bei der Installation von SAP S/4HANA.

Wie Sie das neue User-Interface *SAP Fiori* bei sich zum Einsatz bringen können, erläutern wir in Abschnitt 7.3, »Konfiguration der Fiori-Oberflächen«. Dort leiten wir Sie zunächst durch die Schritte des technischen Konfigurationsprozesses und machen Sie anschließend mit der Ausgestaltung des neuen Rollenkonzeptes vertraut. Für beide Aspekte nennen wir hilfreiche Werkzeuge und wertvolle Informationsquellen, mit denen Sie den Konfigurationsaufwand zusätzlich reduzieren können. So nähern Sie sich dem Produktivbetrieb Ihres Systems um ein weiteres Stück.

Da die Einführung von SAP S/4HANA deutlich über den Umfang eines klassischen Updates hinausgeht, ist nach der Installation der Komponenten auch eine Migration Ihrer Daten erforderlich. Die hierzu notwendigen Arbeiten stellen wir Ihnen in Abschnitt 7.4, »Migration der Daten«, vor, und zwar unterteilt in die Phasen *Vorbereitung*, *Durchführung* und *Nachbereitung*.

In Abschnitt 7.4.4, »Zusätzliche Werkzeuge für die Datenmigration«, lernen Sie außerdem Werkzeuge kennen, die Sie bei der Umsetzung Ihrer Daten unterstützen können. Dieser Abschnitt liefert Ihnen wichtige Informationen darüber, wie Sie die Konsistenz Ihrer Daten bei einem Wechsel zu SAP S/4HANA sicherstellen können.

In Abschnitt 7.5 zeigen wir Ihnen, wie ein *Code Pushdown* erfolgt. Anhand eines konkreten Beispiels stellen wir die Coding-Unterschiede zwischen der klassischen ABAP- und der neuen Pushdown-Lösung gegenüber. Dabei lernen Sie Ansatzpunkte für Performancesteigerungen kennen.

7.1 Vorarbeiten für die Migration

Die Vorarbeiten zur Migration stellen sicher, dass die Migration später fehlerfrei abgeschlossen werden kann. Welche Maßnahmen erforderlich sind, können Sie aus verschiedenen Informationsquellen, wie der Simplification List oder dem Conversion Guide für SAP S/4HANA ableiten. Sie werden sehen, dass Sie frühzeitig handeln müssen, um eine Migration erfolgreich in die Wege leiten zu können.

7.1.1 Informationsquellen und Inhalte der Vorarbeiten

Ihre Grundlagen für die Vorarbeiten zur Migration sind die *Simplification List* sowie der *Conversion Guide for SAP S/4HANA*. Diese werden Ihnen online über die Webseite von SAP zur Verfügung gestellt (*https://help.sap.com/s4hana_op_1511*). In der Simplification List werden alle Änderungen detailliert beschrieben, die SAP S/4HANA mit sich bringt. Sie sollten diese deutlich vor dem Migrationszeitpunkt ausführlich prüfen, da die Liste Ihnen die wichtigsten Ansatzpunkte für eventuell notwendige Anpassungen Ihrer bisherigen Systemeinstellungen aufzeigt. Die Simplification List geht auch auf die Rahmenbedingungen ein, die sich für die unterstützten Softwarekomponenten ändern.

Simplification List und Conversion Guide

Mit dem *Conversion Guide for SAP S/4HANA* stellt SAP Ihnen hingegen Informationen über die wichtigsten Schritte zur Vorbereitung und Durchführung der Migration auf Applikationsebene zur Verfügung. Der Guide enthält sowohl Prüfungen, die zeitlich unmittelbar vor der Installation von SAP S/4HANA auszuführen sind, als auch Prüfungen, die in einem größeren Abstand zur Installation durchgeführt werden müssen. Er stellt einen Leitfaden zur operativen Durchführung der Migration auf SAP S/4HANA dar und liefert Ihnen Informationen zum Migrationsprozess, zu Werkzeugen und zu relevanten SAP-Hinweisen sowie zu manuellen Tätigkeiten.

Die Simplification List und der Conversion Guide überschneiden sich in einigen Bereichen: Beispielsweise führt der Conversion Guide zu einigen Punkten aus der Simplification List die operativen Schritte, SAP-Hinweise und Prüfreports auf. Die beiden Dokumente sind aber inhaltlich nicht deckungsgleich, sondern ergänzen sich. Der Conversion Guide konzentriert sich auf den Migrationsprozess. SAP-Komponenten, die nicht direkt für die Migration relevant sind, betrachtet er nicht.

Beispiele dafür könnten Anpassungen im Projektsystem (PS), in der CO-Planung oder in den Branchenlösungen sein. In der Simplification List hingegen werden die Vereinfachungen für jede SAP-Komponente für alle Bereiche angegeben. Sie müssen daher bei der Vorbereitung der Migration beide Dokumente berücksichtigen: Für die Prüfung der Rahmenbedingungen und den Abgleich mit Ihren Systemvoraussetzungen verwenden Sie die Simplification List und für die operative Vorbereitung und Durchführung der Migration den Conversion Guide.

Voraussetzungen im laufenden Betrieb

Zusätzlich zu den Systemvoraussetzungen und zur Prüfung der von Ihnen genutzten Komponenten müssen Sie für die zeitliche Planung auch verschiedene Voraussetzungen im laufenden Buchungsgeschäft berücksichtigen:

- Im Optimalfall haben Sie bereits den Jahresabschluss für das zurückliegende Geschäftsjahr durchgeführt.
- In der Anlagenbuchhaltung darf zwingend nur noch genau ein Geschäftsjahr geöffnet sein.
- Alle zurückliegenden Geschäftsjahre müssen in der Anlagenbuchhaltung geschlossen sein.
- Grundsätzlich kann die Migration unterjährig erfolgen; Sie müssen jedoch zuvor die Periodenabschlussaktivitäten ausführen. Dazu gehören unter anderem das Prüfen und Korrigieren von Verbuchungsabbrüchen, das Buchen von vorerfassten Belegen und das Ausführen von Allokationsläufen.
- Stellen Sie sicher, dass alle Schnittstellen und eingeplanten Jobs erfolgreich gelaufen sind und dass keine neuen Jobs eingeplant werden.
- In der Anlagenbuchhaltung führen Sie den Abschluss für die periodischen Anlagenbuchungen mit dem Programm RAPERB2000 aus, sofern Sie Bewertungsbereiche verwenden, die die Bestände periodisch ins Hauptbuch buchen. Es dürfen hier keine Bestandsbuchungen in der Anlagenbuchhaltung mehr vorhanden sein, die noch nicht ins Hauptbuch übernommen wurden, da das Programm RAPERB2000 nach der Migration nicht mehr genutzt werden kann.
- Es wird ein Neurechnen der Abschreibungen empfohlen, und der Abschreibungslauf muss ausgeführt werden.

▸ Wenn alle Buchungen abgeschlossen sind, sperren Sie die Perioden in den SAP-Komponenten FI, CO und MM.

7.1.2 Praxisbeispiel: Customer Vendor Integration

Wie bereits gesagt, liefert Ihnen die Simplification List Informationen darüber, wo Anpassungen an Ihrer Systemlandschaft und Ihren Systemeinstellungen vor einer Migration notwendig werden. Um diesen Anpassungsbedarf zuverlässig zu identifizieren, ist es notwendig, dass Sie Ihre spezifische Systemlandschaft, inklusive der eingesetzten Komponenten, mit der Simplification List abgleichen. Die identifizierten Problemfelder können dann in einzelnen Projekten bearbeitet werden. Diese Arbeiten müssen vor der Migration abgeschlossen sein. Eine frühzeitige Identifikation des Anpassungsbedarfs ist daher wichtig. Nehmen Sie also die Prüfung mit deutlich zeitlichem Abstand zur eigentlichen Migration vor.

Um Ihnen den Aufwand zu verdeutlichen, den ein vorgelagertes Projekt für Sie haben kann, stellen wir im Folgenden den Anpassungsbedarf für den in der Simplification List aufgeführten Geschäftspartneransatz in Form der *Customer Vendor Integration* (CVI) dar.

Wie wir bereits in Kapitel 5, »SAP S/4HANA in der Logistik«, beschrieben haben, sind verschiedene Ansätze für die Umsetzung der Customer Vendor Integration denkbar: getrennte Geschäftspartner für Kreditoren und Debitoren, einheitliche Geschäftspartner für Debitoren und Kreditoren oder ein hybrides Szenario in Abhängigkeit von Kreditoren- und Debitorengruppen.

Neuer Geschäftspartneransatz

Bei der Auswahl des für Sie geeigneten Szenarios müssen Sie jedoch berücksichtigen, wie Ihre bisherigen Nummernkreisintervalle für Debitoren und Kreditoren ausgestaltet sind. Es ist relevant, ob Sie für einzelne Bereiche eventuell schon den Geschäftspartneransatz nutzen und wie Sie Ihre Prozesse und Ihre Berechtigungssteuerung für die Pflege von Personenkonten ausgestaltet haben.

Die Empfehlung für die Customer Vendor Integration im Conversion Guide lautet, die Geschäftspartner nach Möglichkeit *nummerngleich* zu den Debitoren- und Kreditorenstammdaten anzulegen. Falls Sie bereits Debitoren und Kreditoren in Ihrem System angelegt haben, sind diese in der Regel nicht nummerngleich, und das ist problematisch: Hieraus resultiert ein erheblicher Mehraufwand, um die Debi-

Nummerngleichheit von Geschäftspartner und Debitor/Kreditor

toren und Kreditoren zu Einheitsgeschäftspartnern zusammenzuführen. Eine konsequente Nummerngleichheit von Geschäftspartner und Debitor sowie von Geschäftspartner und Kreditor kann zudem nicht eingehalten werden. Inhaltlich weniger aufwendig ist es bei einer solchen Konstellation, die Geschäftspartner 1:1 zu den Debitoren und Kreditoren anzulegen – auch wenn hierdurch ggf. Geschäftspartner doppelt im System vorhanden sind.

Geschäftspartnergruppierung

Darüber hinaus müssen Sie entscheiden, ob je Kreditorenkontengruppe und je Debitorenkontengruppe eine eigene *Geschäftspartnergruppierung* anlegt wird oder ob Sie ggf. mehrere Kontengruppen zu einer Geschäftspartnergruppierung zusammenfassen. Am einfachsten für Sie ist es, wenn Sie in einem vorgelagerten Projekt zur HANA-Migration für jede Debitoren- und Kreditorenkontengruppe eine eigene Geschäftspartnergruppierung anlegen.

Customizing der Synchronisation

Um die Geschäftspartner zu Ihren bestehenden Debitoren und Kreditoren initial anzulegen, nehmen Sie zunächst das Customizing für die Synchronisation Debitor → Geschäftspartner und Kreditor → Geschäftspartner vor. Anschließend müssen Sie entscheiden, ab wann die Pflege der Personenkonten zentral über die Geschäftspartnerstammdaten erfolgen soll. Spätestens mit der Installation von SAP S/4HANA muss dies geschehen, da ab diesem Zeitpunkt die Pflegetransaktionen für Debitoren- und Kreditorenstammsätze nicht mehr genutzt werden können. Aus diesem Grund müssen Sie dann auch zusätzlich noch das Customizing für die umgekehrte Richtung Geschäftspartner → Debitor bzw. Geschäftspartner → Kreditor vornehmen.

Diese theoretischen Darstellungen werden im Folgenden an einem Beispiel veranschaulicht.

Praxisbeispiel: Debitorenkontengruppe

Gestaltung der Nummernkreisintervalle

In unserem Beispiel erläutern wir anhand der bestehenden Debitorenkontengruppe DEBI, wie die Nummernkreisintervalle für die Customer Vendor Integration ausgestaltet werden sollten. Dabei setzen wir voraus, dass die im System bereits vorhandene exemplarische Debitorenkontengruppe DEBI das Nummernkreisintervall 10 mit interner Nummernvergabe verwendet (siehe Tabelle 7.1). Die entsprechenden Geschäftspartner sollen nummerngleich zu den Debitoren in der Geschäftspartnergruppierung DEBI angelegt werden.

Debitoren-kontengruppe	Nummern-kreisintervall	Von-Nummer	Bis-Nummer	Nummernstand	Externe Nummernvergabe
DEBI	10	10000000	10999999	10006039	leer

Tabelle 7.1 Debitorenkontengruppe DEBI I

Zunächst müssen Sie nun die »Bis-Nummer« des Nummernkreisintervalls so begrenzen, dass diese den aktuellen Nummernstand noch umfasst, zugleich aber deutlich herabgesetzt wird. Das Ziel dabei ist es, dass ein Intervall aus den verbleibenden Nummern entsteht, das Sie später für die Synchronisation Geschäftspartner → Debitor benutzen können. Das Resultat dieser Änderung ist in Tabelle 7.2 hervorgehoben dargestellt.

Bis-Nummer anpassen

Debitoren-kontengruppe	Nummern-kreisintervall	Von-Nummer	Bis-Nummer	Nummernstand	Externe Nummernvergabe
DEBI	10	10000000	**10199999**	10006039	leer

Tabelle 7.2 Debitorenkontengruppe DEBI II

Anschließend ist es notwendig, zur Debitorenkontengruppe DEBI eine passende Geschäftspartnergruppierung anzulegen. Aus Gründen der Nachvollziehbarkeit und um spätere Verwechslungen durch Ihre Mitarbeiter auszuschließen, sollte diese Geschäftspartnergruppierung ebenfalls DEBI genannt werden. Für die Geschäftspartnergruppierung DEBI müssen Sie dann ein Nummernkreisintervall anlegen, das dem Nummernkreisintervall der Debitorenkontengruppe DEBI entspricht. Bei der Pflege dieser Einstellungen müssen Sie weiterhin für die Geschäftspartnergruppierung die externe Nummernvergabe aktivieren. In der Stammdatensynchronisation zwischen Debitor → Geschäftspartner wird dann beim Anlegen eines Kunden mit Nummerngleichheit für den Geschäftspartner die Nummer des Debitors übernommen. Die beschriebene Konfiguration ist unter Hervorhebung der externen Nummernvergabe in Tabelle 7.3 dargestellt.

Geschäftspartnergruppierung anlegen

GP-Gruppierung	Nummern-kreisintervall	Von-Nummer	Bis-Nummer	Nummernstand	Externe Nummernvergabe
DEBI	10	10000000	10199999	0	**X**

Tabelle 7.3 Geschäftspartnergruppierung DEBI a

Synchronisation aktivieren

Die Pflege des Customizings für die Customer Vendor Integration erfolgt für die Synchronisation Debitor → Geschäftspartner über das Synchronisationscockpit. Hierbei werden zugleich zu den Debitoren die passenden Geschäftspartnerstammdaten angelegt. (Weitere Informationen zu den Customizing-Stellen und zum Synchronisationscockpit folgen aus Gründen der Übersichtlichkeit erst nach der Darstellung der Prüfprogramme für das Customizing im weiteren Verlauf dieses Abschnitts.)

Wenn alle Debitoren der Kontengruppe DEBI mit einem Geschäftspartner verknüpft sind, müssen Sie die Richtung der Stammdatensynchronisation umkehren. Sie aktivieren folglich die Synchronisation zwischen Geschäftspartner → Debitor und nehmen die Stammdatenpflege nun über den Geschäftspartner als Einstiegsobjekt vor. Hierbei ist es wichtig, dass bei nummerngleichen Stammdaten der Geschäftspartner führend für die Nummernvergabe ist und der Debitor die Nummer des Geschäftspartners übernimmt – der Debitorenkontengruppe DEBI muss daher ein Nummernkreisintervall mit externer Nummernvergabe zugeordnet werden. Da in dem bereits bestehenden Nummernkreisintervall ein Wechsel von interner Nummernvergabe zu externer Nummernvergabe nicht mehr möglich ist, müssen Sie ein neues Nummernkreisintervall D0 mit externer Nummernvergabe anlegen und der Debitorenkontengruppe zuordnen. Tabelle 7.4 veranschaulicht die hierzu notwendigen Einstellungen.

Debitoren-kontengruppe	Nummern-kreisintervall	Von-Nummer	Bis-Nummer	Nummernstand	Externe Nummernvergabe
DEBI	D0	10200000	10999999	0	X

Tabelle 7.4 Debitorenkontengruppe DEBI III

Für die Geschäftspartnergruppierung DEBI legen Sie zugleich ebenfalls das Nummernkreisintervall D0 an. Hierbei wird allerdings die interne Nummernvergabe aktiviert (siehe Tabelle 7.5).

GP-Gruppierung	Nummern-kreisintervall	Von-Nummer	Bis-Nummer	Nummernstand	Externe Nummernvergabe
DEBI	D0	10200000	10999999	0	leer

Tabelle 7.5 Geschäftspartnergruppierung DEBI b

Die Einstellungen müssen Sie analog für Ihre Kreditorengruppen und -nummernkreise vornehmen. Je nach Zielsetzung Ihres Projekts ist zudem eine Modifikation des vorgeschlagenen Vorgehens sinnvoll und notwendig.

So viel zu der inhaltlichen Darstellung. Im folgenden Abschnitt stellen wir die konkreten Customizing-Aktivitäten bei der Customer Vendor Integration vor.

Customizing der Customer Vendor Integration

Das Customizing für die Kunden- bzw. Debitorenstammdaten finden Sie im SAP-Einführungsleitfaden unter LOGISTIK ALLGEMEIN • GESCHÄFTSPARTNER • KUNDEN • STEUERUNG (siehe Abbildung 7.1). Hier nehmen Sie insbesondere die Einstellungen für die Nummernkreise der Debitorenstammdaten vor und ordnen diese den Debitorenkontengruppen zu.

Customizing der Stammdaten

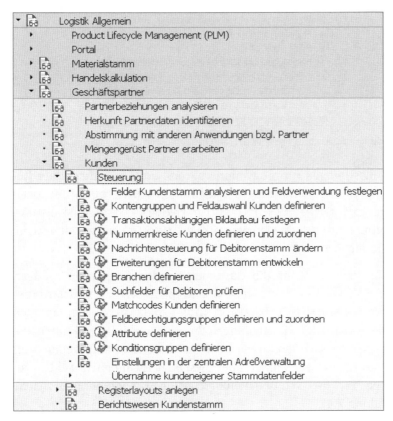

Abbildung 7.1 Customizing der Kundenstammdaten

Das Customizing für die Lieferanten- bzw. Kreditorenstammdaten finden Sie im SAP-Einführungsleitfaden unter LOGISTIK ALLGEMEIN • GESCHÄFTSPARTNER • LIEFERANTEN • STEUERUNG (siehe Abbildung 7.2). An dieser Stelle können Sie insbesondere die Einstellungen für die Nummernkreise der Kreditorenstammdaten vornehmen und diese den Kreditorenkontengruppen zuordnen.

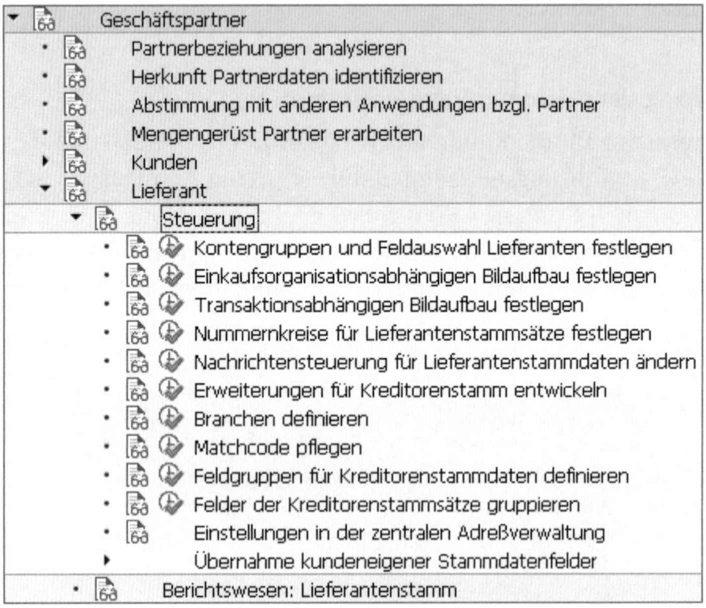

```
▼ 📁 Geschäftspartner
     • 📁   Partnerbeziehungen analysieren
     • 📁   Herkunft Partnerdaten identifizieren
     • 📁   Abstimmung mit anderen Anwendungen bzgl. Partner
     • 📁   Mengengerüst Partner erarbeiten
     ▸ 📁   Kunden
     ▼ 📁   Lieferant
           ▼ 📁   Steuerung
                 • 📁 ⊕   Kontengruppen und Feldauswahl Lieferanten festlegen
                 • 📁 ⊕   Einkaufsorganisationsabhängigen Bildaufbau festlegen
                 • 📁 ⊕   Transaktionsabhängigen Bildaufbau festlegen
                 • 📁 ⊕   Nummernkreise für Lieferantenstammsätze festlegen
                 • 📁 ⊕   Nachrichtensteuerung für Lieferantenstammdaten ändern
                 • 📁 ⊕   Erweiterungen für Kreditorenstamm entwickeln
                 • 📁 ⊕   Branchen definieren
                 • 📁 ⊕   Matchcode pflegen
                 • 📁 ⊕   Feldgruppen für Kreditorenstammdaten definieren
                 • 📁 ⊕   Felder der Kreditorenstammsätze gruppieren
                 • 📁     Einstellungen in der zentralen Adreßverwaltung
                 ▸       Übernahme kundeneigener Stammdatenfelder
           • 📁   Berichtswesen: Lieferantenstamm
```

Abbildung 7.2 Customizing der Lieferantenstammdaten

Customizing der Nummernkreise

Die Einstellungen für die Nummernkreise der Geschäftspartner finden Sie im SAP-Einführungsleitfaden unter ANWENDUNGSÜBERGREIFENDE KOMPONENTEN • SAP-GESCHÄFTSPARTNER • GESCHÄFTSPARTNER • GRUNDEINSTELLUNGEN • NUMMERNKREISE UND GRUPPIERUNGEN (siehe Abbildung 7.3).

Die Einstellungen für die Customer Vendor Integration erfolgen unter ANWENDUNGSÜBERGREIFENDE KOMPONENTEN • STAMMDATENSYNCHRONISATION • CUSTOMER-VENDOR-INTEGRATION. Hier nehmen Sie die notwendigen Einstellungen für die Zuordnung von Geschäftspartnerrollen zu Debitoren- oder Kreditorenkontengruppen vor. Darüber hinaus ist es Ihnen über diesen Dialog möglich, Feldzuordnungen für die Stammdatenübertragungen vorzunehmen (siehe Abbildung 7.4).

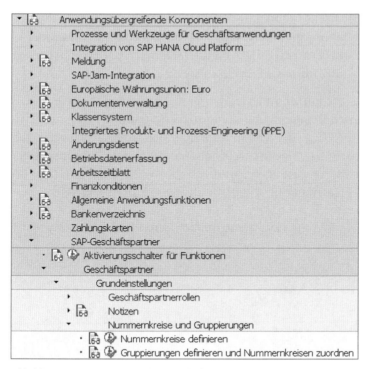

Abbildung 7.3 Customizing der Geschäftspartner

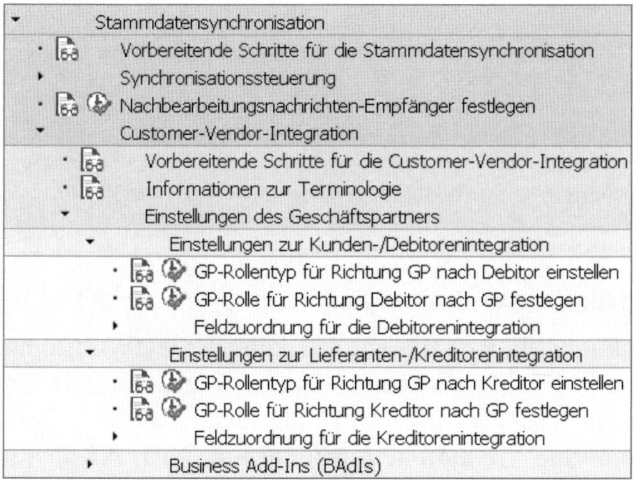

Abbildung 7.4 Customizing der Customer Vendor Integration

Die Synchronisationssteuerung finden Sie im Customizing unter ANWENDUNGSÜBERGREIFENDE KOMPONENTEN • STAMMDATENSYNCHRONISATION • SYNCHRONISATIONSSTEUERUNG • SYNCHRONISATIONSOPTIONEN

Customizing der Synchronisationssteuerung

AKTIVIEREN (siehe Abbildung 7.5). Sie aktivieren hier zunächst die Synchronisationsoptionen Kunden → Geschäftspartner (Customer → BP, Business Process CVI_01) und Lieferant → Geschäftspartner (Vendor → BP, Business Process CVI_02).

Wenn Sie das initiale Anlegen der Geschäftspartner zu Ihren bereits vorhandenen Debitoren und Kreditoren erfolgreich abgeschlossen haben und die Pflege der Stammdaten über den Geschäftspartner erfolgen soll, aktivieren Sie die Synchronisationsoptionen Geschäftspartner → Kunde (BP → Customer, Business Process CVI_03) und Geschäftspartner → Lieferant (BP → Vendor, Business Process CVI_04).

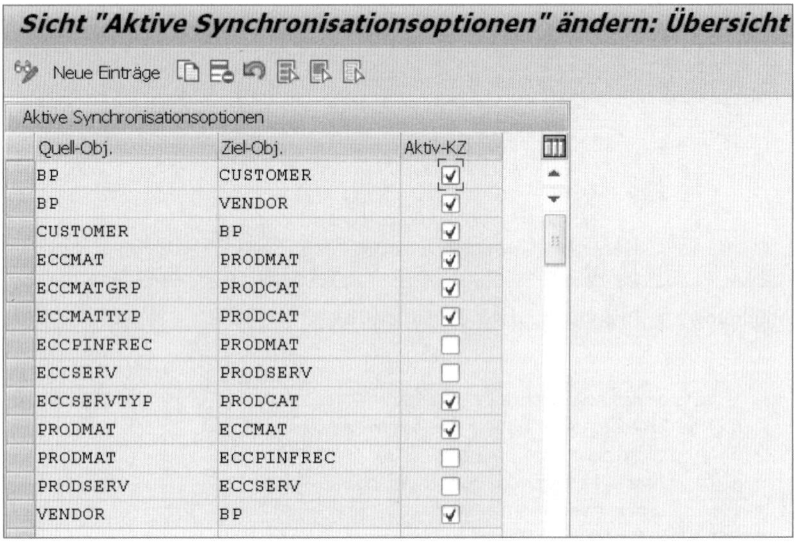

Quell-Obj.	Ziel-Obj.	Aktiv-KZ
BP	CUSTOMER	✓
BP	VENDOR	✓
CUSTOMER	BP	✓
ECCMAT	PRODMAT	✓
ECCMATGRP	PRODCAT	✓
ECCMATTYP	PRODCAT	✓
ECCPINFREC	PRODMAT	☐
ECCSERV	PRODSERV	☐
ECCSERVTYP	PRODCAT	✓
PRODMAT	ECCMAT	✓
PRODMAT	ECCPINFREC	☐
PRODSERV	ECCSERV	☐
VENDOR	BP	✓

Abbildung 7.5 Aktivieren der Synchronisationsoptionen der Customer Vendor Integration

Prüfprogramm für das CVI-Customizing

Mit der Transaktion CVI_FS_CHECK_CUST können Sie die Customizing-Einstellungen für die Customer Vendor Integration prüfen. Diese Transaktion erlaubt es Ihnen, die allgemeinen Einstellungen sowie Debitoren- und Kreditoreneinstellungen zu überprüfen. Außerdem ist auch ein direkter Absprung in die Customizing-Punkte möglich, die für die Customer Vendor Integration relevant sind. Abbildung 7.6 veranschaulicht den Funktionsumfang des Reports; Sie sehen dort das Selektionsbild.

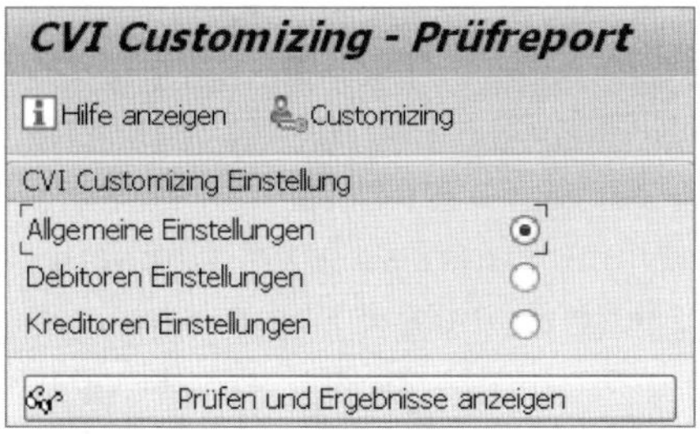

Vorarbeiten für die Migration | 7.1

![CVI Customizing - Prüfreport Dialog]

Abbildung 7.6 Prüfreport für das CVI-Customizing

Die Prüfungsübersicht für die allgemeinen Einstellungen der Customer Vendor Integration in Abbildung 7.7 zeigt, für welche Richtungen die Customer Vendor Integration aktiv ist (z. B. Geschäftspartner → Debitor) und welche Geschäftsprozesse für die Synchronisation der Stammdaten aktiviert wurden (z. B. Business Process CVI_01 Debitor → Geschäftspartner). Für Sie sind insbesondere die Nachrichten im Abschnitt PROTOKOLL relevant. Hier werden Meldungen zu noch fehlenden Customizing-Einstellungen ausgegeben, wie z. B. eine fehlende Zuordnung der Nummernvergaben für die Übertragung der Debitorenstammdaten als Geschäftspartner.

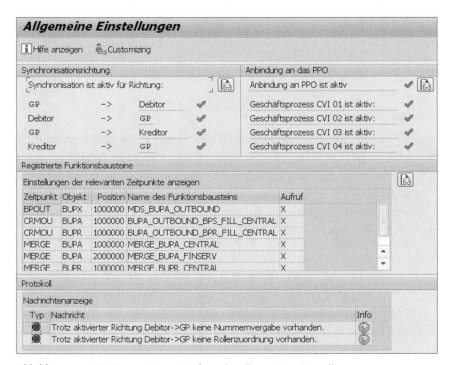

Abbildung 7.7 CVI-Customizing – Prüfung der allgemeinen Einstellungen

Debitoren- und Kreditoreneinstellungen prüfen

Der Prüfreport kann darüber hinaus auch speziell für die Einstellungen der Debitoren bzw. die Einstellungen der Kreditoren gestartet werden. Hier erhalten Sie eine Übersicht darüber, welche Geschäftspartnergruppierung welcher Kontengruppe für Debitoren bzw. Kreditoren zugeordnet ist, welche Nummernkreise jeweils hinterlegt sind und ob diese eine externe oder eine interne Nummernvergabe haben. Zusätzlich erhalten Sie Informationen zu den Geschäftspartnerrollen und den zugeordneten Kontengruppen. In Abbildung 7.8 sehen Sie einen Ausschnitt aus der Übersicht der Prüfung der Debitoreneinstellungen. Er zeigt die Einstellungen der Geschäftspartnergruppierungen für die Richtung Debitor → Geschäftspartner.

Einstellungen der Geschäftspartner-Gruppierungen anzeigen									
GP Gruppe	Beschreibung	Num. Kr.	ext	Richtung	Kontengruppe Debitor	Beschreibung	Num. Kr.	ext	gleiche Nr.
CPD	Conto pro Diver	18	X	⇐	CPD	Conto pro Diverse allgemein	18		
DEBI	Debitorn AR-Too	D0		⇐	DEBI	Debitorn AR-Tool	D0	X	X
DEBS	Debitor Sonstig	D3		⇐	DEBS	Debitor Sonstiges	D3	X	X
DEVS	Debitor Ford au	D9		⇐	DEVS	Debitor Ford aus Vollstreckung	D9	X	X
DSTE	Debitoren ext.	D2		⇐	DSTE	Debitoren ext. Dienststellen	D2	X	X
SSTE	Debitoren Schni	AB	X	⇐	SSTE	Debitoren Schnittstellen	XX	X	X

Abbildung 7.8 CVI-Customizing – Prüfung der Debitoreneinstellungen

Wenn die Customizing-Einstellungen für die CVI vollständig sind, können Sie im nächsten Schritt die bereits in Ihrem System vorhandenen Kreditoren- und Debitorenstammdaten als Geschäftspartner anlegen. Hierzu steht Ihnen das Synchronisationscockpit zur Verfügung.

Synchronisationscockpit

Synchronisationsprozess auswählen

Sie starten das *Synchronisationscockpit* für die Customer Vendor Integration mit der Transaktion MDS_LOAD_COCKPIT. Wählen Sie zunächst den Synchronisationsprozess Kunde → Geschäftspartner bzw. Lieferant → Geschäftspartner aus, um Ihre Debitoren- bzw. Kreditorenstammdaten als Geschäftspartner anzulegen (siehe Abbildung 7.9).

In Abbildung 7.10 sehen Sie die Selektionsmaske des Synchronisationscockpits für den Synchronisationsprozess Kunde → Geschäftspartner für die Debitorenintegration. Sie können die Stammdaten, die übertragen werden sollen, anhand der Kontengruppe oder der Debitorennummern selektieren. Da die Option TESTLAUF für den Synchronisationsprozess Kunde → Geschäftspartner nicht zur Verfügung steht (das entsprechende Feld ist inaktiv), können Sie zu Testzwecken ggf. zunächst einen Stammsatz übertragen und prüfen.

Über die Registerkarte MONITOR können Sie sich den Status der Übertragung anzeigen lassen.

Abbildung 7.9 Auswahl des Synchronisationsprozesses für die CVI

Abbildung 7.10 CVI-Synchronisation – Debitor → Geschäftspartner

Mithilfe des Synchronisationscockpits legen Sie initial die Geschäftspartner zu allen bereits vorhandenen Debitoren und Kreditoren an. Anschließend werden über die Stammdatensynchronisation die Debitoren sowie die Kreditoren und Geschäftspartner automatisch synchronisiert, sofern Sie die Synchronisationssteuerung im Customizing entsprechend eingestellt haben.

Prüfprogramm für die Geschäftspartnerkonvertierung

Mit SAP-Hinweis 2210486 stellt SAP Ihnen außerdem einen Report für die Prüfung der Geschäftspartnerkonvertierung zur Verfügung. Dieser muss im kundeneigenen Namensraum als Z-Programm implementiert werden (z. B. Z_s4_Hana_check_CVI). Mithilfe des Programms können Sie überprüfen, ob für alle Kunden- und Lieferantenstammsätze die für die HANA-Migration zwingend erforderliche Verknüpfung zu einem Geschäftspartnerstammsatz vorhanden ist. Ein weiterer Bestandteil ist der Prüfmechanismus, ob alle Geschäftspartner in der Kunden- oder Lieferantenrolle mit einem Debitoren- bzw. Kreditorenstammsatz verknüpft sind.

Warn- und Abbruchsmeldungen
Das Programm gibt Ihnen die Nummern der Personenkonten aus, für die die Zuordnungen in der Customer Vendor Integration noch nicht vollständig sind – Warnmeldungen erhalten den Returncode 4, Abbruchsmeldungen den Returncode 12.

Die Ursachen der Abbruchsmeldungen müssen Sie zwingend vor der HANA-Migration beheben. Beispielsweise wird für jeden Debitoren- und Kreditorenstammsatz, zu dem keine Verknüpfung mit einem Geschäftspartnerstammsatz existiert, die Abbruchsmeldung CVI_MAPPING ausgegeben, die Sie in Abbildung 7.11 sehen.

Ein weiteres Beispiel für eine Abbruchsmeldung ist die Meldung CHK_CONT_MAP. Sie wird ausgegeben, wenn die Ansprechpartnerverknüpfung für die Debitoren- und Kreditoren nicht der Ansprechpartnerverknüpfung der Geschäftspartner entspricht (also bei Inkonsistenzen zwischen den Tabellen CVI_CUST_CT_LINK und CVI_VEND_CT_LINK sowie der Tabelle KNVK – Kundenstamm Ansprechpartner). Die Migration ist erst dann möglich, wenn in diesem Report kein Returncode größer gleich 4 ausgegeben wird.

S4 HANA Prüfungen CVI Customer Vendor Integration

Checkid	Description	ReturnCode
CHK_BP_ROLE	CPD Customer Account group is not maintained in table CVIC_CUST_TO_BP2 in client 100 kindly refer note 2210486	4
CHK_BP_ROLE	DEBS Customer Account group is not maintained in table CVIC_CUST_TO_BP2 in client 100 kindly refer note 2210486	4
CHK_BP_ROLE	DSTE Customer Account group is not maintained in table CVIC_CUST_TO_BP2 in client 100 kindly refer note 2210486	4
CHK_BP_ROLE	CPD Customer Account group is not maintained in table CVIC_CUST_TO_BP2 in client 100 kindly refer note 2210486	4
CHK_BP_ROLE	DEVS Customer Account group is not maintained in table CVIC_CUST_TO_BP2 in client 100 kindly refer note 2210486	4
CHK_BP_ROLE	SSTE Customer Account group is not maintained in table CVIC_CUST_TO_BP2 in client 100 kindly refer note 2210486	4
CHK_BP_ROLE	SSTE Customer Account group is not maintained in table CVIC_CUST_TO_BP2 in client 100 kindly refer note 2210486	4
CHK_BP_ROLE	SSTE Customer Account group is not maintained in table CVIC_CUST_TO_BP2 in client 100 kindly refer note 2210486	4
CHK_BP_ROLE	SSTE Customer Account group is not maintained in table CVIC_CUST_TO_BP2 in client 100 kindly refer note 2210486	4
CHK_BP_ROLE	FINA Vendor Account Group is not maintained in table CVIC_VEND_TO_BP2 in client 100 kindly refer note 2210486	4
CHK_BP_ROLE	PERF Vendor Account Group is not maintained in table CVIC_VEND_TO_BP2 in client 100 kindly refer note 2210486	4
CHK_BP_ROLE	PERF Vendor Account Group is not maintained in table CVIC_VEND_TO_BP2 in client 100 kindly refer note 2210486	4
CHK_BP_ROLE	PERF Vendor Account Group is not maintained in table CVIC_VEND_TO_BP2 in client 100 kindly refer note 2210486	4
CHK_BP_ROLE	PERH Vendor Account Group is not maintained in table CVIC_VEND_TO_BP2 in client 100 kindly refer note 2210486	4
CHK_BP_ROLE	PERH Vendor Account Group is not maintained in table CVIC_VEND_TO_BP2 in client 100 kindly refer note 2210486	4
CHK_BP_ROLE	PERH Vendor Account Group is not maintained in table CVIC_VEND_TO_BP2 in client 100 kindly refer note 2210486	4
CHK_BP_ROLE	PERH Vendor Account Group is not maintained in table CVIC_VEND_TO_BP2 in client 100 kindly refer note 2210486	4
CHK_BP_ROLE	PERH Vendor Account Group is not maintained in table CVIC_VEND_TO_BP2 in client 100 kindly refer note 2210486	4
CHK_BP_ROLE	PERH Vendor Account Group is not maintained in table CVIC_VEND_TO_BP2 in client 100 kindly refer note 2210486	4
CHK_BP_ROLE	PERH Vendor Account Group is not maintained in table CVIC_VEND_TO_BP2 in client 100 kindly refer note 2210486	4
CHK_BP_ROLE	PERH Vendor Account Group is not maintained in table CVIC_VEND_TO_BP2 in client 100 kindly refer note 2210486	4
CHK_BP_ROLE	BEIH Vendor Account Group is not maintained in table CVIC_VEND_TO_BP2 in client 100 kindly refer note 2210486	4
CHK_BP_ROLE	BEIH Vendor Account Group is not maintained in table CVIC_VEND_TO_BP2 in client 100 kindly refer note 2210486	4
CHK_BP_AC	CPD Customer account group is not maintained in table CVIC_CUST_TO_BP1 in client 100 kindly refer note 2210486	4
CHK_BP_AC	DEBS Customer account group is not maintained in table CVIC_CUST_TO_BP1 in client 100 kindly refer note 2210486	4
CHK_BP_AC	DSTE Customer account group is not maintained in table CVIC_CUST_TO_BP1 in client 100 kindly refer note 2210486	4
CHK_BP_AC	CPD Customer account group is not maintained in table CVIC_CUST_TO_BP1 in client 100 kindly refer note 2210486	4
CHK_BP_AC	DEVS Customer account group is not maintained in table CVIC_CUST_TO_BP1 in client 100 kindly refer note 2210486	4
CHK_BP_AC	SSTE Customer account group is not maintained in table CVIC_CUST_TO_BP1 in client 100 kindly refer note 2210486	4
CHK_BP_AC	SSTE Customer account group is not maintained in table CVIC_CUST_TO_BP1 in client 100 kindly refer note 2210486	4
CHK_BP_AC	SSTE Customer account group is not maintained in table CVIC_CUST_TO_BP1 in client 100 kindly refer note 2210486	4
CHK_BP_AC	SSTE Customer account group is not maintained in table CVIC_CUST_TO_BP1 in client 100 kindly refer note 2210486	4
CVI_MAPPING	0010000000 is not having CVI mapping check the table CVI_CUST_LINK in client 100 kindly refer note 2210486	12
CVI_MAPPING	0010000001 is not having CVI mapping check the table CVI_CUST_LINK in client 100 kindly refer note 2210486	12
CVI_MAPPING	0010000002 is not having CVI mapping check the table CVI_CUST_LINK in client 100 kindly refer note 2210486	12
CVI_MAPPING	0010000003 is not having CVI mapping check the table CVI_CUST_LINK in client 100 kindly refer note 2210486	12
CVI_MAPPING	0010000004 is not having CVI mapping check the table CVI_CUST_LINK in client 100 kindly refer note 2210486	12
CVI_MAPPING	0010000005 is not having CVI mapping check the table CVI_CUST_LINK in client 100 kindly refer note 2210486	12
CVI_MAPPING	0010000006 is not having CVI mapping check the table CVI_CUST_LINK in client 100 kindly refer note 2210486	12
CVI_MAPPING	0010000007 is not having CVI mapping check the table CVI_CUST_LINK in client 100 kindly refer note 2210486	12
CVI_MAPPING	0010000008 is not having CVI mapping check the table CVI_CUST_LINK in client 100 kindly refer note 2210486	12

Abbildung 7.11 Prüfungen für die Customer Vendor Integration

7.1.3 Prüfprogramme für die Migration auf SAP HANA

Im Rahmen der Vorbereitung der Migration Ihrer Daten auf SAP HANA stehen Ihnen verschiedene Prüfprogramme zur Verfügung. Mit ihnen können Sie feststellen, ob Ihr System die notwendigen Voraussetzungen für die Migration erfüllt. Die Prüfprogramme werden in Form von SAP-Hinweisen über das SAP Support Portal bereitgestellt. Sie müssen auf jedem Ihrer Systeme separat ausgeführt werden – unabhängig davon, ob es sich um Entwicklungs-, Qualitätssicherungs- oder Produktivsysteme handelt. Zudem sollten Sie darauf achten, dass immer die neueste Version der Prüfprogramme auf Ihren Systemen vorhanden ist. Im Folgenden stellen wir einige dieser Prüfprogramme vor. Sie erleichtern Ihnen die Vorarbeiten zur Migration, indem sie Problemfelder aufdecken und die Wirksamkeit der von Ihnen ergriffenen Maßnahmen direkt bewerten.

Voraussetzungen für die Migration

Die notwendigen Prüfungen orientieren sich an der Simplification List, in der zu jedem SAP-S/4HANA-Release die entsprechenden

Conversion Pre-Checks

Änderungen im Vergleich zur SAP Business Suite detailliert beschrieben werden. In der Simplification List beschreibt SAP nicht nur, was es mit den Änderungen auf sich hat, sondern verweist auch auf die sogenannten *Pre-Checks*. Diese Pre-Checks werden in Form von SAP-Hinweisen zur Verfügung gestellt. Durch das Einspielen der Hinweise werden die entsprechenden Prüfroutinen in Form von SAP-Reports in das zu migrierende System importiert.

Abbildung 7.12 zeigt ein Beispiel dafür, wie in der Simplification List auf SAP-Hinweise verwiesen wird. In vielen Abschnitten der Simplification List finden Sie ähnliche Verweise auf die zugehörigen Hinweisnummern unterhalb der jeweiligen inhaltlichen Beschreibung der Änderungen.

2.1.10.3.4 Related SAP Notes	
Conversion Pre-Checks	SAP Note: 2194618 SAP Note: 2129306
Custom Code related information	SAP Notes: 1804812

Abbildung 7.12 Verweis auf SAP-Hinweise aus der Simplification List

Im SAP Support Portal finden Sie Details zu den einzelnen Hinweisen. Abbildung 7.13 zeigt die Beschreibung zu SAP-Hinweis 2129306.

Abbildung 7.13 Beispiel: SAP-Hinweis für einen Conversion Pre-Check

Das Einspielen dieses Hinweises führt dazu, dass der Report FINS_MIG_PRECHECK_CUST_SETTNGS im System zur Verfügung gestellt wird. Der Report prüft, wie im Hinweis beschrieben, die Konsistenz der Einstellungen in SAP ERP hinsichtlich Ledger, Buchungskreis und Kostenrechnungskreis und gibt Auskunft darüber, ob eine Migration möglich ist. Abbildung 7.14 zeigt das Ergebnis des Reports für den Fall, dass die Prüfung erfolgreich durchgeführt wurde.

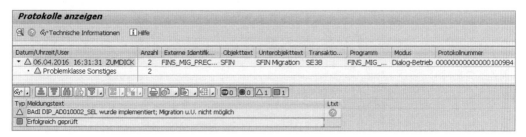

Abbildung 7.14 Beispiel: Ergebnis des Conversion Pre-Checks

Der Report R_S4_PRE_TRANSITION_CHECKS beinhaltet die zentralen Prüfungen für die Vorbereitungen der HANA-Migration. Der Report kann separat gestartet werden.

Alternativ wird er aber auch automatisch bei der Migration mithilfe des *Software Update Managers* (SUM) aufgerufen. Treten hierbei Fehlermeldungen auf, kann die Migration nicht gestartet werden – die Beseitigung der Fehlerquellen stellt somit eine notwendige Vorarbeit für die Migration dar.

Software Update Manager

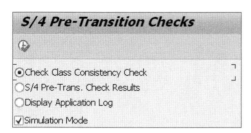

Abbildung 7.15 Das Prüfprogramm »S/4 Pre-Transition Checks«

Abbildung 7.15 zeigt den Funktionsumfang des Reports, der sich durch die Überprüfung der Klassenkonsistenz, das Durchführen der eigentlichen Prüfung, die Ausgabe des Log-Files sowie einen Simulationsmodus auszeichnet. Die Kontrolle der Prüfklassen auf Konsistenz und Vollständigkeit stellt den ersten Schritt des Prüfverfahrens

Klassenkonsistenz prüfen

dar, den Sie durchführen müssen. Sein Ergebnis ist in Abbildung 7.16 dargestellt. Falls die Prüfklassen nicht vollständig sind, bietet SAP Ihnen eine Hilfestellung in Form von SAP-Hinweisen.

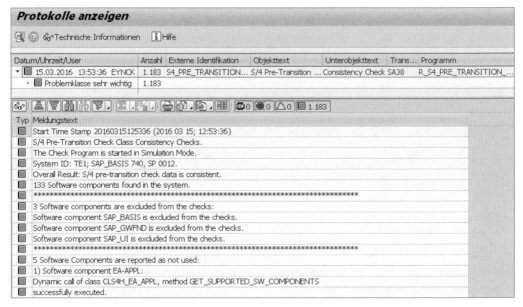

Abbildung 7.16 Protokoll zur Prüfung der Klassenkonsistenz

Sofern alle Prüfklassen vollständig sind, können Sie den eigentlichen Report starten. Dann werden die zentralen Prüfungen der Voraussetzungen für SAP S/4HANA ausgeführt (siehe Abbildung 7.17).

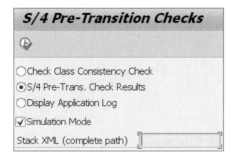

Abbildung 7.17 Start der »S/4 Pre-Transition Checks«

Fehlerprotokoll der Pre-Checks Der Report greift dabei die in der Simplification List beschriebenen Voraussetzungen für die Migration auf und stellt deren Erfüllung sicher. Hierzu werden verschiedene Softwarekomponenten geprüft, z. B. ob bei Ihnen bislang ERP-System und SRM-Server auf einem

System installiert sind. Da dieses Szenario laut Simplification List unter SAP S/4HANA nicht mehr vorgesehen ist und damit auch nicht mehr unterstützt wird, gibt der Report in einem solchen Fall eine Fehlermeldung aus. Eine Fehlermeldung erhalten Sie ebenfalls, wenn die Customer Vendor Integration noch nicht vollständig umgesetzt wurde und es noch Debitoren- oder Kreditorenkonten ohne eine Verbindung zum Geschäftspartner gibt. Zur Veranschaulichung ist diese Fehlermeldung in Abbildung 7.18 dargestellt.

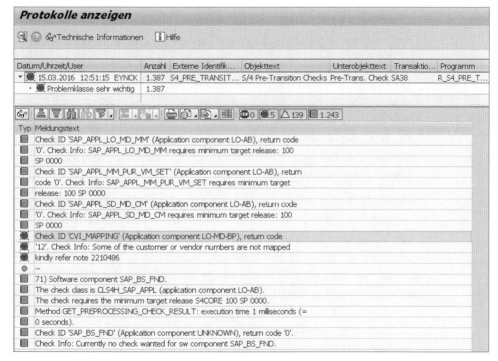

Abbildung 7.18 Protokoll der »S/4 Pre-Transition Checks«

Für die Prüfung der Anlagenbuchhaltung steht Ihnen das Programm RASFIN_MIGR_PRECHECK zur Verfügung (siehe Abbildung 7.19).

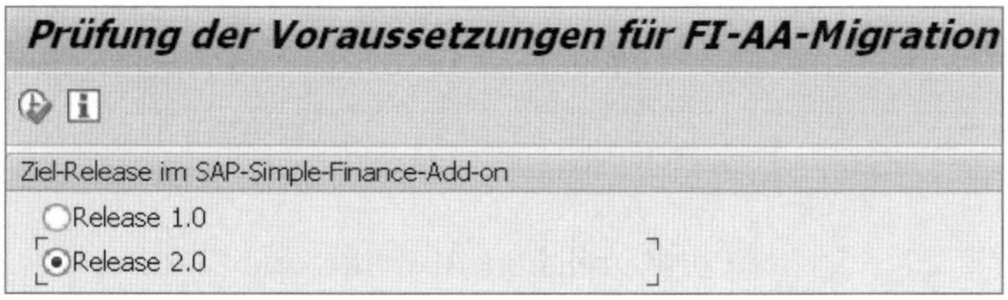

Prüfung der Anlagenbuchhaltung

Abbildung 7.19 Prüfprogramm für die FI-AA-Migration

7 | Praxisbeispiel: Einführung von SAP S/4HANA

Auch bei ihm führen Fehlermeldungen zu einem Abbruch der Installation von SAP S/4HANA. Die entsprechenden Probleme müssen also ebenfalls zwingend vor der Installation beseitigt werden.

Voraussetzungen aus der Simplification List

Inhaltlich prüft das Programm zum einen, ob die Voraussetzungen aus der Simplification List erfüllt sind:

- Das klassische Immobilienmanagement darf nicht im Einsatz sein.
- Die neue Abschreibungsrechnung muss aktiv sein.
- Im Haushaltsmanagement dürfen keine Anordnungen mit Anlagenbezug gebucht werden.
- Die Lease Accounting Engine (LAE) darf nicht verwendet werden.

Prüfung von Bestandsbuchungen

Darüber hinaus wird geprüft, ob die *periodischen Bestandsbuchungen* genutzt werden. Wenn dem so ist, wird noch geprüft, ob die Bestandsbuchungen für alle Buchungskreise vollständig sind. Diese Prüfung ist notwendig, da unter SAP S/4HANA das periodische Buchen der Bestände nicht mehr möglich ist. Alle periodischen Bestandsbuchungen müssen somit vor der Migration vollständig und korrekt abgeschlossen sein.

Außerdem wird eine Konsistenzprüfung für alle Buchungskreise vorgenommen, die einem gemeinsamen *Bewertungsplan* zugeordnet sind. Die Buchungskreise müssen hierbei eine einheitliche Ledger-Zuordnung haben und dürfen sich nicht in Anzahl und Typ der verwendeten Hauswährungen in der Hauptbuchhaltung unterscheiden. Zudem wird im Report RASFIN_MIGR_PRECHECK geprüft, ob das Geschäftsjahr für alle Bewertungsbereiche abgeschlossen ist. Eine Migration ist nur dann möglich, wenn nur noch genau ein Geschäftsjahr geöffnet ist.

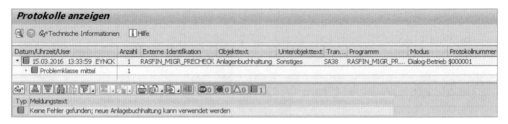

Abbildung 7.20 Protokoll zu den Prüfungen in der Anlagenbuchhaltung

Abbildung 7.20 zeigt den erfolgreichen Abschluss des Prüfreports. Solange nicht alle Prüfungen fehlerfrei abgeschlossen wurden, kann keine Migration auf SAP S/4HANA erfolgen.

Sofern Sie die SAP-Materialwirtschaft im Einsatz haben, sind weitere Prüfprogramme für Sie relevant: Das Programm MFLE_CLS4H_CHECKS_CC (SAP-Hinweis 2216958) analysiert alle Daten – inklusive der kundendefinierten Tabellen, kundendefinierten Felder und kundendefinierten BOR-Typen – hinsichtlich der Erweiterung der Materialnummern (siehe Kapitel 5, »SAP S/4HANA in der Logistik«). Die Klasse CLS4H_CHECKS_MM_MD prüft die Materialstammdaten (SAP-Hinweis 2207188 und SAP-Hinweis 2206932), da das Feld KZEFF (Gültigkeitsparameter bewerten/Änderungsnummern übersteuern) in der Tabelle MARA (Allgemeine Materialdaten) unter SAP S/4HANA nicht mehr genutzt werden kann und daher keinen Wert enthalten darf, um unerwünschte Nebenwirkungen zu vermeiden.

Prüfprogramme für die Materialwirtschaft

7.1.4 Datenabgleich

Die Installation von SAP S/4HANA stellt nicht nur ein »einfaches Upgrade« für Ihre Systemlandschaft dar, sondern sie macht die Migration Ihrer Daten in die neuen Tabellenstrukturen erforderlich. Um diesen Vorgang erfolgreich abzuschließen, müssen die vorhandenen Datenbestände konsistent sein. Im Conversion Guide sind aus diesem Grund verschiedene Konsistenzprüfungen aufgeführt, die Sie vor der Installation von SAP S/4HANA ausführen müssen. Darüber hinaus sollten Sie Ihren Datenbestand vor der Installation dokumentieren. Dies ist notwendig und sinnvoll, um sicherzustellen, dass der Datenbestand nach der Migration dem Datenbestand vor der Migration entspricht – Fehler bei der Datenübertragung können so unmittelbar identifiziert und korrigiert werden.

Migration in neue Tabellenstrukturen

Konsistenzprüfungen

Die *Konsistenzprüfungen* sollten Sie bereits im laufenden Betrieb oder zum Jahresabschluss ausführen. Es ist sinnvoll, diese deutlich vor der Migration durchzuführen, um genügend Zeit zur Beseitigung eventuell vorhandener Inkonsistenzen zu haben. Sie sollten die Konsistenzprüfungen zudem unmittelbar vor der Installation und nach dem Abschluss der Buchungen wiederholen.

Die Konsistenzprüfungen sind für das Finanzwesen sowie für den Abgleich zwischen Hauptbuch und Anlagenbuchhaltung und zwischen Hauptbuch und der Materialwirtschaft erforderlich.

Abgleich von Belegen

Im Finanzwesen gleichen Sie Ihre Belege gegen die Indizes ab (Programm RFINDEX_NACC). Zusätzlich ist ein Abgleich der Belege gegen die Verkehrszahlen erforderlich. Die relevanten Abgleichreports sind davon abhängig, ob Sie das klassische oder das neue Hauptbuch einsetzen (Report SAPF190 bzw. Transaktion FAGLF03). Falls Sie das neue Hauptbuch nutzen, ist darüber hinaus auch ein Ledger-Vergleich mit der Transaktion GCAC erforderlich.

Abgleich mit der Anlagenbuchhaltung

Für den Abgleich der Hauptbuchhaltung mit der Anlagenbuchhaltung stehen Ihnen die Programme RAABST02 und RAABST01 zur Verfügung. Differenzen zwischen Haupt- und Nebenbuch können bei einem Abgleich z. B. dann auftreten, wenn bei der Altdatenübernahme in FI-AA die Bestände im Hauptbuch nicht korrekt nachgebucht wurden oder die Kontenfindung nicht vollständig gepflegt ist. Falls Sie die SAP-Komponente MM einsetzen, müssen Sie auch hierfür eine Abstimmung mit dem Hauptbuch durchführen. Mit dem Programm RM07MBST gleichen Sie die Sachkontensalden mit dem Lagerwert des Materials ab. Das Programm RM07MMFI gleicht die Salden der Werte aus den Materialstämmen in MM mit den Salden der dazugehörigen Bestandskonten in FI ab.

Um sicherzustellen, dass Ihre Daten auch nach der Migration konsistent sind, ist es zwingend erforderlich, dass Sie alle Inkonsistenzen im Produktivsystem vor der Migration auf SAP S/4HANA beseitigen. Außerdem müssen Sie sicherstellen, dass keine Verbuchungsabbrüche im System vorhanden sind, bevor Sie die Migration starten.

Dokumentation des Datenbestandes

Abgleich des Datenbestands

Die Dokumentation Ihres Datenbestandes sollte unmittelbar vor der Installation und nach dem Abschluss Ihrer Buchungen erfolgen. Hierdurch stellen Sie sicher, dass ein Abgleich mit dem Datenstand nach der Migration möglich ist. Von besonderer Bedeutung ist hierbei der Abgleich der Bilanz, der Berichte für CO-Objekte, des Anlagengitters, des Abschreibungslaufs für geplante Abschreibungen sowie der Debitoren- und Kreditorenauswertung.

Sperren von Benutzern

Um die Vergleichbarkeit der Systeme zu gewährleisten, sollten Sie weiterhin die nicht an der Migration direkt beteiligten Benutzer für das System zeitweilig sperren.

Außerdem ist es sinnvoll, ein Backup Ihres Systems vor Beginn der Migration zu erstellen. Sofern Fehler bei der Migration auftreten, verfügen Sie so über eine geeignete Rückfalloption. Dieses Vorgehen wird Ihnen auch für die Testphase in dem Testsystem nach Abschluss der Vorarbeiten für die Migration empfohlen.

Backup erstellen

7.1.5 Custom Code Checks

Mit SAP S/4HANA wurden Anpassungen an vielen SAP-Objekten vorgenommen. Einige Tabellen, die in der SAP Business Suite existierten, sind nicht mehr vorhanden oder werden lediglich in Form von sogenannten *Views* simuliert. Darüber hinaus sind einzelne Programme oder Transaktionen nicht mehr oder nur in angepasster Form verfügbar. Im Zuge einer Migration auf SAP S/4HANA werden alle diese Änderungen automatisch umgesetzt.

Nicht mehr verfügbare Tabellen

Probleme können dabei immer dann auftreten, wenn im Rahmen von kundeneigenen Entwicklungen die betroffenen Objekte modifiziert wurden. Da im Rahmen der Migration eine automatisierte Anpassung der SAP-Entwicklungen und -Objekte erfolgt, sollten Sie bereits im Vorfeld Ihre Eigenentwicklungen auf ihre Kompatibilität zu SAP S/4HANA überprüfen – Anpassungen können Sie dann frühzeitig vornehmen und so Fehlerquellen im Rahmen der Migration verringern.

Kundeneigene Erweiterungen prüfen

Da je nach System und Anzahl der Eigenentwicklungen eine manuelle Prüfung sehr aufwendig ist, stellt SAP Ihnen mit den *Custom Code Checks* ein Werkzeug zur Verfügung, das ebendiese Aufgabe übernimmt. Hierzu werden in einem ersten Schritt die Daten aus dem Ausgangssystem exportiert, das auf SAP S/4HANA migriert werden soll. Um diesen Export zu starten, müssen Sie zunächst SAP-Hinweis 2185390 in Ihr System einspielen. Der Hinweis liefert Ihnen die notwendigen Objekte für Ihr System. Anschließend können Sie den Report SYCM_DOWNLOAD_REPOSITORY_INFO ausführen, der den Export startet. Die dabei generierte ZIP-Datei können Sie in einem beliebigen Verzeichnis lokal speichern (siehe Abbildung 7.21).

Export der Daten

Die Datei enthält diverse XML-Dateien. Diese sind in die Unterordner *enhancements* (Erweiterungen), *modifications* (Modifikationen) sowie *references* (Referenzen) unterteilt (siehe Abbildung 7.22). Die XML-Dateien bilden die Grundlage für die weitere Analyse auf potenziellen Anpassungsbedarf.

7 | Praxisbeispiel: Einführung von SAP S/4HANA

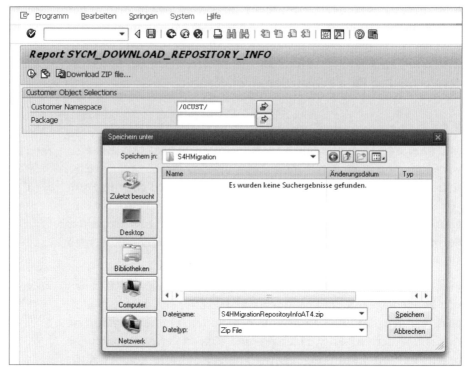

Abbildung 7.21 Der Report SYCM_DOWNLOAD_REPOSITORY_INFO

Abbildung 7.22 S4HMigrationRepositoryInfo

Simplification Database Im nächsten Schritt werden die Repository-Informationen mit der sogenannten *Simplification Database* abgeglichen. Dabei handelt es sich ebenfalls um eine Datei, die Ihnen über den SAP Service Marketplace zum Download zur Verfügung gestellt wird. Alle Informationen, die Sie hierzu benötigen, können Sie SAP-Hinweis 2241080 entnehmen. Abbildung 7.23 zeigt den SAP Service Marketplace, in dem die Simplification Database angeboten wird.

Vorarbeiten für die Migration | 7.1

Abbildung 7.23 Die Simplification Database im SAP Service Marketplace

Die Custom-Code-Analyse stellt den letzten Schritt dar, den Sie durchführen müssen. Sie muss zwingend auf einem ABAP-System mit der Basis SAP NetWeaver 7.5 erfolgen. Erst ab dieser Version stehen alle für den Vorgang benötigten Tools zur Verfügung. Falls Sie bislang nicht über ein solches System verfügen, müssen Sie es zunächst aufsetzen, bevor Sie mit der Analyse fortfahren können.

Systemvoraussetzungen für die Analyse

Um Zugriff auf ein System zu erhalten, ohne eigene Hardware aufzubauen, steht Ihnen auch die Option offen, auf eine Cloud-Lösung auf Basis der *SAP Cloud Appliance Library* mit den Amazon Web Services zurückzugreifen. Weitere Informationen zu dieser Variante erhalten Sie unter *https://cal.sap.com*.

SAP Cloud Appliance Library

Sobald Ihnen das SAP-NetWeaver-7.5-System zur Verfügung steht, können Sie die Analyse starten. Hierzu importieren Sie zunächst die Simplification Database über den Report SYCM_UPLOAD_SIMPLIFIC_INFO. Wenn der Import erfolgreich war, erhalten Sie die Rückmeldung des Systems, die Sie in Abbildung 7.24 sehen.

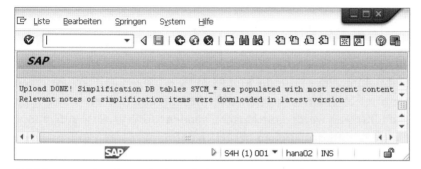

Abbildung 7.24 Der Report SYCM_UPLOAD_SIMPLIFIC_INFO

253

7 | Praxisbeispiel: Einführung von SAP S/4HANA

Import der Repository-Informationen

Anschließend führen Sie den Report SYCM_UPLOAD_REPOSITORY_INFO aus. Mit seiner Hilfe werden die Repository-Informationen aus dem zu migrierenden System importiert. Nach erfolgreichem Upload werden Ihnen Detailinformationen zu den importierten Daten angezeigt. Die entsprechende Ansicht im System ist in Abbildung 7.25 dargestellt.

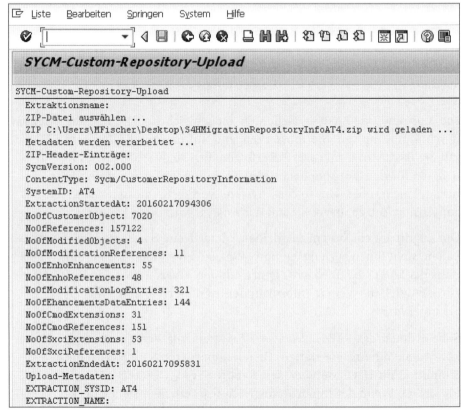

Abbildung 7.25 Der Report SYCM_UPLOAD_REPOSITORY_INFO

Custom Code Migration Worklist

Sobald alle Information in das Analyse-System importiert wurden, führen Sie abschließend den Report SYCM_DISPLAY_SIMPLIFICATIONS aus. Dieser prüft alle durch die Migration betroffenen Objekte und stellt in einer Liste alle Kundenentwicklungen und -anpassungen dar, die Sie einer manuellen Überprüfung unterziehen müssen. Zu den Einträgen werden die entsprechenden SAP-Hinweise aufgeführt, die weitere Informationen bezüglich der notwendigen Anpassungen liefern. Abbildung 7.26 zeigt diese sogenannte *Custom Code Migration Worklist*.

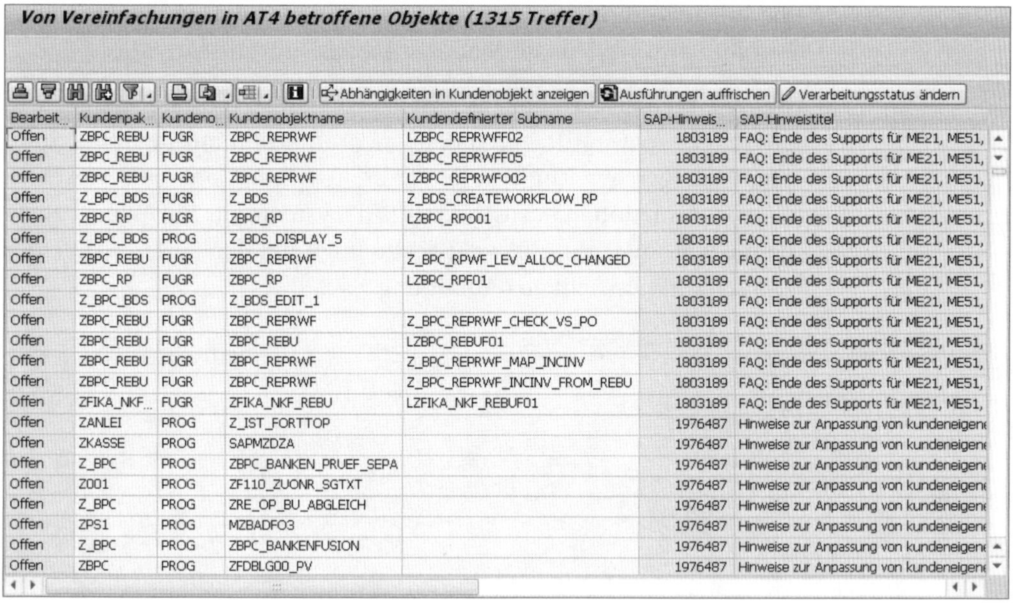
Von Vereinfachungen in AT4 betroffene Objekte (1315 Treffer)

Abhängigkeiten in Kundenobjekt anzeigen | Ausführungen auffrischen | Verarbeitungsstatus ändern

Bearbeit...	Kundenpak...	Kundeno...	Kundenobjektname	Kundendefinierter Subname	SAP-Hinweis...	SAP-Hinweistitel
Offen	ZBPC_REBU	FUGR	ZBPC_REPRWF	LZBPC_REPRWFF02	1803189	FAQ: Ende des Supports für ME21, ME51,
Offen	ZBPC_REBU	FUGR	ZBPC_REPRWF	LZBPC_REPRWFF05	1803189	FAQ: Ende des Supports für ME21, ME51,
Offen	ZBPC_REBU	FUGR	ZBPC_REPRWF	LZBPC_REPRWFO02	1803189	FAQ: Ende des Supports für ME21, ME51,
Offen	Z_BPC_BDS	FUGR	Z_BDS	Z_BDS_CREATEWORKFLOW_RP	1803189	FAQ: Ende des Supports für ME21, ME51,
Offen	ZBPC_RP	FUGR	ZBPC_RP	LZBPC_RPO01	1803189	FAQ: Ende des Supports für ME21, ME51,
Offen	Z_BPC_BDS	PROG	Z_BDS_DISPLAY_5		1803189	FAQ: Ende des Supports für ME21, ME51,
Offen	ZBPC_REBU	FUGR	ZBPC_REPRWF	Z_BPC_RPWF_LEV_ALLOC_CHANGED	1803189	FAQ: Ende des Supports für ME21, ME51,
Offen	ZBPC_RP	FUGR	ZBPC_RP	LZBPC_RPF01	1803189	FAQ: Ende des Supports für ME21, ME51,
Offen	Z_BPC_BDS	PROG	Z_BDS_EDIT_1		1803189	FAQ: Ende des Supports für ME21, ME51,
Offen	ZBPC_REBU	FUGR	ZBPC_REPRWF	Z_BPC_REPRWF_CHECK_VS_PO	1803189	FAQ: Ende des Supports für ME21, ME51,
Offen	ZBPC_REBU	FUGR	ZBPC_REBU	LZBPC_REBUF01	1803189	FAQ: Ende des Supports für ME21, ME51,
Offen	ZBPC_REBU	FUGR	ZBPC_REPRWF	Z_BPC_REPRWF_MAP_INCINV	1803189	FAQ: Ende des Supports für ME21, ME51,
Offen	ZBPC_REBU	FUGR	ZBPC_REPRWF	Z_BPC_REPRWF_INCINV_FROM_REBU	1803189	FAQ: Ende des Supports für ME21, ME51,
Offen	ZFIKA_NKF...	FUGR	ZFIKA_NKF_REBU	LZFIKA_NKF_REBUF01	1803189	FAQ: Ende des Supports für ME21, ME51,
Offen	ZANLEI	PROG	Z_IST_FORTTOP		1976487	Hinweise zur Anpassung von kundeneigen
Offen	ZKASSE	PROG	SAPMZDZA		1976487	Hinweise zur Anpassung von kundeneigen
Offen	Z_BPC	PROG	ZBPC_BANKEN_PRUEF_SEPA		1976487	Hinweise zur Anpassung von kundeneigen
Offen	Z001	PROG	ZF110_ZUONR_SGTXT		1976487	Hinweise zur Anpassung von kundeneigen
Offen	Z_BPC	PROG	ZRE_OP_BU_ABGLEICH		1976487	Hinweise zur Anpassung von kundeneigen
Offen	ZPS1	PROG	MZBADFO3		1976487	Hinweise zur Anpassung von kundeneigen
Offen	Z_BPC	PROG	ZBPC_BANKENFUSION		1976487	Hinweise zur Anpassung von kundeneigen
Offen	ZBPC	PROG	ZFDBLG00_PV		1976487	Hinweise zur Anpassung von kundeneigen

Abbildung 7.26 Der Report SYCM_DISPLAY_SIMPLIFICATIONS

7.2 Durchführung der Migration

Unter *Durchführung der Migration* wird die technische Einrichtung des SAP-S/4HANA-Systems verstanden. Im Folgenden stellen wir Ihnen daher verschiedene Werkzeuge von SAP vor, die Sie bei der unmittelbaren Vorbereitung und Durchführung der technischen Migration unterstützen können.

7.2.1 Maintenance Planner

Als Werkzeug zur Vorbereitung der Migration eines SAP-ERP-Systems zu SAP S/4HANA nutzen Sie den *Maintenance Planner*. Mit seiner Hilfe planen Sie die Migration. Er prüft in einem ersten Schritt, ob das System, das Sie migrieren wollen, die Voraussetzungen erfüllt. In einem zweiten Schritt ermittelt er, welche Dateien zur Installation benötigt werden. Diese Dateien können Sie im Anschluss über den SAP Service Marketplace herunterladen.

Stack-Configuration-Datei

Außerdem wird über den Maintenance Planner die sogenannte *Stack-Configuration-Datei* generiert und zum Download zur Verfügung gestellt. Diese Datei enthält alle wesentlichen Informationen,

7 | Praxisbeispiel: Einführung von SAP S/4HANA

die für die Migration erforderlich sind, und dient im weiteren Verlauf im Software Update Manager als Basis für die Migration.

Der Maintenance Planner ist ein webbasiertes Tool, das online von SAP angeboten wird. Durch die Synchronisation mit dem SAP Solution Manager des Kundensystems stehen Ihnen dort alle wesentlichen Informationen bezüglich der SAP-Systeme zur Verfügung. Nach dem Login sowie der Auswahl des zu migrierenden Systems sieht der Benutzer die Ansicht aus Abbildung 7.27.

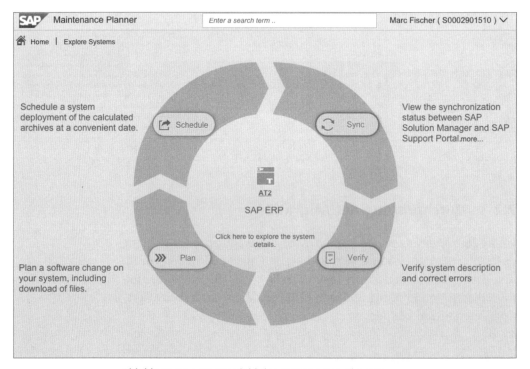

Abbildung 7.27 Einstiegsbild des Maintenance Planners

Einstieg in die Planung
Die Planung der Migration erfolgt über den Punkt PLAN A SOFTWARE CHANGE ON YOUR SYSTEM, INCLUDING DOWNLOAD OF FILES. Wenn Sie ihn auswählen, gelangen Sie in den eigentlichen Planungsprozess. Wie Sie in Abbildung 7.28 sehen, werden Ihnen zunächst alle Systemkomponenten auf der linken Seite aufgelistet.

Für die Migration auf SAP S/4HANA wählen Sie auf der rechten Seite die Option PLAN A CONVERSION. Anschließend legen Sie das Zielrelease von SAP S/4HANA inklusive Support-Package-Stand fest.

Durchführung der Migration | **7.2**

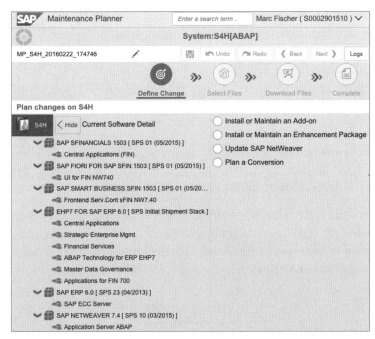

Abbildung 7.28 Systemkomponenten im Maintenance Planner

Im weiteren Verlauf werden Sie dazu aufgefordert, zusätzliche Angaben zu machen, während im Hintergrund parallel eine Prüfung darauf erfolgt, ob die im System installierten Komponenten grundsätzlich im Rahmen der Migration unterstützt werden. Ist dies nicht der Fall, wird der Migrationsvorgang abgebrochen und Ihnen wird die Fehlermeldung aus Abbildung 7.29 angezeigt.

Prüfung unterstützter Komponenten

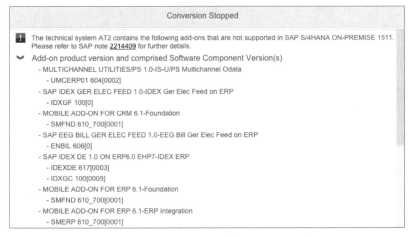

Abbildung 7.29 Meldung »Die Migration wurde gestoppt.«

257

7 | Praxisbeispiel: Einführung von SAP S/4HANA

Für die Migration erforderliche Dateien herunterladen

Ist die Prüfung der Systemvoraussetzungen erfolgreich verlaufen, werden am Ende des Prozesses alle Dateien zusammengestellt, die für die Migration des Systems erforderlich sind. Sie haben dann die Möglichkeit, die Dateien direkt über einen Button in den SAP Service Marketplace zu übernehmen und den Download von dort aus vorzunehmen. Hierfür steht Ihnen der Button PUSH TO DOWNLOAD BASKET zur Verfügung.

Außerdem können Sie die Stack-Configuration-Datei über den entsprechenden Button speichern. Sie wird ebenfalls im Rahmen der Migrationsdurchführung benötigt.

Nachdem alle Dateien auf Ihren lokalen Server heruntergeladen worden sind, sind die Tätigkeiten im Maintenance Planner abgeschlossen. Abbildung 7.30 zeigt abschließend die zusammengestellten Dateien mit den genannten Optionen.

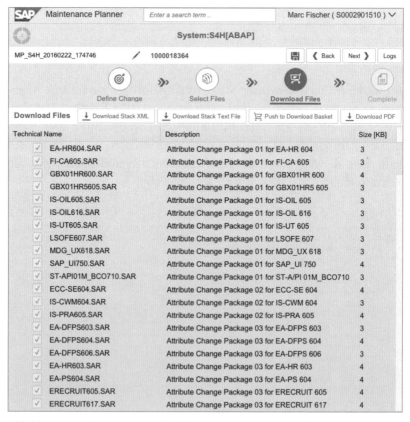

Abbildung 7.30 Zusammengestellte Dateien im Maintenance Planner

7.2.2 Migration mit dem Software Update Manager und der Database Migration Option

Die Migration eines SAP-ERP-Systems führen Sie mit dem *Software Update Manager* (SUM) bzw. dessen *Database Migration Option* (DMO) durch. Sofern das SAP-ERP-System nicht ohnehin bereits auf der HANA-Datenbank läuft, muss zum einen die Migration der Datenbank und zum anderen das System-Upgrade auf SAP S/4HANA vollzogen werden.

Durch die Nutzung der DMO ist es möglich, beide Schritte zu kombinieren und gleichzeitig durchzuführen. Dieses Vorgehen wird von SAP als *Ein-Schritt-Migration* (One-Step Migration) bezeichnet (siehe Abschnitt 6.4).

Ein-Schritt-Migration

Zunächst müssen Sie für die Migration den Software Update Manager aus dem SAP Service Marketplace herunterladen und die Daten entpacken. Anschließend können Sie das Werkzeug über eine Batchdatei ausführen. Beim Starten der Datei wird zugleich ein lokaler Webserver initialisiert. Hierdurch wird die Anwendung über den Browser zugänglich. Abbildung 7.31 zeigt die Dateistrukturen des entpackten Software Update Managers sowie dessen Start über die Windows-Eingabeaufforderung.

Software Update Manager herunterladen

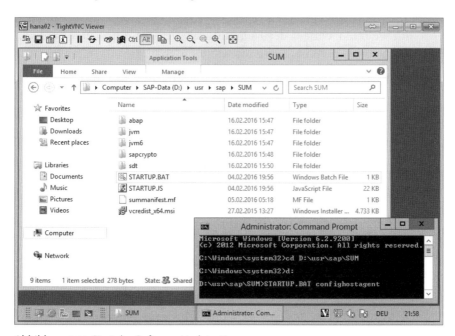

Abbildung 7.31 Start des Software Update Managers

7 | Praxisbeispiel: Einführung von SAP S/4HANA

Auswahl der Stack-Configuration-Datei

Der Ausgangspunkt der weiteren Migration ist die Stack-Configuration-Datei, aus der die Auswahl der notwendigen Add-ons und Support-Packages abgeleitet wird. Um den Migrationsprozess zu starten, wählen Sie die Datei so aus, wie in Abbildung 7.32 dargestellt.

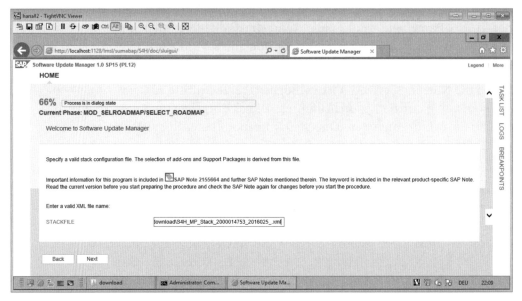

Abbildung 7.32 Auswahl der Stack-Configuration-Datei für die Migration

Phasen der Migration

Im weiteren Verlauf der Migration werden Sie durch unterschiedliche Schritte geführt. Diese unterteilen sich in die folgenden Phasen:

1. Extraction (Extraktion)
2. Configuration (Konfiguration)
3. Checks (Prüfungen)
4. Preprocessing (Vorarbeiten)
5. Execution (Ausführung)
6. Postprocessing (Nacharbeiten)

Der Fortschritt des Migrationsprozesses wird Ihnen jeweils am oberen Rand des Software Update Managers durch die Angabe des aktuellen Schritts mitgeteilt. Der Prozess ist zudem dadurch gekennzeichnet, dass zwischen automatisierten Aufgaben immer wieder Eingaben von Ihnen erwartet werden. Abbildung 7.33 zeigt einen Schritt aus der ersten Phase, in dem Sie Kennwörter eingeben müssen.

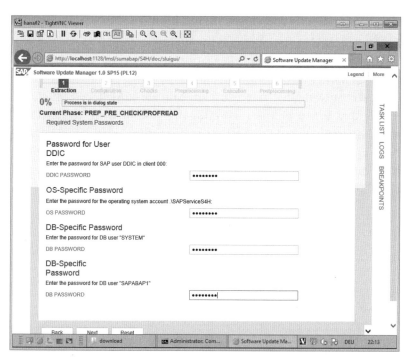

Abbildung 7.33 Kennworteingabe im Rahmen der Migration

7.3 Konfiguration der Fiori-Oberflächen

Nach der Migration auf SAP S/4HANA müssen Sie im nächsten Schritt die neuen Fiori-Oberflächen einrichten. Für die Bereitstellung der Fiori-Anwendungen und des SAP Fiori Launchpads ist der Frontend-Server zuständig. Dessen wesentliche Komponente für die Darstellung der Fiori-Anwendungen ist das SAP Gateway, das mit dem SAP NetWeaver Application Server 7.5 geliefert wird. SAP Gateway stellt einerseits die UI-Anwendungen auf Basis von SAPUI5 zur Verfügung, die vom Browser abgerufen werden. Andererseits liefert es die OData-Services, die als Schnittstelle zu den Backend-Daten dienen und von den Fiori-Apps aufgerufen werden.

Zur Installation und Konfiguration der Fiori-Oberflächen sind auf dem Frontend-Server unterschiedliche Aktivitäten durchzuführen. Im Folgenden erläutern wir wesentliche Aspekte dieser Maßnahmen und beschreiben deren Zusammenhänge. Anhand von Beispielen vermitteln wir Ihnen einen Eindruck von den wesentlichen Schritten.

7.3.1 Fiori-Anwendungen auswählen

SAP Fiori apps reference library

Für SAP S/4HANA steht bereits eine Vielzahl von Fiori-Apps zur Verfügung. Alle wesentlichen Informationen sind in der *SAP Fiori apps reference library* (FARL) zusammengefasst. Dabei handelt es sich um eine Webanwendung, die selbst im Stil von SAP Fiori entwickelt wurde und Ihnen online zur Verfügung gestellt wird. In der FARL sind Beschreibungen, Screenshots sowie Informationen zur Installation und Konfiguration der verschiedenen Fiori-Apps enthalten. Abbildung 7.34 zeigt einen Screenshot der FARL mit den dort bereitgestellten Informationen.

Abbildung 7.34 SAP Fiori Apps reference library – Implementation Information

Auf der linken Seite sehen Sie die Liste der Fiori-Apps, die nach unterschiedlichen Kriterien gefiltert und gruppiert werden kann. Auf der rechten Seite, im Content-Bereich, werden alle Informationen zur ausgewählten Applikation dargestellt.

7.3.2 SAP Gateway aktivieren und SAP Fiori Launchpad einrichten

Um das SAP Fiori Launchpad einzurichten, müssen Sie zunächst die Gateway-Funktionen auf dem Frontend-Server aktivieren. Das ist erforderlich, um die OData-Services für die Kommunikation zwischen Client und Backend verwenden zu können. Die Aktivierung von SAP Gateway umfasst verschiedene Aktivitäten, zum Beispiel die Aktivierung von Knoten in der Transaktion SICF, Einstellungen im Customizing (Transaktion SPRO) sowie die Ausführung von verschiedenen Programmen.

SAP Gateway aktivieren

Diese Aktivitäten müssen Sie allerdings nicht manuell im System durchführen. Stattdessen bietet SAP Ihnen vordefinierte *Task Lists* an, die über die Transaktion STC01 ausgeführt werden können. Die Task List für die Einrichtung des Basis-Gateways heißt zum Beispiel SAP_GATEWAY_BASIC_CONFIG. Sobald Sie diese über die Transaktion STC01 aufgerufen haben, werden Ihnen zunächst alle Schritte innerhalb der Task List dargestellt. Falls einzelne Schritte noch die Angabe von Zusatzinformationen erfordern, können Sie diese in Form von Parametern übergeben. Anschließend können Sie die Task List starten, wodurch alle Schritte automatisch im System durchgeführt werden. Abbildung 7.35 zeigt die Task List nach ihrer erfolgreichen Ausführung.

Nutzung vordefinierter Task Lists

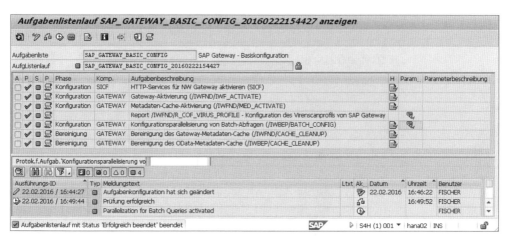

Abbildung 7.35 Task List

Auch die Einrichtung des SAP Fiori Launchpads können Sie über die Task List SAP_FIORI_LAUNCHPAD_INIT_SETUP vornehmen. Nachdem sie ausgeführt worden ist, kann das SAP Fiori Launchpad über einen Link aufgerufen werden. Den <host> ersetzen Sie dabei durch den Hostnamen Ihres Servers. Durch weitere Konfigurationsschritte ist es zudem möglich, die lange URL zu kürzen und einen entsprechenden Alias dafür anzulegen.

7.3.3 Rollen konfigurieren

Um SAP Fiori produktiv nutzen zu können, müssen Sie nun noch die Rollenkonfiguration vornehmen. Durch sie wird in Ihrem System definiert, auf welche Fiori-Apps ein Benutzer zugreifen darf. In diesem Zusammenhang sind unterschiedliche Objekte relevant, die in Abbildung 7.36 dargestellt sind.

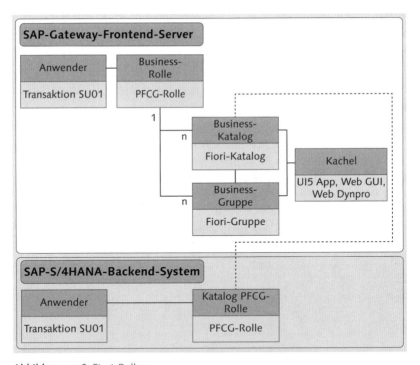

Abbildung 7.36 Fiori-Rollen

Abbildung 7.36 stellt die wesentlichen Objekte dar, unterteilt in den Frontend-Server sowie in das SAP-S/4HANA-Backend-System. Das zentrale Element in beiden Systemen ist der Benutzer, der in der Transaktion SU01 angelegt sein muss.

Im Backend-System benötigt der User die Zuweisung der fachlichen Rolle, um die Berechtigung für notwendige Datenzugriffe im System zu erhalten – die Pflege erfolgt in der Transaktion PFCG.

Berechtigungen festlegen

Im Frontend-Server erhält der User ebenfalls eine entsprechende Rolle über die Transaktion PFCG. Darin enthalten sind der *Fiori-Katalog* sowie die *Fiori-Gruppen-Objekte*. Beide referenzieren eine oder mehrere Fiori-Apps (Tiles/Kacheln). Durch die Zuweisung wird einerseits gesteuert, auf welche Apps ein User im SAP Fiori Launchpad zugreifen darf (Katalog), und andererseits, welche Apps auf seinem persönlichen Fiori Launchpad standardmäßig angezeigt werden (Gruppen). Alle notwendigen Informationen hinsichtlich der Konfiguration (z. B. welche PFCG-Rollen zu einer App gehören) können Sie der bereits vorgestellten *SAP Fiori apps reference library* entnehmen.

Fiori-Katalog und Fiori-Gruppen

Um Ihnen das Rollenkonzept zu veranschaulichen, zeigt Abbildung 7.37 als Beispiel die PFCG-Rolle SAP_BR_CASH_SPECIALIST im Frontend-Server. Darin enthalten sind unterschiedliche Katalogobjekte sowie die drei Kataloggruppen TAGESGESCHÄFT, BANKKONTENVERWALTUNG und LIQUIDITÄTSSTEUERUNG.

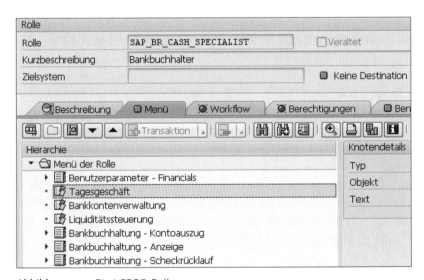

Abbildung 7.37 Fiori-PFCG-Rolle

Nachdem die Rolle einem User in der Transaktion SU01 zugewiesen wurde, erhält er nach seiner Anmeldung am Fiori Launchpad Zugriff auf die darin enthaltenen Fiori-Anwendungen. Abbildung 7.38 zeigt das Fiori Launchpad des Anwenders. Die genannten Fiori-Gruppen aus der PFCG-Rolle sind als Überschriften der entsprechenden App-Gruppen zu erkennen.

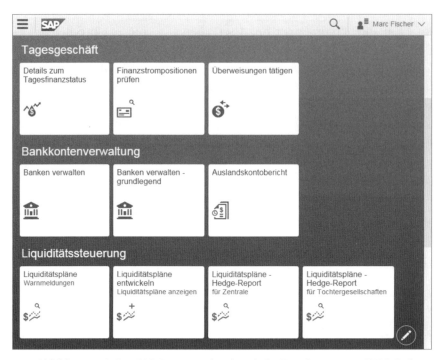

Abbildung 7.38 Das SAP Fiori Launchpad nach der Zuordnung einer PFCG-Rolle

Alle geschilderten Schritte zur Konfiguration von Fiori-Anwendungen stellen wichtige und zentrale Voraussetzungen für die Nutzung der neuen Oberflächen dar. Dennoch gibt es weitere notwendige oder auch optionale Aufgaben, die von Ihrer individuellen Systemumgebung abhängig sind. Da die Betrachtung aller Aufgaben über den Fokus dieses Buches hinausgehen würde, können wir Ihnen – wie in vielen anderen Fällen auch – hier nur die Empfehlung geben, die Installationsleitfäden genau zu studieren und sie Schritt für Schritt zu befolgen.

7.4 Migration der Daten

Mit der Durchführung der Migration ist die Installation von SAP S/4HANA abgeschlossen. Die grundsätzlichen Strukturen für das neue Datenmodell stehen Ihnen damit zur Verfügung. Die neuen zentralen Tabellen (z. B. die Tabelle ACDOCA) sind jetzt allerdings noch nicht gefüllt. Um das System produktiv nutzen zu können, müssen Sie weitere Anpassungen des Customizings vornehmen und Ihre Daten in die neuen Strukturen übertragen.

Die Laufzeiten der einzelnen Migrationsprogramme hängen sehr stark vom jeweiligen System sowie insbesondere von dessen Daten- bzw. Belegvolumen ab. Viele Aktivitäten müssen für jeden Mandanten im System ausgeführt werden, auch wenn dieser keine Daten enthält. Der Grund hierfür ist, dass mit der Durchführung der Aktivitäten der Status der Migrationsschritte innerhalb des Systems auf ABGESCHLOSSEN gesetzt wird. Ohne diese internen Kennzeichen kann der Prozess potenziell nicht erfolgreich abgeschlossen werden.

Migration für Mandaten und Buchungskreise

Außerdem muss die Migration der Daten für alle im System angelegten Buchungskreise durchgeführt werden. Dies ist unabhängig davon, ob diese Buchungskreise bei Ihnen noch aktiv genutzt werden oder nicht. Um den Zeitaufwand für die Datenmigration korrekt einschätzen zu können, ist es wichtig, einen Testlauf unter realen Bedingungen durchzuführen, d. h. auf einer Kopie des Produktivsystems mit möglichst identischen Systemvoraussetzungen.

Der gesamte Prozess der Datenmigration unterteilt sich grundsätzlich in drei Schritte: Vorbereitung, Durchführung und Nachbereitung. Im Folgenden stellen wir daher die wesentlichen Arbeiten im Rahmen der Vorbereitung, der Durchführung und der Nachbereitung der Datenmigration vor und erläutern sie.

Anschließend stellen wir hilfreiche Werkzeuge für die Datenmigration vor. Diese werden isoliert betrachtet, da sie nicht unmittelbar aus dem Customizing-Leitfaden entnommen werden können. Sie können Ihnen aber einen erheblichen Mehrwert im Rahmen der Datenmigration bieten.

7.4.1 Datenmigration vorbereiten

Bevor Sie die Datenmigration an sich durchführen können, müssen Sie zunächst einige Vorarbeiten erledigen. In deren Rahmen führen Sie die notwendigen Anpassungen im Customizing durch. Hierbei ist es wichtig zu beachten, dass bis zum vollständigen Abschluss der Datenmigration keine Buchungen im System vorgenommen werden dürfen. Um dies sicherzustellen, ist es möglich, über das Customizing auszusteuern, dass eine Fehlermeldung für alle Buchungsvorgänge ausgegeben wird, solange der Status der Migration noch nicht auf ABGESCHLOSSEN gesetzt wurde.

Vorbereitung für die Migration

In der SAP-Dokumentation zur *Migration auf SAP Accounting powered by SAP HANA* (*http://help.sap.com/saphelp_sfin100/helpdata/de/87/ 2f6152b82bf35fe10000000a423f68/frameset.htm*) wird unter dem Begriff *Migration* nicht die technische Einrichtung des Systems, sondern vielmehr die Migration der Daten verstanden. Die dafür notwendigen Customizing-Schritte sind aus diesem Grund sowohl in der Dokumentation als auch im Einführungsleitfaden unter der Bezeichnung VORBEREITUNGEN FÜR DIE MIGRATION zu finden (MIGRATION VON SAP ERP NACH SAP ACCOUNTING POWERED BY HANA • CUSTOMIZING: VORBEREITUNGEN UND MIGRATION, siehe Abbildung 7.39). Wie Sie in Abbildung 7.39 sehen, sind Vorbereitungen im Customizing für die Bereiche Hauptbuch, Anlagenbuchhaltung, Controlling, Material-Ledger, Hausbankkonten und ggf. für das Kreditmanagement notwendig, sofern Sie dieses nutzen.

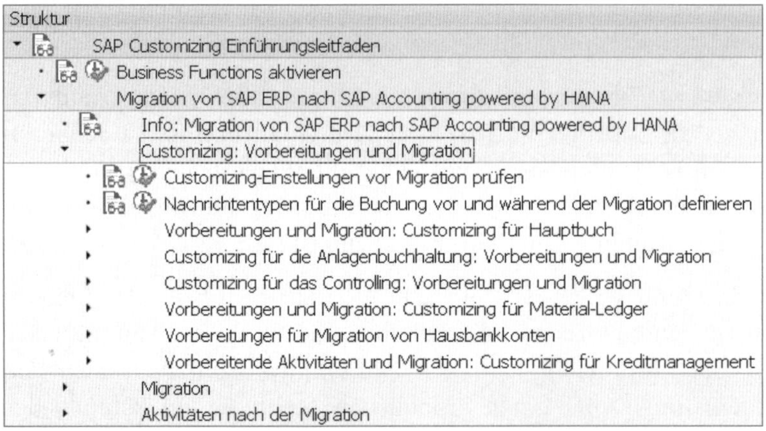

Abbildung 7.39 Customizing der Vorbereitungen für die Migration

Voreinstellungen für das Customizing

Sie müssen nicht alle Customizing-Einstellungen manuell vornehmen, sondern werden durch automatische Funktionen unterstützt. Für das Hauptbuch z. B. werden über den Punkt HAUPTBUCH-CUSTOMIZING MIGRIEREN bereits die meisten Customizing-Einstellungen des Hauptbuchs für die Migration mit Vorschlagswerten gefüllt. Die folgenden Customizing-Schritte, z. B. für die Echtzeitintegration der SAP-Komponenten CO und FI, können Sie dann prüfen und bei Bedarf ergänzen (siehe Abbildung 7.40).

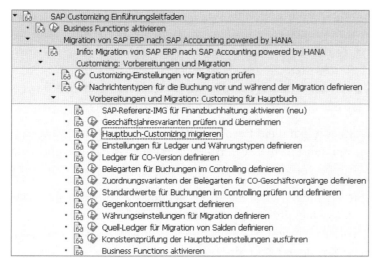

Abbildung 7.40 Hauptbuch-Customizing migrieren

Die Vorbereitungen für die neue Anlagenbuchhaltung bilden einen zentralen Punkt der Customizing-Anpassungen. Aufgrund ihrer Bedeutung werden sie im Folgenden exemplarisch vertieft. Unterstützung bei den Vorbereitungen für die neue Anlagenbuchhaltung wird Ihnen teilweise in Form von automatisierten Funktionen geboten. Ein Beispiel hierzu stellt der Customizing-Schritt BEWERTUNGSPLÄNE MIGRIEREN dar, den Sie in Abbildung 7.41 sehen.

Bewertungspläne migrieren

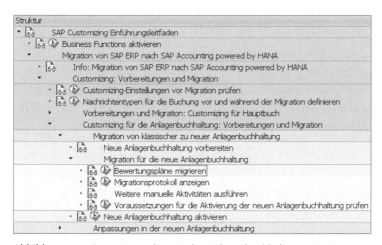

Abbildung 7.41 Bewertungspläne in der Anlagenbuchhaltung migrieren

Die dargestellten Anpassungen sind für alle Einsatzszenarien obligatorisch. Von hoher Bedeutung sind sie aber insbesondere dann,

Parallele Rechnungslegung

wenn Sie die *parallele Rechnungslegung* einsetzen. Bevor Sie BEWERTUNGSPLÄNE MIGRIEREN aufrufen, müssen Sie Ihr Hauptbuch-Customizing prüfen und ggf. anpassen (im SAP-Einführungsleitfaden unter FINANZWESEN (NEU) • GRUNDEINSTELLUNGEN FINANZWESEN (NEU) • BÜCHER). Es muss für alle führenden und parallelen Bewertungen jeweils eine Rechnungslegungsvorschrift vorhanden sein.

Falls Sie für die parallele Rechnungslegung die Ledger-Lösung verwenden, müssen für alle Bewertungen jeweils ein Ledger und eine Ledger-Gruppe vorhanden sein.

Sofern Sie für die parallele Rechnungslegung die Kontenlösung verwenden, müssen ein führendes Ledger und die dazugehörige Ledger-Gruppe vorhanden sein. Die Rechnungslegungsvorschriften müssen den Ledger-Gruppen zugeordnet sein.

Falls Sie die parallele Rechnungslegung nicht verwenden, haben Sie im einfachsten Fall ein führendes Ledger, eine Ledger-Gruppe und eine Rechnungslegungsvorschrift.

Der Customizing-Punkt BEWERTUNGSPLÄNE MIGRIEREN führt für alle Bewertungsbereiche eines Bewertungsplans die folgenden Schritte aus:

- Rechnungslegungsvorschrift und Ledger-Gruppe zuordnen
- die Option BUCHEN INS HAUPTBUCH anpassen
- die AHK-Wertübernahme anpassen

Diese Einstellungen können Sie alternativ auch manuell vornehmen oder im Customizing prüfen, und zwar unter FINANZWESEN (NEU) • ANLAGENBUCHHALTUNG (NEU) • BEWERTUNG ALLGEMEIN • BEWERTUNGSBEREICHE • BEWERTUNGSBEREICHE DEFINIEREN bzw. UNTER AHK-WERTÜBERNAHME FESTLEGEN.

Bewertungsbereiche definieren

In dem Customizing-Punkt BEWERTUNGSBEREICHE DEFINIEREN muss nun jeder Bewertungsbereich zwingend einer Rechnungslegungsvorschrift zugeordnet werden, aus der sich die Ziel-Ledger-Gruppe ableitet (siehe Abbildung 7.42).

In Abbildung 7.42 ist zusätzlich eine Neuerung ersichtlich, die in der Simplification List beschrieben wird: Für das BUCHEN IM HAUPTBUCH gibt es die Option der periodischen Bestandsbuchungen nicht mehr.

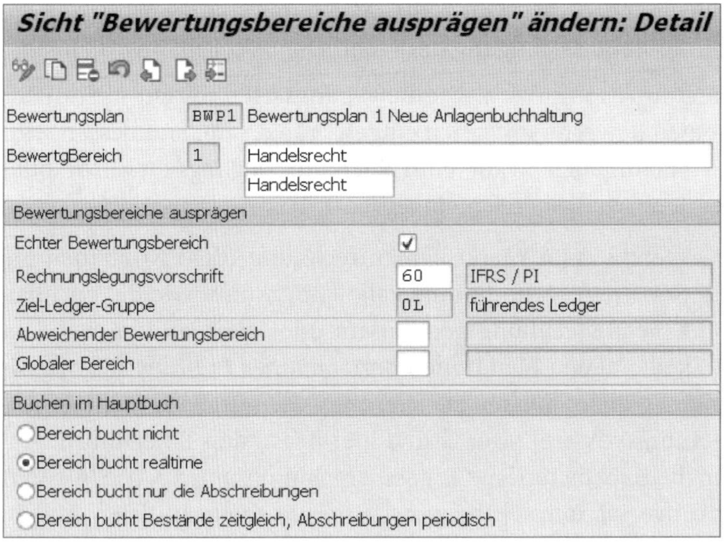

```
Sicht "Bewertungsbereiche ausprägen" ändern: Detail

Bewertungsplan            BWP1   Bewertungsplan 1 Neue Anlagenbuchhaltung
BewertgBereich            1      Handelsrecht
                                 Handelsrecht
Bewertungsbereiche ausprägen
Echter Bewertungsbereich                  ☑
Rechnungslegungsvorschrift               60       IFRS / PI
Ziel-Ledger-Gruppe                       0L       führendes Ledger
Abweichender Bewertungsbereich
Globaler Bereich
Buchen im Hauptbuch
○ Bereich bucht nicht
◉ Bereich bucht realtime
○ Bereich bucht nur die Abschreibungen
○ Bereich bucht Bestände zeitgleich, Abschreibungen periodisch
```

Abbildung 7.42 Customizing der Bewertungsbereiche

Die weiteren Aktivitäten für die neue Anlagenbuchhaltung müssen Sie manuell ausführen. Ob und in welcher Form Sie diese Einstellungen vornehmen müssen, hängt von Ihrem Ausgangsszenario (neue Hauptbuchhaltung oder klassische Hauptbuchhaltung, Kontenlösung oder Ledger-Lösung für parallele Rechnungslegung) sowie von Ihren Buchungsprozessen ab.

Manuelle Aktivitäten

Grundsätzlich können für Sie die folgenden Aktivitäten anfallen:

- Bestandskonten der parallelen Bewertung als Abstimmkonten definieren (Kontenlösung)
- Bewertungsbereich für die Mengenfortschreibung festlegen
- technisches Verrechnungskonto für den integrierten Anlagenzugang festlegen
- technisches Verrechnungskonto für den nicht integrierten Anlagenzugang festlegen. Dabei darf das Konto keine Offene-Posten-Verwaltung haben. Daher kann es ggf. sinnvoll und erforderlich sein kann, ein neues Konto anzulegen, weil ein Ausgleich der offenen Posten auf diesem Konto anschließend nicht mehr möglich ist.
- abweichende Belegart für rechnungslegungsspezifische Belege festlegen
- Erlösverteilung für Anlagenabgang festlegen. Dabei ist die Erlösverteilung entweder nach Restbuchwert oder nach AHK möglich.

- Restbuchwert anstelle von Mehr-/Mindererlös buchen. Das müssen Sie unter Berücksichtigung der rechtlichen Vorgaben vornehmen.
- Bewegungsarten prüfen. Die Bewegungsarten dürfen nicht mehr auf einen Bewertungsbereich eingeschränkt sein. Stattdessen wird direkt beim Buchen auf eine Rechnungslegungsvorschrift oder einen Bewertungsbereich eingegrenzt.

Simplified Profitability Analysis

In der Ergebnis- und Marktsegmentrechnung (CO-PA) können Sie mit SAP S/4HANA weiterhin die kalkulatorische sowie die buchhalterische Ergebnisrechnung gemeinsam oder alternativ verwenden. Sofern Sie die neuen Funktionen der *Simplified Profitability Analysis* verwenden wollen, müssen Sie allerdings die buchhalterische Ergebnisrechnung aktivieren. Der Grund hierfür ist, dass Beleginformationen für die buchhalterische Ergebnisrechnung unter SAP S/4HANA in das Universal Journal integriert sind und beim initialen Aufbau der Tabelle ACDOCA im Rahmen der Datenmigration mit gefüllt werden. Falls Sie die buchhalterische Ergebnisrechnung bisher noch nicht nutzen, sollten Sie daher prüfen, ob der Einsatz dieser Komponente für Sie sinnvoll sein kann. Falls dies der Fall ist, wäre die Migration auf SAP S/4HANA ein sehr guter Zeitpunkt für die Aktivierung. Alle relevanten Informationen – auch die zu bereits im System vorhandenen Belegen – werden dann in der Tabelle ACDOCA mit aufgebaut. Dies wäre bei einer nachträglichen Aktivierung der buchhalterischen Ergebnisrechnung nicht der Fall, da die Belege nicht rückwirkend geändert werden können. In der Abbildung 7.43 sehen Sie die für die Ergebnisrechnung relevanten Customizing-Punkte im Rahmen der Migrationsvorbereitung.

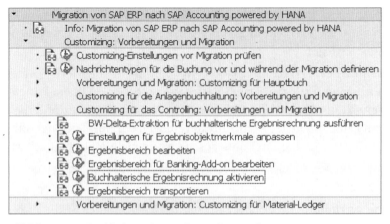

Abbildung 7.43 Buchhalterische Ergebnisrechnung aktivieren

7.4.2 Datenmigration durchführen

Sobald die Vorarbeiten erledigt sind, schließt sich unmittelbar die Durchführung der eigentlichen Datenmigration an. Dabei steht die Aufgabe im Vordergrund, die neue Datenstruktur unter SAP S/4HANA zu befüllen. Hierzu ist es notwendig, dass Sie die Reihenfolge der nachstehend beschriebenen Aktivitäten exakt einhalten. Zum Beispiel muss die Migration der Einzelposten in die neue Datenstruktur vor der Migration der Salden ausgeführt werden, da die Salden im neuen Datenmodell aus den Einzelposten berechnet werden. Bei der Datenmigration können Sie sich an den Punkten im SAP-Einführungsleitfaden unter MIGRATION VON SAP ERP NACH SAP ACCOUNTING POWERED BY HANA • MIGRATION orientieren (siehe Abbildung 7.44).

Datenstruktur füllen

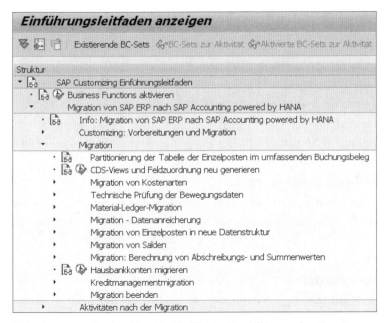

Abbildung 7.44 Customizing-Punkte für die Durchführung der Migration

1. **CDS Views generieren**

   In einem ersten Schritt müssen Sie die CDS Views generieren. Hierdurch werden die Verweise zwischen alter und neuer Tabellenstruktur aufgesetzt, und es wird eine Grundvoraussetzung für den Datenzugriff geschaffen.

2. **Kostenarten migrieren**

   Den zweiten Schritt bildet die Migration der Kostenarten. Hierbei wird zum einen in den bestehenden Sachkonten das neue Feld

SACHKONTOART (GLACCOUNT_TYPE) gefüllt, zum anderen werden für sekundäre Kostenarten Sachkonten angelegt.

3. **Bewegungsdaten prüfen**
Im dritten Schritt führen Sie die technische Prüfung der Bewegungsdaten aus. Hier wird nach der Installation von SAP S/4HANA noch einmal die Konsistenz und Vollständigkeit der FI-Belege geprüft. Dieser Schritt ist besonders in der Testphase in einer Kopie des Produktivsystems wichtig. Falls dort Fehler festgestellt werden, müssen Sie diese Inkonsistenzen im Produktivsystem zwingend vor der Installation von SAP S/4HANA beseitigen (siehe den Unterabschnitt »Konsistenzprüfungen« in Abschnitt 7.1.4, »Datenabgleich«).

4. **Material-Ledger migrieren**
Die Material-Ledger-Migration im vierten Schritt ist für Sie dann relevant, wenn Sie die Materialwirtschaft einsetzen, um das Material-Ledger für alle Bewertungskreise zu aktivieren.

5. **Daten anreichern**
Mit der Datenanreicherung im fünften Schritt schaffen Sie die Voraussetzungen für die Einzelpostenmigration. Hier werden verschiedene Felder in den bisherigen Einzelpostentabellen im FI und CO automatisch gefüllt (z. B. die Tabellen BSEG und COEP).

6. **Einzelposten migrieren**
Den sechsten Schritt stellt die Migration von Einzelposten in die neue Struktur dar. Dieser Schritt ist von zentraler Bedeutung, da mit ihm die Tabelle ACDOCA befüllt wird. Er wird daher im Anschluss an diese Liste isoliert betrachtet.

7. **Salden migrieren**
In einem siebten Schritt erfolgt anschließend die Migration der Salden, die auf der Einzelpostenmigration aufbaut.

8. **Berechnung von Abschreibungs- und Summenwerten**
Im achten Schritt führen Sie die Berechnung der Abschreibungen und Summenwerte aus, um die geplanten Abschreibungswerte in der Tabelle FAAT_PLAN_VALUES (Geplante Abschreibungen und Aufwertungen) für die Anlagenbuchhaltung aufzubauen.

9. **Hausbankkonten migrieren**
Sie übertragen mit der Migration der Hausbankkonten Ihre bisher in der Tabelle T012K (Konten bei Hausbanken) hinterlegten Hausbankkonten in die Tabelle FCLM_BAM_ACLINK2 (Verknüpfungen

zwischen Bankkonto und Hausbankkonto). Dies ist erforderlich, da unter SAP S/4HANA die Hausbankkonten in die Bankkontostammdaten integriert werden.

10. **Kreditmanagement migrieren**
Falls Sie bisher die SAP-Komponente FI-AR-CR (Kreditmanagement) verwendet haben, müssen Sie zudem noch die SAP-Kreditmanagementmigration ausführen. Dies ist notwendig, um die neue Komponente FIN-FSCM-CR (SAP-Kreditmanagement) nutzen zu können.

Wie in Schritt 6 bereits gesagt, stellt die Migration der Einzelposten in die neue Datenstruktur einen zentralen Punkt der Datenmigration dar. In diesem Schritt wird das *Universal Journal* (d. h. die Tabelle ACDOCA) mit den bereits vorhandenen Bewegungsdaten Ihres Systems befüllt. Ihre Buchhaltungsbelege werden somit in die Struktur der umfassenden Buchungsbelege überführt.

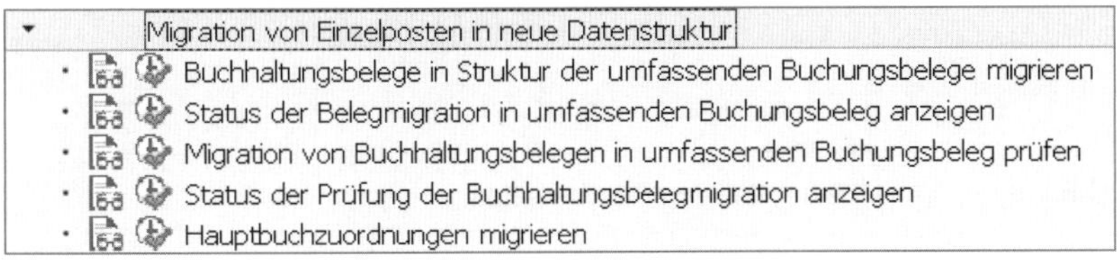

Migration von Einzelposten

```
Migration von Einzelposten in neue Datenstruktur
  • Buchhaltungsbelege in Struktur der umfassenden Buchungsbelege migrieren
  • Status der Belegmigration in umfassenden Buchungsbeleg anzeigen
  • Migration von Buchhaltungsbelegen in umfassenden Buchungsbeleg prüfen
  • Status der Prüfung der Buchhaltungsbelegmigration anzeigen
  • Hauptbuchzuordnungen migrieren
```

Abbildung 7.45 Migration von Einzelposten in neue Datenstruktur

Jeder Migrationspunkt ist in der Regel jeweils in die folgenden vier Teilschritte unterteilt, die sich auch in Abbildung 7.45 inhaltlich wiederfinden:

Teilschritte der Migrationspunkte

1. **Start des Migrationsschritts**
Hierbei werden die Hintergrundjobs für das Ausführen der Migration erzeugt.

2. **Status der Migration anzeigen**
Zeigt den aktuellen Status (FERTIG, AKTIV, ABGEBROCHEN) für die eingeplanten Jobs bzw. Migrationspakete an.

3. **Migration prüfen**
Erzeugt Hintergrundjobs zur Abstimmung der migrierten Daten mit den Ursprungsdaten.

4. **Status der Migrationsprüfung anzeigen**
Zeigt den Status für die Datenabstimmungsprogramme an, die im Hintergrund gestartet wurden.

Im Folgenden wird in der Beschreibung jeweils exemplarisch die Transaktion für den Aufruf der unterschiedlichen Teilschritte genannt. Diese können Sie aber alternativ auch über den SAP-Einführungsleitfaden aufrufen, und zwar wie folgt:

SAP Customizing Einführungsleitfaden • Migration aus SAP ERP in SAP Accounting powered by SAP HANA • Migration • Migration von Einzelposten in neue Datenstruktur

Migration der Einzelposten starten

Mit der Transaktion FINS_MIG_UJ starten Sie die Migration der Einzelposten in den einheitlichen Buchungsbeleg (siehe Abbildung 7.46). Die zur Verfügung stehende Anzahl Hintergrundjobs, die Sie in Abbildung 7.46 sehen, sollten Sie mit dem SAP-Basis-Systembetreuer abstimmen.

Abbildung 7.46 Start der Einzelpostenmigration

Mit dem Start des Reports für die Einzelpostenmigration werden Hintergrundjobs für die Einzelpostenmigration eingeplant. Die Anzahl der Hintergrundjobs richtet sich nach der Angabe der Anzahl auf dem Selektionsbild (siehe Abbildung 7.46).

In den Meldungen zum Start der Einzelpostenmigration werden Ihnen unter anderem die Namen der erzeugten Hintergrundjobs angezeigt (siehe Abbildung 7.47). Diese Jobkennungen helfen Ihnen dabei, die Jobs in der Jobübersicht in Transaktion SM37 wiederzufinden.

Abbildung 7.47 Meldungen zum Start der Einzelpostenmigration

Status der Einzelpostenmigration anzeigen

Über die Transaktion FINS_MIG_MONITOR_UJ können Sie den Status der Einzelpostenmigration anzeigen (siehe Abbildung 7.48). Sie sehen dort, wie viele Arbeitspakete bereits abgeschlossen bzw. noch nicht abgeschlossen sind und wie viele Warn- bzw. Fehlermeldungen bislang aufgetreten sind.

Status von Datenmigration in einheitlichen Buchungsbeleg: Einzelposten

Arbeitspakete anzeigen | Technische Details anzeigen

Mandant	Lauf-ID	ProzSchritt-ID	VerarbStatus	Nicht abgeschlossen	Abgeschlossen	Warnmeldg	Fehlermldg
100 Finanzen Test Projekte			Unbekannt				
Erster Lauf			Unbekannt	1	38		
Belege in einheitlichen Buchungsbeleg migrieren		MIG_UJ_DOC	Unbekannt	1	38		
Unbekannt		MIG_UJ_DOC		1	0	0	0
fertig		MIG_UJ_DOC	fertig	0	38	0	0

Abbildung 7.48 Status der Einzelpostenmigration

Arbeitspakete anzeigen

Sie können sich zum jeweiligen Status auch die dazugehörigen Arbeitspakete anzeigen lassen (siehe Abbildung 7.49). Dies ist insbesondere dann hilfreich, wenn es Probleme mit bestimmten Arbeitspaketen gibt. Der Status kann z. B. Hinweise darauf liefern, aus welchem Bereich die Belege stammen (Anlagenbuchhaltung, Reisekosten, Personalkosten aus SAP ERP HCM usw.).

Das Feld Paketschlüssel in Abbildung 7.49 enthält jeweils den Referenzvorgang der in dem jeweiligen Arbeitspaket enthaltenen Belege aus der Belegkopftabelle BKPF (BKPF-AWTYP). Darüber hinaus liefert Ihnen die Transaktion Informationen zum Status, Start und Ende sowie zu der Anzahl der aufgetretenen Meldungen für jedes Arbeitspaket.

Status von Datenmigration in einheitlichen Buchungsbeleg: Einzelposten

Arbeitspakete anzeigen für 100 / Erster Lauf / fertig

Lauf-ID	ProzSchritt-ID	Paketschlüssel		Status	Startdatum	Jobstartzeit	Enddatum	Jobendzeit	Laufzeit	ProtNr	Erfigsml	Infomel	Warnmeldg	Fehlermldg
	MIG_UJ_DOC	AIBU 1700	000000	fertig	13.01.2016	12:35:04	13.01.2016	12:35:06	0:02	1900470	9	0	0	0
	MIG_UJ_DOC	AMBU 1100	000001	fertig	13.01.2016	12:34:16	13.01.2016	12:34:38	0:22	1900460	9	0	0	0
	MIG_UJ_DOC	AMBU52000	000002	fertig	13.01.2016	12:35:33	13.01.2016	12:35:34	0:01	1900474	4	0	0	0
	MIG_UJ_DOC	AS91 0120	000004	fertig	13.01.2016	12:34:38	13.01.2016	12:34:40	0:02	1900463	9	0	0	0
	MIG_UJ_DOC	BKPF 10010	000005	fertig	13.01.2016	12:35:06	13.01.2016	12:35:33	0:27	1900473	9	0	0	0
	MIG_UJ_DOC	BKPF 10011	000006	fertig	13.01.2016	10:29:51	13.01.2016	10:30:34	0:43	1900421	9	0	0	0
	MIG_UJ_DOC	BKPF 10012	000007	fertig	13.01.2016	10:31:56	13.01.2016	10:32:23	0:27	1900437	9	0	0	0
	MIG_UJ_DOC	BKPF 10013	000008	fertig	13.01.2016	12:35:56	13.01.2016	12:36:20	0:24	1900477	9	0	0	0
	MIG_UJ_DOC	BKPF 10014	000009	fertig	13.01.2016	12:35:06	13.01.2016	12:35:32	0:26	1900472	9	0	0	0
	MIG_UJ_DOC	BKPF 10015	000010	fertig	13.01.2016	12:34:40	13.01.2016	12:35:06	0:26	1900471	9	0	0	0
	MIG_UJ_DOC	BKPF 10016	000011	fertig	13.01.2016	10:31:15	13.01.2016	10:31:42	0:27	1900431	9	0	0	0
	MIG_UJ_DOC	BKPF 10017	000012	fertig	13.01.2016	10:31:06	13.01.2016	10:31:33	0:27	1900430	9	0	0	0
	MIG_UJ_DOC	BKPF 10018	000013	fertig	13.01.2016	10:30:35	13.01.2016	10:31:01	0:26	1900424	9	0	0	0
	MIG_UJ_DOC	BKPF 10019	000014	fertig	13.01.2016	10:29:56	13.01.2016	10:30:35	0:39	1900422	9	0	0	0
	MIG_UJ_DOC	BKPFF1100	000015	fertig	13.01.2016	10:29:52	13.01.2016	10:31:15	1:23	1900426	9	0	0	0
	MIG_UJ_DOC	CAJO 1900	000016	fertig	13.01.2016	10:31:01	13.01.2016	10:31:06	0:05	1900425	9	0	0	0

Abbildung 7.49 Arbeitspakete der Einzelpostenmigration

Detailsicht eines Arbeitspakets

Ein Absprung in die Detailsicht ist für jedes Arbeitspaket möglich. In der Detailsicht erhalten Sie Informationen zur Laufzeit und zu der Anzahl der verarbeiteten Positionen. Abbildung 7.50 zeigt die beschriebene Ansicht.

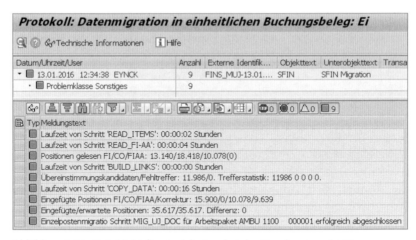

Abbildung 7.50 Detailsicht für ein Arbeitspaket der Einzelpostenmigration

Lauf fortsetzen

Falls nur ein Teil der Arbeitspakete erfolgreich migriert werden konnte, ist es möglich, den vorherigen Lauf mit der Transaktion FINS_MIG_UJ fortzusetzen. Wenn ein Teil der Daten bereits korrekt in die Tabelle ACDOCA überführt wurde, müssen Sie die Migration nicht noch einmal vollständig wiederholen. Stattdessen können Sie den Migrationslauf für die noch fehlenden Arbeitspakete fortsetzen. In Abbildung 7.51 wird exemplarisch der Hinweis ERSTEN LAUF ABSCHLIESSEN angezeigt.

Abbildung 7.51 Fortsetzung der Einzelpostenmigration

Zurücksetzen der Belegmigration

Das Zurücksetzen der gesamten Belegmigration ist mit dem Report FINS_MIGRATION_UJ_RESET möglich. Die Status der einzelnen Arbeitspakete können Sie mit dem Programm FINS_MASS_DATA_RESET zurücksetzen.

Wenn die Migration der Daten erfolgreich ausgeführt wurde, können Sie im nächsten Schritt die Daten überprüfen. Dabei werden die Daten der bisherigen Tabellen (BSEG, COEP, ...) mit der neuen Tabelle ACDOCA abgeglichen.

Die Konsistenz und Vollständigkeit der Migration von Buchhaltungsbelegen in den umfassenden Buchungsbeleg können Sie mit der Transaktion FINS_RECON_RC3 prüfen. Auch diese Transaktion bietet Ihnen die Option, auf einem vorherigen Lauf aufzusetzen, falls dieser nicht vollständig und korrekt zu Ende geführt werden konnte. Die Transaktion ist zur Veranschaulichung in Abbildung 7.52 dargestellt.

Prüfung der Einzelpostenmigration

Abbildung 7.52 Prüfung der Einzelpostenmigration

Mit der Ausführung des Reports werden Hintergrundjobs für die Prüfung der Einzelpostenmigration eingeplant – die relevante Jobkennung ist in dem angezeigten Meldungsfenster in Abbildung 7.53 dargestellt.

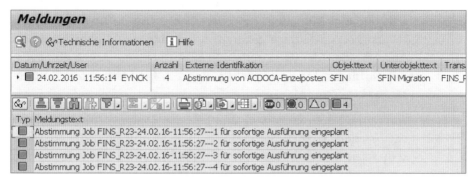

Abbildung 7.53 Meldungen zur Prüfung der Einzelpostenmigration

Den Status der Prüfung können Sie über die Transaktion FINS_MIG_MONITOR_RC3 aufrufen. Der Status wird für jeden Mandanten und Prüfungslauf separat für die SAP-Komponenten Anlagenbuchhal-

Status der Prüfung aufrufen

tung, Controlling und Hauptbuch angezeigt (siehe Abbildung 7.54). Die Darstellung ist vergleichbar mit dem Status zur Einzelpostenmigration. Auch hier sehen Sie, für wie viele Arbeitspakete der Datenabgleich bereits abgeschlossen bzw. noch nicht abgeschlossen ist und wie viele Warn- bzw. Fehlermeldungen aufgetreten sind.

Status von Migration von Journalbuchung prüfen anzeigen							
Mandant	Lauf-ID	ProzSchritt-ID	VerarbStatus	Nicht abges...	Abgeschlossen	Warnmeldg	Fehlermldg
▸ 000 SAP AG			Wartet				
▸ 001 SAP AG Konzern			Wartet				
▸ 002 bpc-Kirchen Master (HANA)			Wartet				
▸ 020 bpc-Kirchen Test (HANA)			Wartet				
▸ 066 EarlyWatch			Wartet				
▾ 100 Finanzen Test Projekte			Unbekannt				
▾ Erster Lauf			Unbekannt	6	12		
▾ AA - Migration von Buchungsgeleg prüfen		REC_3_AA	fertig	0	6		
• fertig		REC_3_AA	fertig	0	6	0	0
▾ CO - Migration von Buchungsbeleg prüfen		REC_3_CO	Fehler gefunden	0	6		
• Fehler gefunden		REC_3_CO	Fehler gefunden	0	2	4	2.000
• fertig		REC_3_CO	fertig	0	4	0	0
▾ Hauptbuch - Migration von Buchungsbeleg prüfen		REC_3_GL	Unbekannt	6	0		
• Unbekannt		REC_3_GL		6	0	0	0

Abbildung 7.54 Status der Prüfung der Einzelpostenmigration

7.4.3 Datenmigration nachbereiten

Abstimmung und Prüfung der Daten

Nachdem Sie alle Schritte der Datenmigration und die dazugehörigen Prüfprogramme erfolgreich ausgeführt haben, ist zusätzlich eine inhaltliche Abstimmung und Prüfung der Daten erforderlich. Vergleichen Sie die Daten und Kennzahlen nach der Migration mit den entsprechenden Berichten und Werten, die Sie im Rahmen der Vorarbeiten der Migration exportiert haben (siehe Abschnitt 7.1.4, »Datenabgleich«). Dazu gehören insbesondere die Bilanz/GuV, das Anlagengitter, der Abschreibungslauf für geplante Abschreibungen, Auswertungen für Kostenstellen, Berichte für Sachkonten, Kreditoren und Debitoren.

Status »abgeschlossen«

Sofern die Daten konsistent sind und den Daten vor der Migration entsprechen, können Sie die Migration im Customizing auf ABGESCHLOSSEN setzen (MIGRATION VON SAP ERP NACH SAP ACCOUNTING POWERED BY HANA • MIGRATION • MIGRATION BEENDEN • MIGRATION AUF »ABGESCHLOSSEN« SETZEN).

Unter den AKTIVITÄTEN NACH DER MIGRATION finden Sie im Customizing die Nacharbeiten, die erst ausgeführt werden können, wenn der Status der Migration auf ABGESCHLOSSEN gesetzt ist (siehe Abbildung 7.55).

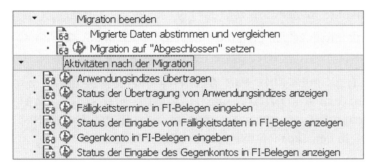

Abbildung 7.55 Aktivitäten nach der Migration

Wenn Sie das *Data Aging* nutzen, können Sie die Option ANWENDUNGSINDIZES ÜBERTRAGEN ausführen. Mit dieser Option können Sie den Platzbedarf im Hauptspeicher reduzieren, indem Sie die Anwendungsindizes in den Cold-Datenbankbereich verschieben.

Anwendungsindizes übertragen

Außerdem gehört zu den Aktivitäten nach der Migration die Eingabe der Fälligkeiten in den FI-Belegen. Mit der Transaktion FINS_MIG_DUE werden die neuen Fälligkeitsdatumsfelder in den FI-Einzelposten für Debitoren, Kreditoren und Sachkonten gefüllt, sofern für die Sachkonten ein Basisdatum relevant ist:

Fälligkeiten in FI-Belegen eingeben

- Fälligkeit für Skonto 1 (SK1DT)
- Fälligkeit für Skonto 2 (SK2DT)
- Nettofälligkeit (NETDT)

Die Felder werden in den Einzelposten in der Tabelle BSEG sowie ggf. in weiteren Tabellen (VBSEGK, VBSEGD, VBSEGS, BSEG_ADD) gefüllt.

Mit der Transaktion FINS_MIG_GKONT wird weiterhin das Gegenkonto in den FI-Belegen gefüllt. Hierzu muss jedoch im Customizing der Punkt GEGENKONTOERMITTLUNGSART DEFINIEREN gepflegt sein (MIGRATION VON SAP ERP NACH SAP ACCOUNTING POWERED BY HANA • CUSTOMIZING: VORBEREITUNGEN UND MIGRATION • GEGENKONTOERMITTLUNGSART DEFINIEREN).

Gegenkontoermittlungsart definieren

Für die Ermittlung des Gegenkontos stehen Ihnen verschiedene Optionen zur Verfügung. SAP empfiehlt Ihnen ausdrücklich die zuletzt genannte Aufzählungsoption:

- Kein Gegenkonto anzeigen
- Gegenkonto anzeigen bei Eindeutigkeit

- Gegenkonto immer anzeigen, der höchste Betrag entscheidet
- Gegenkonto anzeigen bei Eindeutigkeit, jedoch inklusive automatisch generierter Zeilen

Mit der Transaktion FINS_MIG_GKONT werden die Felder GEGENKONTONUMMER (GKONT), KONTOART DES GEGENKONTOS (GKART) und SACHKONTO DES GEGENKONTOS IN DER HAUPTBUCHHALTUNG (GHKON) in den Tabellen BSEG und BSEG_ADD gefüllt.

7.4.4 Zusätzliche Werkzeuge für die Datenmigration

SAP stellt Ihnen neben den spezifischen, bereits genannten Transaktionen aus dem Customizing-Leitfaden weitere Hilfsmittel für die Datenmigration zur Verfügung. Da diese nicht direkt im Einführungsleitfaden für die Migration ersichtlich sind, werden sie hier gesondert aufgeführt.

Übersicht über Migrationsaktivitäten

Die Transaktion FINS_MIG_STATUS unterstützt Sie dabei, den Überblick über den Status der gesamten Migrationsschritte zu behalten. Die in Abbildung 7.56 dargestellte Registerkarte ÜBERBLICK weist Parallelen zur Übersicht der Einzelpostenmigration auf. Es zeigt jedoch die für die Migration relevanten Aktivitäten und deren Verarbeitungsstatus, den Fertigstellungsgrad sowie die aktuelle Anzahl von Fehlern und Warnungen.

SFin-Migrationsstatus

Aktivität	Beschreibung (Massendatenaktivität)	VerarbStatus	Datum	Laufzeit	Parallel.	Akt. Jobs	Fertigst.	Fehler	Warnungen
R20	Analyse von Bewegungsdaten	Abgeschlossen	06.01.2016	0:00	5	0	100%	0	0
R21	Abstimmung von Bewegungsdaten	Abgeschlossen	06.01.2016	0:01	3	0	100%	0	2
ENR	Bewegungsdaten anreichern	Abgeschlossen	06.01.2016	0:01	4	0	100%	0	0
R22	Anreicherung von Bewegungsdaten prüfen	Abgeschlossen	08.01.2016	0:00	2	0	100%	0	0
MUJ	Datenmigration in einheitlichen Buchungsbeleg: Einzelposten	Unbekannt		0:05	3	0	97 %	0	0
R23	Migration von Journalbuchung prüfen	Unbekannt		0:00	3	0	67 %	2.000	4
DLT	Datenmigration in einheitlichen Buchungsbeleg: Summendeltas	Wartend		0:00	0	0	0 %	0	0
R24	Migration von Salden prüfen	Wartend		0:00	0	0	0 %	0	0
AFA	Abschreibungserstberechnung	Wartend		0:00	0	0	0 %	0	0
R25	Abschreibungserstberechnung prüfen	Wartend		0:00	0	0	0 %	0	0
				0:07					

Abbildung 7.56 Migrationsstatus – Übersicht der Aktivitäten

Tabellenübersicht für die Migration

Auf der Registerkarte TABELLEN sehen Sie die für die Migration relevanten Tabellen und können z. B. erkennen, wie viele Datensätze bereits in der Tabelle ACDOCA erzeugt wurden (siehe Abbildung 7.57).

SFin-Migrationsstatus

Tabellenname	Kurzbeschreibung	Cardinality
BSEG	Belegsegment Buchhaltung	2.579.983
FGLV_GLSI_SRC	Generierte Tabelle zu einem View	2.579.983
COEP	CO-Objekt: Einzelposten periodenbezogen	1.870.060
ANLP	Anlagen-Periodenwerte	508.285
CKMLCR	Material-Ledger: Perioden-Summensätze Werte	0
CKMLPP	Material-Ledger: Perioden-Summensätze Mengen	0
ACDOCA		3.361.626

Abbildung 7.57 Migrationsstatus – Tabellenübersicht

Ab dem Release *SAP S/4HANA Finance 1602* (On-premise-Version) soll laut SAP-Hinweis 2270540 mit der Transaktion FINS_MIG_STATUS auch das Wiederholen einzelner Migrationsschritte möglich sein. Mit diesem Hinweis soll dann auch das Programm FINS_MIGRATION_RESET genutzt werden können, um einzelne Pakete von Migrationsaktivitäten zu wiederholen. Wichtig für Sie ist hierbei insbesondere, dass nur die zuletzt ausgeführte Aktivität zurückgesetzt werden kann.

Wiederholen von Migrationsschritten

Mit dem Report FINS_MIGRATION_START (siehe Abbildung 7.58) ist es möglich, mehrere Migrationsschritte hintereinander ohne manuelles Eingreifen zu starten. Falls z. B. Probleme bei der Belegmigration aufgetreten sind, können die Schritte BELEGMIGRATION ZURÜCKSETZEN, BUCHHALTUNGSBELEGE MIGRIEREN und MIGRATION IN BUCHBELEG PRÜFEN ohne eine weitere Interaktion direkt hintereinander eingeplant werden. Gerade in der Testphase der Migration können Sie so mehrere Schritte hintereinander, ohne zusätzliches Eingreifen, als nächtlichen Job einplanen.

Mehrere Schritte hintereinander durchführen

Sofern Ihre Systemlandschaft für die *Near-Zero-Downtime-Methode* eingerichtet ist, können Sie mit diesem Report auch den Near-Zero-Downtime-Modus für die Migrationsprogramme nutzen und die entsprechenden Trigger-Tabellen (FINS_MIG*) füllen lassen.

Near-Zero-Downtime-Methode

Darüber hinaus ist für Sie wichtig, dass eine Datenprüfung in der Transaktion SE16N während der Migration möglicherweise noch nicht die korrekten Daten anzeigt, weil die Umleitung über die CDS-Views für die Anzeige der Tabellen noch nicht funktioniert (z. B. für die Tabelle COEP, die über Views auf die Tabelle ACDOCA zugreift).

7 | Praxisbeispiel: Einführung von SAP S/4HANA

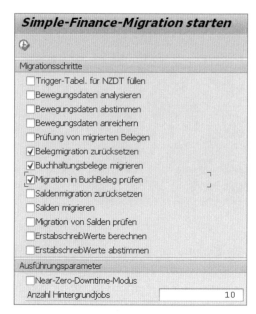

Abbildung 7.58 Der Report FINS_MIGRATION_START

SAP HANA Studio Für Prüfarbeiten sollten Sie daher in dieser Phase des Migrationsprozesses auf das *SAP HANA Studio* zurückgreifen. Der damit mögliche Zugriff ist in Abbildung 7.59 dargestellt.

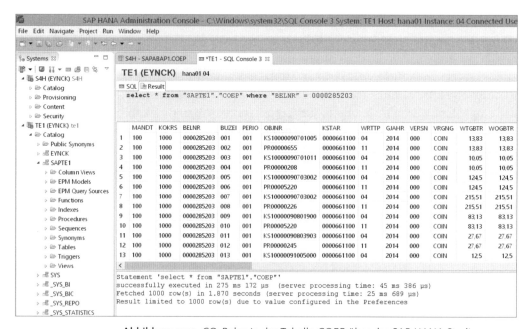

Abbildung 7.59 CO-Beleg in der Tabelle COEP über das SAP HANA Studio

In der Transaktion SE11 können Sie die Tabelleneigenschaften anzeigen. Rufen Sie im Menü ZUSÄTZE • VERTRETEROBJEKT auf, um zu prüfen, ob die Anzeige der Tabelle ggf. über ein Vertreterobjekt auf die Datenbank zugreift. Wenn Sie über die Transaktion SE16N z. B. die Daten der Tabelle COEP anzeigen möchten, greifen Sie über das Vertreterobjekt V_COEP_VIEW auf die Datenbank zu, das Sie in Abbildung 7.60 sehen. Dieses Vertreterobjekt können Sie dann im SAP HANA Studio aufrufen, um nachzuvollziehen, aus welchen Tabellen die Daten auf der Datenbank tatsächlich gelesen werden.

Vertreterobjekt

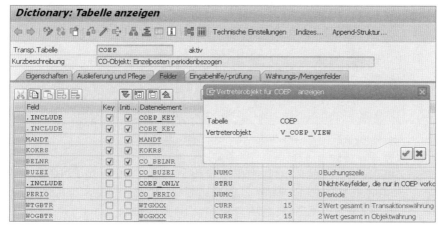

Abbildung 7.60 Vertreterobjekt der Tabelle COEP

7.5 Entwicklung/Code Pushdown

Mit der Installation und Einrichtung des Systems schaffen Sie die grundlegenden Voraussetzungen, um die technischen Vorteile von SAP S/4HANA nutzen zu können. Damit Sie diese jedoch tatsächlich ausschöpfen können, ist es wichtig, dass Sie Anpassungen an Ihrem Coding vornehmen und die Möglichkeit des *Code Pushdowns* ausnutzen.

Um zu veranschaulichen, wie entsprechende Anpassungen aussehen können, zeigen wir Ihnen im Folgenden anhand eines konkreten Beispiels, wie Sie in der Praxis die Anwendungslogik in die Datenbankschicht verlagern können, um so Performanceverbesserungen zu erzielen. Eine Lösung mit klassischer ABAP-Entwicklung sowie eine zweite Lösung nach Code Pushdown werden zu diesem Zweck gegenübergestellt.

7 | Praxisbeispiel: Einführung von SAP S/4HANA

Beispiel: Offene Rechnungen ermitteln

Als praktisches Beispiel wollen wir offene Eingangsrechnungen ermitteln lassen, bei denen noch Einsparungen über Skontoabzüge erzielt werden können. Wie Abbildung 7.61 zeigt, sind die Kopfdaten der Eingangsrechnungen in der Tabelle RBKP gespeichert. Hier sind auch die mit den Lieferanten vereinbarten Zahlungsbedingungen hinterlegt.

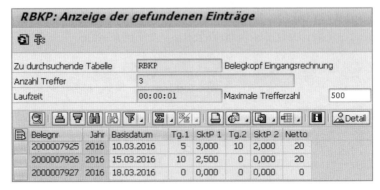

Abbildung 7.61 Skontobedingungen in der Tabelle RBKP

Darstellung von Zahlungsbedingungen

Zahlungsbedingungen lassen sich zudem im System mit bis zu drei Stufen abbilden. Es kann z. B. festgelegt werden, dass bei Zahlung innerhalb von 5 Tagen 3% Skonto, bei Zahlung innerhalb von 10 Tagen 2% Skonto und bei Zahlung innerhalb von 20 Tagen kein Skonto zulässig ist. Diese Zahlungsbedingungen werden in der Datenbank z. B. wie in Tabelle 7.6 dargestellt.

Feldname	Bedeutung	Wert
ZFBDT	Basisdatum für die Skonto- bzw. Zielfrist	
ZBD1T	Anzahl Skontotage für erste Frist	5
ZBD1P	Skontosatz für erste Frist	3
ZBD2T	Anzahl Skontotage für zweite Frist	10
ZBD2P	Skontosatz für zweite Frist	2
ZBD3T	Anzahl Tage bis zum Zahlungsziel	20

Tabelle 7.6 Zahlungsbedingungen

Zur Ermittlung der Fälligkeiten, bis zu denen Skonto vom Rechnungsbetrag abgezogen werden kann, müssen die Skontotage der entsprechenden Skontofrist zum Basisdatum addiert werden.

7.5.1 Klassische ABAP-Lösung

Wenn Sie die für das Praxisbeispiel formulierte Anforderung mit klassischen Mitteln umsetzen, haben Sie das Problem, dass die Berechnung der Fälligkeit nur in der Anwendungsschicht erfolgt. Erst nachdem die Fälligkeit in der Anwendungsschicht berechnet worden ist, kann beurteilt werden, ob für die entsprechende Eingangsrechnung die Bedingung »Skontofrist noch nicht abgelaufen« erfüllt ist. Dafür müssen zwangsläufig Daten von der Datenbank zum Anwendungsserver übertragen werden, die dort eigentlich nicht benötigt werden (z. B. die Daten der Rechnungen, bei denen die Fälligkeit bereits überschritten ist).

Berechnung in der Anwendungsschicht

Die Umsetzung der Anforderungen mit klassischen Mitteln sähe daher z. B. wie folgt aus:

```
" Struktur für Rechnungsdaten definieren
  TYPES: BEGIN OF ty_ergebnis,
         belnr               TYPE rbkp-belnr,
         gjahr               TYPE rbkp-gjahr,
         zfbdt               TYPE rbkp-zfbdt,
         zbd1t               TYPE rbkp-zbd1t,
         zbd1p               TYPE rbkp-zbd1p,
         zbd2t               TYPE rbkp-zbd2t,
         zbd2p               TYPE rbkp-zbd2p,
         END OF ty_ergebnis.
" Variablen deklarieren
  DATA: lv_faelligkeit       TYPE dats,
" Fälligkeitsdatum
        lt_zwischenergebnis TYPE TABLE OF ty_ergebnis,
" alle Rechnungen
        ls_zwischenergebnis TYPE ty_ergebnis,
" eine zu prüfende Rechnung
        lt_endergebnis       TYPE TABLE OF ty_ergebnis.
" Rechnungen gemäß Anforderung
  " Selektion der Rechnungsdaten
  SELECT belnr gjahr zfbdt zbd1t zbd1p zbd2t zbd2p
      FROM rbkp
        INTO TABLE lt_zwischenergebnis
        WHERE rbstat NOT IN (c_rbstat_delete,c_rbstat_
        error,c_rbstat_posted)
        AND   zfbdt <= sy-datum
        AND   ( zbd1p <> 0 OR zbd2p <> 0 ).
" Berechnung der Fälligkeit und Prüfung gemäß Anforderung
  LOOP AT lt_zwischenergebnis INTO ls_zwischenergebnis.
    IF    ls_zwischenergebnis-zbd1t <> 0
      AND ls_zwischenergebnis-zbd1p <> 0.
      " Berechnung Fälligkeit für Skontofrist1
```

```
        lv_faelligkeit = ls_zwischenergebnis-zfbdt + ls_
        zwischenergebnis-zbd1t.
        " Prüfung Tagesdatum kleiner Fälligkeit1
        IF sy-datum < lv_faelligkeit.
          " Rechnung erfüllt Anforderung
          APPEND ls_zwischenergebnis TO lt_endergebnis.
          CONTINUE.
        ENDIF.
      ENDIF.
      IF    ls_zwischenergebnis-zbd2t <> 0
        AND ls_zwischenergebnis-zbd2p <> 0.
        " Berechnung Fälligkeit für Skontofrist2
        lv_faelligkeit = ls_zwischenergebnis-zfbdt + ls_
        zwischenergebnis-zbd2t.
        " Prüfung Tagesdatum kleiner Fälligkeit1
        IF sy-datum < lv_faelligkeit.
          " Rechnung erfüllt Anforderung
          APPEND ls_zwischenergebnis TO lt_endergebnis.
        ENDIF.
      ENDIF.
    ENDLOOP.
```

Betrachtet man die klassische Lösung im Detail, zeigt sich, dass die Verarbeitung in zwei Schritten erfolgt. Zunächst werden die Rechnungsdaten von der Datenbank gelesen. Die Menge an Daten wird dabei mit den folgenden Bedingungen eingeschränkt:

Die Rechnung ist nicht gelöscht, fehlerhaft oder bereits vollständig gebucht:

```
WHERE rbstat NOT IN (c_rbstat_delete,c_rbstat_error,c_
rbstat_posted)
```

Das Basisdatum liegt in der Vergangenheit:

```
AND    zfbdt <= sy-datum
```

Der Lieferant gewährt Skonto, d. h., es sind Skontosätze für die Eingangsrechnung gespeichert:

```
AND    ( zbd1p <> 0 OR zbd2p <> 0 )
```

Im zweiten Schritt werden dann in einer Schleifenverarbeitung die Rechnungsdaten sequenziell aufbereitet und geprüft:

```
LOOP AT lt_zwischenergebnis INTO ls_zwischenergebnis.
```

Ist eine Skontofrist für die Rechnung im System gespeichert (hier die Prüfung für die erste Skontofrist), wird das Fälligkeitsdatum aus dem Basisdatum plus Skontotage berechnet:

```
IF    ls_zwischenergebnis-zbd1t <> 0
      AND ls_zwischenergebnis-zbd1p <> 0.
lv_faelligkeit = ls_zwischenergebnis-zfbdt + ls_
zwischenergebnis-zbd1t.
```

Wenn die Fälligkeit noch nicht erreicht ist, wird die Rechnung zum Endergebnis hinzugefügt:

```
IF sy-datum < lv_faelligkeit.
APPEND ls_zwischenergebnis TO lt_endergebnis.
```

Die Aufbereitung und Prüfung der zweiten Skontofrist (sofern vereinbart) erfolgt analog.

7.5.2 Neue Lösung mit Code Pushdown

Eine Verschiebung der Anwendungslogik in die Datenbankschicht könnte für die formulierte Anforderung mittels eines *CDS Views* erfolgen. Über diesen kann in einem ABAP-Programm direkt auf die in der Datenbank aufbereiteten Daten zugegriffen werden (siehe Abbildung 7.62). Hiermit hat man die Möglichkeit, die Berechnung der Fälligkeit in die Datenbank auszulagern.

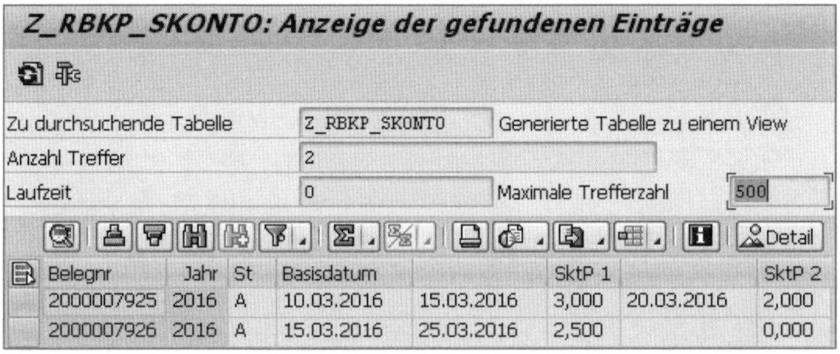

Nutzung von CDS Views

Z_RBKP_SKONTO: Anzeige der gefundenen Einträge							
Zu durchsuchende Tabelle		Z_RBKP_SKONTO		Generierte Tabelle zu einem View			
Anzahl Treffer		2					
Laufzeit		0		Maximale Trefferzahl		500	
Belegnr	Jahr	St	Basisdatum		SktP 1		SktP 2
2000007925	2016	A	10.03.2016	15.03.2016	3,000	20.03.2016	2,000
2000007926	2016	A	15.03.2016	25.03.2016	2,500		0,000

Abbildung 7.62 Anzeige der Daten aus dem CDS View in Transaktion SE16N

Eine Lösung mit Open SQL ist in diesem Fall nicht möglich. Eine Berechnung mit Datumsfeldern wird bisher nicht unterstützt. Ein CDS View mit einer Berechnung der Fälligkeitsdaten könnte daher wie folgt aussehen:

```
@AbapCatalog.sqlViewName: 'z_rbkp_skonto'
@ClientDependent: true
@AccessControl.authorizationCheck: #NOT_ALLOWED
@EndUserText.label: 'RBKP mit Fälligkeitsdatum nach Skonto-
Bedingungen'
```

7 | Praxisbeispiel: Einführung von SAP S/4HANA

```
define view z_demo_rbkp_skonto as select from rbkp
  { key mandt,
    key belnr,
    key gjahr,
    rbstat,
    zfbdt,
    dats_add_days(zfbdt,ceil(zbd1t),'INITIAL') as faedn1,
    zbd1p,
    cast(case
        when zbd2t > 0 or zbd2p > 0 then
            dats_add_days(zfbdt,ceil(zbd2t),'INITIAL')
        else '00000000'
    end as abap.dats) as faedn2,
    zbd2p
  }
  where ( ( zbd1t <> 0 and zbd1p <> 0 ) or
          ( zbd2t <> 0 and zbd2p <> 0 ) );
```

ABAP-Entwicklung in Eclipse Entwickelt werden kann ein CDS View nur in der neuen ABAP-Entwicklungsumgebung in Eclipse – dem *SAP HANA Studio*. In der bisher genutzten ABAP Workbench kann der CDS View lediglich angezeigt, aber nicht geändert werden (siehe Abbildung 7.63).

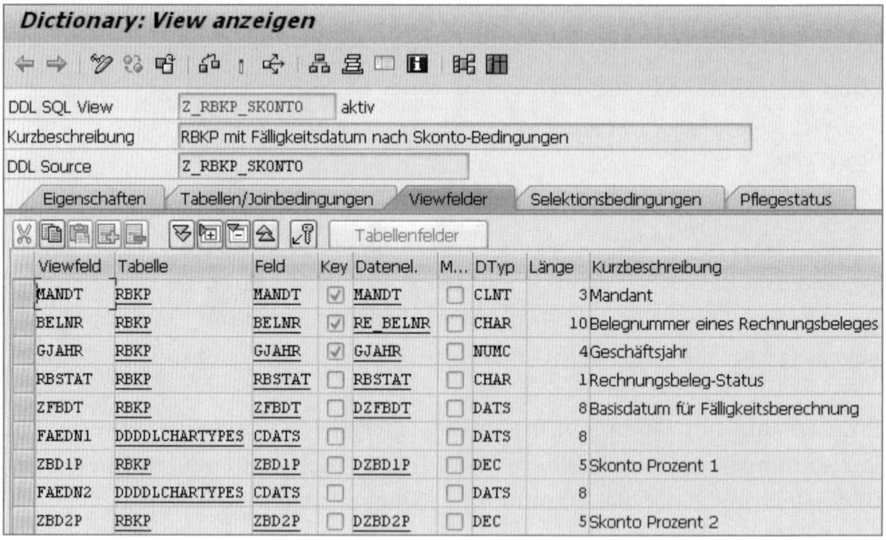

Abbildung 7.63 Anzeige des CDS Views in der ABAP Workbench (Transaktion SE11)

Betrachtet man den CDS View im Detail, zeigt sich, dass er mit dem Namen beginnt, mit dem er in einem ABAP-Programm über eine SQL-Abfrage angesprochen werden kann:

```
@AbapCatalog.sqlViewName: 'z_rbkp_skonto'
```

Darüber hinaus enthält er Informationen zu den technischen Einstellungen, zur Mandantenfähigkeit und Berechtigungsprüfung sowie eine Kurzbeschreibung:

```
@ClientDependent: true
@AccessControl.authorizationCheck: #NOT_ALLOWED
@EndUserText.label: 'RBKP mit Fälligkeitsdatum nach Skonto-
Bedingungen'
```

Die eigentliche Definition des Views beginnt mit der Bezeichnung der CDS-Entität und der Eingabe der Datenquelle, hier der Tabelle RBKP:

```
define view z_demo_rbkp_skonto as select from rbkp
```

Daran schließt sich die Definition der Felder des Views in geschweiften Klammern an. Mit dem Zusatz key werden Schlüsselfelder festgelegt:

```
{ key mandt,
  key belnr,
  key gjahr,
  rbstat,
  zfbdt,
  dats_add_days(zfbdt,ceil(zbd1t),'INITIAL') as faedn1,
  zbd1p,
  cast(case
      when zbd2t > 0 or zbd2p > 0 then
          dats_add_days(zfbdt,ceil(zbd2t),'INITIAL')
      else '00000000'
  end as abap.dats) as faedn2,
  zbd2p
}
```

Der Feldname wird entweder von dem entsprechenden Feld der Datenquelle übernommen oder kann mit dem Zusatz as vergeben werden. Die View-Felder für die Fälligkeitsdaten werden aus dem Basisdatum und den entsprechenden Skontotagen berechnet:

```
dats_add_days(zfbdt,ceil(zbd1t),'INITIAL') as faedn1,
```

Hier wird die CDS-Datumsfunktion dats_add_days verwendet, um die Fälligkeit zu ermitteln. Als Parameter müssen Sie das Basisdatum und die Anzahl an Tagen übergeben, die zum Basisdatum addiert werden sollen.

Verhalten im Fehlerfall

Mit dem dritten Parameter legen Sie das Verhalten im Fehlerfall fest. Der Wert `INITIAL` bedeutet, dass die Funktion im Fehlerfall den Initialwert zurückgibt. Die Anzahl an Tagen muss als ganzzahliger Wert übergeben werden. Da die Skontotage in RBKP als Dezimalwert gespeichert sind, muss über die Funktion `ceil` der Dezimalteil abgetrennt werden.

Für den Fall, dass keine zweite Skontofrist im System hinterlegt ist, wird bei der zweiten Skontofrist zusätzlich die Zahlungsbedingungen geprüft. Sind Daten für eine zweite Skontofrist vorhanden, wird die Fälligkeit wie bei der ersten Skontofrist berechnet. Ansonsten soll die Fälligkeit initial sein:

```
case
    when zbd2t > 0 or zbd2p > 0 then
        dats_add_days(zfbdt,ceil(zbd2t),'INITIAL')
    else '00000000'
end
```

Das Ergebnis der `case`-Anweisung muss dann noch in einen Datumswert gecastet werden. Außerdem muss ein Feldname vergeben werden:

```
cast( … as abap.dats) as faedn2,
```

Selektionsbedingungen

Nach der Definition der Felder folgen noch die Selektionsbedingungen. In unserem Praxisbeispiel sollen nur Rechnungen selektiert werden, für die Skontofristen vereinbart wurden:

```
where ( ( zbd1t <> 0 and zbd1p <> 0 ) or
        ( zbd2t <> 0 and zbd2p <> 0 ) );
```

Um die Anforderungen umzusetzen, muss dann in einem ABAP-Programm nur auf den neuen CDS View zugegriffen werden. Die Ergebnismenge sind direkt die Rechnungen, die die Anforderungen erfüllen. Eine Aufbereitung der Daten in der Anwendungsschicht entfällt. Im folgenden Fall wird die neue Open-SQL-Syntax verwendet:

```
" Selektion der Rechnungsdaten gemäß Anforderung
  SELECT * FROM z_rbkp_skonto
         INTO TABLE @DATA(lt_endergebnis)
         WHERE ( ( zfbdt <= @sy-datum AND faedn1 > @sy-datum )
             OR
                ( zfbdt <= @sy-datum AND faedn2 > @sy-datum ) )
         AND   rbstat NOT IN (@c_rbstat_delete,@c_rbstat_error,@c_rbstat_posted).
```

Da über den CDS View nur die Rechnungsdaten selektiert und an die Anwendungsschicht übertragen werden, die die gestellte Anforderung erfüllen, erzielt man eine verbesserte Performance in der Anwendung. Mit steigender Anzahl der zu prüfenden Rechnungen steigt auch der Grad, in dem sich die Performance der neuen Lösung im Vergleich mit der Leistungsfähigkeit der alten Lösung verbessert.

Performanceverbesserungen

7.6 Zusammenfassung

In diesem Kapitel haben wir Ihnen die bislang überwiegend theoretisch dargestellten Aktivitäten, die zur Einführung von SAP S/4HANA notwendig sind, anhand konkreter Beispiele veranschaulicht. Wir haben Ihnen gezeigt, welche Werkzeuge SAP Ihnen zur Unterstützung mitliefert und wie deren Anwendung aussieht. Sie haben gesehen, dass die Simplification List ebenso wie der Conversion Guide vielfältige Informationen über die notwendigen Aktivitäten zur Vorbereitung einer Migration liefern.

Um Ihnen zu veranschaulichen, welchen Aufwand ein vorgelagertes Projekt verursachen kann, haben wir die in der Simplification List aufgeführten notwendigen Aktivitäten zur Einführung des Geschäftspartneransatzes in Form der Customer Vendor Integration konkret dargestellt. Bei unserer Betrachtung haben wir uns auf die vorhandenen Prüfprogramme sowie auf das Synchronisationscockpit konzentriert, das Sie beim Aufdecken und Beseitigen von Fehlern aktiv unterstützen kann.

Wir haben auch Prüfprogramme vorgestellt, die Sie beim Aufdecken von Inkonsistenzen zwischen Ihrem Customizing und SAP S/4HANA unterstützen, und ihre Verwendung erläutert. Die sogenannten Conversion Pre-Checks zeichnen sich dadurch aus, dass sie eine Installation von SAP S/4HANA verhindern, wenn ein Fehler gemeldet wird. Wir haben gezeigt, dass Sie die Pre-Checks möglichst frühzeitig ausführen sollten, um ggf. ausreichend Zeit für notwendige Anpassungen Ihres Customizings zu haben.

Da die Installation von SAP S/4HANA deutlich über ein normales Software-Update hinausgeht, haben wir den Aspekt des Datenabgleichs intensiv behandelt. Neben den Programmen für die Konsistenzprüfung (z. B. RAABST02 und RAABST01) haben wir Ihnen die

Objekte genannt, die Sie vor der Durchführung der Migration dokumentieren sollten: die Bilanz, die Berichte für CO-Objekte, das Anlagengitter, den Abschreibungslauf für geplante Abschreibungen sowie die Debitoren- und Kreditorenauswertung. Durch den Abgleich Ihrer Dokumentation mit den Daten im SAP-S/4HANA-System können Sie den Erfolg der Datenumstellung dann unmittelbar evaluieren.

Im Rahmen der Durchführung der technischen Migration haben wir die Funktionsweisen des Maintenance Planners, Software Update Managers (SUM) und der Database Migration Option (DMO) erläutert. Dabei haben wir Ihnen gezeigt, wie der Maintenance Planner Sie bei der Planung und beim Download der benötigten Installationsdaten unterstützen kann, während SUM und DMO Ihnen bei der Installation von SAP S/4HANA auf der HANA-Datenbank assistieren.

Die Konfiguration der Benutzeroberflächen unter SAP Fiori haben wir ebenfalls behandelt. Hierbei haben wir Sie durch den Konfigurationsprozess des SAP Gateway und der SAP Fiori Launchpads geleitet und haben Ihnen Task Lists vorgestellt, die eine teilweise Automatisierung des Konfigurationsprozesses ermöglichen. Es konnte gezeigt werden, dass Sie Ihren Arbeitsaufwand durch die Verwendung dieser Task Lists teilweise erheblich reduzieren können. Darüber hinaus haben Sie anhand der Darstellung der Rollenzuweisung erfahren, wie Sie Ihren Benutzern zukünftig die für sie geeigneten Applikationen über das SAP Fiori Launchpad zugänglich machen. Die Entwicklung der konkreten UI-Strategie für Ihr Unternehmen obliegt damit weiterhin Ihnen; wie Sie diese technisch umsetzen können, haben wir Ihnen hingegen grundlegend vermittelt.

Außer der reinen Installation Ihres SAP-S/4HANA-Systems haben wir auch die Übertragung Ihrer Daten in dieses System ausführlich behandelt. Zunächst haben wir beschrieben, an welcher Stelle im Customizing Sie die notwendigen Vorarbeiten (z. B. das Anlegen eines technischen Verrechnungskontos für den integrierten Anlagenzugang) durchführen. Darüber hinaus haben wir Ihnen am Beispiel der Einzelpostenmigration gezeigt, dass jeder Migrationspunkt in der Regel die Schritte Start der Migration, Status der Migration, Prüfung der Migration und Status der Migrationsprüfung umfasst. Ferner haben wir Ihnen vermittelt, wie Sie diese Schritte nutzen.

Nachdem wir alle Schritte der Datenmigration und die dazugehörigen Prüfprogramme beschrieben hatten, haben wir die Nacharbeiten zur Migration dargestellt, zu der unter anderem die Abstimmung der Daten vor und nach der HANA-Migration gehört, sofern Sie Ihre Ursprungsdaten im Vorfeld gesichert haben.

Im Abschnitt zu den Werkzeugen für die Datenmigration haben wir Ihnen Aktivitäten vorgestellt, die nicht im Customizing-Leitfaden verankert und daher schwer zu identifizieren sind, z. B. die Transaktion FINS_MIG_STATUS. Die beschriebenen Werkzeuge helfen Ihnen, die Downtime Ihres Produktivsystems zu minimieren und z. B. mehrere Migrationsaktivitäten automatisiert nacheinander auszuführen. Die genannten Werkzeuge können den Erfolg Ihres Einführungsprojekts daher positiv beeinflussen.

Ein praktisches Beispiel für einen Code Pushdown haben wir Ihnen ebenfalls gezeigt. Indem wir die neue Lösung mit dem Code Pushdown der klassischen ABAP-Lösung gegenübergestellt haben, konnten wir zeigen, wie sich durch das Verschieben von Berechnungen aus der Anwendungsschicht in die Datenbankschicht Performancevorteile generieren lassen. Das dargestellte Vorgehen sollten Sie auf Ihre Projekte übertragen und individuell adaptieren. Sofern Sie diesen Hinweis berücksichtigen, sollten Sie grundsätzlich in der Lage sein, die Vorteile vollständig auszuschöpfen, die SAP S/4HANA und die HANA-Datenbank mit sich bringen.

Bei der Einführung von SAP S/4HANA gibt es viele unterschiedliche Erfolgsfaktoren. Um keinen von ihnen zu vernachlässigen, ist ein umfassender Umstellungsfahrplan unerlässlich. Dieses Kapitel soll Ihnen dabei helfen, einen solchen Fahrplan für Ihr Unternehmen zu entwerfen.

8 Erfolgsfaktoren für die Umstellung auf SAP S/4HANA

Die Einführung von SAP S/4HANA bedeutet für Sie nicht nur den Wechsel von der SAP Business Suite auf die neue Produktlinie, sondern sie hat auch die Umstellung auf eine völlig neue Plattform mit geänderten Paradigmen zur Folge. Die Ablösung der SAP Business Suite durch SAP S/4HANA ist damit kein in sich abgeschlossenes Projekt, sondern vielmehr Bestandteil eines Gesamtprojekts »Plattformwechsel für Ihre IT«. Eine Umstellung wird folglich nur dann erfolgreich sein, wenn der Transfer der Funktionen, die bereits in SAP ERP abgebildet waren, nach SAP S/4HANA gelingt und wenn darüber hinaus ggf. auch neue Prozesse abgebildet werden.

Der Erfolg der Umstellung sollte auch daran gemessen werden, ob Sie die Möglichkeiten, die Ihnen die neue Plattform zum Einführungszeitpunkt bietet, optimal ausschöpfen. Darüber hinaus gilt es, Nutzenpotenziale zu erkennen, die sich in der Zukunft ergeben – selbst wenn Sie diese zum Einführungszeitpunkt nicht unmittelbar realisieren können. Aufgrund der Vielzahl der erfolgsrelevanten Faktoren, die bei einer Einführung zu berücksichtigen sind, ist es deshalb wichtig, dass Sie die Installation und Konfiguration der Software lediglich als einen Bestandteil eines umfassenden Umstellungsfahrplans betrachten – unabhängig davon, ob eine Neuinstallation oder eine Migration erfolgt. Durch eine solche Einordnung des Projekts kann sichergestellt werden, dass keine wichtige Voraussetzung oder ein mögliches Problemfeld außer Acht gelassen wird: Die Erarbeitung und Verwendung eines solchen Umstellungsfahrplans ist als notwendige Erfolgsvoraussetzung anzusehen.

In Abschnitt 8.1, »Der erfolgsnotwendige Faktor ›Umstellungsfahrplan‹«, erarbeiten wir ein Modell für einen Umstellungsfahrplan. Es basiert im Wesentlichen auf den Informationen, die Sie in der Simplification List finden sowie auf der von SAP herausgegebenen *Feature Scope Definition* für SAP S/4HANA. Der Umstellungsfahrplan strukturiert den Einführungsprozess und bietet Ihnen die Möglichkeit, sich frühzeitig und umfassend mit der Planung des Projekts auseinanderzusetzen. Ohne Umstellungsfahrplan wird Ihr Versuch, SAP S/4HANA einzuführen, keinen Erfolg haben.

Wie wir in den vorangegangenen Kapiteln bereits gezeigt haben, stellt SAP Ihnen die technische Basis für die Umstellung mit vielen Funktionen und Hilfsmitteln bereit. Diese können Ihnen den Weg von SAP ERP zu SAP S/4HANA teilweise erheblich vereinfachen. Der gezielte Einsatz dieser Techniken stellt folglich einen weiteren Baustein für den Erfolg Ihres Einführungsprojekts dar. Im Anschluss an die allgemeine Darstellung des Umstellungsfahrplans ordnen wir daher in Abschnitt 8.2, »Welche Erfolgsfaktoren wirken in den Phasen?«, die erfolgskritischen Elemente den einzelnen Phasen des Umstellungsfahrplans zu und vervollständigen ihn auf diese Weise. Sie bekommen hierdurch einen umfassenden Katalog für Ihr Projekt an die Hand, mit dessen Hilfe Sie die erfolgskritischen Elemente während des Einführungsprozesses überwachen und beeinflussen können.

In Abschnitt 8.3, »Ausgewählte Werkzeuge für die Unterstützung der Umstellung«, betrachten wir ausgewählte Werkzeuge. Diese Werkzeuge können Ihnen dabei helfen, potenzielle Probleme zu lösen. Welches Tool Sie brauchen, hängt z. B. davon ab, ob Sie SAP S/4HANA neu installieren oder ein bestehendes SAP-ERP-System migrieren. Wir heben diese Werkzeuge deswegen hervor, weil sie potenziell großen Einfluss auf den Projekterfolg haben. Je nach Ihrer individuellen Ausgangssituation sind jedoch nicht alle diese Werkzeuge für Sie nützlich. Nachdem Sie sich selbst ein Bild von den Werkzeugen gemacht haben, möchten wir Ihnen dabei helfen, sich auf für Sie wesentliche Hilfsmittel zu konzentrieren. Die dargestellten Werkzeuge können für Sie also erfolgskritisch werden – sie müssen es aber nicht zwangsläufig für alle SAP-Kunden sein.

8.1 Der erfolgsnotwendige Faktor »Umstellungsfahrplan«

Eine Einführung von SAP S/4HANA geht weit über ein einfaches Update hinaus. Sie ist als umfassendes Projekt mit verschiedenen Phasen anzusehen, das die technische Einführung übersteigt. Der Erfolg dieses Projekts wird maßgeblich durch einen hohen Strukturierungsgrad sowie durch die Berücksichtigung von Vor- und Nacharbeiten beeinflusst. Wesentlich für Sie ist es deshalb, die verfügbaren Informationsquellen von SAP zu analysieren und das Ergebnis zu einer Grundlage Ihres Projektvorhabens zu machen.

Im SAP Community Network (SCN) gibt es das *SAP S/4HANA Cookbook*, das kontinuierlich gepflegt wird. Es befasst sich insbesondere mit den folgenden Themen und enthält Links zu weiteren Informationsquellen:

SAP S/4HANA Cookbook

- Überblick über SAP S/4HANA
- Was ist aktuell verfügbar?
- Möglichkeiten im Umfeld von SAP S/4HANA
- Erweiterungsoptionen
- Optionen für die Transformation
- Ausbildungsangebote

Sie können das Cookbook über *http://scn.sap.com/docs/DOC-64980* aufrufen.

Das Cookbook verweist auch auf das *SAP S/4HANA Forum*, das Sie über *http://scn.sap.com/community/s4hana* aufrufen können. Dieses Forum stellt in Blogbeiträgen und Bibliotheken Informationen zu verschiedenen Fragestellungen rund um SAP S/4HANA bereit. Verwiesen sei hier insbesondere auf die *FAQ Collection*, die sehr regelmäßig gepflegt wird und auch Fragen, die im Blog aufgeworfen werden, in den Fragen- und Antwortkatalog aufnimmt. Es lohnt sich, die Bloginhalte regelmäßig zu sichten. Das ist auch deshalb sinnvoll, weil teilweise ursprünglich von SAP angekündigte Eigenschaften des Produkts (etwa hinsichtlich der Erweiterbarkeit von SAP S/4HANA) im Zuge der Produktentwicklung Änderungen erfahren haben.

SAP S/4HANA Forum

Außerdem stellt SAP in der Online-Hilfe Informationen bereit, die Ihnen dabei helfen, Ihre Umstellung auf die neue Produktlinie erfolg-

SAP-Online-Hilfe

reich zu gestalten. Sie erreichen diese Dokumentationen, die sowohl für die On-premise-Version als auch für die verschiedenen Cloud-Editionen zur Verfügung stehen, unter *http://help.sap.com/s4hana*.

Sowohl die Menge als auch der Umfang der verfügbaren Dokumente unterscheiden sich dabei abhängig von den verschiedenen Deploymentformen.

Für die SAP-S/4HANA-Cloud-Editionen wird aktuell eine Beschreibung der Funktionen bereitgestellt, die von den Lösungen abgedeckt werden. Als zusätzliche Informationen stehen Ihnen außerdem eine Anwenderdokumentation, die die verfügbaren Apps für Anwender und Administratoren beschreibt, sowie eine Sammlung von Hinweisen zu Einschränkungen und technischen Anforderungen der Lösung zur Verfügung.

Für die On-premise-Version sind mehr und differenziertere Informationen verfügbar. Tabelle 8.1 beschreibt in einer Übersicht die wesentlichen Inhalte der relevanten Dokumente, die sich auf die Lösung selbst beziehen. Auch für den zugrunde liegenden SAP NetWeaver stehen detaillierte Informationen und Dokumentationen zur Verfügung.

Dokument	Inhalte
Startinformationen	
Getting Started	▸ Übersicht über grundsätzliche Optionen für SAP-Business-Suite-Kunden ▸ Übersicht über verfügbare Dokumentationen
Produktdokumentation	
Feature Scope Definition	▸ Funktionsbeschreibung/-übersicht ▸ Verfügbare LoB-Produkte ▸ Verfügbare Produkte für Industrien ▸ Compatibility Packs ▸ Verfügbare Integration zum Business Network
Installation Guide	▸ Übersicht über typische Systemlandschaften ▸ Verfügbare Werkzeuge und Informationen zur Installation ▸ Hinweise auf wichtige Folgeaktivitäten nach der Installation

Tabelle 8.1 Dokumentation zu SAP S/4HANA Enterprise Management (On-premise-Version)

Dokument	Inhalte
Conversion Guide	▶ Leitfaden für die Durchführung der Systemkonvertierung ▶ Informationen über unterstützende Werkzeuge und manuelle Aktivitäten ▶ Hinweise auf wichtige Folgeaktivitäten nach der Installation
UI Technology Guide	▶ Leitfaden zum Aufsetzen des SAP Fiori Launchpads und der Fiori-Landschaft ▶ Leitfaden zur Implementierung von Apps
Security Guide	▶ Überblick über alle sicherheitsrelevanten Informationen im Kontext von SAP S/4HANA ▶ generelle Einschätzungen für den Systemzugriff über Fiori-Apps
Operations Guide	▶ Einstieg für den optimalen Betrieb von SAP S/4HANA ▶ Hinweise für die generelle und anwendungsspezifische Systemadministration
Simplification List	
Simplification List	▶ Gegenüberstellung des Funktionsumfangs von SAP S/4HANA zu SAP ECC ▶ Kategorisierung von Handlungsempfehlungen zu funktionalen Änderungen
Zusätzliche Informationen	
Product Assistance	Online-Hilfe zu Anwenderfunktionen und zum Produkt
Administrating S/4HANA solution implementation	▶ Hinweise zur Implementierung (Customizing) ▶ Beschreibung des Umgangs mit vorkonfiguriertem »Best Practice content«
Integration of SAP Mobile Platform into SAP Fiori Landscape	Beschreibung der Einbindung der SAP Mobile Platform (On-premise oder Cloud) zum Aufbau einer sicheren und effizienten mobilen Umgebung für SAP Fiori
Release Restriction	▶ Hinweis auf vorhandene Restriktionen für den Einsatz von SAP S/4HANA ▶ Beschreibung der Einschränkungen zur Nutzung von Business Functions und Branchenlösungen

Tabelle 8.1 Dokumentation zu SAP S/4HANA Enterprise Management (On-premise-Version) (Forts.)

Dokument	Inhalte
Compatibility Scope Matrix	▸ Hinweis auf die Gültigkeit von Compatibility Packages (klassische ERP-Funktionen, für die eine Wartung bis Ende 2020 gewährleistet ist) ▸ Schnellübersicht zu den genannten Packages

Tabelle 8.1 Dokumentation zu SAP S/4HANA Enterprise Management (On-premise-Version) (Forts.)

Die Fragen, die Sie im Kontext Ihres Umstellungsvorhabens beantworten müssen, betreffen unterschiedliche Aspekte, Zielgruppen und auch zeitliche Perspektiven. Während der CIO oder IT-Leiter eher die Architektur des künftigen IT-Szenarios im Auge haben werden, wird der Mitarbeiter eines Migrationsprojekts konkrete Unterstützung bei der Durchführung der Konvertierung suchen.

Zusammen mit der Bewertung der Eigenschaften, die die SAP-S/4HANA-Produktlinie Ihnen grundsätzlich bietet, müssen Sie die Produktdokumentation nutzen, um Ihre Fragen zu beantworten und Ihren Umstellungsfahrplan zu entwickeln.

Informationsquellen richtig nutzen

Für die Planung Ihrer Umstellung auf SAP S/4HANA sind die Produktinformationen entsprechend unterschiedlich einzusetzen: Während z. B. der *Conversion Guide* Hilfe zu einem konkreten Umstellungsvorhaben liefert, unterstützen die *Simplification List* und die *Compatibility Scope Matrix* Sie auch bei der Beantwortung von Fragen, die Ihre IT-Strategie und die Architektur betreffen. Die Dokumente zur *Feature Scope Definition* sowie die Simplification List und die Compatibility Scope Matrix sind von besonderer Bedeutung, wenn Sie die künftige Zielinfrastruktur gestalten und notwendige Projekte im Zusammenhang mit der Umstellung ermitteln.

SAP liefert Ihnen mit diesen Ressourcen auch wichtige Informationen darüber, inwieweit die Ausgangssituation Ihres Unternehmens die Einführung von SAP S/4HANA beeinflusst und welche Einführungs- und Produktoptionen Ihnen grundsätzlich zur Verfügung stehen. In der Simplification List werden darüber hinaus auch die wesentlichen Veränderungen dokumentiert, die Kunden im Vergleich zu SAP ERP erwarten, und werden notwendige Vorarbeiten für den Einsatz der neuen Funktionen beschrieben. Die Dokumentationen liefern somit Informationen, die den Erfolg eines Einführungsprojekts maßgeblich beeinflussen.

Wenn Sie die Bearbeitung der aufgezeigten Fragestellungen auch zeitlich strukturieren, können Sie einen Fahrplan ableiten, den Sie als Grundlage für Ihr Projektvorhaben verwenden können. Abbildung 8.1 zeigt diese Abfolge exemplarisch auf.

Umstellungsfahrplan

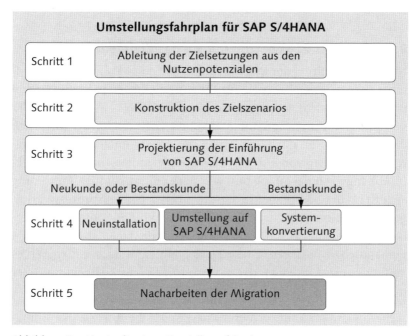

Abbildung 8.1 Muster für einen Umstellungsfahrplan

8.1.1 Schritt 1: Leiten Sie die Zielsetzungen aus den Nutzenpotenzialen ab

Im ersten Schritt der Umstellung müssen Sie die allgemeinen Voraussetzungen für den Erfolg der Einführung schaffen. Indem Sie die Funktionen und Potenziale von SAP S/4HANA kritisch hinsichtlich Ihres Bedarfs analysieren, stellen Sie sicher, dass Transparenz und Sicherheit im Hinblick auf das Ergebnis der Umstellung herrschen. Hierzu müssen Sie jedoch herausarbeiten, welche grundsätzlichen Ziele Sie mit der Einführung von SAP S/4HANA erreichen wollen, ob die Nutzenpotenziale der neuen Produktlinie hierzu einen wesentlichen Beitrag leisten können und ob diese eventuell selbst Bestandteile der Zielsetzungen sind.

Funktionsanalyse und Ermittlung der Potenziale

Da die formulierten Ziele z. B. Einfluss auf die Deploymentform des HANA-Systems, die Systemlandschaft sowie die Möglichkeiten der

Anbindung externer Systeme nehmen können, ist ihre Wirkung langfristig. Die gewissenhafte und umfassende Analyse der Nutzenpotenziale von SAP S/4HANA sowie die Ableitung und Gegenüberstellung der individuellen Zielsetzungen sind damit wichtige Voraussetzungen für den langfristigen Erfolg des Einführungsprojekts.

8.1.2 Schritt 2: Konstruieren Sie das Zielszenario

Festlegen von Deploymentform und Systemlandschaft

Nach der Definition der individuellen Ziele müssen Sie in einem weiteren Schritt das Zielszenario für Ihr Unternehmen festlegen. Hierbei ist zu berücksichtigen, dass mit SAP S/4HANA nicht allein der Betrieb als On-premise-Lösung angeboten wird, sondern zusätzlich die Möglichkeiten der Public- oder Managed-Cloud-Lösung existieren; die Roadmap von SAP gibt hierzu einen umfassenden Überblick. In Abhängigkeit davon, ob und wie stark eine zukünftige Anpassung außerhalb des SAP-Standards an Ihre Unternehmensprozesse erfolgen soll und ob zusätzliche Funktionen durch die Anbindung externer Systeme bereitgestellt werden sollen, müssen Sie dann Ihre Systemlandschaft festlegen. Diese Festlegung kann auch entlang eines Stufenfahrplans erfolgen, der das Erreichen eines Zielszenarios über mehrere Zwischenszenarien vorsieht.

Insbesondere im Kontext dieser Phase spielt die Analyse der Simplification List eine wichtige Rolle. Entscheidungen im Hinblick auf die Infrastruktur sind ggf. auf Basis der dort enthaltenen Informationen zu treffen. Beispielsweise müssen Unternehmen der Versorgungsindustrie alternative Lösungsszenarien für die Abbildung von Kundenprozessen schaffen, wenn diese bisher mit Funktionen des Customer Interaction Centers unterstützt wurden.

8.1.3 Schritt 3: Projektieren Sie die Einführung von SAP S/4HANA

Die Einführung von SAP S/4HANA selbst wird grundsätzlich davon beeinflusst, ob Sie eine Umstellung von der SAP Business Suite vornehmen oder ob Sie die Lösung als Neuimplementierung einführen wollen. Sofern Letzteres der Fall ist, steht hinter der Einführung natürlich eine vollständige Implementierungsaufgabe, die ohnehin als eigenes Projekt zu betrachten ist.

Ermittlung der Projektstruktur

Aber auch im Fall der Umstellung von der SAP Business Suite auf SAP S/4HANA können sich abhängig von Ihrem Zielszenario und bestimmt durch die Simplification List neben der reinen Migration ggf. mehrere Projektaufgaben ergeben. Diese können von der Anpassung von Schnittstellen und Eigenentwicklungen über notwendige Customizing-Aktivitäten bis hin zu Change-Management-Aufgaben reichen. Hier gilt es, die relevanten Aufgaben zu identifizieren, sie in Projekten zusammenzufassen und eine geeignete Projektstruktur zu entwickeln.

Mit der Einführung einer neuen Software gehen generell natürlich Änderungen im Funktionsumfang einher. Bei SAP S/4HANA wurde darüber hinaus die Architektur der Software geändert und durch die Fokussierung auf SAP Fiori ein fundamental geändertes Bedienkonzept eingeführt. Aus diesem Grund ist es für den Erfolg Ihres Einführungsprojekts wichtig, dass Sie zum einen die Anwender und zum anderen die IT-Verantwortlichen mit diesen Veränderungen bekannt machen. Die Vorteile des effizienten Bedienungskonzepts sowie der Datenbankstruktur werden andernfalls nicht vollständig ausgereizt, und Ihre Zielsetzungen werden ggf. verfehlt. Die Erstellung eines Ausbildungskonzepts ist damit ebenfalls als Erfolgsvoraussetzung einzuordnen.

Change Management und Ausbildung der Mitarbeiter

8.1.4 Schritt 4: Stellen Sie auf SAP S/4HANA um

Schließlich müssen Sie auch die *Migration* selbst geeignet projektieren. Eine sorgfältige Vorbereitung ist dabei als Voraussetzung für den Erfolg einzuordnen, da ohne sie der Migrationsprozess potenziell nicht fehlerfrei abgeschlossen werden kann. Wie wir in Kapitel 6, »Technische Migration«, und in Kapitel 7, »Praxisbeispiel: Einführung von SAP S/4HANA«, bereits dargestellt haben, existiert eine Vielzahl an Reports, mit deren Hilfe Sie Ihr System auf den anstehenden Migrationsprozess vorbereiten können. Dabei müssen Sie jedoch in Abhängigkeit von Ihren Zielen, Ihrer Ausgangssituation und Ihrem Zielszenario entscheiden, welche Vorarbeiten für Sie erforderlich sind und auf welche Sie ggf. verzichten können.

Planung der Migration

Der Umstellungsprozess Ihres Systems auf SAP S/4HANA bildet den Kern des Umstellungsfahrplans. Diesem Prozessschritt kommt damit eine zentrale Bedeutung zu. Neben dem erfolgreichen Abarbeiten der in den *Conversion Guides* dargestellten Abläufe und beschriebenen Tätigkeiten besteht ein wesentlicher Erfolgsfaktor für Ihre Umstellung darin, die Migration nicht als rein technischen Vorgang

Fachliche und technische Umstellung

zu begreifen, sondern die starke Verknüpfung mit fachlichen Fragestellungen zu erkennen. Zwar werden fast alle Tätigkeiten durch Reports unterstützt – eine enge Zusammenarbeit zwischen fachlichen Experten und SAP-Administratoren ist jedoch eine notwendige Bedingung für den Projekterfolg.

Für eine strukturierte und erfolgsorientierte Umstellung auf SAP S/4HANA ist es fundamental, ob Sie die SAP-Software neu implementieren oder als Bestandkunde auf die neue Produktlinie wechseln möchten. Je nach Ihrer Ausgangssituation müssen Sie unterschiedliche Vorgehensweisen für die Umstellung wählen. SAP bietet sowohl Bestandskunden als auch Neukunden Unterstützung in Form von geeigneten Tools. Weil diese Werkzeuge nicht in jedem Fall zum Einsatz kommen, beschreiben wir sie in Abschnitt 8.3 separat.

8.1.5 Schritt 5: Führen Sie die Nacharbeiten zur Migration durch

Umsetzung des Bedienkonzepts

Nach der technischen Umsetzung des Systems sind ggf. Nacharbeiten erforderlich, z. B. die Finalisierung von Code-Pushdown-Aktivitäten, die Anpassung von kundenindividuellen Entwicklungen oder eine schrittweise Anpassung der Benutzeroberflächen und die Zuweisung der Berechtigungsrollen. Auch diese Arbeiten müssen Sie im Rahmen eines Umstellungsprojekts erledigen. Sie wirken sich ebenfalls auf die Erfolgswahrscheinlichkeit und den Zielerreichungsgrad aus: Ohne Nacharbeiten können z. B. die effizienteren Bedienkonzepte durch Fiori-Apps oder die beschleunigten Zugriffszeiten durch die neue Datenbankstruktur nicht oder nur unvollständig erreicht und genutzt werden.

8.2 Welche Erfolgsfaktoren wirken in den Phasen?

Nachdem wir die wesentlichen Bestandteile des Umstellungsfahrplans herausgearbeitet und Ihnen hierdurch den grundsätzlichen Rahmen eines SAP-S/4HANA-Einführungsprojekts aufgezeigt haben, fassen wir im Folgenden die Erfolgsfaktoren für die einzelnen Phasen zusammen. Diese Erfolgsfaktoren basieren auf den Ergebnissen der vorhergehenden Kapitel und zeigen Ihnen Veränderungen,

Werkzeuge und Zusammenhänge unter SAP S/4HANA auf, die Ihren Einführungserfolg beeinflussen können. Die Berücksichtigung der phasenspezifischen Erfolgsfaktoren stellt damit eine hinreichende Erfolgsbedingung dar.

8.2.1 Festlegen der Ziele

Die Einführung von SAP S/4HANA kann unterschiedliche Vorteile mit sich bringen. Diese haben wir in den vorangegangenen Kapiteln für verschiedene Teilbereiche (z. B. für die Fachabteilungen Finanzen und Logistik) herausgearbeitet und diskutiert. Der zusätzliche Nutzen durch SAP S/4HANA kann bereits ein konkretes Ziel der Implementierung sein, eines werden oder aber einen Beitrag zur Erreichung höherer Ziele leisten. Um dies bewerten zu können, ist es allerdings notwendig, aufzuzeigen welche Vor- oder Nachteile die Produktlinie im Vergleich zur SAP Business Suite aufweist.

Aus diesem Grund stellen wir im Folgenden die wesentlichen Nutzenpotenziale von SAP S/4HANA im Überblick dar. So können Sie überprüfen, inwiefern SAP S/4HANA Funktionen enthält, die Sie fest in Ihren Einführungszielsetzungen berücksichtigen möchten. Außerdem können Sie herausfinden, ob die Produktlinie unter Umständen gar nicht den von Ihnen antizipierten Nutzen aufweist. Die Veranschaulichung der Nutzenpotenziale leistet damit einen wichtigen Beitrag zur Formulierung Ihrer Zielsetzungen, die als Messgrößen für den Erfolg des Einführungsprojekts herangezogen werden sollten.

Ermittlung der Nutzenpotenziale

SAP verfolgt mit der neuen Plattform SAP S/4HANA einerseits das Ziel, Unternehmen bei der Vereinfachung ihrer Abläufe und ihrer Systemlandschaft zu helfen und sie andererseits bei der Verbesserung ihrer Prozesse zu unterstützen. Dies betrifft insbesondere die ERP-Funktionen selbst – mit dem Principle of One und der Konzentration auf ausgewählte Lösungskonzepte bietet SAP S/4HANA Ihnen darüber hinaus jedoch auch die Möglichkeit, Geschäftsprozesse zu überdenken, sie neu zu gestalten und sich so z. B. wieder enger an Standards zu orientieren.

Die Ideen zur Vereinfachung von Geschäftsprozessen und insbesondere zu deren technologisch einheitlicher Umsetzung spiegeln sich auch in der Benutzeroberfläche wider. Mit SAP Fiori können Funktionen im ERP-System endgeräteunabhängig genutzt werden: Sowohl auf mobilen als auch auf herkömmlichen Desktop-Geräten können

Verbesserung der Benutzerfreundlichkeit

dieselben Anwendungen betrieben werden. Im Zusammenspiel mit der HANA-Datenbank stehen Ihnen insbesondere in den Steuerungscockpits komfortable Funktionen zur Verfügung. Relevante Informationen lassen sich auf den ersten Blick erfassen und können tiefergehend analysiert werden. Während Nutzer der Public-Cloud-Editionen auf Fiori-Apps beschränkt sind, können Nutzer der On-premise-Version bzw. von Versionen, die im Rahmen der Enterprise Cloud betrieben werden, zusätzlich auf weitere Frontend-Technologien zurückgreifen.

Eine zentrale Entwicklungsplattform

Ein nicht unmittelbarer Bestandteil des digitalen Kerns von SAP S/4HANA, aber eng mit der neuen Lösung verknüpft ist die *SAP HANA Cloud Platform*, die es Ihnen ermöglicht, Erweiterungen und Zusatzentwicklungen in Form von Side-by-Side Extensions zu realisieren. Ein internes System muss hierzu nicht bereitgestellt werden. Die Grundidee, insbesondere Anwendungen im Kontext von SAP S/4HANA mit einer separaten Plattform entwickeln und ggf. selbst als Cloud-Lösung bereitstellen zu können, ist ein klarer Bestandteil der Gesamtkonzeption der neuen Plattform.

Ein Nutzenpotenzial der SAP HANA Cloud Platform kann für Sie vor allen Dingen darin bestehen, sie als zentrale Entwicklungsplattform zu nutzen, wenn es um die Entwicklung von Applikationen geht, die auf verschiedene Backend-Systeme zurückgreifen. Auch als Grundlage für die Umsetzung einer neuen User-Interface-Strategie kann die SAP HANA Cloud Platform verwendet werden: Falls Sie sich dafür entscheiden, SAPUI5-Anwendungen künftig auf einer Plattform realisieren zu wollen, können Sie hierzu die SAP HANA Cloud Platform einsetzen.

Möglichkeiten der Datenanalyse

Die SAP S/4HANA zugrunde liegende Datenbank SAP HANA schafft ein weiteres Nutzenpotenzial gegenüber der SAP Business Suite sowie auch gegenüber anderen ERP-Lösungen: Analytische und transaktionale Prozesse können auf demselben Datenbestand durchgeführt werden. War insbesondere für die analytische Verarbeitung bislang der Betrieb einer separaten Business- oder Decision-Warehouse-Lösung notwendig, ist dies mit SAP S/4HANA nicht mehr zwingend erforderlich. Die Datenanalyse kann entweder direkt auf den operativen Daten oder mit SAP BW erfolgen, das zur Plattform gehört. Die Analyse erfolgt deshalb immer auf dem aktuellen Datenbestand.

Der Nutzen dieser Veränderung übersteigt den Nutzen der Vereinfachung des Datenmodells für Sie erheblich: Die architektonischen Anpassungen bewirken einen deutlich geringeren *Speicherbedarf* und eine schnellere Verarbeitung der Daten. SAP kommt damit der Verpflichtung nach, einen geringeren Bedarf an Arbeitsspeicher vor dem Hintergrund der daraus resultierenden Kosten anzustreben. Sofern Sie bereits Eigenentwicklungen auf der SAP Business Suite realisiert haben oder diese planen, eröffnet Ihnen der Wechsel auf SAP S/4HANA die Chance, Ihre Anwendungen hinsichtlich eventueller Aggregats- und Indextabellen zu optimieren und damit die Verarbeitungsgeschwindigkeit zusätzlich zu erhöhen. Das geänderte Datenbankkonzept und die In-Memory-Technologie sind Ihnen damit auch für eigene Entwicklungsvorhaben nützlich.

Geringerer Speicherbedarf und schnellere Datenverarbeitung

Die klare Ausrichtung der neuen Plattform bezüglich der Koppelung mit weiteren Lösungen von SAP, die in der Cloud angeboten werden (wie z. B. SAP Ariba, SAP SuccessFactors oder Concur), ist ein weiteres Nutzenpotenzial, das SAP S/4HANA charakterisiert. Am Beispiel der Reisekostenabrechnung verdeutlicht sich dieser Zusammenhang: Verlangte der On-premise-Betrieb der Reisekostenabrechnung in der SAP-Komponente FI-TV von Ihnen z. B. noch eine regelmäßige Wartung aufgrund geänderter rechtlicher Vorschriften, ist dies bei der Nutzung der Public-Cloud-Anwendung *Concur* keine notwendige Bedingung mehr, um eine gesetzeskonforme Abwicklung der Reisekostenabrechnungen Ihrer Mitarbeiter umzusetzen. Sofern für alle relevanten SAP-Cloud-Angebote standardisierte Konnektoren angeboten werden, haben Sie die Möglichkeit, den Betrieb und die Wartung zuvor selbst betriebener Lösungen auszulagern und mit Ihrer SAP-S/4HANA-Lösung zu koppeln. Die Fokussierung auf die Cloud offeriert Ihnen die Möglichkeit, Ihre Systeminfrastruktur zu vereinfachen – speziell für komplementäre Lösungen zum ERP-System.

Anbindung von Cloud-Lösungen

Schließlich stellen die Möglichkeiten zur Koppelung mit dem Internet of Things und zur Umsetzung von Big-Data-Konzepten zentrale Nutzenpotenziale von SAP S/4HANA dar. Diese erlauben es Ihnen, neue Geschäftsszenarien unter Nutzung der SAP HANA Cloud Platform eigenständig zu entwickeln und abzubilden.

Internet of Things und Big Data

Abbildung 8.2 fasst die oben beschriebenen Nutzenpotenziale zusammen. Sie müssen sie bei der Festlegung Ihrer Ziele berücksichtigen, um die Wahrscheinlichkeit zu erhöhen, dass Ihr Einführungsprojekt zum vollen Erfolg wird.

8 | Erfolgsfaktoren für die Umstellung auf SAP S/4HANA

Abbildung 8.2 Nutzenpotenziale von SAP S/4HANA

8.2.2 Aufbau des Zielsystemszenarios

Leitfragen für den Systemaufbau

Nachdem Sie die Ziele des Einführungsprojekts formuliert haben, konstruieren Sie auf ihrer Basis das Zielsystemszenario. Als Leitfragen für die Entwicklung dieses Szenarios sollten Sie insbesondere folgende Aspekte berücksichtigen:

- **Welche Deploymentform ist für Sie geeignet?**
  Sie müssen zunächst analysieren, ob der Funktionsumfang etwa der Enterprise Cloud für Sie ausreichend sein kann oder ob Sie den vollen Umfang von SAP S/4HANA benötigen. Sofern Ihnen die Enterprise Cloud inhaltlich nicht ausreicht, bietet es sich als Alternative an, Ihr System mit dem Service SAP HANA Enterprise Cloud von SAP betreiben zu lassen.

- **Welche Zielsystemszenarien sind für Sie grundsätzlich nicht geeignet?**
  Nicht für alle Kunden ist ein Wechsel von SAP ERP auf SAP S/4HANA unmittelbar möglich. Zum Teil müssen auch wesentliche Änderungen an der Infrastruktur vorgenommen werden.

- **Welche Lösungen sollten Sie gegebenenfalls zusätzlich einsetzen?**
  Naheliegend ist es, dass Sie künftig die SAP HANA Cloud Platform als wesentlichen Bestandteil der von SAP vorgesehenen Entwicklungsumgebung nutzen sollten – um z. B. ihre individuellen Fiori-Apps komfortabel entwickeln zu können. Aber auch andere Verfahren (etwa für das Customer Relationship Management) müssen Sie ggf. einsetzen.

- **Welche bisher genutzten Lösungen können künftig durch Cloud-Angebote von SAP ersetzt oder sinnvoll ergänzt werden?**
  Das bereits angesprochene Ersetzen von HCM-Funktionen durch SAP SuccessFactors oder des Reisekostenmanagements durch Concur sind Beispiele hierzu. Ein wesentliches Entscheidungskriterium für Sie sollte darin bestehen, welchen Aufwand Sie für den eigenen Betrieb einer solchen Lösung erwarten und wie spezifisch oder kritisch die jeweils unterstützten Prozesse für Ihr Unternehmen sind.

- **Auf welche bisher genutzten Lösungen im Kontext der SAP Business Suite können Sie künftig vollständig verzichten?**
  Haben Sie z. B. bisher ein separates BW-System eingesetzt, um Ihre Berichtsanforderungen erfüllen zu können, besteht künftig ggf. die Möglichkeit, Ihre Berichtsanforderungen direkt auf dem Datenbestand des SAP-S/4HANA-Systems durchzuführen oder das zum S/4HANA-System gehörende BW-System hierfür zu verwenden.

- **Kann Ihr gewünschtes Zielszenario unmittelbar realisiert werden?**
  Verschiedene Faktoren können Einfluss auf die unmittelbare Realisierbarkeit Ihres Zielszenarios nehmen. So kann z. B. die Anbindung gewünschter Lösungen an SAP S/4HANA als fertiger Service noch nicht verfügbar sein. Aber auch die Zielvorstellung, ausschließlich mit SAPUI5-Oberflächen auf Ihr System zuzugreifen, ist nicht unmittelbar realisierbar. Deshalb gilt es, ggf. Zwischenszenarien zu definieren, die Ihnen helfen, den Weg zu Ihrem finalen Szenario festzulegen.

- **Welche Umstellungen können Sie ökonomisch und organisatorisch verkraften?**
  Die Fragestellung wirkt banal, sie ist aber wesentlich. Die Einführung der neuen Lösung (ggf. in Verbindung mit der Anbindung von Cloud-Lösungen von SAP) wird Ihr Unternehmen vor große organisatorische Herausforderungen stellen – Mitarbeiter müssen ausgebildet und Prozesse geändert werden. Außer den Einführungskosten für die neue Lösung müssen Sie damit auch Kosten für Ausbildung und Neustrukturierungen mit in Ihre Überlegungen einbeziehen.

Diese Fragen können nur individuell beantwortet werden – Ihre Ausgangssituation ist natürlich maßgeblich für die Entwicklung Ihres Zielszenarios. Determiniert werden die Antworten aber wiederum

Berücksichtigung der Ausgangssituation

durch die Simplification List und die Compatibility Scope Matrix bzw. die Feature-Scope-Definitionen. Abbildung 8.3 stellt diesen Zusammenhang im Überblick dar. (Den Umstellungsfahrplan sehen Sie im Detail in Abbildung 8.1).

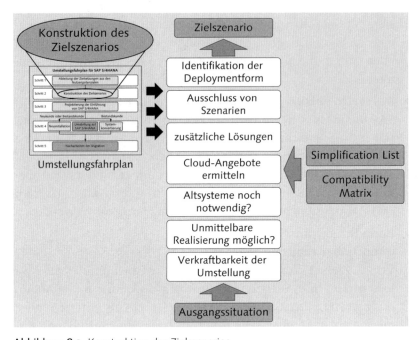

Abbildung 8.3 Konstruktion des Zielszenarios

Wahl der Deploymentform

Einige der aufgeführten Leitfragen greifen wir im Folgenden an Beispielen noch einmal auf. Zu prüfen ist z. B., welche Deploymentform von SAP S/4HANA Ihren Zielsetzungen gerecht werden kann. Diese Frage ist aus verschiedenen Perspektiven zu klären. Die erste dieser Fragen berührt dabei eine grundsätzliche Thematik: Wollen und dürfen Sie Ihre betriebswirtschaftliche Kernanwendung in der Cloud betreiben lassen, oder sprechen rechtliche oder interne Gründe generell gegen einen solchen Lösungsansatz? Ist ein Betrieb in der Cloud für Sie zulässig, stellt sich die Frage nach der Abdeckung Ihrer Anforderungen in Abhängigkeit von der Deploymentform.

Sie müssen bei Ihrer Wahl einerseits berücksichtigen, dass die Nutzer der Public-Cloud-Editionen grundsätzlich einen weitaus geringeren Leistungsumfang im Vergleich zur SAP Business Suite erhalten, als dies für die On-premise-Lösung der Fall ist. Eigenentwicklungen sind bei der Nutzung von Public-Cloud-Editionen z. B. nicht mehr uneingeschränkt lauffähig, und die User-Interfaces sind auf Fiori-Apps beschränkt. Setzen Sie eine branchenspezifische Lösung ein, stellen die verfügbaren Cloud-Editionen keine zulässige Alternative für Sie dar. Wollen Sie vom Cloud-Konzept profitieren, bleibt Ihnen als Möglichkeit nur die Nutzung des Services SAP HANA Enterprise Cloud.

Andererseits muss in Ihr Entscheidungskalkül einfließen, dass sich die Cloud-Editionen durch die Möglichkeit auszeichnen, technische Infrastruktur an SAP auszulagern und hierdurch Kosten einzusparen – sowohl durch niedrigere Hardwareanforderungen als auch durch wegfallenden Wartungsaufwand. Daher müssen Sie den Nutzen und die Einschränkungen der unterschiedlichen Deploymentformen bewerten. Die anschließende zielgerichtete Auswahl der geeigneten Betriebsform stellt die erste wichtige Erfolgsdeterminante bei der Formulierung des Zielsystemszenarios dar.

Mit der Einführung von SAP S/4HANA steht Ihnen außerdem z. B. die Möglichkeit offen, Ihr System in der Form eines Central-Finance-Systems zu gestalten. Ein solcher Aufbau kann z. B. innerhalb eines Konsolidierungskonzepts sinnvoll sein. Zudem bietet er Ihnen bei Rückgriff auf die Cloud-Versionen die Möglichkeit, schrittweise in die Cloud hineinzuwachsen. Der Aufbau eines Central-Finance-Systems kann Ihnen Vorteile offenbaren, z. B. zentrale und dezentrale Reporting- und Planungsmöglichkeiten. Die kritische Bewertung dieser Variante eines Zielszenarios kann daher ebenfalls als erfolgswirksam betrachtet werden.

Aufbau eines Central-Finance-Systems

Die letzte Frage, die für Sie im Kontext der Entscheidung für eine Deploymentform relevant ist, ist schließlich die nach der Wirtschaftlichkeit: Sie müssen klären, ob der Betrieb einer Cloud-Lösung für Sie wirtschaftlicher ist, als SAP S/4HANA als On-premise-Lösung selbst vorzuhalten.

Wir haben dargestellt, dass die gegenüber der On-premise-Version beschränkte Funktionalität von SAP S/4HANA Cloud ein Grund dafür sein kann, warum z. B. das Zielszenario »ERP-System in der Public Cloud« für Sie nicht zulässig ist. Aber auch dann, wenn Sie die neue Produktlinie on premise betreiben wollen, sollten Sie überprüfen, ob von Ihnen benötigte Funktionen grundsätzlich noch zum Umfang von SAP S/4HANA gehören. Ergänzend zur Simplification List können Sie dem SAP-Hinweissystem Informationen dazu entnehmen, ob z. B. Ihre eingesetzte Branchenlösung grundsätzlich auf SAP S/4HANA portiert werden kann.

Zulässigkeit der Systeminfrastruktur prüfen

Die Simplification List liefert aber auch Hinweise auf die Frage, ob Ihr geplantes Zielsystem grundsätzlich zulässig ist, ohne dass neben der Umstellung auf SAP S/4HANA wesentliche Änderungen an Ihrer Systeminfrastruktur vorzunehmen wären. Die neue Systemarchitektur unter SAP S/4HANA bewirkt Veränderungen, die eine Übertragung von einzelnen Systemszenarien verhindern, die mit der SAP Business Suite noch möglich waren. So ist z. B. der Betrieb von SAP SRM auf demselben System wie SAP S/4HANA nicht mehr vorgesehen. Für Sie kann das die Konsequenz haben, dass Sie – dem Ansatz von SAP folgend – versuchen, die Standardfunktionen zum Procurement einzusetzen, die SAP S/4HANA bietet, oder alternativ ein separates SRM-System betreiben, das Sie dann an Ihr System anbinden müssen. Neben der eigentlichen Umstellung von der SAP Business Suite auf die neue Produktlinie wird damit ggf. die Schaffung einer alternativen Infrastruktur für die Abbildung von SRM-Funktionen erforderlich. Um einen Funktionsumfang zu erzielen, der dem bisher erreichten Stand entspricht, müssen Sie also ggf. neben SAP S/4HANA weitere Lösungen einsetzen und an Ihr SAP-System anbinden. In der Versorgungswirtschaft z. B. wird (wie in Kapitel 3, »Prinzipien des Redesigns«, dargestellt) die Einführung eines Systems zur Abbildung der Kundenprozesse obligatorisch. Dazu kann je nach Größe Ihres Unternehmens die Cloud-Lösung SAP Hybris Cloud for Customer oder aber auch der Betrieb eines separaten On-premise-CRM-Systems nötig sein.

Einsatz der SAP HANA Cloud Platform

Neben der Ermittlung von möglicherweise notwendigen Veränderungen ist es für Sie jedoch auch sinnvoll, den Einsatz weiterer SAP-Lösungen zu überprüfen. Wir haben dargestellt, dass die SAP HANA Cloud Platform eine solche Lösung darstellt, die Ihnen hilft, mit ihren Möglichkeiten eine Plattform zur Entwicklung von Erweiterungen für Ihr SAP-S/4HANA-System bereitzustellen. Durch die Nutzung der SAP HANA Cloud Platform stellen Sie sicher, eine Plattform zur Anbindung des Internet of Things zur Verfügung zu haben, die Ihren Weg in die digitale Transformation ermöglicht. Die SAP HANA Cloud Platform sollte auch dann zu Ihrem Zielszenario gehören, wenn Sie unmittelbar keine Geschäftsszenarien im Kontext der digitalen Transformation vorsehen: Die Möglichkeit, z. B. Ihre eigenen Frontend-Applikationen unter Verwendung umfangreicher und ständig optimierter Templates zu entwickeln, verbunden mit dem Sachverhalt, dass Ihnen die Plattform als *Platform as a Service* verfügbar gemacht wird, sollte die SAP HANA Cloud Platform zu einem wesentlichen Baustein Ihrer IT-Strategie machen.

Der Sachverhalt, dass weitere Cloud-Angebote von SAP ggf. Bestandteil Ihres Zielszenarios werden können, haben wir im Kontext der Frage nach notwendigen Ergänzungen bereits angerissen. Vor dem Hintergrund Ihrer definierten Zielsetzungen, auch hinsichtlich des Deploymentkonzepts, ist diese Frage erneut aufzugreifen. Wenn Sie z. B. neue Funktionen im Bereich der Personalwirtschaft nutzen wollen und dafür keine weitere eigene Systeminfrastruktur aufbauen wollen, dann sollten Sie z. B. die Lösungen Concur und SAP Success-Factors zum Bestandteil Ihres Zielszenarios machen. In diesem Fall müssen Sie auch deren Integration und Anbindung an Ihr SAP-S/4HANA-System in Ihren Umstellungsfahrplan einbeziehen. Neben der Konsolidierung Ihres Systems ist also auch die Integration mit weiteren Komponenten entscheidend für die Formulierung Ihres Zielsystemszenarios.

Integration weiterer Komponenten

Die Notwendigkeit, für die Abbildung Ihres Berichtswesens ein separates BW-System zu betreiben, besteht nicht mehr, sofern Sie mit ihm ausschließlich operative Daten aus Ihrem ERP-System ausgewertet haben. Die Analyse der operativen Daten kann mithilfe geeigneter Queries direkt auf dem originären Datenbestand erfolgen. Alternativ können Sie das zum SAP-S/4HANA-System gehörende BW-System hierzu nutzen. Unter SAP S/4HANA ist es zudem nicht mehr notwendig, ein separates BW-System für die Planung einzurichten und zu administrieren. Stattdessen wird Ihnen mit SAP Integrated Business Planning (SAP IBP) ein deutlich verbessertes Werkzeug für die Planungsabwicklung mit komfortableren Auswertungsmöglichkeiten geliefert.

Berichtswesen und Planung

Der Betrieb eines separaten BW-Systems bleibt insbesondere dann sinnvoll, wenn der Fokus Ihres Planungs- und Berichtswesens nicht auf den operativen Datenbestand von SAP S/4HANA beschränkt ist, sondern Daten aus vielen anderen Systemen hier einfließen und analysiert und aufbereitet werden müssen. In diesem Fall kann es ein angemessener Ansatz sein, ein getrenntes Decision-Warehouse-System aufrechtzuerhalten, das im Wesentlichen die Daten fremder Systeme verarbeitet, und das operative Reporting auf den Datenbestand des SAP-S/4HANA-Systems umzustellen.

Es besteht die Möglichkeit, dass das von Ihnen angestrebte Zielszenario nicht unmittelbar realisiert werden kann. Die Gründe hierfür können verschieden sein: Wenn Sie das Ziel anstreben, Ihren Anwendern den vollen benötigten Funktionsumfang auf der Basis

Nutzung von Fiori-Apps

von Fiori-Apps zur Verfügung zu stellen, gilt z. B., dass keine volle Abdeckung der bekannten ERP-Transaktionen gegeben ist. Zum Beispiel können in der SAP-Komponente FI-CA (Vertragskontokorrent) wesentliche Bearbeitungsfunktionen (wie die Klärung unklarer Zahlungseingänge oder die Bearbeitung von Guthabensituationen) bisher genauso wenig durch Fiori-Apps abgebildet werden wie die manuelle Erstellung von Zahlungsversprechen oder Zinsbelegen. Wir zeigen Ihnen, wie Sie SAP-Funktionen nutzen können, um eine funktionierende Zwischenlösung zu entwickeln. Es ist jedoch derzeit noch nicht möglich, eine neue User Experience umfassend, ausschließlich und ohne weiteren Aufwand zu nutzen.

Ähnliches gilt aber auch für die Anbindung bestimmter Cloud-Angebote von SAP an SAP S/4HANA: Zum gegenwärtigen Zeitpunkt müssen Sie z. B.: hinsichtlich der Integration, z. B. von Concur, eigenen Aufwand leisten, um die Anbindung zu ermöglichen. Hier ist jedoch davon auszugehen, dass die entsprechenden Verbindungen in näherer Zukunft von SAP bereitgestellt werden, sodass sich die Verknüpfung der Systeme eher als Konfigurations- als als Entwicklungsprojekt darstellt.

Abbildung 8.4 zeigt Möglichkeiten auf, die sich, z. B. basierend auf der Simplification List und Ihrer Ausgangssituation, als künftiges Zielszenario für Sie ergeben können.

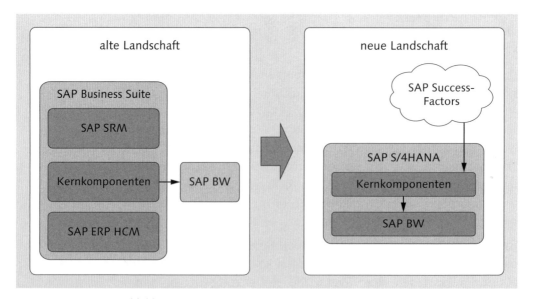

Abbildung 8.4 Optionen zur Systemlandschaftsplanung

8.2.3 Projektierung der Einführung von SAP S/4HANA

Wie wir bereits in Abschnitt 8.1, »Der erfolgsnotwendige Faktor ›Umstellungsfahrplan‹«, erläutert haben, geht die Einführung von SAP S/4HANA deutlich über ein System-Update hinaus. Neben der reinen Umstellung ist es je nach Ihrer Ausgangssituation notwendig, zusätzliche vor- oder nachgelagerte Projekte aufzusetzen, um den Umstellungsprozess erfolgreich abschließen zu können. Das Identifizieren und Adressieren dieser Teilprojekte ist damit wichtig für Ihr Einführungsprojekt. Deshalb listen wir im Folgenden verschiedene Projekte auf, die bei Ihnen zusätzlich zur Migration anfallen können. Die Umsetzung dieser Projekte sollten Sie nicht ausschließlich als Belastung wahrnehmen – vielmehr bieten diese Projekte Ihnen die Möglichkeit, Geschäftsprozesse zu vereinfachen und Ihre Systemlandschaft zu optimieren.

Vor- und nachgelagerte Projekte

Die wesentliche Frage, die Sie für die Umstellung klären müssen, muss spätestens während der Projektierung der SAP-S/4HANA-Einführung beantwortet werden – sofern dies nicht bereits bei der Definition des Zielszenarios geschehen ist: Sie müssen entscheiden, ob der Wechsel nach SAP S/4HANA einem Greenfield-Ansatz entsprechend als Neuinstallation mit entsprechender Datenmigration aus Ihrer SAP Business Suite heraus erfolgen soll oder ob Sie Ihr bestehendes System auf SAP S/4HANA migrieren wollen. Grundsätzlich sollten Sie dieses Thema bereits bei der Zielsystemdefinition zum Bestandteil Ihrer Überlegungen machen.

Neuinstallation oder Migration?

Rein technisch gesehen können Sie anhand des Conversion Guides und mit den entsprechenden Prüfungen, die vor einer Migration durchgeführt werden können, natürlich verifizieren, ob eine automatische Migration Ihres Systems überhaupt von den SAP-Werkzeugen unterstützt wird oder eine Neuinstallation obligatorisch ist. Doch auch die verfügbaren Pre-Check-Programme von SAP geben keine Erfolgsgarantie für eine Systemkonvertierung: Wir empfehlen Ihnen deshalb, darüber hinaus sehr frühzeitig eine *Testkonvertierung* durchzuführen, um mögliche Schwierigkeiten oder auch Showstopper für den Konvertierungsansatz erkennen zu können. Für die Testkonvertierung sollten Sie möglichst eine Systemkopie Ihres Produktivsystems verwenden.

Durchführung einer Testkonvertierung

Auch wenn die Migration technisch möglich ist, kann es Gründe für Sie geben, dem Greenfield-Ansatz zu folgen und Ihr System neu zu installieren. Für ein Neuaufsetzen Ihres Systems kann etwa sprechen:

Argumente für den Greenfield-Ansatz

- Sie möchten SAP S/4HANA zunächst nur pilotweise einsetzen und einen Rollout auf Ihre vollständige Organisation sukzessive durchführen. Die Migration von »Nichtpilotdaten« macht in diesem Kontext keinen Sinn.
- Sie verbinden die Umstellung auf SAP S/4HANA mit Änderungen dergestalt, dass z. B. nicht alle Organisationseinheiten mit SAP S/4HANA arbeiten sollen, sondern dass mit der Umstellung auch eine dauerhafte Systemtrennung erreicht werden soll.
- Sie müssten umfangreiche Daten übernehmen und möchten der Umstellung kein Archivierungsprojekt voranstellen.
- Sie haben SAP ERP HCM und SAP ERP auf demselben System eingesetzt, sich jedoch als Zielszenario für die Personalwirtschaft dafür entschieden, künftig SAP SuccessFactors einzusetzen. Als Übergangsszenario sehen Sie deshalb vor, SAP ERP HCM auf dem alten System weiterzubetreiben und es über ALE (Application Link Enabling) an Ihr neues SAP-S/4HANA-System anzubinden.

Spätestens mit der Projektierung Ihrer Umstellung müssen diese Fragestellungen geklärt werden – das Ergebnis dieser Festlegung betrifft auch die Projekte, die Sie im Rahmen der Planung Ihrer Transformation auf SAP S/4HANA mit definieren müssen.

Um die Aufgaben im Kontext der Umstellung zu identifizieren und zu kategorisieren, müssen Sie wiederum hauptsächlich die Simplification List und die Compatibility Scope Matrix daraufhin analysieren, welches Funktionsspektrum der SAP Business Suite Sie bisher verwendet haben.

Einige der Projekte, die man im Vorfeld der Migration durchführen muss, sind dabei grundsätzlich für alle Kunden obligatorisch. Andere müssen Sie vor der Umstellung nur dann durchführen, wenn Sie zur Abbildung Ihrer Geschäftsprozesse bisher einen Lösungsansatz verfolgt haben, der etwa nach dem Principle of One nicht mehr weiter unterstützt wird oder der grundsätzlich durch neue Funktionen ersetzt wird.

Aufgaben, die in Bezug auf die Durchführung Ihrer Umstellung optional sind, kommen in zwei Ausprägungen vor: Entweder ist die Aufgabe grundsätzlich optional, oder es handelt sich um eine Aufgabe, die Sie zu einem späteren Zeitpunkt nach der Umstellung erledigen können.

Bei der Analyse der Aufgaben müssen Sie außerdem überprüfen, ob sie jeweils noch im vorhandenen Systemkontext durchgeführt werden können oder ob dafür bereits eine SAP-S/4HANA-Funktion zur Verfügung stehen muss. Dies ist z. B. für das Cash Management oder für die neue Ausgabesteuerung (Output-Management) in der Logistik der Fall. In der weiteren Darstellung haben wir Beispiele für solche Aufgaben dem Abschnitt 8.2.4, »Umstellung auf SAP S/4HANA«, zugeordnet. Sie könnten abhängig von Ihrem Migrationsszenario hier aber auch so verfahren, dass Sie frühzeitig eine SAP-S/4HANA-Umgebung bereitstellen, auf der Sie – zeitgleich zu Ihren Vorbereitungstätigkeiten auf dem Altsystem – die neuen Funktionen konfigurieren, um sie abschließend im Rahmen der eigentlichen Umstellung in Ihre Zielumgebung zu importieren. Abbildung 8.5 zeigt, wie sich die Aufgaben unterscheiden.

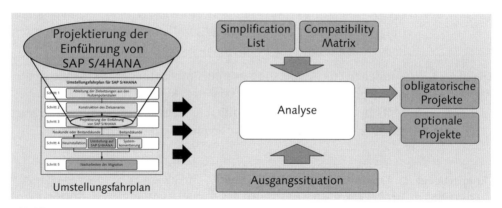

Abbildung 8.5 Projektierung der Einführung von SAP S/4HANA

Wir stellen Ihnen zunächst Projekte vor, die von allen Kunden im Vorfeld eines Umstellungsprojekts durchzuführen sind. Wir gehen dabei davon aus, dass Sie zuvor keine HANA-Datenbank für den Betrieb Ihrer SAP Business Suite eingesetzt haben.

Für alle Kunden obligatorische Projekte

Sofern Sie sich für die Deploymentform als On-premise-Lösung entschieden haben und von der SAP Business Suite auf SAP S/4HANA migrieren möchten, besteht eine obligatorische Aufgabe für Sie darin, die entsprechend benötigte technische Infrastruktur zu ermitteln und bereitzustellen und die Voraussetzungen für den Betrieb der Lösung auch organisatorisch zu schaffen.

Systemkonfiguration und Sizing

Für die Systemlandschaft selbst können Sie wieder bekannte Ansätze zur mehrstufigen Gestaltung nutzen (etwa das Vorhalten eines Entwicklungs-, eines Qualitätssicherungs- und eines Produktivsystems). Mit dem Aufbau ist insbesondere die Aufgabe verbunden, die neue Systemlandschaft geeignet zu dimensionieren. Dazu ermitteln Sie, wie viel Speicherplatz und CPU-Leistung erforderlich sind.

Für das Sizing von SAP-S/4HANA-Systemen gibt es noch kein spezifisches Werkzeug, das in vollem Umfang genutzt werden kann. Der *Quicksizer*, der Ihnen aus dem Kontext der SAP Business Suite bekannt ist und der dort basierend auf einzugebenden Transaktionsvolumina zu betriebswirtschaftlichen Vorgängen Kapazitätsbedarfe ermittelte, umfasst bisher nur die Funktionen bis einschließlich des Add-ons *Simple Finance*. Zur Schätzung der benötigten Speicherkapazitäten beschreibt SAP aber in SAP-Hinweis 1872170 »Suite on HANA – S4 sizing report« und SAP-Hinweis 1793345 »Dimensionierung für SAP Suite on HANA« die Installation und den Umgang mit Reports zur Ermittlung des nötigen Speicherbedarfs.

Ermittlung des Speicherbedarfs

Kundeneigene Applikationen und Entwicklungen werden von diesen Reports aber nicht berücksichtigt. Sie müssen diese also ergänzend in Ihre Untersuchung mit einbeziehen. Abbildung 8.6 zeigt einen schrittweisen Ansatz zur Ermittlung dieser Größe.

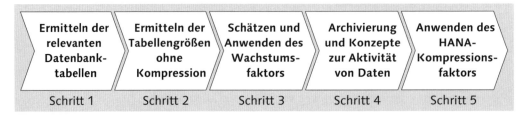

Abbildung 8.6 Vorgehensschema zum Memory-Sizing

▶ **Schritt 1: Ermitteln der relevanten Datenbanktabellen**
In diesem Schritt ermitteln Sie, welche Datenbanktabellen im Rahmen der Migration benötigt werden. Dabei sollten Sie darauf achten, tatsächlich nur die benötigten Tabellen einzubeziehen, und nach Möglichkeit auf Index- oder Aggregatstabellen verzichten.

▶ **Schritt 2: Ermitteln der Tabellengrößen ohne Kompression**
Üblicherweise können in allen Datenbanken Daten in komprimierter Form gespeichert werden. Die physische Größe der Datenbank entspricht also nicht unbedingt der Summe der nomi-

nellen Größen der einzelnen Tabellen. Um die nominellen Tabellengrößen zu ermitteln, sollten Sie die Länge der Tabellenfelder mit der Anzahl der Sätze für jede Tabelle ermitteln, die Sie benötigen und die bezüglich der Größenordnung relevant ist.

- **Schritt 3: Schätzen und Anwenden des Wachstumsfaktors**
  Sie sollten das jährliche Wachstum Ihrer Tabellen ermitteln und Wachstumsfaktoren berechnen.

- **Schritt 4: Archivierung und Konzepte zur Aktivität von Daten**
  Prüfen Sie, ob Sie Daten archivieren und/oder Daten, die nicht unmittelbar in SAP HANA verfügbar sein müssen, in Nearline Storages (NLS) ablegen können. Darüber hinaus besteht die Möglichkeit, ggf. Konzepte zur Speicherung von Tabellen nach einer Hot/Warm-Kategorisierung anzuwenden.

- **Schritt 5: Anwenden des HANA-Kompressionsfaktors**
  Das Ergebnis der vorangegangenen Schritte ist ein Schätzwert für das unkomprimierte Datenvolumen, das in die HANA-Datenbank geladen wird, zuzüglich des erwarteten Anstiegs über einen festgelegten Zeitraum. Die Daten werden bei der Speicherung in SAP HANA komprimiert, wobei diese Kompression unterschiedlich groß sein kann. Spalten in Tabellen, die nur wenige verschiedene Werte aufweisen oder zumeist leer sind, können stärker komprimiert werden als solche, bei denen eine Vielzahl unterschiedlicher Werte auftritt. Das generische Sizing-Tool von SAP geht von einer durchschnittlichen Reduzierung des benötigten Speichervolumens auf $1/7$ des ursprünglichen Bedarfs aus. Nach unserer Einschätzung ist dieser Wert jedoch nur in Ausnahmefällen zu erreichen und vielmehr ein Wert von $1/5$ realistisch.

Addieren Sie den so ermittelten Speicherbedarf zu dem Wert, den Sie für SAP S/4HANA ermittelt haben. Je nach Art des zugrunde liegenden Systems bestehen feste Relationen, die Sie dann zum Ermitteln der benötigten CPU-Kapazität verwenden können.

Auch für den *Betrieb von SAP S/4HANA* sind im Vergleich zum Betrieb der SAP Business Suite organisatorische Anpassungen vorzunehmen und zusätzliche Werkzeuge einzusetzen. Bereits im Vorfeld des eigentlichen Migrationsprojekts sollten Sie sich daher mit den relevanten Neuerungen befassen und die notwendigen Umstellungen projektieren. Eine besondere Rolle nimmt in diesem Kontext der *SAP Landscape Virtualization Manager* (LVM) ein, der für den Betrieb

Betrieb von SAP S/4HANA

Ihrer Lösung zwar nicht zwingend erforderlich ist, dessen Nutzung aber zu empfehlen ist. Der LVM unterstützt typische Betriebsprozesse in HANA-Umgebungen, wie etwa das Erstellen von Systemkopien oder das Starten und den Shutdown Ihres HANA-Systems. Als Java-basiertes Tool stellt der LVM eine Ergänzung und Erweiterung des SAP Solution Managers dar – er kann aber auch isoliert genutzt werden. Bereiten Sie Ihre Basisadministration auf den Einsatz dieses Werkzeugs vor. Es ist ein kritischer Erfolgsfaktor.

Weitere für alle Kundengruppen obligatorische Projekte sind:

- **Die Umsetzung der neuen User-Interface-Strategie vorbereiten**
  So wie die detaillierte Analyse der Simplification List die Grundlage für die Projektierung Ihrer Umstellung auf SAP S/4HANA bildet, müssen Sie die verfügbaren Fiori-Apps für Ihr Komponentenspektrum ermitteln und die vorhandenen Musterrollen daraufhin untersuchen, ob sie Ihre Anforderungen abdecken. Neben der Bibliothek der Fiori-Apps sollten die bisher von Ihnen verwendeten Rollenkonzepte eine wesentliche Grundlage für die Umsetzung der User-Interface-Strategie bilden. Im Zuge dieser Analyse und Konzeption sind – abhängig von Ihren definierten Zielsetzungen – auch benötigte Zwischenlösungen zu konzipieren und umzusetzen. Wichtig hierbei ist: Wenn Sie ein Fiori-App bereits im Umfeld Ihrer bestehenden SAP-Business-Suite-Lösung einsetzen, müssen Sie trotzdem prüfen, ob diese auch für SAP S/4HANA nutzbar ist oder ob es eventuell eine Nachfolger-Applikation gibt. Sie können diese Aufgabe projektvorbereitend auch ohne ein verfügbares SAP-S/4HANA-System erledigen.

- **Die Bewertung, Anpassung und Optimierung von kundeneigenen Entwicklungen**
  Mit kundenindividuellen Schnittstellen, Erweiterungen und sonstigen Programmen kann – auch zeitlich – unterschiedlich verfahren werden. Grundsätzlich müssen Sie im Rahmen der Umstellung sicherstellen, dass Ihre Entwicklungen hinsichtlich ihrer Funktion nicht durch das geänderte Datenmodell beeinträchtigt werden. Dies müssen Sie überprüfen und eventuelle Folgeaktivitäten auslösen. Es empfiehlt sich daher, für diese Aufgaben ausreichend Kapazitäten einzuplanen. Darüber hinaus sollten Sie zwei weitere Fragen klären:

  – Überprüfen Sie erstens mithilfe geeigneter Analysewerkzeuge, welche Ihrer Entwicklungen künftig grundsätzlich aussortiert

werden können. Sofern Sie zu dem Ergebnis gekommen sind, dass kundenindividuelle Programme auch weiterhin benötigt werden, sollten Sie klären, ob sie zum Datenmodell passen, und auch noch sicherstellen, dass die Codierung in einer HANA-optimierten Art und Weise erfolgt ist und Funktionen wie das Lesen ganzer Datensätze nicht Bestandteil Ihres Codes sind. SAP-Hinweis 1912445 »ABAP Kunden Code Migration für SAP HANA« beschreibt, wie z. B. die Werkzeuge ABAP SQL Monitor und der SAP Code Inspector für die Analyse und die Optimierung eingesetzt werden können. Er verweist auch auf einen *Best Practice Guide*, in dem Empfehlungen zum Umgang mit kundenspezifischem ABAP-Code bei einer Migration auf SAP HANA gegeben werden.

– Zweitens sollten Sie eine Einordnung der Programmanpassungen nach Dringlichkeit vornehmen und ggf. vorzunehmende Anpassungen erst nach der Umstellung auf SAP S/4HANA durchführen. Diese Einordnung ist vor allem dort sinnvoll, wo es weniger um die Bereitstellung einer Funktion als solche als vielmehr um die Optimierung vorhandener Entwicklungen geht – etwa durch Code Pushdown oder die Umgestaltung von kundeneigenen Transaktionen zu Fiori-Apps, die ja erst dann erfolgen kann, wenn die neue Systemumgebung verfügbar ist.

▶ **Change Management und Ausbildung**
Schon an den obligatorischen Projektaufgaben, die im Vorfeld der Umstellung auf SAP S/4HANA anfallen, zeigt sich die Vielfalt der Änderungen, die sich für Ihre Organisation im Kontext eines solchen Vorhabens ergeben. Daher sollten Sie Vorbereitungen treffen, um die Mitarbeiter auszubilden und die Organisation bei Prozessänderungen zu begleiten. Ihre Entwickler müssen jetzt lernen, Datenbankfunktionen HANA-optimiert zu schreiben, und sie müssen auch mit den geänderten Paradigmen zur Entwicklung von Benutzeroberflächen zurechtkommen. Hinsichtlich der Organisation ist generell sicherzustellen, dass die neuen Fiori-optimierten Prozesse geeignet in Ihrem Unternehmen eingeführt werden. Auch bezogen auf diese Aspekte stellt die Umstellung auf SAP S/4HANA weit mehr als ein reines Migrationsprojekt dar. Sie sollten dieser hohen Anforderung daher durch ein geeignetes Change Management Rechnung tragen, wenn die Einführung der neuen Produktlinie erfolgreich sein soll.

- **Die Umsetzung der Customer Vendor Integration**
  Da fast alle Kunden Debitoren und/oder Kreditoren verwenden und für diese zukünftig zusätzlich Geschäftspartner anlegen müssen, haben wir diese Aufgabe als obligatorisch eingeordnet. Die Customer Vendor Integration (CVI) ist eine Schnittstelle zwischen den Komponenten von Logistik und Rechnungswesen, die mit der Einführung von SAP S/4HANA zwingend genutzt werden muss. In Kapitel 5, »SAP S/4HANA in der Logistik«, und in Kapitel 7, »Praxisbeispiel: Einführung von SAP S/4HANA«, sind wir hierauf detailliert eingegangen.

Obligatorische Projekte in Abhängigkeit von der Ausgangssituation

Abhängig von Ihrer Ausgangssituation gibt es z. B. folgende weitere obligatorische Projekte:

- **Umstellung Ihres Systems auf Unicode**
  Wenn Sie keine Neuinstallation durchführen, sondern ein vorhandenes System auf SAP S/4HANA umstellen wollen, müssen Sie dieses vor der Migration auf Unicode umstellen.

- **Migration von RE nach RE-FX**
  Das klassische Immobilienmanagement (RE) kann unter SAP S/4HANA nicht mehr genutzt werden, da nach dem Principle of One nur noch das flexible Immobilienmanagement (RE-FX) eingesetzt werden kann. Sofern Sie also die kaufmännische Immobilienverwaltung weiter einsetzen und eine Migration durchführen wollen, müssen Sie der Umstellung ein entsprechendes Migrationsprojekt voranstellen.

- **Abschluss von Umstellungsprojekten auf das neue Hauptbuch**
  Bestand mit der SAP Business Suite zuvor noch die Möglichkeit, die Hauptbuchhaltung mit dem klassischen Hauptbuch abzubilden, ist dies zukünftig nicht mehr vorgesehen – mit S/4HANA wird ausschließlich das neue Hauptbuch unterstützt. Wesentliche Bestandteile der Einführung des neuen Hauptbuchs sind die Klassifizierung von Geschäftsvorfällen und die Definition von Belegsplitregeln einerseits und andererseits die Umsetzung ungesplitteter Belege in Belege, die den definierten Regeln genügen. Unter SAP S/4HANA stehen aber noch keine Werkzeuge bereit, mit denen eine Umsetzung von Buchhaltungsbelegen ohne Belegsplit

in solche mit Belegsplit erfolgen kann. Sie sollten deshalb etwaige Projektvorhaben entweder zu Ende führen oder aber ggf. vor einer Migration durchführen.

- **Umstellung auf die neue Abschreibungsrechnung**
  Im Gegensatz zur Anlagenwirtschaft der SAP Business Suite, bei der für die Anlagenbuchhaltung zwei Arten der Abschreibungsermittlung zur Verfügung standen, ist für Anlagenbuchhaltung unter SAP S/4HANA die neue Abschreibungsrechnung mit dem Depreciation Calculation Program (DCP) zwingend erforderlich. Diese wird mit der Business Function Financials Extension (EA-FIN) aktiviert. Hierzu ist jedoch die Umsetzung in einem separaten Projekt erforderlich, da mit der Aktivierung weitere Aktivitäten und Bedingungen einhergehen.

- **Umstellung der Budgetierung im Haushaltsmanagement**
  Stellte Ihnen die SAP Business Suite zur Abbildung der Budgetierung mit der klassischen Budgetierung und dem Budgetverwaltungssystem (Budget Control System, BCS) noch zwei Verfahren zur Verfügung, so wird nach dem Principle of One künftig nur noch das BCS als Lösung angeboten. SAP empfiehlt, einem Migrationsprojekt auf SAP S/4HANA eine Umstellung der Budgetierungsprozesse von der klassischen Budgetierung auf BCS voranzustellen, auch um ggf. zeitliche Engpässe zu vermeiden. Hierzu gibt es Umstellungswerkzeuge in der SAP Business Suite, die eine automatische Umsetzung der Daten unterstützen.

  Umfangreich wird eine solche Umstellung dann, wenn Sie ein differenziertes, kundenindividuelles Berichtswesen nutzen, das auf der klassischen Budgetierung aufbaut. Da die Budgettabellen, die im BCS verwendet werden, von denen der klassischen Budgetierung abweichen, sind Anpassungen für Ihr Berichtswesen erforderlich.

- **Umstellung des Credit Managements**
  Die Komponente FI-AR-CR ist unter SAP S/4HANA nicht mehr verfügbar. Stattdessen wird in der neuen Produktlinie von SAP das Credit Management (FIN-FSCM-CR) eingeführt. Für die Migration von der einen zur anderen Lösung können Sie Hilfsmittel verwenden, die die Umstellung teilweise automatisiert unterstützen. Diese Tools sind jedoch nicht nach der Umstellung auf SAP S/4HANA nutzbar – die Migration muss also ebenfalls zwingend vorher in einem eigenen Projekt erfolgen.

Optionale Projekte

Neben den dargestellten Beispielen für Projekte, die im Vorfeld einer Umstellung von der SAP Business Suite auf SAP S/4HANA unbedingt durchgeführt werden müssen, gibt es weitere optionale Aktivitäten. Diese ergeben sich entweder aus dem Zielszenario, das Sie künftig mit der neuen Produktlinie abbilden möchten, aus Ihrer Ausgangssituation mit der SAP Business Suite oder aus solchen Aufgaben, die im Vorfeld einer Umstellung zwar generell zu empfehlen sind, die Sie aber nicht notwendigerweise durchführen müssen.

Für diese Art von Projekten geben wir im Folgenden Beispiele:

- **Archivierung vor der Migration**
  Die Durchführung eines Archivierungsprojekts vor der Umstellung ist aus mehreren Gründen empfehlenswert. Naheliegend ist, dass mit der Archivierung die Menge der zu übernehmenden Daten reduziert und damit auch Einfluss auf die Dimensionierung des Zielsystems genommen werden kann. Die Menge der übernommenen Daten beeinflusst aber auch die Laufzeit der eigentlichen Migration. Insbesondere dann, wenn es um den Aufbau der Daten (etwa in den neuen Buchungstabellen) geht, reduziert sich die hierfür benötigte Umsetzungszeit. Vorstellbar ist aber weiterhin, dass auch ein höheres inhaltliches Risiko für den Erfolg der Datenumsetzung besteht, wenn Sie Daten aus mehreren Geschäftsjahren übernehmen müssen und insbesondere Daten aus älteren Jahren nicht mehr mit der logischen Struktur von SAP S/4HANA kompatibel sind.

  Es gibt technische Tabellen, die ein großes Datenvolumen haben und so den Migrationsvorgang massiv beeinflussen können. Dies sind Tabellen, in denen z. B. Änderungsbelege vorgehalten werden (die Tabelle DBTABLOG) oder die Tabellen des Application Logs der SAP Business Suite (z. B. die Tabellen BALDAT, BALHDR und BALIDX). Auch die Archivierung dieser Daten kann die Effekte der Speicherbedarfsreduzierung und der Laufzeitverkürzung für Ihr Umstellungsvorhaben massiv beeinflussen-

- **Ersetzen von Funktionen und Lösungen, die nicht zur Zielarchitektur von SAP S/4HANA gehören**
  In der Simplification List steht für viele Funktionen, dass sie zwar grundsätzlich noch verfügbar sind, aber nicht zur Zielarchitektur von SAP S/4HANA gehören. Für einige dieser Funktionen gibt es Alternativszenarien, die Sie bereits vor der Durchführung Ihrer

Konvertierung umsetzen können. Hierzu gehört etwa das geänderte Pflegekonzept für Projekte in der SAP-Komponente Projektsystem (PS). Eine Vielzahl von Pflegetransaktionen wird zu einem späteren Zeitpunkt nicht mehr zur Verfügung stehen. Ein Bestandteil Ihres Umstellungsprojekts kann es also sein, frühzeitig die Nutzung der bereits verfügbaren Pflegetransaktion vorzubereiten.

8.2.4 Umstellung auf SAP S/4HANA

Zur Umstellung auf SAP S/4HANA gehört einerseits die eigentliche Konvertierung bzw. der Aufbau des neuen Systems mit der entsprechenden Altdatenübernahme. Andererseits haben wir z. B. in Kapitel 3, »Prinzipien des Redesigns«, dargestellt, dass mit SAP S/4HANA Funktionen verfügbar sind, die grundsätzlich neu sind oder aber Abbildungsszenarien ergänzen, die Ihnen aus der SAP Business Suite bekannt sind. Erfolgskritisch für Ihren Start mit SAP S/4HANA wird es deshalb neben der eigentlichen Umstellung sein, die Einführung dieser neuen Funktionen geeignet zu projektieren. Auf beide Themen gehen wir im Folgenden ein.

Konvertierung und Altdatenübernahme

Wir haben in Abschnitt 8.1, »Der erfolgsnotwendige Faktor ›Umstellungsfahrplan‹«, bereits darauf hingewiesen, dass für die Konvertierung von der SAP Business Suite zu SAP S/4HANA detaillierte Anleitungen zur Verfügung stehen, die Ihnen helfen, die Umstellung sicher durchzuführen. Hinweisen möchten wir aber insbesondere darauf, dass etwa im Bereich der Belegumsetzungen von Ihrer Seite sowohl technisches als auch fachliches Wissen benötigt wird – auch um eventuell notwendige Korrekturen durchführen zu können. Wenn Sie also die Bereitstellung entsprechender Ressourcen einplanen (etwa Applikationsbetreuer und Basismitarbeiter), können Sie sowohl die Dauer der Umstellung reduzieren als auch eine höhere Ergebnissicherheit erreichen.

Als einen zweiten wesentlichen Erfolgsfaktor haben wir in Abschnitt 8.2.3, »Projektierung der Einführung von SAP S/4HANA«, bereits *Testkonvertierungen* angesprochen: Sie sollten frühzeitig ggf. mehrere Testkonvertierungen durchführen, die möglichst auf Ihrem produktiven, umzustellenden Datenbestand basieren. So können Sie Schwierigkeiten bei der Umsetzung rechtzeitig identifizieren und ggf. geeignete Korrekturmaßnahmen auch schon vor der echten Umstellung einleiten. Hierzu sollten Sie eine Systemkopie erstellen,

Durchführung von Testkonvertierungen

diese in einer Testlandschaft einspielen und für diese die Umstellung auf SAP S/4HANA durchführen.

Haben Sie sich aus technischen oder inhaltlichen Gründen für einen Greenfield-Ansatz entschieden, sind gegenüber der Konvertierung zwei zusätzliche Aufgaben zu berücksichtigen: Sie müssen Customizing- und Benutzereinstellungen ins Zielsystem übertragen, und Sie müssen entsprechende Altdatenübernahmen vornehmen.

Programme für die Datenübernahme

Die Programme, die Sie ggf. für eine Altdatenübernahme in die SAP Business Suite genutzt haben, sind dabei nicht grundsätzlich wiederverwendbar. Insbesondere dann, wenn die Programme auf der Legacy System Migration Workbench (LSMW) basieren, sollten Sie ihre Verwendbarkeit prüfen, weil SAP dies nicht als Zielszenario empfiehlt. Beispiele für neu zu erstellende Datenübernahmeprogramme sind z. B. die Programme zum Aufbau von Debitoren- und Kreditorenstammdaten. Hier müssen Sie vorsehen, dass Geschäftspartnerdaten erzeugt werden müssen.

Anpassung von Schnittstellen

Unabhängig davon, ob Sie Ihr System konvertieren oder ein neues System aufbauen, muss außerdem ein Schritt Ihres Umstellungsprojekts darin bestehen, Ihre laufenden *Schnittstellen* auch für SAP S/4HANA einsetzbar zu machen. Diese Aktivitäten können Sie im Vorfeld der Umstellung nicht durchführen, weil Ihnen zu diesem Zeitpunkt noch kein SAP-S/4HANA-System zur Verfügung stand. Wir empfehlen deshalb, der Anpassung Ihrer Schnittstellenentwicklungen und auch Systemerweiterungen genügend Zeit einzuräumen.

Einsatz neuer Benutzeroberflächen

Ausreichend Zeit einräumen sollten Sie auch der Umsetzung der neuen *User-Interface-Strategie*, auch wenn Sie hierzu bereits vorbereitende Maßnahmen getroffen haben, während Sie die Umstellung vorbereitet haben. Zu berücksichtigen sind hier zwei wesentliche Aspekte:

- Einerseits müssen Sie die organisatorischen Voraussetzungen für den Einsatz neuer Transaktionen als Bestandteile neuer oder umgestalteter Prozesse schaffen und auch die betroffenen Anwender entsprechend schulen.
- Andererseits muss systemtechnisch die Anpassung von Benutzerrollen und Berechtigungskonzepten erfolgen. Zur Anwendung der neuen User-Interface-Strategie kann es daher auch gehören, dass Sie etwaige Zwischenlösungen implementieren müssen – für den Fall, dass keine vollständige Unterstützung mit Fiori-Apps möglich ist.

Erfolgskritisch für Ihre Umstellung wird es außerdem sein, die Aufgaben geeignet zu projektieren, die sich aufgrund von Lösungsansätzen ergeben, die in SAP S/4HANA neu sind oder sich gegenüber der SAP Business Suite geändert haben. Wir haben dargestellt, dass mit einigen neuen Lösungsansätzen auch Veränderungen der Infrastruktur einhergehen können. Ist dies der Fall, müssen Sie natürlich auch die Implementierung des neuen Szenarios als Bestandteil Ihrer Umstellung betrachten. Der Einsatz von SAP SRM für das Procurement ist ein Beispiel für ein solches Projekt: Haben Sie SAP SRM bisher als One-System-Installation betrieben, müssen Sie für den Fall, dass Sie künftig kein SAP SRM nutzen wollen, die Procurement-Funktionen in SAP S/4HANA konfigurieren oder alternativ die Verknüpfung zu einem separaten SRM-System aufbauen.

Einführung neuer Lösungen

Die Einführung des neuen SAP Cash Managements ist ein Beispiel für die Umsetzung neuer Lösungsansätze, die erst mit SAP S/4HANA zur Verfügung stehen und die Sie im Rahmen der Umstellung als Projekte einplanen sollten. Hierzu sind sowohl Customizing-Aktivitäten durchzuführen als auch entsprechende Prozesse zu etablieren.

8.2.5 Nacharbeiten zur Umstellung

Nachgelagerte Aktivitäten zur Umstellung können aus verschiedenen Gründen notwendig bzw. sinnvoll sein. Abbildung 8.7 stellt Beispiele für solche Nacharbeiten dar.

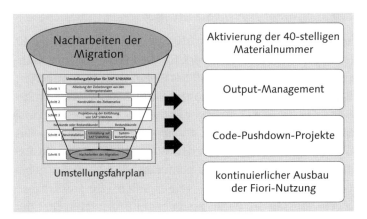

Abbildung 8.7 Nacharbeiten der Migration

Die Nacharbeiten können einerseits daraus bestehen, neue Funktionen in den Produktivbetrieb zu übernehmen, die Sie im Rahmen der

Übernahme in den Produktivbetrieb

Umstellung nicht notwendigerweise aktivieren müssen, die Sie aber grundsätzlich einsetzen wollen.

Beispiel: neue Materialnummer

Ein Beispiel hierzu ist die 40-stellige *Materialnummer*. Ihre Verwendung ist optional. Dementsprechend kann sie ein Bestandteil des Umstellungsprojekts selbst sein oder eben eine nachgelagerte Projektaufgabe darstellen. Wie in Kapitel 5, »SAP S/4HANA in der Logistik«, erläutert, kann die Nutzung insbesondere in zwei Anwendungsfällen für Sie relevant sein:

- Sofern Sie den Wert der Materialnummer bisher in einem Datenfeld zusammen mit anderen Werten zusammengefügt haben, kann durch die Nutzung der längeren Feldlänge dieser zusammengefügte Wert nicht mehr richtig sein. Sie müssten Ihr System dahingehend überprüfen und entsprechende Änderungen initiieren.
- Der zweite grundsätzliche Anwendungsfall liegt dann vor, wenn Sie Schnittstellen zum Logistiksystem in Form von BAPIs nutzen. Hier werden künftig andere Felder genutzt, um die Materialstammsatznummer zu übergeben.

Weitere Aktivitäten können darin bestehen, Funktionen iterativ abzulösen, die zwar noch verfügbar sind, die aber zu einem späteren Zeitpunkt durch bestehende Lösungskonzepte ersetzt werden. Auch hier gibt die Simplification List Hinweise darauf, in welchen Anwendungsbereichen dies relevant ist. Beispiele hierzu sind etwa die klassische Materialbedarfsplanung oder das Output-Management (Ausgabesteuerung), insoweit es nicht SD-Rechnungen betrifft.

Output-Management

Insbesondere die Anpassung der *Ausgabesteuerung* verdient dabei Ihr besonderes Augenmerk: Das Regelwerk für die Erzeugung von Nachrichten in der Logistik kann mit SAP S/4HANA anders konfiguriert werden, als dies noch in der SAP Business Suite der Fall war. Für SD-Billing-Dokumente ist die Nutzung der neuen Ausgabesteuerung künftig verbindlich; für den Druck anderer Dokumente (etwa aus dem Einkauf) stellt das neue Verfahren die Zielarchitektur dar. Insbesondere sind die Regeln für die Nachrichtenerstellung mit der generischen Business Rules Engine BRFplus zu erstellen – Ihre bisher festgelegten Regeln müssen Sie dafür geeignet transformieren. Bei der Transformation müssen Sie auch die künftig verfügbaren Werkzeuge zur Korrespondenzerzeugung sowie die nutzbaren Kanäle für den Versand einbeziehen. Sofern Sie beim Ausdruck bisher ausschließlich mit SAPscript gearbeitet haben, sollten Sie für den Einsatz der

Funktionen Neuentwicklungen der Formulare vornehmen und Ihre Formularentwickler auf die Nutzung der neuen Ausgabeformate vorbereiten. Je nach Intensität der Nutzung von Formularen kann die Veränderung damit ein eigenständiges Projekt rechtfertigen.

Außerdem haben wir in Kapitel 4, »SAP S/4HANA Finance«, und in Kapitel 5, »SAP S/4HANA in der Logistik«, darauf hingewiesen, dass nicht alle Anwendungsbereiche vollständig durch die neue Oberflächentechnologie SAP Fiori unterstützt werden. Sie müssen also ggf. Zwischenlösungen implementieren, die Sie anschließend stufenweise wieder ablösen müssen, sobald neue Apps verfügbar werden. Sie sollten deshalb kontinuierlich überprüfen, welche neuen Applikationen SAP ausgeliefert, und ein geeignetes Verfahren definieren, mit dem diese neuen Funktionen Ihnen Anwendern verfügbar gemacht werden können.

Weitere Aktivitäten, die nach der erfolgreichen Umstellung durchgeführt werden sollten, betreffen Ihre kundeneigenen Entwicklungen, sofern diese vor der Umstellung nicht angepasst werden mussten und wurden. Analog zum Vorgehen vor dem Umstellungsprojekt sollte eine Code-Optimierung entlang zweier Richtungen erfolgen:

Kundeneigene Entwicklungen

- Sofern möglich, sollten Sie prüfen, inwieweit sich Ihre Programme durch Code Pushdown optimieren lassen.
- Außerdem sollten Sie Ihr individuelles Coding zumindest so anpassen, dass im Sinne der neuen Datenbankkonzeption teure Datenbankoperationen vermieden werden.

8.3 Ausgewählte Werkzeuge für die Unterstützung der Umstellung

Im Folgenden stellen wir Ihnen mit SAP Activate und SAP Screen Personas zwei Werkzeuge vor, die Ihr Einführungsprojekt unterstützen können, deren Einsatz aber nicht obligatorisch ist.

8.3.1 SAP Activate als Einführungsmethode für Neukunden

Unter der Bezeichnung *SAP Activate* hat SAP mit S/4HANA ein Tool eingeführt, das darauf ausgelegt ist, den Einführungsprozess von SAP

SAP Activate als ASAP-Nachfolger

S/4HANA aktiv zu unterstützen und zu erleichtern. Es basiert im Wesentlichen auf der Methode *AcceleratedSAP* (ASAP) und stellt außerdem eine Weiterentwicklung des Einführungsleitfadens für SAP-ERP-Systeme dar.

Die Besonderheiten der SAP-Activate-Methode werden im Folgenden dargestellt und erläutert. Hierzu arbeiten wir zunächst die allgemeinen Charakteristika von SAP Activate heraus, bevor wir auf die wichtigsten Bestandteile der integrierten Fiori-App und die Phasen der Methode eingehen. Abschließend nehmen wir einen Vergleich mit ASAP vor, damit Sie die Vorteile und den Innovationsgrad von SAP Activate beurteilen können.

Überblick über SAP Activate

Bestandteile von SAP Activate

SAP Activate bietet eine native Unterstützung von Kunden und Partnern über den gesamten Produktlebenszyklus eines SAP-Systems. Mit der neuen Methode zielt SAP darauf ab, die Produkteinführung von SAP S/4HANA zu beschleunigen und bei Kunden eine schnellere Wertschöpfung zu erreichen. Potenzielle Hemmschwellen für die Neueinführung oder Migration werden reduziert, indem Kunden eine schnelle Produktivsetzung zugesichert wird. Da zudem auch Innovationsprozesse unterstützt werden, schafft SAP Activate auch nach der Implementierung einen Mehrwert für den Kunden.

Um die genannten Ziele zu erreichen, greift die Methode auf die sogenannte *Guided Configuration* (unterstützte Konfiguration) sowie auf die *SAP-Best-Practice-Pakete* zurück:

- **Manage Your Solution**
  Die unterstützte Konfiguration spiegelt sich insbesondere in der integrierten Fiori-App *Manage Your Solution* wider. Auf diese gehen wir wegen ihrer Bedeutung im weiteren Verlauf des Kapitels dezidiert ein.

- **SAP-Best-Practice-Pakete**
  Die SAP-Best-Practice-Pakete beinhalteten hingegen vorkonfigurierte und unmittelbar lauffähige Geschäftsprozesse für verschiedene Länder, Branchen oder Funktionsbereiche. Die Pakete basieren auf Erfahrungen, die SAP bei unterschiedlichen Einführungs- und Innovationsprojekten gesammelt hat.

SAP Activate unterstützt grundsätzlich alle Deploymentformen von SAP S/4HANA. Der Umfang der mitgeliefert SAP-Best-Practice-Pakete variiert jedoch zwischen den On-premise- und den Cloud-Versionen. So beinhalten beide Deploymentformen zwar das Best-Practice-Migrations-Paket und die Best Practices für die Integration von SAP SuccessFactors, Cloud for Customer, SAP Ariba und SAP Hybris; die SAP Best Practices für User Experience, Analytics, Line-of-Business Solutions sowie die industry edition, die eine Unterstützung für 11 Branchen bietet, sind jedoch der On-premise-Version vorbehalten.

Unterstützung verschiedener Deploymentformen

Wesentliche Unterschiede zwischen SAP Activate und dem klassischen Einführungsleitfaden sind einerseits die bereits erläuterten SAP Best Practices, andererseits aber auch die native SAP-Fiori-App-Unterstützung, die alle notwendigen Einführungsschritte zusammenfasst und dem Nutzer anschaulich darstellt.

Wie Sie in Abbildung 8.8 sehen, war der Einführungsleitfaden der SAP Business Suite vorrangig durch eine nicht intuitive und weit verzweigte Struktur gekennzeichnet. SAP Activate leistet einen Beitrag zur Verbesserung der Benutzerfreundlichkeit.

SAP-Einführungsleitfaden

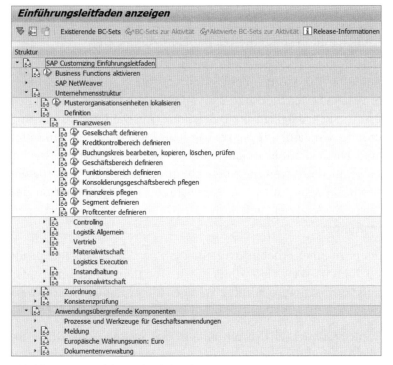

Abbildung 8.8 Einführungsleitfaden der SAP Business Suite

Die Fiori-App zu SAP Activate ist unter der Bezeichnung *Manage Your Solution* im System zu finden. Im Folgenden beschreiben wir kurz ihre wesentlichen Funktionen (die auch Abbildung 8.9 entnommen werden können) sowie die damit einhergehenden Besonderheiten.

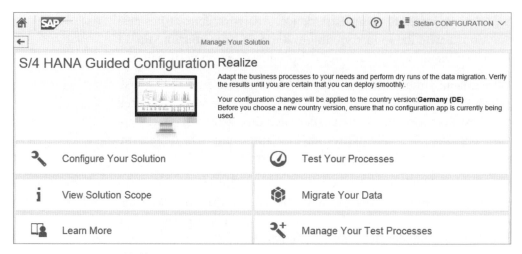

Abbildung 8.9 Fiori-App »Manage Your Solution«

Funktionen und Besonderheiten der Fiori-Applikation

Configure Your Solution

Die erste Besonderheit der Fiori-App zu SAP Activate ist, dass sie mit der Funktion CONFIGURE YOUR SOLUTION die Konfiguration eines neuen Systems erleichtert und damit die Benutzerführung erheblich verbessert. Sie ermöglicht die Darstellung, Auswahl und Anpassung der unmittelbar lauffähigen, vorkonfigurierten Beispielorganisationen und bietet darüber hinaus vorgefertigte Geschäftsprozesse für unterschiedliche Anwendungsbereiche zur Auswahl an. Sie erhalten hierdurch die Möglichkeit, bereits während der Konfiguration des Systems GAP-Analysen auf Basis der vorliegenden Informationen durchzuführen.

Dies kann zu einer erheblichen Reduktion der Kosten für Blueprint-Phasen führen. Weiterhin können z. B. Tochterunternehmen oder Einkaufsorganisationen mithilfe weniger Klicks implementiert werden, was sowohl Zeit als auch Kosten spart.

View Solution Scope

Die zweite Besonderheit der App *Manage Your Solution* ist die Übersicht über die Anwendungsreichweite der verwendeten SAP-Lösung (VIEW

SOLUTION SCOPE). Diese Funktion gibt Ihnen einen Überblick über alle im System aktivierten Geschäftsprozesse, die für die Konfiguration Ihres Systems tatsächlich relevant sind. Hierdurch ist direkt ersichtlich, welche Geschäftsprozesse und Länderversionen unmittelbar lauffähig sind. Die Gefahr der Überforderung von Mitarbeitern wird reduziert, und potenzielle Fehlerquellen werden dadurch beseitigt.

Tests sind ein wesentlicher Bestandteil von SAP-Neueinführungen und Systemmodifikationen, sodass auch diese beim Aufbau von SAP Activate berücksichtigt wurden. Dies stellt eine weitere Besonderheit der Methode dar. Durch die Integration vorkonfigurierter Tests und Testskripte (TEST YOUR PROCESS) wird der Testaufwand insbesondere bei rekursiven Testverfahren erheblich reduziert. Weiterhin können Sie eigenständig Testpläne erstellen. Diese können insbesondere bei regelmäßigeren Anpassungen der Konfiguration verwendet werden und sparen dabei Zeit und Kosten. *Test Your Process*

Die Administration der Testprozesse wird durch die SAP-Fiori-App ebenfalls unterstützt. Sie können z. B. festlegen, welche Testverfahren den Testern zur Verfügung stehen, bestehende Testverfahren anpassen oder neue Prozesse den bestehenden hinzufügen. Für Letzteres stehen Ihnen zwei grundlegende Optionen zur Verfügung: Entweder legen Sie neue Prozesse manuell an, oder Sie definieren diese komfortabel und weniger zeitaufwendig über die Aufzeichnung von Systemaktivitäten.

SAP Activate unterstützt Sie auch bei der Migration Ihrer Daten (MIGRATE YOUR DATA). In Abhängigkeit von Ausgangssituation und Zielszenario stehen unterschiedliche Vorgehensweisen zur Verfügung: Bestandkunden können ihre Daten z. B. über das *SAP Landscape Transformation* anbinden. Neukunden steht hingegen ein templatebasierter Migrationsansatz zur Verfügung. Für den Umstieg auf eine der SAP S/4HANA-Cloud-Editionen existiert bislang nur eine beschränkte Migrationsunterstützung. Eine Ausweitung der unterstützten Objekte ist jedoch bereits angekündigt. *Migrate Your Data*

Als letzte wesentliche Besonderheiten der Fiori-App *Manage Your Solution* sind das integrierte Benutzertraining und die verbesserte Dokumentation hervorzuheben – Zugriffe auf Dokumentationen, Testmaterialien und Hilfen gibt es nun direkt aus der App sowie über die LEARN MORE-Funktion. *Learn More*

In der Fiori-App lassen sich über das *xRay Framework* Informationen in sogenannte *Overlays* einbinden, sodass Informationen immer genau an der Stelle angezeigt werden, wo sie benötigt werden. Darüber hinaus gibt es mit GETTING STARTED und GUIDED TOURS zentrale Einstiegspunkte für Lerninhalte. Die verfügbaren Inhalte lassen sich zudem auf der Basis der Benutzerrollen im SAP-System zuweisen.

Phasenmodell von SAP Activate

SAP Activate umfasst grundsätzlich vier Phasen, die Sie durch die Einrichtung Ihres Systems führen. Diesen vorangestellt ist die Erprobungsphase – über die kostenlose Cloud Trial können Sie sich unverbindlich einen Überblick über die Methode verschaffen.

Phase 1: Vorbereitung	Die *Vorbereitungsphase* stellt Phase 1 der eigentlichen SAP-Activate-Methode dar. Im Rahmen dieser Phase starten Sie bzw. der SAP-Partner die Implementierung durch Auswahl einer vorgefertigten Musterunternehmung, die neben exemplarischen Stammdaten auch eine organisationale Grundkonfiguration besitzt.
Phase 2: GAP-Analyse	Daran anschließend wird in Phase 2 (der Erforschungsphase) eine *Run Fit-* bzw. *GAP-Analyse* durchgeführt. Bei beiden Ansätzen wird das vorkonfigurierte System daraufhin untersucht, inwieweit es Ihre Anforderungen erfüllt und wie viel Anpassungsbedarf besteht. Anpassungen können dann unmittelbar durch Sie oder einen SAP-Partner vorgenommen werden. Eine kostenintensive Blueprint-Phase entfällt dadurch.
Phase 3: Projektrealisation	In Phase 3 erfolgt die Realisation Ihres Projekts. Es erfolgt eine toolgestützte Migration Ihrer Daten, Testverfahren werden eingeleitet, und eine Feinjustierung des Customizings kann vorgenommen werden.
Phase 4: Produktivsetzung und Training	Anschließend werden in Phase 4 Benutzertraining und Produktivsetzung durchgeführt. Um die Vorteile von SAP Activate auch nach der Produktivsetzung nutzen zu können, empfiehlt es sich, im Nachgang die an den SAP Solution Manager angebundenen Monitoring- und Support-Funktionalitäten der Methode zu nutzen.

Abbildung 8.10 fasst die Phasen der SAP-Activate-Methode sowie deren Inhalte abschließend zusammen. Sie verdeutlicht erneut die Grundidee von SAP, den Einführungsprozess mit SAP S/4HANA zu

vereinfachen, die Innovationsfähigkeit zu verbessern und damit eine agile Methode anbieten zu können. Inwieweit SAP Activate jedoch eine tatsächliche Verbesserung im Vergleich zu seiner Vorgängermethode darstellt, diskutieren wir im folgenden Abschnitt.

SAP Activate					
Erprobung	Vorbereitung	Erforschung	Realisierung	Einsatz	laufender Betrieb
▸ kostenlose Trial-Version ▸ Aufbau von Erfahrung	▸ Auswahl der vorgefertigten Geschäftsprozesse ▸ Nutzung von Musterunternehmen	▸ Run Fit/GAP-Analyse ▸ Aufdecken der benötigten Funktionen ▸ Nachjustieren ohne Blueprint	▸ Migration der Daten ▸ Automatisierte Testfälle	▸ Anleitung der Nutzer über Getting Started und Guided Tours ▸ Produktivsetzung	▸ Monitoring und Support ▸ Integration mit dem SAP Solution Manager

Abbildung 8.10 Übersicht über die Phasen von SAP Activate

Unterschiede zwischen SAP Activate und ASAP

SAP Activate basiert auf der ASAP-Methode und stellt nach Angaben von SAP eine wesentliche Weiterentwicklung dieser Methode dar. Um die tatsächlichen Vorteile von SAP Activate einschätzen zu können, werden wir im Folgenden die Unterschiede und Gemeinsamkeiten der beiden Methoden aufdecken und diskutieren.

Die ASAP-Methode folgt dem allgemeinen Vorgehen von Wasserfallmodellen. Im Gegensatz zu SAP Activate ist die Methode linear aufgebaut. Das heißt, erst nach dem Abschluss und der Abnahme einer Phase wird mit der Bearbeitung der nächsten begonnen. Eine Qualitätssicherung erfolgt bei ASAP nicht wie bei Activate über iterative Schritte, sondern wird stattdessen am Ende jeder Phase umgesetzt: Dann wird geprüft, zu welchem Grad die festgelegten Ziele erreicht wurden. Wasserfallmodelle gelten aus diesem Grund als starrer und bürokratischer, als dies bei agilen Methoden wie SAP Activate der Fall ist. Insbesondere bei großen Implementierungsprojekten muss der Einsatz von agilen Methoden jedoch kritisch hinterfragt werden. So ist z. B. das Aufsetzen eines in der Regel obligatorischen Pflichtenhefts, das die Basis der vertraglichen Abstimmungen darstellt, im Rahmen agiler Methoden nicht vorgesehen – konkrete

Linearer Ansatz von SAP Activate

Anforderungen werden bei agilen Methoden erst während der Projektzeit entwickelt.

Verkürzung der Einführungszeit

Sowohl SAP Activate als auch ASAP versprechen eine Verkürzung der Einführungszeiten für die Kernkomponenten auf fünf bis neun Monate. Hierdurch soll beim Kunden ein geringerer Ressourcenaufwand erzeugt werden und ein schneller Return on Investment (ASAP) bzw. eine kürzere *time to value* (SAP Activate) resultieren. Beide Methoden nutzen zum Erreichen der Zielsetzung Referenzprozesse und praktisches Erfahrungswissen. Die gewählten Standardprozesse müssen dann jeweils bedarfsgerecht an die spezifischen Kundenbedürfnisse angepasst werden. Diese Ausrichtung auf die SAP-Standardprozesse kann jedoch dazu führen, dass die Wertschöpfungsprozesse des Kunden erst während der Einführung überdacht und rekonfiguriert werden. Hierdurch entsteht zum einen zusätzlicher Schulungsbedarf, zum anderen führt das Vorgehen potenziell zu einer Überforderung und zu einem damit einhergehenden Widerstand von Sachbearbeitern. Um diesen negativen Folgen entgegenzuwirken, wird Ihnen unter SAP Activate ein app-gestütztes, rollengerechtes Mitarbeitercoaching ermöglicht. Die vorhandenen Schwächen der SAP-ASAP-Methode werden somit aufgegriffen und beseitigt.

Monitoring-Funktionen

Des Weiteren resultiert aus der Verwendung von Standardprozessen zwar eine verkürzte Einführungszeit, zugleich steigt aber auch die Wahrscheinlichkeit von nachträglichem Anpassungsaufwand. Eine Optimierung des Systems erfolgt bei beiden Methoden während des Produktivbetriebs, sodass den geringeren Einführungskosten im Vorfeld nicht absehbare Anpassungs- und Unterbrechungskosten entgegenstehen. Unter SAP Activate soll dieses Risiko durch die bereits dargestellten Monitoring-Funktionen reduziert werden. SAP Activate bietet somit auch in diesem Kontext einen potenziellen Mehrwert im Vergleich zur ASAP-Methode.

Der Vergleich der Methoden hat gezeigt, dass mit SAP Activate keine vollkommen neue Methodik für Implementierungsprojekte eingeführt wird. Vielmehr wurde die bestehende ASAP-Methode aufgegriffen, reflektiert und sinnvoll erweitert. Kurz- bis mittelfristig steht die aktuelle Version von ASAP noch als alternative Implementierungsmethode zur Verfügung. Sie werden für die Konfiguration Ihres SAP-S/4HANA-Systems auch weiterhin den Einführungsleitfaden verwenden müssen.

Da allerdings mit der Einführung von SAP S/4HANA auch die Weiterentwicklung von ASAP eingestellt wurde, ist ein langfristiger Wechsel auf die agile Methodik durch SAP vorgegeben.

(Erfolgs-)Voraussetzung SAP Solution Manager

SAP Activate stellt zwar eine neue Einführungsmethodik unter SAP S/4HANA dar, die einige Vorteile mit sich bringt. Allein die Existenz der Methode stellt jedoch keine Erfolgsgarantie für Ihr Einführungsprojekt dar. Es ist wichtig, sich zu vergegenwärtigen, dass nur bei sinnvollem Einsatz der Methode und ihrer Neuerungen die Erfolgswahrscheinlichkeit zunimmt.

Wie auch für die ASAP-Methode stellt der *SAP Solution Manager* ein geeignetes Instrument für die Administration der Einführungsphase dar (und darüber hinaus über den gesamten Lebenszyklus Ihres SAP-Systems hinweg). Abbildung 8.11 zeigt eine Liste aller Prozesse, die er grundsätzlich unterstützt. Diese Liste verdeutlicht auch den engen Zusammenhang mit der Einführungsmethode SAP Activate.

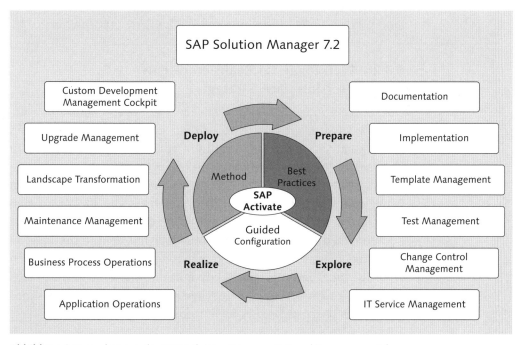

Abbildung 8.11 Funktionen des SAP Solution Managers 7.2 und Zusammenspiel mit SAP Activate

Sie sollten den SAP Solution Manager für Einführungsprojekte grundsätzlich nutzen, da er zur Bündelung von Informationen aus der Konzeptionsphase sowie von Informationen zu den vorgenommenen Anpassungen des Customizings im Laufe der Einführungs- und Produktivphase beiträgt. Er liefert Ihnen somit an zentraler Stelle Informationen über alle bislang getroffenen Projektentscheidungen und ermöglicht einen unmittelbaren Absprung an die entsprechenden Stellen in Ihrem System.

Update des SAP Solution Managers

Um den SAP Solution Manager mit der neuen Methode SAP Activate nutzen zu können, wird jedoch ein Versionsstand von mindestens 7.2 vorausgesetzt. Sofern Sie den SAP Solution Manager bislang in einer niedrigeren Version eingesetzt haben, ist vor der Einführung von SAP S/4HANA ein Update anzuraten. Dieses sollte im Rahmen eines eigenständigen, vorgelagerten Projekts erfolgen. Hierdurch ergibt sich ein weiter Vorteil für Sie: Da der SAP Solution Manager 7.2 bereits HANA-fähig ist und gleichzeitig ein System darstellt, das keine operativen-produktiven Prozesse abbildet, ermöglicht Ihnen das Vorprojekt, erste Erfahrungen mit der HANA-Datenbank und deren Administration zu sammeln. Von diesen Erfahrungen können Sie im weiteren Verlauf Ihrer Umstellung auf SAP S/4HANA profitieren.

8.3.2 Werkzeuge zur Realisierung einer User-Interface-Strategie

Die Strategie von SAP zur Bereitstellung der neuen Benutzeroberfläche, die UI-Strategie, erstreckt sich zunächst darauf, Innovationen und wesentliche Funktionen mithilfe von Fiori-Apps verfügbar zu machen. Im Umkehrschluss heißt dies, dass für viele Ihnen bekannte Transaktionen der On-premise-Version noch keine SAPUI5-basierten Benutzerschnittstellen zur Verfügung stehen, um alle benötigten Funktionen abzudecken. Dies gilt insbesondere dann, wenn Sie Komponenten einsetzen, die nur mittelbar mit dem Rechnungswesen und der Logistik zu tun haben, oder wenn Sie Branchenlösungen wie PSCD oder SAP IS-U produktiv nutzen. Haben Sie also das Ziel, alle bestehenden Benutzeroberflächen unmittelbar durch Fiori-Apps zu ersetzen, werden Sie dies nicht sofort umsetzen können.

SAP Screen Personas

SAP hat deshalb mit *SAP Screen Personas* noch eine weitere Lösung entwickelt, die Ihnen helfen kann, Ihren Anwendern zumindest personalisierte Anwendungen in einem SAPUI5-ähnlichen Stil anzubieten.

Da davon auszugehen ist, dass im Rahmen der Weiterentwicklung von SAP S/4HANA sukzessive immer mehr bekannte Transaktionen durch Fiori-Apps ersetzt werden, könnte deshalb eine Strategie für Sie daraus bestehen, wichtige, bisher noch nicht mit Fiori abgebildete Funktionen mithilfe von SAP Screen Personas anwenderfreundlicher zu gestalten.

Abbildung 8.12 zeigt die Strategie von SAP, um die Anwenderfreundlichkeit des SAP-Systems zu verbessern. Für neue Anwendungen bzw. Transaktionen, die häufig genutzt werden, stellt Fiori-Apps bereit. Die Abbildung zeigt auch, welche Technologie Sie verwenden sollten, wenn Sie Ihren Anwendern neue Anwendungsoberflächen zur Verfügung stellen möchten. Für andere Transaktionen sieht SAP vor, dass Sie mithilfe von SAP Screen Personas einfacher zu bearbeitende Verarbeitungsformen bereitstellen.

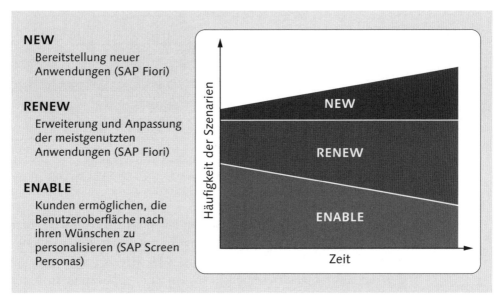

Abbildung 8.12 User-Interface-Strategie von SAP

Das Konzept von SAP Screen Personas ist einfach: Die Idee besteht darin, basierend auf einem Drag&Drop-Ansatz Standard-Screens zu personalisieren, ohne dabei programmieren zu müssen. Alle SAP-GUI-Transaktionen können mithilfe von SAP Screen Personas bearbeitet und angepasst werden. Anders als Fiori-Apps, die insbesondere die OData-Services benötigen, mit denen dann die eigentliche Verarbeitung erfolgt, setzt SAP Screen Personas auf den bestehenden

Personalisierung von Benutzeroberflächen

Transaktionen und Funktionen auf. Das heißt, Verarbeitungsfunktionen müssen also nicht programmiert werden. Darüber hinaus ist es auch möglich, mit dieser Technik optimierte und benutzerindividuell gestaltete Transaktionen als »Apps« in das SAP Fiori Launchpad einzubinden.

Abbildung 8.13 verdeutlicht die wesentlichen Unterschiede zwischen den beiden Lösungskonzepten.

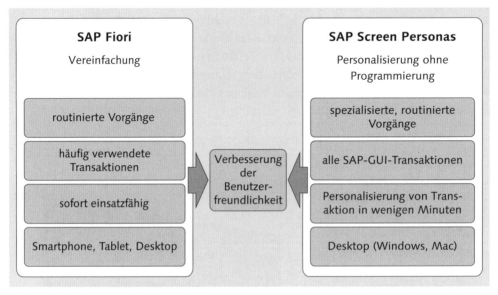

Abbildung 8.13 Verbesserung der Benutzerfreundlichkeit mit SAP Fiori und SAP Screen Personas

Sie können SAP Fiori und SAP Screen Personas also komplementär einsetzen, um Ihren Anwendern einfachere Oberflächen verfügbar zu machen. Beachten Sie jedoch, dass SAP Screen Personas keine Geräteunabhängigkeit ermöglicht. Muss eine Applikation auch auf dem Smartphone verfügbar sein, müssten Sie hierzu eine eigene Fiori-App entwickeln.

Im Kontext einer Umstellung auf SAP S/4HANA kann es sinnvoll sein, temporär Transaktionen zu nutzen, die mit SAP Screen Personas optimiert sind. Sobald SAP Standard-Apps für die Transaktionen bereitstellt, können Sie auf diese umsteigen. Diese Vorgehensweise ist eine gute und sinnvolle Alternative zur Entwicklung eigener Fiori-Apps.

8.4 Zusammenfassung

Im aktuellen Kapitel haben wir die im Rahmen des gesamten Buches herausgearbeiteten Erkenntnisse zu den Besonderheiten, Vorteilen und Herausforderungen einer SAP-S/4HANA-Implementierung aufgegriffen und in Form von Erfolgsfaktoren verdichtet. Unser Ziel dabei war es, Ihnen einen möglichst umfassenden Überblick über die Aspekte zu geben, die eine gesonderte Berücksichtigung im Rahmen Ihres Einführungsprojekts erfordern, und Ihnen möglichst viele Ansatzpunkte zum Umgang mit potenziellen Problemfeldern an die Hand zu geben.

Zu diesem Zweck haben wir auf Basis der durch SAP bereitgestellten Dokumentation zu SAP S/4HANA einen idealtypischen Umstellungsfahrplan für Sie entwickelt. Hierbei wurde deutlich, dass es für den Erfolg Ihres Projekts von großer Bedeutung ist, dass Sie die verfügbaren Dokumentationen kennen und detailliert analysieren: Diese bilden die Grundlage eines Einführungsvorhabens. Außerdem haben wir aufgezeigt, dass die verfügbaren Dokumente in Abhängigkeit von Ihrem Zielszenario variieren. Während für die On-premise-Version von SAP S/4HANA derzeit vielfältige Informationen zur Verfügung stehen, befindet sich die Dokumentation zu den Cloud-Editionen noch im Aufbau und beschränkt sich derzeit auf die Wiedergabe der grundlegenden Funktionalitäten der Deploymentform. Je nach gewählter Deploymentform unterscheidet sich somit das Maß an Support.

Der erarbeitete Umstellungsfahrplan umfasst die Phasen »Ableitung der Zielsetzungen aus den Nutzenpotenzialen«, »Konstruktion des Zielszenarios«, »Projektierung der Einführung«, »Umstellung auf SAP S/4HANA« sowie »Nacharbeiten der Migration«. Alle Phasen können jeweils einen Beitrag zum Erfolg Ihres Einführungsprojekts leisten. In welcher Form dies genau geschehen kann, haben wir anschließend dezidiert für jede einzelne Phase analysiert.

Die Ableitung der Zielsetzungen aus den Nutzenpotenzialen von SAP S/4HANA ist deshalb erfolgsrelevant, weil Sie nur bei Kenntnis aller theoretisch verfügbaren Potenziale realistische Zielsetzungen für Ihr Umstellungsprojekt formulieren können. Diese Ziele können auch als Messgrößen für den Projekterfolg herangezogen werden und hierdurch einen zusätzlichen Nutzen innerhalb Ihres Projekts stiften. Für

SAP S/4HANA konnten insbesondere die Vereinfachung Ihrer Abläufe und Geschäftsprozesse, die technologische Vereinfachung und Vereinheitlichung, die Reduktion von Speicherbedarf, eine effizientere Datenverarbeitung sowie die Erweiterbarkeit als maßgebliche Nutzenpotenziale identifiziert werden. Sie sollten folglich überprüfen, ob diese Potenziale mit Ihren unternehmerischen Zielsetzungen konform sind und ob sie einen Beitrag zur Erreichung dieser Ziele S/4HANA-Einführung noch einmal kritisch überprüft werden.

Bei der Konstruktion des Zielszenarios ist es erfolgsrelevant, dass Sie sich tiefergehend mit SAP S/4HANA auseinandersetzen und hierbei die konkreten Einsatzmöglichkeiten im Kontext Ihres Unternehmens bewerten. Zu diesem Zweck haben wir Ihnen sieben Fragen an die Hand gegeben, durch deren Beantwortung Sie das Zielszenario erheblich eingrenzen können:

- Welche Deploymentform ist für Sie geeignet?
- Welche Zielsystemszenarien sind für Sie grundsätzlich nicht geeignet?
- Welche Lösungen sollten Sie ggf. zusätzlich einsetzen?
- Welche bisher genutzten Lösungen können künftig durch Cloud-Angebote von SAP ersetzt oder sinnvoll ergänzt werden?
- Auf welche bisher genutzten Lösungen im Kontext der SAP Business Suite können Sie künftig vollständig verzichten?
- Kann Ihr gewünschtes Zielszenario unmittelbar realisiert werden?
- Welche Umstellungen können Sie ökonomisch und organisatorisch verkraften?

Indem Sie diese Fragen beantworten und dabei die individuellen Anforderungen Ihres Unternehmens berücksichtigen, können Sie die vielfältigen Einsatzszenarien von SAP S/4HANA eingrenzen. Wenn Sie sich auf diese Weise die Entscheidung für oder wider SAP S/4HANA (bzw. für eine bestimmte Version von SAP S/4HANA) erleichtern, wächst die Wahrscheinlichkeit, dass Ihr Einführungsprojekt zu einem Erfolg wird.

Die Projektierung ist eine weitere zentrale, erfolgsrelevante Phase im Rahmen des Einführungsprojekts. In dieser Phase müssen Sie festlegen, welche Projekte neben der reinen Installation von SAP S/4HANA anfallen und von Ihnen bewältigt werden müssen. Dies ist auch für eine realistische Einschätzung der Projektdauer wichtig. Wir haben Ihnen gezeigt, dass es Teilprojekte gibt, die für alle Kunden obligatorisch sind (z. B. die Umsetzung der neuen User-Interface-Strategie, die Bewertung, Anpassung und Optimierung von kundenindividuellen Entwicklungen und die Umsetzung der Customer Vendor Integration). Außerdem gibt es Teilprojekte, die für Sie in Abhängigkeit von Ihrer Ausgangssituation obligatorisch werden können (z. B. die Einführung der neuen Procurement-Lösung, die Migration von RE nach RE-FX oder die Umstellung des SAP Credit Managements). Zusätzlich gibt es auch Teilprojekte, die für Sie optional sind, Ihnen aber dennoch einen Zusatznutzen stiften können (z. B. die Archivierung Ihrer Altdaten). Die Auflistung und Einplanung aller für Sie relevanten Teilprojekte ist zeitaufwendig und nicht trivial. Eine gewissenhafte Projektierung erhöht jedoch erheblich die Wahrscheinlichkeit, dass Zeitfenster eingehalten werden können, und trägt so maßgeblich zum Gesamterfolg Ihres Einführungsprojekts bei.

Auch für die Phase der Umstellung auf SAP S/4HANA wurden verschiedene Besonderheiten aufgedeckt, die einen Einfluss auf den Verlauf Ihres Einführungsprojekts ausüben. Wir haben gezeigt, dass insbesondere die Migration der Belege nicht nur technisches, sondern auch fachliches Wissen voraussetzt und dass Sie dies entsprechend bei der personellen Planung berücksichtigen müssen. Weiterhin haben wir erläutert, wie frühzeitige Testkonvertierungen auf Basis von Systemkopien Problemfelder aufdecken, die Downtime Ihres Produktivsystems verringern und Ihre Systemdaten schützen können. Wir haben Ihnen ebenfalls gezeigt, dass mit der Verwendung eines Greenfield-Ansatzes zusätzliche Aufgaben (wie die Definition von Customizing- und Benutzereinstellungen und der Import von Altdaten) notwendig werden, was zusätzliche Komplexität und eine Erhöhung Ihres Arbeitsaufwandes mit sich bringt. Danach haben wir auch den Aufbau der organisatorischen Voraussetzungen für neue Prozesse und die Einrichtung Ihrer bisherigen Schnittstellen als erfolgsrelevante Bestandteile des Umstellungsprozesses deklariert. Auch diese sollten Sie daher unbedingt als Bestandteile Ihres Einführungsprozesses ansehen und einplanen.

Aufgrund des Umfangs der Änderungen, die mit SAP S/4HANA z. B. im Vergleich zur SAP Business Suite einhergehen, sind auch nach der Umstellung auf die neue Produktlinie Nacharbeiten notwendig. Wir haben gezeigt, dass diese Nacharbeiten z. B. zum Einbinden neuer

Funktionen (wie bei der erweiterten Materialnummer), zum schrittweisen Ablösen bestehender Funktionen oder zum Implementieren von Zwischenlösungen notwendig sein können. Aktivitäten, die nach der Umstellung erfolgen, sind damit ebenfalls fundamentale Bestandteile einer SAP-S/4HANA-Einführung und leisten einen Beitrag zum Erfolg des gesamten Projekts.

Nach der Darstellung des Umstellungsfahrplans und der Vertiefung seiner Phasen haben wir mit SAP Activate und SAP Screen Personas zwei Werkzeuge vorgestellt, die einen wichtigen Beitrag zum Umgang mit potenziellen Problemfeldern bei einer SAP-S/4HANA-Einführung leisten können. SAP Activate stellt die *Guided Configuration* bereit, die auf den Best Practices basiert, und kann den Einführungs- und Anpassungsprozess Ihres SAP-S/4HANA-Systems beschleunigen und erleichtern. SAP Screen Personas bietet eine Option, um Funktionslücken zu kompensieren, die aufgrund von bislang noch fehlenden Fiori-Apps entstehen. Insbesondere die Überprüfung, ob mit den verfügbaren Fiori-Apps der bisher genutzte Funktionsumfang vollständig abgedeckt wird oder ob Änderungen an der Lösungskonfiguration erforderlich werden, ist ein wichtiger Erfolgsfaktor im Einführungsprojekt. Aus diesem Grund empfehlen wir Ihnen, auch vorhandene Rollenkonzepte zu untersuchen und in dem Fall, dass Lücken auftreten, geeignete Lösungsszenarien zu entwickeln (z. B. mit SAP Screen Personas). Diese Szenarien können in Abhängigkeit von der Deploymentform von SAP S/4HANA unterschiedlich ausfallen: Während für On-premise-Szenarien notfalls ein Rückgriff auf bekannte Transaktionen möglich ist, ist dies für SAP S/4HANA Cloud nicht immer der Fall.

Im Rahmen des aktuellen Kapitels haben wir verschiedene Ansatzpunkte genannt, wie Sie den Erfolg Ihres Einführungsprojekts beeinflussen können, und haben sie durch kurze Beispiele veranschaulicht. Wir haben Ihnen somit alle eingangs formulierten Fragen beantwortet und Ihnen einen umfassenden Überblick über die Reichweite und den Umfang eines Projekts zur Einführung von SAP S/4HANA gegeben.

9 Ausblick

Die digitale Transformation revolutioniert derzeit alle Industrie- und Wirtschaftsbereiche. Je mehr Möglichkeiten Unternehmen durch den technologischen Wandel haben, desto größer werden auch die Anforderungen. Nicht nur, dass etablierte Geschäftsprozesse kritisch analysiert und daraufhin überarbeitet werden müssen – darüber hinaus kann eine Anpassung ganzer Geschäftsmodelle oder der bestehenden Unternehmenskultur notwendig werden. So ermöglicht z. B. das Internet der Dinge bzw. Industrie 4.0 in der Fertigungsindustrie eine zunehmende Vernetzung von Geräten. Mit der einhergehenden Verbesserung der Datenlage kann ein integrierter Werteflusses von End-to-End-Geschäftsprozessen abgebildet werden. Dadurch kann die Zeitspanne zwischen dem Auftragseingang, dem Produktionsprozess und der Auslieferung von kundenspezifischen Produkten um ein Vielfaches reduziert werden. Eine digitale Transformation im Unternehmen ist aber nur dann möglich, wenn Daten in Echtzeit und über Unternehmensbereiche hinweg in einem integrierten Wertefluss abgebildet werden können.

SAP S/4HANA basiert auf dem Principle of One, um eine deutlich schnellere Abwicklung von Standardprozessen zu ermöglichen und die User Experience zu verbessern. SAP bezeichnet SAP S/4HANA deshalb als digitalen Kern einer Systemlandschaft, der den Austausch, das Speichern, Sammeln und Erstellen von Informationen in einem integrierten Wertefluss und über Unternehmensgrenzen hinweg auf unterschiedlichen Geräten erlaubt und Unternehmen somit hilft, den TCO zu reduzieren. Diese Zusammenhänge haben wir in Kapitel 1 dieses Buches dargestellt.

Die Verwendung der neuen Technologien allein macht in der Praxis jedoch noch keine digitale Transformation eines Unternehmens aus. Die Vorteile der Digitalisierung können nur dann ausgeschöpft werden, wenn ein ganzheitlicher Ansatz verfolgt wird und auch abseits des ERP-Systems nach Verbesserungspotenzialen in der Systemlandschaft und den Softwarelösungen gesucht wird. Geschäftsprozesse werden jedoch in der Regel über lange Zeiträume auf- und ausgebaut.

Aus diesem Grund gibt es kein unmittelbares Optimierungspotenzial, und eine Effizienzsteigerung in den Geschäftsprozessen allein ist kein stichhaltiger Grund für SAP-ERP-Bestandskunden, zu SAP S/4HANA zu wechseln. Vielmehr bewegen Unternehmen, die die SAP Business Suite einsetzen, bei einem Wechsel auf SAP S/4HANA verschiedene Fragestellungen:

Diese Unternehmen haben viel in den Aufbau ihrer Systemlandschaft auf Basis der SAP Business Suite investiert. Bei einer Umstellung muss deshalb Ergebnissicherheit bestehen. Die Einführung von SAP S/4HANA beschränkt sich zudem eventuell nicht nur auf die Ablösung des alten SAP-ERP-Systems, sondern macht ggf. Anpassungen an der Infrastruktur erforderlich. Dies kann auch das Einbeziehen möglicher Cloud-Lösungen von SAP umfassen.

Viele Kunden warten auf Referenzen erfolgreicher SAP-Kunden aus derselben Branche oder mit einer vergleichbaren Ausgangssituation, bevor sie ihren eigenen Wechsel in Angriff nehmen. Da SAP einen Wartungshorizont für die SAP Business Suite bis 2025 angekündigt hat, kann ein solches »Zuwarten« – betrachtet man nur die ERP-Funktionalität – durchaus sinnvoll sein.

Auch wenn der Innovationsgrad erheblich ist und die Vorteile von SAP S/4HANA nicht unterschätzt werden dürfen, stellt deshalb eine technische Neuerung allein nur in Ausnahmefällen ein Motiv für Kunden dar, große Summen in eine neue Plattform zu investieren. Eine neue IT-Plattform entwickelt bekanntlich noch lange keine neuen Geschäftsmodelle. Aufgrund der weitreichenden Auswirkungen, die die Einführung von SAP S/4HANA haben kann, müssen Unternehmen die möglichen Einsatzszenarien der neuen Lösung deshalb genau überprüfen, um ihren Weg zur Lösung wie auch den geeigneten Zeitpunkt für die Umstellung zu finden.

Vergleicht man SAP S/4HANA rein funktional mit der SAP Business Suite, so kann – wie wir in den Kapiteln 3–5 erläutert haben – die neue Lösung den bekannten Funktionsumfang nicht 1:1 bereitstellen. Im Rahmen des Redesigns wurden vielmehr Lösungsszenarien verschlankt oder gestrichen. Begreift man also die Umstellung von der alten auf die neue Produktlinie nur als einen Wechsel der technischen Plattform mit der Zielsetzung, das »Altbekannte mit neuer Technik« abzubilden, kann man über eine erheblich erhöhte Verarbeitungsgeschwindigkeit, benutzerfreundliche User-Interfaces und deutlich verbesserte Auswertungsmöglichkeiten durch die HANA-Technologie nicht viel Zusatznutzen erzielen.

Der nach unserer Ansicht wichtigere Grund für einen Wechsel auf die neue Produktlinie ist deshalb die integrative Verknüpfung der SAP HANA Cloud Platform und SAP S/4HANA. Die neuste Produktlinie von SAP ist nicht mehr ausschließlich als ERP-System anzusehen, sondern kann zunehmend als Integrator aufgefasst werden, der dazu geeignet ist, flexible Prozesse in integrierten Werteflüssen abzubilden. Dies kann allerdings nur bei einem gleichzeitigen Einsatz von SAP S/4HANA mit der SAP HANA Cloud Platform erreicht werden. Denn die integrierte Darstellung erfordert zwingend eine funktionsbereichsübergreifende Betrachtung des Unternehmens. Dieser Zusammenhang ist auch als eigentlicher digitaler Kern der neuen SAP Lösung zu bezeichnen, denn er schafft die Verknüpfung zwischen dem Management großer Datenmengen und konkreten Reaktionen auf diese Datenmengen im System. So können z. B. Bestellungen automatisch angestoßen oder Wartungsaufträge an externe Anbieter vergeben werden.

Diese Vorteile sind in der Systemarchitektur von SAP S/4HANA begründet, die Sie sich als zwei Datenströme vorstellen können. Im Rahmen des horizontalen (exekutiven) Datenstroms werden Sensor- oder Benutzerdaten in die SAP HANA Cloud Plattform übertragen. Innerhalb des Systems werden die Daten anschließend sinnvoll mit weiteren Informationen aus dem System angereichert und lassen sich abschließend in verschiedenen Bereichen eines Unternehmens auswerten. Bei der Ankunft eines Lastwagens auf dem Firmengelände wird so z. B. nicht nur die Anlieferung bestimmter Waren im System vermerkt; es kann z. B. auch durch die automatische Übermittlung von Sensordaten der Wartungsbedarf des Fahrzeuges festgestellt, Wartungsintervalle definiert und alle in diesem Zusammen existierenden Informationen an die Kfz-Werkstatt übermittelt werden.

Der vertikale (informative) Datenstrom bezieht sich auf das Sammeln und Analysieren von Informationen aus unterschiedlichen Datenquellen. Dazu gehören das Internet, Social Media oder das ERP-System. Die erfassten Daten können in übersichtlicher Form ausgewertet werden und ermöglichen es Ihnen, in Echtzeit auf aktuelle Informationen zuzugreifen und kurzfristig auf Veränderungen zu reagieren.

9 | Ausblick

Mit SAP S/4HANA wird aufgrund des hohen Integrationsgrades der verschiedenen Komponenten eine übergeordnete Betrachtungsperspektive eingenommen, sodass es den zunehmenden Anforderungen an die Abbildung von End-to-End-Prozessen gerecht wird – SAP S/4HANA ermöglicht die agile Abbildung von End-to-End-Prozessen in einem integrierten Wertefluss.

Des Weiteren stellt die SAP HANA Cloud Platform eine umfassende Basis für die Erweiterung und Integration von bestehenden SAP-Lösungen dar. Aufgrund des modularen Aufbaus lässt sie sich flexibel an heterogene Kundenszenarien anpassen – für Start-ups, als OEM-Model (Original Equipment Manufacturer) von Partnern oder Kunden oder in hybriden Betriebsmodellen. SAP S/4HANA und die SAP HANA Cloud Platfom lassen sich folglich für unterschiedliche Szenarien einsetzen. Mittels APIs (Application Programming Interface) können SAP-Partner oder Berater zudem Lösungen individuell erweitern, neue Applikationen schreiben und zusätzliche Services anbinden. Bezogen auf SAP S/4HANA wird einerseits bereits die vollständige Integration mit der SAP HANA Cloud Platform bereitgestellt. Außerdem werden die von SAP künftig entwickelten Innovationen Eingang in beide Produkte finden.

Klar ist, dass sich fast alle Kunden intensiv mit SAP S/4HANA auseinandersetzen. Obwohl SAP S/4HANA Finance (ehemals SAP Simple Finance) erst seit Anfang des Jahres 2015 am Markt erhältlich und die neuen Logistikfunktionen mit SAP S/4HANA Supply Chain erst im Herbst 2015 erschienen sind, besteht kein Zweifel daran, dass das Interesse an SAP S/4HANA groß ist. Dies wird zum einen durch die steigenden Verkaufszahlen belegt – SAP S/4HANA ist das derzeit am schnellsten wachsenden SAP-Produkt. Zum anderen dokumentiert auch der Blick auf die zunehmende Anzahl an Nutzerbeiträgen zu funktionalen und technischen Fragestellungen, wie z. B. SAP Activate, Migration oder SAP Fiori im SAP S/4HANA Forum (*http://scn.sap.com/community/s4hana*), dass das Interesse kontinuierlich steigt.

Im Hinblick auf spezifische Branchenlösungen arbeitet SAP daran, den Funktionsumfang stetig zu erweitern und innovative Lösungsszenarien zu entwickeln. Nicht zuletzt aufgrund des dabei erkennbaren erheblichen Entwicklungsfortschritts kann bei der Beschreibung der Komponenten von SAP S/4HANA zweifelsohne von einem

»redesigned auf Basis SAP HANA« gesprochen werden. SAP S/4HANA ist für Neukunden unter anderem aus diesem Grund bereits heute die erste Wahl. Die Fähigkeiten des Produkts sowie insbesondere die neue Benutzeroberfläche treffen auf überwiegend positive Resonanz. Die Potenziale der neuen Lösung werden folglich eindeutig wahrgenommen: Das betrifft die verschiedenen Deploymentformen ebenso wie die enormen Möglichkeiten, die OLAP und OLTP auf einem System in Form einer engen Verzahnung des operativen und des analytischen Geschäfts bieten.

Trotz vieler Ankündigungen neuer Funktionen und dem moderaten Wechseldruck für Bestandskunden nimmt die Anzahl positiver Referenzen von SAP-S/4HANA-Einführungsprojekten rapide zu. Denn das Konzept und die Umsetzung von SAP S/4HANA überzeugen auf ganzer Linie: Mit den Säulen der SAP-HANA-Datenbank, der Cloud-Strategie, der SAP HANA Cloud Platform, der neuen Benutzeroberfläche und der Bereitstellung eines großen Teils des bekannten Lösungsspektrums unter Berücksichtigung des Principle of One hat SAP es geschafft, die neue Produktlinie zukunftsfähig zu gestalten. Der Erfolg der neuen Lösung wird deshalb nicht aufzuhalten sein.

A   Wegfallende Logistikfunktionen

Vertrieb

Produkt/Funktion in SAP ERP	SAP S/4HANA
Integrierte Außenhandels-Funktion	nur noch extern in SAP Global Trade Services (GTS) verfügbar
FI-AR-CR Credit Management	nach Migration von FI-AR-CR zu FIN-FSCM-CR verfügbar in SAP Credit Management (FIN-FSCM-CR)
ERP SD Revenue Recognition	SAP Revenue Accounting and Reporting
Advanced Order Processing and Billing for Contractors (Public Sector)	nicht mehr verfügbar
Operational Data Provisioning	Nachfolger: HANA Analytics
Rolle »Internal Sales Representative«	grundlegende Funktion auf mehrere neue Fiori-Rollen verteilt, u. a. SAP_BR_INTERNAL_SALES_REP; Funktionsumfang wird in zukünftigen Releases erweitert
Commodity Management Sales	Nachfolger für zukünftige Releases geplant
Computer-Aided Selling (SD-CAS)	keine integrierten Funktionsnachfolger. Alternativen SAP CRM on-premise oder SAP Cloud for Customer.
Output Management via NAST	NAST wird nur noch für migrierte Dokumente unterstützt. Ausgabe für neue Dokumente nur noch über BRFplus konfigurierbar
SD Rebate Processing	Settlement Management
Industry-Specific SD Complaint Handling	Standard SD complaints handling
FI-CA auf angebundenem System	FI-CA nur noch integriert in SAP S/4HANA nutzbar

Tabelle A.1 Wegfallende Produkte/Funktionen im Vertrieb (SD)

Einkauf

Produkt/Funktion in SAP ERP	SAP S/4HANA
SAP SRM on one client	Grundfunktion in SAP S/4HANA Self-Service Procurement integriert (wird in zukünftigen Releases weiter ausgebaut). Alternative: SAP SRM auf separatem System
SAP Supplier Lifecycle Management (SAP SLC) in SAP ERP	Grundfunktion in SAP S/4HANA Supplier and Category Management integriert. Alternative: SLC auf separatem System
Subsequent Settlement (MM-PUR-VM-SET)	Contract Settlement (LO-GT-CHB)
ERP Shopping Cart	Funktion in SAP S/4HANA Self-Service Procurement verfügbar
Internet Application Components (IAC)	nicht mehr verfügbar
SAP SRM MDM Catalog	Grundfunktion in SAP S/4HANA Self-Service Procurement gegeben. Wird in zukünftigen Releases erweitert
Output-Management via NAST	NAST wird nur noch für migrierte Dokumente unterstützt. Ausgabe für neue Dokumente nur noch über BRFplus konfigurierbar
MM-PUR Web-Dynpro-Anwendungen	Funktionsumfang wird durch SAP-GUI-Transaktionen, Fiori-Apps und Smart Business abgedeckt
Klassische MM-PUR-Transaktionen (z. B. ME21/ME22/ME23)	durch bereits vorhandene Nachfolgetransaktionen ersetzt (z. B. ME21n/ME22n/ME23n)
Integrierte Außenhandels-Funktion	nur noch extern in SAP Global Trade Services (GTS) verfügbar
Commodity Management Procurement	Nachfolger für zukünftige Releases geplant

Tabelle A.2 Wegfallende Produkte/Funktionen im Einkauf (MM)

Product Lifecycle Management

Produkt/Funktion in SAP ERP	SAP S/4HANA
Assemblies	nicht mehr verfügbar
Product Designer Workbench	Product Structure Management
Access Control Management (ACM)	Nachfolger für zukünftige Releases geplant
cFolders Interface	SAP Mobile Documents
CAD Integration (cDesk) and Engineering Desktop (EDesk)	für zukünftige Releases geplant: SAP Engineering Control Center
SAP PLM Recipe Management (RM)	SAP S/4HANA PLM Recipe Development
Engineering Client Viewer (ECL)	Teile der Funktion werden durch SAP Visual Enterprise Viewer bereitgestellt
Easy Document Management (Easy DMS)	nicht mehr verfügbar; Alternative: DMS mit SAP Mobile Documents
STEP	nicht mehr verfügbar
DMS Documents@Web	nicht mehr verfügbar; Alternative: PLM WUI
iView	nicht mehr verfügbar
Engineering Change Management ECR/ECO	Engineering Record
Engineering Change Management Change Sequence Graph	nicht mehr verfügbar
Collaborative Engineering	nicht mehr verfügbar; Alternative: SAP Mobile Documents
iPPE Time Analysis	nicht mehr verfügbar
Routing Component Assignment	Nachfolger: Visual Enterprise Manufacturing Planner
Release Management Framework	nicht mehr verfügbar; Alternative: Engineering Record

Tabelle A.3 Wegfallende Produkte/Funktionen in SAP Product Lifecycle Management (PLM)

Produktionsplanung und -steuerung

Produkt/Funktion in SAP ERP	SAP S/4HANA
Storage Location MRP	nicht mehr verfügbar; Alternative: MRP für Dispositionsbereich
External Interfaces in PP	einzelne (veraltete) Schnittstellen nicht mehr verfügbar; Alternativen vorhanden
Internet-Kanban	Alternativen: SNC oder Transaktion PK13n via HTML-GUI
Total Dependent Requirements	wird bei HANA-Datenbank nicht mehr benötigt
Computer Aided Processing Planning (CAP)	nicht mehr verfügbar
ABAP-List-Based PI-Sheets	wird in zukünftigen Releases nicht mehr verfügbar sein; browserbasierte Alternativen vorhanden
ANSI/ISA S95 Interface	wird in zukünftigen Releases nicht mehr verfügbar sein; Alternativen vorhanden
Process Flow Scheduling (PP-PI)	nicht mehr verfügbar; Alternative SAP Advanced Planning and Optimization (SAP APO); bereits in früheren ERP-Releases vorhanden
Rate and Rough-Cut Planning	nicht mehr verfügbar; ersetzt durch neugestaltetes MRP
Planning Horizon	nicht mehr verfügbar; ersetzt durch neugestaltetes MRP

Tabelle A.4 Wegfallende Produkte/Funktionen in der Produktionsplanung und -steuerung (PP)

Projektsystem

Produkt/Funktion in SAP ERP	SAP S/4HANA
Production Resources and Tools functions for projects	nicht mehr verfügbar
Project Claim Fact-Sheet	nicht mehr verfügbar

Tabelle A.5 Wegfallende Produkte/Funktionen im Projektsystem (PS)

Produkt/Funktion in SAP ERP	SAP S/4HANA
Selected Project System Interfaces	einzelne Schnittstellen nicht mehr verfügbar; Alternativen vorhanden
Construction Progress Report and Valuation	nicht mehr verfügbar
ITS Services	Transaktion CNW1 und CNW4 nicht mehr verfügbar

Tabelle A.5 Wegfallende Produkte/Funktionen im Projektsystem (PS) (Forts.)

Instandhaltung

Produkt/Funktion in SAP ERP	SAP S/4HANA
Logistics Information System (LIS) in EAM	nicht mehr verfügbar
Batch Input for Enterprise Asset Management (EAM)	nicht mehr verfügbar

Tabelle A.6 Wegfallende Produkte/Funktionen in der Instandhaltung (EAM)

Qualitätsmanagement

Produkt/Funktion in SAP ERP	SAP S/4HANA
Results Recording	nicht mehr verfügbar; Alternativen vorhanden
SAP Internet Transaction Server (ITS)	nicht mehr verfügbar

Tabelle A.7 Wegfallende Produkte/Funktionen im Qualitätsmanagement (QM)

B   Die Autoren

Katrin Eynck ist seit Abschluss ihres Studiums der Wirtschaftsinformatik im Jahr 2004 für die bpc AG als Beraterin tätig. Ihre Schwerpunkte sind die Bereiche Finanzwesen, Controlling, das Public Sector Management und das modulübergreifende Berichtswesen. Als Expertin im Bereich Finanzen verantwortet sie Kapitel 4, »SAP S/4HANA Finance«.

Marc Fischer startete nach seinem Studium der Wirtschaftsinformatik in Münster im Jahr 2003 als Berater bei der bpc AG. Als Prokurist und Unit-Manager liegt sein Fokus auf der Konzeption und Umsetzung von Lösungen auf Basis neuer Technologien und Produkte von SAP. Dazu gehören unter anderem Themen wie SAP Fiori, die Realisierung von Portalen und mobilen Anwendungen wie auch der Einsatz der SAP HANA Cloud Platform.

Ulf Koglin ist Mitglied des Vorstands bei der bpc AG, die er 1999 mitgegründet hat. Er ist diplomierter Wirtschaftsmathematiker und seit seiner Tätigkeit als wissenschaftlicher Mitarbeiter an der Universität Hamburg im Jahr 1994 mit der ERP-Software von SAP vertraut. Als Projektleiter verantwortete er zahlreiche Einführungsprojekte insbesondere bei Kunden aus dem öffentlichen Sektor und der Versorgungswirtschaft. Zu seinen fachlichen Kerngebieten gehören die Themen Vertragskontokorrent und Rechnungswesen.

Alexander Pörschke ist Diplom-Wirtschaftsinformatiker und als Unit Manager bzw. Projektleiter bei der bpc AG tätig. Der Schwerpunkt seiner Arbeit liegt seit 2002 in der Implementierung von Business-Intelligence-Systemen. Zu seinen Schwerpunktthemen gehören das Management von Großprojekten sowie das Fondsreporting, die Bilanzierung und der Aufbau von SAP-BW-Architekturen im Bereich Immobilienmanagement.

Wilm Scheller begann nach dem Studium der Mathematik und Statistik in Dortmund im Jahr 2000 als Berater bei einem Frankfurter Beratungsunternehmen mit der Entwicklung am Großrechner im Bankenumfeld. Seit seinem Wechsel zur bpc AG im Jahr 2005 beschäftigt er sich mit der Softwareentwicklung in SAP. Sein Tätigkeitsgebiet reicht dabei von der Entwicklung von Schnittstellen und der Erweiterungsimplementierung bis hin zu allgemeinen Betrachtungen zur Qualität und Architektur von Zusatzentwicklungen.

Henrik Seier begann 2012 nach seinem Studium der Wirtschaftsinformatik in Paderborn seine berufliche Laufbahn bei der bpc AG und ist seitdem als Berater und Entwickler in den Bereichen Logistik (speziell MM und SRM) und öffentlicher Sektor (PSCD) tätig. Als Experte im Bereich Logistik verantwortet er Kapitel 5, »SAP S/4HANA in der Logistik«.

Sascha Winde begann 2015 nach Abschluss seines Masterstudiums der Wirtschaftsinformatik in Hamburg seine berufliche Laufbahn bei der bpc AG. Er ist seitdem als Berater und Entwickler in den Bereichen Anwendungsintegration und Versorgungswirtschaft tätig. Sein fachlicher Fokus liegt dabei vorrangig auf der Konzeption und Einführung von Lösungen in den Bereichen der Digitalisierung.

Dr. Lars Erik Würflinger promovierte nach seinem Studium der Physik in Freiburg am Institute of Photonic Sciences im Bereich Quantenphysik. 2014 begann er seine berufliche Laufbahn bei der bpc AG. Sein Beratungsschwerpunkt liegt im öffentlichen Sektor – hier ist er insbesondere an Einführungsprojekten im Bereich Massenkontokorrent beteiligt.

Dr. Stephan Zumdick ist diplomierter und promovierter Wirtschaftswissenschaftler. Seit dem Abschluss seiner Dissertation ist er als Berater im Bereich der öffentlichen Verwaltung bei der bpc AG beschäftigt. Sein fachlicher Fokus liegt vorrangig auf der Konzeption und Einführung von Lösungen in den Bereichen des Rechnungswesens und Haushaltsmanagements.

Index

A

ABAP 48
ABAP Development Tools 73
ABAP für Key-User 77
ABAP Managed Database Procedures (AMDP) 73, 186
ABAP SQL Monitor 323
ABAP Test Cockpit 211, 212
ABAP Workbench 73, 290
ABAP-Entwicklungsumgebung 73
ABAP-Programmierung 62, 72, 211
ABAP-Stack 102, 209
Abbruchsmeldung (CVI-Customizing) 242
Abschreibungsrechnung 248, 325
Absprungkatalog 191
Abstimmungsaufwand 148
AcceleratedSAP (ASAP) 332, 337
Access Control Feature 93
Accounts Payable Manager 164
ACID-Prinzip 58
Ad-hoc-Analyse 80
Administrating S/4HANA 301
Adobe Document Server 109, 196
Adobe Forms 109
Adobe Forms using Fragments 196
Aggregatstabelle 139
AHK-Wertübernahme 270
Altdatenübernahme 327, 328
Amazon Web Services 253
Analyseberechtigung 66, 69
Analysesicht 70
Analysewerkzeuge 30, 79, 120
Analytic Privilege → Analyseberechtigung
analytische Apps 117, 161
Anlagenbuchhaltung 112, 155, 165, 247, 248, 250, 269
Anlageneinzelposten 158
Anlagenstammdaten 159
Anwendungsindizes übertragen 281
Apache-Derby-Datenbank 96
Applikationsserver 62, 209
Arbeitsmappe 151
Arbeitspakete anzeigen 277

Ariba Network → SAP Ariba
Asset Explorer 160
Asset Master Worklist 165
Atomarität 58
Atomicity → Atomarität
ATP → Verfügbarkeitsprüfung (ATP)
Attributsicht 69
Ausbildungskonzept 305, 323
Ausgabesteuerung → Output-Management
Ausgangssituation 206, 306, 311
Auswertungen 138
Außenhandel 197

B

Backend-Server 220
Backup 251
Backup und Recovery 95
Bank Account Management 149
Bankkontostammdaten 275
BCS 112
Bedienkonzepte 306
Belegabgleich 250
Belegart 194
Belegausgabe 194
Belegbuchung 138, 173
Belegdesign 194
Belegkonditionsspeicherung 178
Belegmigration zurücksetzen 278
Belegsplit 155, 324
Benutzer sperren 250
benutzerdefinierte Felder und Logik 77
Benutzerfreundlichkeit 30, 33, 84, 307, 342
Benutzeroberfläche 33, 48, 84, 115, 261, 306, 328, 340
 Komponenten 219
 Konfiguration 206, 219
 responsive Strategie 36, 49, 87, 322, 328, 341
Berechnungs-Engine 61
Berechnungssicht 70
Berechtigungskonzept 265, 306

Berechtigungsobjekte 222
Berichtswesen → Reporting
Beschaffung 105, 190
   Absprungkatalog 191
   Genehmigung 190
   Katalog 190
   Schnittstellen 191
   Shopping Cart 190
Bestandsführung 181
Bestandskonto 142
Bestandskunde 306
Bestellanforderung 199
Betriebsform → Deploymentform
Bewegungsdaten prüfen 274
Bewertungsbereich 157, 270
Bewertungsplan 248, 269
Bezugsquellenfindung 186, 187, 197
Big Data 29, 30, 32, 309
Bilanzbewertung (Material) 183
BRFplus 109, 193
buchhalterische Ergebnisrechnung 272
Buchungskonzept 138
Buchungsschnittstelle 146
Budget Control System (BCS) → Budgetverwaltungssystem
Budgetierung 112, 325
Budgetverwaltungssystem 112, 325
Business Rule Framework → BRFplus
Businessplanung 102
BW-integrierte Planung 123

Cloud-Strategie 44
Cloud-Version, Erweiterung 75
CMIS-Standard 97
Code Pushdown 62, 285
Compatibility Scope Matrix 302
Compatibility View 112, 140, 158, 175, 178, 251
Concur 46, 137, 309
Configure Your Solution 334
Connectivity-Service 93
Consistency → Konsistenz
Content Management Interoperability Services 97
Contract Billing 196
Conversion Guide 229, 249, 301, 302, 305, 317
Conversion Pre-Check 177, 216, 217, 244, 245, 317
Core Data Services 72
Credit Management 161, 325
Custom Code Analyzer 218
Custom Code Assessment → Kundenerweiterungen
Custom Code Checks 217, 251
Custom Code Migration Worklist 218, 254
Customer Interaction Center (CIC) 105, 107, 304
Customer Vendor Integration (CVI) 110, 188, 231, 324
Customizing 235
Customizing migrieren 268

C

C4C → SAP Hybris Cloud for Customer
Cash Concentration 149
Cash Management → SAP Cash Management
Cash Position 149
CDS View 72, 273, 289
Central Finance 133, 134, 313
Central Hub Deployment 220
Change Management 323
Check-Routine 177
Classic Extensibility → klassische Erweiterung
Cloud-Connector 48
Cloud-Lösungen 32, 46, 309, 315
Cloud-Modelle 32

D

Darlehensverwaltung 132
Data Aging 281
Data Mining 67
Database Migration Option (DMO) 215, 216, 259
Daten anreichern 274
Datenabgleich 249
Datenanalyse 308, 315
Datenarchivierung 318, 321, 326
Datenbank 53, 206
Datenbankarchitektur
   spaltenbasiert 55
   zeilenbasiert 55
Datenbankobjekt pflegen 65

Datenbankschemata 96
Datenbanksicht 69
Datenbanktabellen ermitteln 320
Datenexport 251
Daten-Footprint 44, 114, 173
Datenmanagement 210
Datenmigration 266, 327, 328
   Durchführung 273
   Nachbereitung 280
   Vorbereitung 267
   Werkzeuge 282
Datenmodell 112
Datenmodell in der Logistik 172, 176
Datenprovider 152
Dauerhaftigkeit 58
Debitorenbuchhaltung 110, 161
Debitorenkontengruppe 232
Debitorenstammsatz 111, 188, 231, 235
Decision Table → Entscheidungstabelle
Delta-Merge-Verfahren 57
Delta-Storage 57
Deploymentform 32, 44, 45, 131, 304, 310, 312
Depreciation Calculation Program (DCP) 156, 325
Design Thinking 35
Destination 94
digitale Transformation 24, 28
Digitalisierung → digitale Transformation
Disposition 186
Document-Service 96
Dokumentation 335
Dokumentation des Datenbestandes 250
Dual-Stack 209
Dual-Stack-Split 209
Durability → Dauerhaftigkeit

Eigenentwicklung → kundeneigene Erweiterung
Einführungsprojekt 205, 304
Einführungszeit 338
Einheitsgeschäftspartnermodell 188
Einkauf 105, 118, 136, 190
Einkaufsbeleg 193
Einkaufsinformationssatz 187
Einkreissystem 141
Ein-Schritt-Migration 216, 259
Einzelposten 139
Einzelpostenanzeige im Controlling 144
Einzelpostenanzeige im Universal Journal 145, 274, 275
Einzelpostenmigration
   prüfen 279
   Status der Prüfung 279
Einzelpostentabelle 140
Entkopplung 36
Entscheidungstabelle 66, 68
Entwicklungsumgebung 63
E-Payments 136
E-Procurement 136
Erfolgskonto 142
Erforschungsphase 336
Ergebnis- und Marktsegmentrechnung (CO-PA) 272
Ergebnisrechnung
   buchhalterisch 272
   kalkulatorisch 272
Error Correction and Suspense Accounting 133
Erstellungskennzeichen 184
erweiterte Auftragsbearbeitung und Fakturierung 196
Erweiterungen 251
Extension View 178
Extraktion 152
Extraktorprogramm 138

E

Echtzeit 79
Echtzeitdatenauswertung 30, 37, 39, 181
Eclipse 64, 73, 96, 290
Eclipse Plug-ins 64
EclipseLink-Framework 96

F

FAAV_ANEP 158
Fact-Sheet-Apps 86, 117, 161
Fälligkeitsdatumsfeld 281
Feature Scope Definition 300, 302
fehlerhaftes Coding 213
Feld GLACCOUNT_TYPE 274

Feld KZEFF 249
FI-AA → Anlagenbuchhaltung
FI-AA-Migration 247
FI-AR-CR 161, 325
FI-CA 105, 107, 131, 316
Financials Extension (EA-FIN) 325
FIN-FSCM-CR 161, 325
Fiori → SAP Fiori
Firewall 220
Flexibilität 30, 31
flexibles Immobilienmanagement (RE-FX) 111, 324
Folgevorgang (Material) 184
Fortschreibung von Buchungsdaten 138
Fortschreibungstabelle 114
Frontend-Server 220
Funktionsanalyse 303
Funktionsbausteine für die Buchungsschnittstelle 147

G

GAP-Analyse 118, 336
Gegenkontoermittlungsart definieren 281
gemanagte Erweiterung 76
Genehmigungsprozess (Beschaffung) 190
General Ledger → Hauptbuchhaltung
Geräteunabhängigkeit 342
Geschäftslogik 48
Geschäftspartner 110, 188, 231, 234
Geschäftspartnergruppierung 232, 233
Geschäftspartnerkonvertierung 242
Geschäftspartnermodell 188, 231
 Berechtigungskonzept 189
 Nummerngleichheit 231
 Schnittstellen 189
 Synchronisation 232
 Zusatzfelder 189
Geschäftspartnerstammsatz 110, 188, 231, 234
Geschäftsreise 137
GIT-Repositories 99
gleitender Durchschnittspreis 182
Greenfield-Ansatz 317, 328
GUI → Benutzeroberfläche

GUID 180
Guided Configuration 332

H

HANA-Datenbank → SAP HANA
HANA-Kompressionsfaktor 321
Hauptbuchhaltung 112, 155, 250, 270, 324
Hausbankkonten migrieren 274
Haushaltsmanagement 112, 248, 325
Hauswährung 248
heterogene Systeme 31
Hintergrundjob 276
Hostnamen 264
HTML5 → SAPUI5
HTTP Destination 94

I

IBP for Demand 125
IBP for Sales and Operations 125
IBP Inventory 125
IBP Response 125
IBP Supply 125
Identity Provider 93
Immobilienmanagement 111, 156, 248, 324
Implementation Guide → SAP-Einführungsleitfaden
In-App-Erweiterung 76
Index Server 59
Index- und Summentabellen 113, 139, 173
Informationsquellen 299, 302
In-Memory-Technologie 43, 54, 61, 309
Innovationsfähigkeit 31
Installation Guide 300
integrierte Planung → SAP Integrated Business Planning
integriertes Benutzertraining 335
interne Buchungsschnittstelle 146
Internet der Dinge 28, 309
Internet of Things → Internet der Dinge
intuitive Oberfläche → Benutzerfreundlichkeit

Inventory Management → Bestandsführung
Invoice-Management 117
Isolation 58

J

Java 48, 91
Java-EE-Applikationsserver 209
JavaScript-Framework 86
Java-Stack 209
Jobkennung 276
Joint Venture Accounting (JVA) 156

K

Kachelgruppe 161
Kapazitätsbedarf 185
Katalog (Beschaffung) 190, 221
Key User Extensibility → Key-User-Erweiterung
Key-User-Erweiterung 76, 77
Klasse CLS4H_CHECKS_MM_MD 249
Klassenkonsistenz 245
klassische Erweiterung 76, 78
klassisches Hauptbuch 112, 155, 250, 324
klassisches Immobilienmanagement → Immobilienmanagement
Komponente FIN-FSCM-CR 275
Kompression 321
Konsistenz 58
Konsistenzprüfung 249
Konsolidierungssystem 134
Kontenlösung 157
Kontenplandaten 142
Kontoart 142
Kontoauszugsverarbeitung 149
Kontrakt 196
Kostenarten migrieren 273
Kostenartenpflege 141
Kostenrechnungskreis 143
KPIs 117, 163
Kreditmanagement migrieren 275
Kreditorenbuchhaltung 110, 161, 188, 236
Kreditorenkontengruppe 236
Kreditorenrechnung 139

Kreditorenstammsatz 111, 188, 231, 236
Kunde 188, 196, 235
Kundenauftrag 196
Kundenauftragsplanung 184
kundeneigene Erweiterung 75, 76, 177, 208, 210, 211, 212, 251, 322, 331

L

Laufzeitanalyse 213
Laufzeitumgebung 91
Lease Accounting Engine (LAE) 248
Ledger-Gruppe 270
Ledger-Lösung 157, 270
Legacy System Migration Workbench (LSMW) 328
Lieferant 188, 192, 236
 Klassifizierung 106
 Qualifizierung 106
 Registrierung 106
 Verwaltung 106
Liquiditätsplanung 149
Liquiditätsvorschau 149
Liste (Material) 184
Logistik
 geänderte Funktionen 187
 Standardrollen 200
 wegfallende Funktionen 196

M

Mail Destination 94
Mail-Server 95
Main-Storage 57
Maintenance Planner 214, 215, 255
Manage Your Solution 332, 334
Managed Extensibility → gemanagte Erweiterung
Managed-Cloud-Version 45
Mapping von Senderbelegen 133
Materialbedarfsplanung → Materialplanung
Materialbeleg 174
 archivieren 197
 drucken 197
Materialbewertung 174

Material-Ledger 174
Material-Ledger migrieren 274
Materialnummer 180, 330
   Deaktivierung 180
   Erweiterung 180
   Schnittstellen 180
Materialplanung 183
Materialstammsatz 180, 249
Materialwirtschaft 106, 118, 190, 198, 249
MDX-Statement 61
mehrstufige Kundenauftragsplanung 184
Meldung CHK_CONT_MAP 242
Meldung CVI_MAPPING 242
Memory-Sizing → Speicherbedarf
Menübaum 115
Migrate Your Data 335
Migration 206
   abgeschlossen 280
   Buchungskreise 267
   der Daten 266
   Durchführung 255
   Fehlermeldung 257
   Nacharbeiten 306, 329
   Planung 256, 305
   Projektierung 317
   Projektstruktur 304
   Prüfreports 243
   Status 282
   Vorarbeiten 229
   Voraussetzungen im laufenden Geschäft 230
   Werkezeuge 282
Migration auf »abgeschlossen« setzen 280
Migration prüfen 275, 279
Migrationsschritte 206, 207, 260, 273, 275, 282, 283
Migrationsweg auswählen 206
Migrationswerkzeuge 214
Mikrocomputer 28
MM 106, 118, 190, 249
mobiles Internet → Mobility
Mobility 26, 47, 84, 87
Modifikationen 251
Monitoring 338
MRP Live 181, 183
Multidimensional Expressions (MDX) 61

N

Nachrichtensteuerung 110, 193
Name Server 60
Native SQL 72
Nearline Storage (NLS) 321
Near-Zero-Downtime-Methode 283
neues Hauptbuch 112, 155, 250, 324
Neuinstallation 207, 208, 306, 317
Neukunde 306
New Asset Accounting 112
New General Ledger → neues Hauptbuch
NewGL → neues Hauptbuch
Nummernkreise der Geschäftspartner 236
Nummernkreisintervall 232
Nutzenpotenzial von SAP S/4HANA 303

O

Oberflächen 36
OCI4 191
OCI5 191
OData-Services 50, 88, 221, 263
offene Eingangsrechnungen ermitteln 286
offene Schnittstellen 50
OLAP-System 38, 43, 123
OLTP-System 37, 43
One-Step Migration → Ein-Schritt-Migration
Online Analytical Processing → OLAP
Online Transactional Processing 37
Online Transactional Processing → OLTP
On-premise-Lösung 32, 45, 131
Open Catalog Interface (OCI) 191
Open Data Protocol → OData-Services
Open SQL 62, 72, 210, 289, 292
Operations Guide 301
Orderbuch 187, 197
Output-Management 109, 186, 193, 330
   BRFplus 193
   Regelarten 193
Overlay 336

P

Paketschlüssel 277
parallele Bewertungsmethode 182
parallele Rechnungslegung 157, 270
Parallelwährungen 182
Performance 57, 211
Periodenabschluss 156
periodische Bestandsbuchung 248, 270
Persistence-Service 95
Personalwirtschaft 135, 318
PFCG-Rolle 222, 265
Plan a Conversion 256
Plan-Cube 150
Plandaten 151
Plandatenpersistenz 150
Planning Application Kit 123, 149
Planungs-Engine 61
Planungsfunktionen 122, 151, 315
Planungsinhalt (Material) 183
Planungslauf 183
Planungsmodell 150
Planungsoberflächen 151
Planungsprozess 152, 153
Planwert 151
Platform as a Service (PaaS) 46, 91, 314
Pre-Check → Conversion Pre-Check
Predictive Analysis 39
Predictive Analysis Library (PAL) 67
Preisdaten 178
Preprocessor Server 60
Principle of One 102, 109, 111, 121
Procurement 329
Procurement → Beschaffung
Product Assistance 301
Produktivbetrieb 329
Produktivsetzung 336
Prognose erstellen 68
Programmlogik 68
Projektstruktur 305
Prüfklasse 246
Prüfreport für das CVI-Customizing 238
Prüfreport für die Geschäftspartnerkonvertierung 242
Prüfreport S/4 Pre-Transition Checks 245
Prüfreports für die Migration auf SAP HANA 243
Public Sector 112
Public-Cloud-Version 45
Punch-out-Katalog 192
Push to Download Basket 258

Q

Quicksizer 320

R

RE → Immobilienmanagement
Real Estate Management → Immobilienmanagement
Realisationsphase 336
Rechnungsprüfung 117
Redesign 43, 101, 102, 111, 178
Referenzen 251
RE-FX → flexibles Immobilienmanagement
Regel
 Ausgabeart 193, 195
 Ausgabekanal 194, 195
 Druckeroptionen 194, 195
 E-Mail-Empfänger 194, 196
 E-Mail-Optionen 194, 195
 Empfänger 194, 195
 Form Template 194, 196
Reisekostenabrechnung 46, 309
Reisemanagement 137
Release Restriction 301
Release-Upgrade 210
Releasewechsel 76, 101
Report FINS_MASS_DATA_RESET 278
Report FINS_MIG_PRECHECK_CUST_SETTNGS 245
Report FINS_MIGRATION_RESET 283
Report FINS_MIGRATION_START 283, 284
Report FINS_MIGRATION_UJ_RESET 278
Report MFLE_CLS4H_CHECKS_CC 249

Report R_S4_PRE_TRANSITION_CHECKS 245
Report RAABST01 250
Report RAABST02 250
Report RASFIN_MIGR_PRECHECK 247, 248
Report RFINDEX_NACC 250
Report RM07MBST 250
Report RM07MMFI 250
Report SAPF190 250
Report SYCM_DISPLAY_SIMPLIFICATIONS 254
Report SYCM_DOWNLOAD_REPOSITORY_INFO 251
Report SYCM_UPLOAD_REPOSITORY_INFO 254
Report SYCM_UPLOAD_SIMPLIFIC_INFO 253
Reporting 138, 308, 315
Repository-Informationen 254
responsives Design 36, 49, 87
Retraktion 153
Reverse-Proxy 89
RFC Destination 94
RFC-Verbindung 221
Rolle »Accounts Payable Accountant – Procurement« 201
Rolle »Anforder« 192
Rolle »Einkäufer« 199
Rolle »Employee – Master Data Request« 201
Rolle »Employee – Procurement« 201
Rolle »Internal Sales Representative« 201
Rolle »Master Data Approver« 201
Rolle »Material Planner« 201
Rolle »Production Planner« 201
Rolle »Production Supervisor« 201
Rolle »Purchaser« 201
Rolle »Sales Manager« 202
Rolle »Shipping Specialist« 202
Rolle »Strategic Buyer« 202
Rollenkonfiguration 264
Rollenkonzept 49, 85, 115, 161, 198, 221, 264, 265, 306, 322

S

S4HMigrationRepositoryInfo 252
Sachkontenkonzept 141
Sachkonto-Steuerungsdaten 143
Salden migrieren 274
Sales and Distribution → Vertrieb
SAP Activate 331
 Cloud Trial 336
 Phasenmodell 336
 Unterschied zu ASAP 337
SAP APO 125
SAP Ariba 46, 136, 192
SAP Ariba Network → SAP Ariba
SAP Biller Direct 161
SAP Business Client 115
SAP Business Planning and Consolidation (SAP BPC) 123
SAP Business Suite 102
SAP Business Suite powered by SAP HANA 222
SAP Business Warehouse → SAP BW
SAP BusinessObjects Analysis 82, 125, 151
 Arbeitsmappe 83
 for Office 83
SAP BusinessObjects Design Studio 125
SAP BW 70, 79, 122, 148, 308, 315
SAP Cash Management 149
SAP Cash Management powered by SAP HANA 109
SAP Cloud Appliance Library 253
SAP Code Inspector 211, 323
SAP Community Network (SCN) 299
SAP CRM 46
SAP ERP Benutzeroberfläche 48
SAP ERP HCM 46, 135, 318
SAP Fieldglass 46
SAP Fiori 48, 84, 117, 261, 316
 Architektur 86
 Kacheln 161, 265
 Rollenkonzept 161, 264
SAP Fiori apps reference library (FARL) 262
SAP Fiori Launchpad 49, 90, 125, 261, 263, 266
 einrichten 264
 Setup 221

Index

SAP Fiori-Apps   84, 99, 117, 219, 331, 340
   analytische Apps   85, 117
   Anlagenbuchhaltung   165
   Anlagenstammdaten   159
   Bestellanforderung   199
   Einkaufsinfosätze   199
   Fact-Sheet-Apps   86, 117
   für das Finanzwesen   162
   für die Logistik   198, 201
   für die Planung   150
   Kontrakte   200
   Kreditorenbuchhalter   162
   Rahmenverträge   199
   Standardrolle   200
   transaktionale Apps   86, 117
   Typen   85
   Übersicht   262
SAP Fiori-Gruppen-Objekt   265
SAP Fiori-Katalog   265
SAP for Utilities (IS-U)   105, 107
SAP Gateway   89, 221, 263
SAP Global Trade Services (SAP GTS)   197
SAP GUI   48, 115
SAP GUI in Eclipse   74
SAP HANA   42, 43, 53, 220
   Analysewerkzeuge   79
   Datenmodellierung   66
   Entwicklung   62
   Server   59
   Vorbereitung   210
SAP HANA Cloud Connector   93
SAP HANA Cloud Integration   135
SAP HANA Cloud Platform   46, 47, 48, 91, 308, 314
   Destination   95
   Services   92
   Trial-Account   97
SAP HANA Cloud Platform Cockpit   48, 91
SAP HANA Cloud Platform for IoT   29
SAP HANA Enterprise Cloud   131, 313
SAP HANA Studio   63, 146, 284, 290
   Catalog   65
   Content   66
   Werkzeuge   66
SAP HANA XS Engine   60, 92
SAP Hybris Cloud for Customer   46, 107

SAP ID Service   93
SAP Integrated Business Planning (SAP IBP)   83, 121, 150, 315
SAP Interactive Forms by Adobe   109, 196
SAP Landscape Transformation   133, 335
SAP Landscape Virtualization Manager (LVM)   321
SAP Lumira   80
   Datenakquisition   80
   Storyboard   80
   Transformation   80
   Verteilung   82
   Visualisierung   81
SAP Mobile Platform   301
SAP Multichannel Foundation for Utilities   108, 115
SAP NetWeaver   207, 218, 221, 253
SAP NetWeaver Application Server   207, 209
SAP S/4HANA
   Add-ons   75
   Architektur   103, 172, 207
   Betrieb   321
   Cloud-Version   117, 131
   Deploymentform   44, 75
   Erfolgsfaktor   297
   Erweiterungen   75
   Informationsquellen   229, 300
   Konvertierung   327
   Logistik   171
   Nutzenpotenziale   307
   On-premise-Version   102, 117, 131
   Projektierung   304, 317
   Self-Service Procurement   191
   Systemarchitektur   43
   Systemlandschaft   208
   technische Säulen   53
   Treiber   40
   Ziel-Release   256
   Zielsystemszenario   310
SAP S/4HANA Cookbook   299
SAP S/4HANA Enterprise Management   44
SAP S/4HANA Finance   129, 320
   Architektur   139
   Datenmodell   137
   Fiori-Apps   161
   geänderte Funktionen   154

SAP S/4HANA Finance (Forts.)
  Schnittstellen 138
  Vorteile 153
SAP S/4HANA Forum 299
SAP Screen Personas 200, 340
SAP Service Marketplace 252, 258
SAP Simple Finance → SAP S/4HANA Finance
SAP Smart Business Cockpit 199
SAP Smart Forms 109, 196
SAP Solution Manager 256, 339, 340
SAP SRM 105, 191, 200, 329
SAP SRM on one client 106, 191
SAP SuccessFactors 46, 135
SAP Supplier Lifecycle Management 105, 106
SAP Supplier Relationship Management (SAP SRM) 105, 190
SAP Support Portal 244
SAP Web IDE 92, 97
  Projekt 97
  Vorlagen 98
SAP Working Capital Analytics 161
SAP-Best-Practice-Pakete 332
SAP-Einführungsleitfaden 333
SAP-Hinweis 1793345 320
SAP-Hinweis 1872170 320
SAP-Hinweis 1912445 323
SAP-Hinweis 2129306 244
SAP-Hinweis 2185390 251
SAP-Hinweis 2198647 177
SAP-Hinweis 2206932 249
SAP-Hinweis 2207188 249
SAP-Hinweis 2210486 242
SAP-Hinweis 2216958 177, 249
SAP-Hinweis 2220005 179
SAP-Hinweis 2228611 196
SAP-Hinweis 2241080 252
SAP-Hinweis 2270540 283
SAP-Online-Hilfe 299
SAPscript 109, 110, 196
SAPUI5 86, 91, 97
Schnittstellen 50, 138, 328
  Kreditoren/Debitoren 189
SD → Vertrieb
Security Guide 301
Security-Service 93
Self-Service Procurement 191
Self-Service Szenarien 105
Sentimentanalyse 33

Shopping Cart 190
Sicherung von Preisdaten 178
Sicherungspunkt 58
Sicht des Benutzers 35
Side-by-Side-Erweiterung 76, 78
Simplification 217
Simplification Database 119, 217, 252
Simplification Item 217
Simplification List 119, 214, 216, 229, 243, 301, 302, 314
  Voraussetzungen 248
Simplified Profitability Analysis 272
Simulationen 33
Simulationsmodus 245
Sizing 320
Skriptsprache 66
Smart Business 117
Smart Business Cockpits 163
Smartphone 26, 87, 342
Social Media 25
Software Update Manager (SUM) 214, 215, 245, 256, 259
Softwarearchitektur 113
Solution Card 186
Sourcing → Bezugsquellenfindung
soziale Medien → Social Media
SP1511 119, 171, 176, 224
SP1602 283
Speicherbedarf 309, 320
Sperreintrag 182
Sperrmechanismus 182
Spieltheorie 33
Spracherkennung 36
SQL Monitor 212, 213
SQL Performance Tuning Worklist 213
SQL-Abfrage 290
SQL-Analyse 212
SQL-Profil 212
SQL-Prozedur 66
SQL-Prozessor 61
SQLScript 61, 66, 186
Stack-Configuration-Datei 255, 258
Stammdatenobjekte 110
Stammdatenpflege 110
Standardpreis 182
Standardrolle 200
Standardrollen für das Finanzwesen 162
statische Quellcodeprüfung 213

Statistics Server → Statistikserver
Statistikserver 60
statistische Buchung 145
statistische Kontierung 146
Status der Einzelpostenmigration 277
Status der Migration 275
Status der Migrationsprüfung 275
Storyboard 80
Summentabelle → Index- und Summentabellen
Supply Chain Control Tower 125
synchrone Anbindung 27
Synchronisation Debitor/Kreditor/Geschäftspartner 232
Synchronisationscockpit 234, 240
Synchronisationssteuerung 237
Systeminfrastruktur 101, 314
Systemkonvertierung 327
Systemvoraussetzungen 206, 209

T

Tabelle ACDOCA 65, 139, 144, 159, 266, 272, 275, 278, 279, 283
Tabelle ANEA 158
Tabelle ANEP 158
Tabelle ANLP 158
Tabelle BALDAT 326
Tabelle BALHDR 326
Tabelle BALIDX 326
Tabelle BKPF 158, 277
Tabelle BSEG 55, 274, 279, 281
Tabelle BSEG_ADD 281
Tabelle BSIK 139
Tabelle COEP 144, 274, 279, 284, 285
Tabelle CSKB 143
Tabelle CVI_CUST_CT_LINK 242
Tabelle CVI_VEND_CT_LINK 242
Tabelle DBTABLOG 326
Tabelle EBEW 174
Tabelle FAAT_DOC_IT 159
Tabelle FAAT_PLAN_VALUES 159, 274
Tabelle FCLM_BAM_ACLINK2 274
Tabelle FINS_MIG* 283
Tabelle KNVK 242
Tabelle KONV 178, 179
Tabelle MARA 249
Tabelle MATDOC 174

Tabelle MBEW 174
Tabelle MKPF 174
Tabelle MSEG 174, 176
Tabelle NAST 109
Tabelle PRCD_ELEMENTS 178
Tabelle PRCD_ELEMENTS_DRAFT 178
Tabelle RBKP 286, 291
Tabelle SKA1 70
Tabelle SKAT 70
Tabelle T012K 274
Tabelle VAPMA 177
Tabelle VBFA 178
Tabelle VBRK 177
Tabelle VBSEGD 281
Tabelle VBSEGK 281
Tabelle VBSEGS 281
Tabelle VBUK 177
Tabelle VBUP 177
Tabellen in SAP S/4HANA Finance 138
Tabellengröße ermitteln 320
Tabellen-Join 69
Tabellenstruktur 249
Tabellenübersicht 283
Tabellenzahl 173
Task List 220, 263
Task List SAP_FIORI_LAUNCHPAD_INIT_SETUP 264
Task List SAP_GATEWAY_BASIC_CONFIG 263
Test Your Process 335
Testkonvertierung 317, 327
Testphase 251
Testprozesse 335
Text Mining 33
Theme Designer 90
time to value 338
Training 305, 323, 336
Transactional Apps 161
Transaktion ABAVN 165
Transaktion ABUMN 165
Transaktion AJAB 165
Transaktion AS02 165
Transaktion ATC 214
Transaktion CVI_FS_CHECK_CUST 238
Transaktion F.14 165
Transaktion F-02 165
Transaktion F-06 165

Transaktion F-07   166
Transaktion F110   166
Transaktion F150   166
Transaktion F-28   166
Transaktion F-65   166
Transaktion F90   166
Transaktion FAGLF03   250
Transaktion FB01   147
Transaktion FB02   166
Transaktion FB03   166
Transaktion FB08   166
Transaktion FB50   166
Transaktion FB60   166
Transaktion FB65   166
Transaktion FB70   166
Transaktion FB75   166
Transaktion FBCJ   166
Transaktion FBL3N   166
Transaktion FD01   166
Transaktion FD02   166
Transaktion FD03   166
Transaktion FINS_MIG_DUE   281
Transaktion FINS_MIG_GKONT   281, 282
Transaktion FINS_MIG_MONITOR_RC3   279
Transaktion FINS_MIG_MONITOR_UJ   277
Transaktion FINS_MIG_STATUS   282, 283
Transaktion FINS_MIG_UJ   276, 278
Transaktion FINS_RECON_RC3   279
Transaktion FK01   167
Transaktion FK02   167
Transaktion FK03   167
Transaktion FK10N   167
Transaktion FS00   167
Transaktion FS10N   167
Transaktion FSP0   167
Transaktion FSS0   167
Transaktion FV50   167
Transaktion GCAC   250
Transaktion MD01   184
Transaktion MDS_LOAD_COCKPIT   240
Transaktion OKB9   144
Transaktion PFCG   222, 265
Transaktion SE11   66, 285, 290
Transaktion SE16N   283, 285, 289
Transaktion SE80   63

Transaktion SICF   263
Transaktion SM37   276
Transaktion SPRO   263
Transaktion SQLM   214
Transaktion STC01   263
Transaktion SU01   264, 265
Transaktion SWLT   214
transaktionale Apps   86, 117
transaktionale Systeme   37
Transaktionslog   59
Transaktionssicherheit   37
Trends erkennen   68
Trigger-Tabelle   283
Trusted RFC Connection   221

U

UI Technology Guide   301
UI5   125
UI-Entwicklungen   37
Umstellungsfahrplan   299, 303
Unicode   209, 324
Universal Journal   137, 272, 275
unstrukturierte und semistrukturierte Daten   96
Usability → Benutzerfreundlichkeit
User Experience → Benutzerfreundlichkeit
User-Interface → Benutzeroberfläche
Utilities Customer Electronic Services (UCES)   105

V

Vendor Management System   46
Verarbeitungsaufwand   56
Verbuchungsabbruch   250
Verfügbarkeitsprüfung (ATP)   186
Verkauf   136
Verkehrszahlen   250
Versorgungsindustrie   107, 304
Vertragskontokorrent   105, 107, 131, 316
Vertreterobjekt   285
Vertreterobjekt V_COEP_VIEW   285
Vertrieb   105, 107, 174, 198
Vertriebsbeleg   174, 177, 193, 196
Verwaltungsmodell   188

View Solution Scope   335
virtuelle Datenprovider   152
Vorabkontierung und Fehlerkorrektur   133
Vorbereitungsphase   336

W

Wachstumsfaktor schätzen   321
Web Dispatcher   220
Web Dynpro   48, 115
Werk   183
Werttyp   145
Whitelist   93
Workflow   109
Worklist   218, 254

X

XML   109
xRay Framework   336

Z

Zahlprogramm   149
Zahlungsbedingungen   286
Zielszenario festlegen   304
Zip-Datei   251
Z-Programm   242
Zugriffsberechtigung → Analyseberechtigung
Zusatzfelder für Geschäftspartner   189

- Buchhaltung, Controlling, Planung und Konsolidierung im Detail

- Neue Möglichkeiten für eine integrierte Finanzberichterstattung

- Migration und Best Practices für den Umstieg

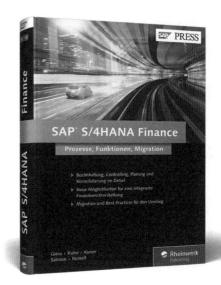

Giera, Kuhn, Kunze, Salmon, Reinelt

SAP S/4HANA Finance

Schlanke Prozesse, aussagekräftige Finanzberichte! Dieses Buch erklärt Ihnen die zentralen Funktionen und Einstellmöglichkeiten von SAP S/4HANA Finance (ehemals Simple Finance). Anhand praktischer Beispiele und vieler Screenshots erkunden Sie die neuen Möglichkeiten für Finanzbuchhaltung, Controlling, Reporting, Planung, Konsolidierung und Closing. Die Autoren beantworten Ihre Fragen zu Implementierungsoptionen und Migrationspfaden und berichten Ihnen, welche Erfahrungen andere Unternehmen gemacht haben. CFOs, Berater, Projektmanager und Mitarbeiter der Finanzabteilungen lernen in diesem Buch alles, was sie über SAPs neue Finanzsoftware wissen müssen.

600 Seiten, gebunden, 69,90 Euro
ISBN 978-3-8362-4193-9
erscheint September 2016
www.sap-press.de/4148

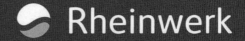

- Entwickeln Sie eine User-Experience-Strategie für Ihre SAP-Anwendungen
- Installation und Konfiguration von SAP Fiori werden Schritt für Schritt erklärt
- Customizing, Entwicklung und Erweiterung von SAP-Fiori-Apps

Michael Englbrecht, Michael Wegelin

SAP Fiori
Implementierung und Entwicklung

Lernen Sie alles über die Implementierung und Entwicklung der neuen SAP-Oberflächen. Die Autoren zeigen Ihnen, wie Sie SAP Fiori installieren, einrichten und mit SAP Gateway in Ihre SAP-Systemlandschaft integrieren. Finden Sie heraus, wie Sie die SAP-eigenen Apps an Ihre Anforderungen anpassen oder starten Sie gleich mit einer eigenen Entwicklung. Auch die Administration der installierten Anwendungen und Troubleshooting werden nicht vernachlässigt.

608 Seiten, gebunden, 69,90 Euro
ISBN 978-3-8362-3828-1
Dezember 2015
www.sap-press.de/3894

Versandkostenfrei bestellen: www.sap-press.de

- Was ist SAP HANA, und wie funktioniert die In-Memory-Datenbank?

- Datenbeschaffung und -modellierung, SAP HANA Client und Datenbankwerkzeuge

- Inkl. SAP-HANA-Cloud-Lösungen und nativer Entwicklung

Bjarne Berg, Penny Silvia

Einführung in SAP HANA

Halten Sie mit der rasanten Entwicklung von SAP HANA Schritt! Dieses Buch macht Sie mit allen wichtigen Themen vertraut: von den Grundlagen der In-Memory-Technologie über Implementierung, Administration und Programmierung bis zu den neuesten Funktionen. Informationen zu nativer Anwendungsentwicklung, zur SAP HANA Cloud u.v.m. machen Sie fit für die HANA-Welt.

605 Seiten, gebunden, 69,90 Euro
ISBN 978-3-8362-3459-7
2. Auflage 2015
www.sap-press.de/3748

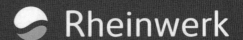

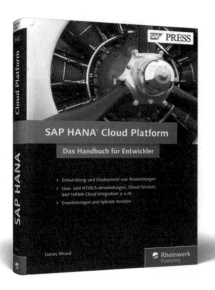

James Wood

SAP HANA Cloud Platform
Das Handbuch für Entwickler

- Entwicklung und Deployment von Anwendungen
- Erweiterungen und hybride Ansätze z.B. für SuccessFactors
- Java- und HTML5-Anwendungen, Cloud-Services, SAP HANA Cloud Integration u. v. m.

Entwickeln Sie Echtzeitanwendungen in der Cloud! Erfahren Sie in diesem Buch, welche Services die SAP HANA Cloud Platform dazu bereitstellt. Entwickeln Sie so z.B. native Anwendungen für SAP HANA, oder erweitern Sie Cloud-Lösungen wie SuccessFactors. Richten Sie dazu einfach Ihre Testumgebung ein, und legen Sie direkt los! Lernen Sie darüber hinaus, mit dem SAP HANA Cloud Portal und SAP HANA Cloud Integration zu arbeiten.

576 Seiten, gebunden, 69,90 Euro
ISBN 978-3-8362-3862-5
Juli 2015
www.sap-press.de/3912

Neuheiten monatlich per Mail: www.sap-press.de/newsletter

- Architektur, Werkzeuge und nötiges Hintergrundwissen
- Alle Phasen des Lebenszyklus von der Installation bis zum Update
- Praktische Anleitungen zu Sizing, Monitoring, Backup, Recovery und vielen weiteren Aufgaben

Faustmann, Geringer, Müller, Siegling, Wegener

SAP HANA – Administration

Ist für Sie als Datenbankadministrator das In-Memory-Zeitalter schon angebrochen? Dann steht Ihnen mit diesem Buch genau das Referenzwerk zur Verfügung, das Sie benötigen, um alle Aufgaben der Administration von SAP HANA erfolgreich ausführen zu können. Ihre Antwort auf unsere Frage lautet noch »Nein«? Dann bereiten Sie sich auf die neue Technologie vor, und lesen Sie, was sich im Vergleich zur klassischen Datenbankadministration für Sie ändert.

907 Seiten, gebunden, 69,90 Euro
ISBN 978-3-8362-3641-6
Mai 2016
www.sap-press.de/3795

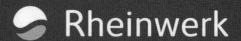

- SAP HANA Extended Application Services entdecken
- Neuartige Anwendungen in JavaScript und SQLScript implementieren
- GeoSpatial, Text Mining, Predictive Analysis und Data Mining

Stefan Kühnlein, Holger Seubert

Native Anwendungsentwicklung mit SAP HANA

Nutzen Sie das volle Potenzial von SAP HANA! In diesem Buch erfahren Sie, welche Infrastruktur Ihnen dazu mit der SAP HANA XS Engine bereitsteht und welche Entwicklungs- und Datenmodelle Sie einsetzen können. Entwickeln Sie leistungsstarke Anwendungen, die in der Lage sind, Daten in Echtzeit – und auch bisher ungenutzte Daten – auszuwerten und ansprechend zu visualisieren.

504 Seiten, gebunden, 69,90 Euro
ISBN 978-3-8362-3867-0
Mai 2016
www.sap-press.de/3916

Alle Bücher auch als E-Book: www.sap-press.de

- Mit dem SAP NetWeaver AS ABAP 7.4/7.5 Anwendungen für SAP HANA entwickeln

- Entwicklungsumgebung, Datenbankprogrammierung und Einbindung nativer HANA-Objekte

- Erweiterte Funktionen wie Geoinformationen, Fuzzy-Suche und Entscheidungstabellen

Gahm, Schneider, Westenberger, Swanepoel

ABAP-Entwicklung für SAP HANA

Programmieren Sie In-Memory-Applikationen mit völlig neuen Funktionen! Lernen Sie, wie Sie mit ABAP-Anwendungen große Datenmengen verarbeiten können und wie Sie direkte Datenbankzugriffe mit Open SQL und SQLScript programmieren. Entwickeln Sie Datenbankprozeduren und binden Sie native HANA-Objekte in Ihre ABAP-Anwendungen ein. Erfahren Sie, wie Sie Ihre Anwendungen analysieren und optimieren und einfach neue Funktionen, wie die Volltextsuche und Geodaten integrieren können.

653 Seiten, gebunden, 69,90 Euro
ISBN 978-3-8362-3661-4
2. Auflage 2016
www.sap-press.de/3773

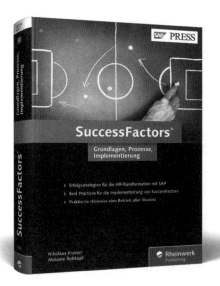

- Erfolgsstrategien für die HR-Transformation mit SAP
- Best Practices für die Implementierung von SuccessFactors
- Praktische Hinweise zum Betrieb aller Module

Nikolaus Krasser, Melanie Rehkopf

SuccessFactors

Grundlagen, Prozesse, Implementierung

Sind Sie bereit für die Zukunft des Personalwesens? Finden Sie mithilfe dieses Buches heraus, welche Möglichkeiten SuccessFactors bietet und in welchen Bereichen sich ein Umstieg in die Cloud für Sie besonders lohnt. Erfahren Sie, welche Besonderheiten eine Einführung von SuccessFactors mit sich bringt und wie die Integration mit SAP ERP HCM gelingt. Praktische Beispiele zeigen Ihnen, wie Sie SuccessFactors für Ihre Geschäftsprozesse einsetzen.

691 Seiten, gebunden, 69,90 Euro
ISBN 978-3-8362-3889-2
Dezember 2015
www.sap-press.de/3970

Versandkostenfrei bestellen: www.sap-press.de

Wie hat Ihnen dieses Buch gefallen?
Bitte teilen Sie uns mit, ob Sie zufrieden waren,
und bewerten Sie das Buch auf:
www.rheinwerk-verlag.de/feedback

Ausführliche Informationen zu unserem aktuellen
Programm samt Leseproben finden Sie ebenfalls
auf unserer Website. Besuchen Sie uns!

www.rheinwerk-verlag.de